중국공산당 100년사
1921~2021

CHINESE COMMUNIST PARTY 1921~2021

중국공산당 100년사

1921~2021

김정계

역락

서언

올해는 중국공산당 창당 100주년이 되는 해이다. 중국공산당은 창당된 지 28년만인 1949년 중국을 통일하고 중화인민공화국을 건국했다. 그리고 21세기에 접어들면서 '중국 굴기'의 기치 아래, 미국과 자웅을 겨루는 G2로 부상하였다. 중국을 알아야 하는 것은 이제 선택이 아닌 필수다. 현대 중국의 역사는 바로 중국공산당의 역사다. 현대 중국을 이해하려면, 반드시 중국공산당의 역사를 알아야 한다.

본서는 중국공산당 100년(1921-2021)의 역사를 한 권의 책으로 엮은 것이다. 필자는 100년의 역사를 한 권의 책으로 담아낸다는 것이 결코 쉬운 작업이 아니라는 것을 안다. 그러나 중국공산당 100년의 수많은 사건과 이슈를 쉽게, 그리고 편하게 읽을 수 있도록 한 권으로 묶은 책이 없는 것 또한 우리의 현실이기 때문에 본서를 집필하게 되었다.

필자는 그동안 출간한 ≪중국의 최고지도층-Who's Who≫를 필두로 ≪중국의 권력투쟁사≫, ≪마오쩌둥과 그의 실패한 후계자들≫, ≪덩샤오핑과 그의 후계자들≫, ≪중국개혁개방의 기수 후야오방≫, ≪자오쯔양 평전≫, ≪후진타오 정권 중국의 권력구조와 파워 엘리트≫, ≪중난하이로 가는 길: 시진핑 정권 대해부≫ 등을 통하여, 중국공산당의 역사를 그때그때 통치자 중심으로 연구해 온 바 있다. 이번 ≪중국공산당 100년사≫의 작업은 이들 연구 결과를 하나의 맥락으로, 종합하여 엮어낸 것이다.

20세기 초 농업 국가인 중국에서 어떻게 공산당이 건립될 수 있었는가? 마오쩌둥은 소련의 지원을 받는 국제파를 물리치고 어떻게 당권을 장악할 수 있었는가? 공산당은 어떻게 무장 역량이 절대 우세한 국민당과의 내전에서 승리할 수 있었는가? 마오쩌둥 사후 덩샤오핑은 어떻게 정권을 장악할 수 있었는가? 중국공산당은 소련이나 동구권 사회주의국가들의 붕괴와는 달리 어떻게 지금까지 건재할 수 있는가? 그리고 어떻게 미국에 맞설 정도의 경제발전과 국력을 신장할 수 있었으며, 그 동력은 무엇인가? 이에 대해 중국에 관심 있는 사람들은 여러 가지 추측과 의문을 제기하여왔다.

이처럼 수많은 이슈와 의문이 제기되고 있는 중국공산당 100년의 역사를 어떤 키워드로 관통하는 것이 좋을까? 필자는 그 핵심을 통치자로 보고, 통치자를 중심으로 한 중국공산당의 통치 이데올로기, 즉 지도이념의 전이 과정을 통해 중국공산당 100년 역사의 흐름을 살펴보고자 했다. 법치보다 인치가 지배하는 중국 사회주의 정치문화에 있어서 통치자와 집권당은 곧 국가권력의 원천이며, 집권당의 통치 이데올로기는 바로 국가의 지도노선이자 정책 방향의 기본 준거이기 때문이다.

본서는 모두 3부로 구성되어 있다.

제1부는 중국공산당의 창당에서부터 중화인민공화국 건국까지의 혁명 역정, 즉 당이 견지한 지도이념과 지도자들의 투쟁 전략을 살펴보았다. 구체적으로 마르크스 레닌주의의 중국적 변용-마오쩌둥 사상의 생성 및 발전과정을 그의 저작 등을 통하여 체계적으로 서술하였다. 따라서 제1부는 공산당이 중국에서 생성된 배경과 그것이 성장 발전하면서, 항일전쟁은 물론 국공내전을 승리로 이끈 동인이 무엇인가를 이해하는 데 도움이 될 것이다.

제2부에서는 1949년 중화인민공화국의 건국에서부터 마오쩌둥의

사망에 이르는 기간, 마오쩌둥이 추구한 지도이념, 즉 마오쩌둥 사상의 부침(浮沈)과 마오쩌둥이 추진한 정책을 사건별로 정리하였다. 이를 통하여 독자들은 반우파 투쟁, 대약진운동, 문화대혁명 등 마오쩌둥이 추진한 급진 좌경정책의 배경과 그를 둘러싼 권력투쟁 및 그 폐해 등을 쉽게 이해할 수 있을 것이다.

제3부는 마오쩌둥 사후 그의 후계자인 화궈펑과 그에 대한 비판 세력인 덩샤오핑 등 개혁파 간에 벌인 권력투쟁에서부터 시작한다. 덩샤오핑이 이 권력투쟁에서 승리할 수 있었던 동력은 무엇인가? 그 해답을 위하여 덩샤오핑이 추구한 개혁개방정책의 이념, 즉 '덩샤오핑 이론'을 화궈펑이 추진한 당의 지도이념 및 정책과 비교, 분석하였다. 나아가 덩샤오핑 이후 그의 후계자들이 채택한 당의 지도이념을 지속과 변화의 측면에서 추적해 보았다. 따라서 이를 통하여 독자들은 마르크스 레닌주의, 마오쩌둥 사상과 덩샤오핑 이론의 기초 위에서 변용되고 있는 장쩌민의 3개 대표론, 후진타오의 과학적 발전관, 시진핑 사상 등이 제기된 배경 및 그것이 추구하는 방향을 쉽게 이해할 수 있으리라 본다. 그리고 중국이 여타 사회주의국가와는 달리, 구소련 붕괴 후에도 쇠퇴하지 않고 오히려 강대국으로 굴기할 수 있었던 동인이 무엇인지를 발견할 수 있을 것이다.

요컨대, 본서는 중국공산당 창당 이후 지금까지 100년 동안, 중국공산당 및 그 지도자들이 내외적 환경의 변화와 도전에 봉착할 때마다, 체제 유지와 발전을 위해 그들의 통치 이데올로기를 어떻게 중국의 현실에 맞게 변용하여왔는가를 체계적으로 서술한 연구다.

중국공산당 100년의 역사라는 워낙 방대한 내용을 한 권의 책에 담다 보니 인물이나 사건 등에 대해 구체적으로 설명할 수가 없었다. 혹여 독자들이 본서를 읽다가 특정 사건이나 인물 등에 대해 좀 더 깊이 알고 싶으면, 인터넷에서 검색해 보는 것이 좋을 것이다. 이점 독자들에게 양해를 구한다.

끝으로 출판계의 어려운 여건 속에서도 이 책의 출판을 흔쾌히 맡아 주신 '도서출판 역락' 이대현 대표님과 편집자 여러분께 감사드립니다.

2021년 중국공산당 100주년을 맞아

牛膝山 蘭桂軒에서 저자

제3부 ————————————————————————

개혁개방 시대의
중국공산당
(1978~2021)

제 1 부

중국공산당의 창당과
혁명의 시대(1921~1949)

제 1 장

중국공산당의 성립 배경과 창당

1. 20세기 초 중국에 밀어닥친 도전과 과제

중국공산당의 출현은 20세기 초 중국대륙을 둘러싼 내적 변화와 외적 도전이 불러온 응전의 결과이다.

19세기 말 20세기 초까지만 해도 중국은 수천 년의 유구한 역사를 통해 광활한 국토와 거대한 인구, 그리고 풍부한 자원과 문화적 전통을 갖고 있어 대제국으로서의 위용을 떨치고 있었다. 그러나 유럽과 미국 등 서구 제국들과는 달리, 청제국의 위정자들은 맹목적인 자만과 폐쇄적인 리더십으로 대외적 개방과 교역을 거부하고 찬란했던 과거에 도취되어 있었다.

19세기 중엽, 산업혁명으로 무장된 영국은 중상주의 식민지 확장 정책으로 아편과 대포를 앞세워 청제국의 전제 체제에 일격을 가했다. 이른바 아편전쟁이다.

아편전쟁 이전, 중국 사회도 이미 상품경제가 싹트게 되어, 외국 자본주의의 충격과 관계없이 서서히 자본주의 사회로 변모하고 있었다.

1940년 아편전쟁 이후 제국주의의 침략은 이러한 변화를 더욱 자극함으로써 중국 사회경제의 대대적인 해체를 촉구했다. 그것은 중국의 자급 자족적 자연경제의 기반을 뒤흔들어 놓은 한편, 도시 상품경제의 발전을 촉진하여 자본주의 생성의 객관적 조건을 조성해 주었다.

이는 중국 사회에 두 가지 측면의 중대한 변화를 가져다주었다. 서구 자본주의의 충격과 중국 봉건 경제구조의 파괴로 말미암아 일부 상인·지주와 관료들은 그들의 재산을 새로운 산업에 투자하게 되었고, 그것은 중국의 자본주의 생성과 봉건사회의 해체를 촉진하였다. 하지만, 봉건적 착취제도는 계속되었을 뿐 아니라, 매판자본은 고리대 자본과 결탁하여 사회경제적으로 지배적 위치에 있었다. 따라서 자본주의의 충격은 봉건 중국을 결코 자본주의적 중국으로 변화시키지 못하고, 하나의 반(半)봉건적 사회로 바꾸어 놓았다. 이것이 하나의 큰 변화다.

다른 한편으로는 서구 자본주의의 침투는 중국을 서서히 반(半)식민지 국가로 전락하게 하였다. 제국주의자들의 목적은 더 큰 시장을 확보하여 더 많은 자원을 약탈하고 더 많은 이권을 쟁취하는 데 있었다. 이 목적을 위하여 제국주의 열강은 중국에 대하여 군사적·정치적·경제적 및 문화적 압박 수단을 총동원했다. 비록 중국은 대외관계에 있어서 형식적으로는 여전히 독립 국가로서의 위상을 유지하고 있긴 했지만, 실제적으로는 이미 불평등조약에 의해 국가의 주권과 영토가 완전히 침탈되는 상황에 놓임으로써 청나라 정부는 '양인(洋人)의 조정'으로 바뀌었다. 이러한 상황은 중국을 한 걸음 한 걸음 반(半)식민지 국가로 전락시켜갔다.

위와 같은 변화는 중국을 하나의 독립된 봉건국가로부터 반(半)봉건·반(半)식민지 국가로 바꾸어 놓았고, 중화민족을 고난과 굴욕의 도가니로 빠뜨렸다. 외국자본 제국주의와 중국 봉건주의와의 결탁은 중

국의 사회 및 정치의 발전을 가로막고, 전 인민에게 재앙과 고통을 안
겨다 주었다.

이러한 상황에서 중화민족이 당면한 중요한 과제는 다음의 두 가지
였다. 하나는 민족의 독립과 인민의 해방을 쟁취하는 것이었으며, 다
른 하나는 국가를 부강하게 하고 인민의 생활을 풍요롭게 만드는 것
이었다. 이들 두 과제 가운데, 앞의 과제는 뒤의 과제를 달성하기 위해
꼭 필요한 전제였다. 그러므로 어떻게 제국주의 열강의 침략에 대항하
고, 봉건 전제 체제의 통치에서 벗어나고, 가난하고 낙후된 국가의 면
모를 새롭게 바꾸고, 독립·자주·민주·통일·부강의 문제를 해결하
여야 할 것인가? 이것이 반(半)식민지·반봉건적 중국이 당면한 주요
과제였다.

중국의 수많은 지식인과 국민은, 외국자본 제국주의 세력과 국내 봉
건세력이 결탁하여 중국을 반(半)봉건·반식민 국가로 전락시켜가는
과정을 좌시하고 있지만은 않았다. 그들은 반(半)제국주의와 반봉건주
의화 과정에 격렬히 대항하였다. 아편전쟁으로부터 시작하여 중국 인
민들이 궐기한 저항과 투쟁은 간단치만은 않았다. 전대미문의 일들이
방방곡곡에서 터져 나왔다. 중화민족 공동의 적에 대한 전체 중국인의
적개심은 활화산처럼 치솟았다. 일본, 영국, 프랑스 등 제국주의 침략
에 대항한 여러 차례의 전쟁, 태평천국의 난, 애국 구망(愛國救亡: 나라를
멸망으로부터 구함)과 변법자강(變法自强: 청나라 사회 전반에 대한 근본적인
개혁)을 부르짖은 무술유신(戊戌維新), '부청멸양(扶淸滅洋: 청조를 도와 서양
세력을 몰아냄)'을 호소한 의화단운동도 모두 반(半)봉건·반식민에 저항
하여 일어난 혁명운동이었다. 하지만, 이들 운동도 전쟁도 모두 번번
이 실패하고 말았다.

중국은 영국, 미국, 독일, 프랑스, 러시아, 일본, 이탈리아, 오스트리

아 등 8개국 연합군에게 제국의 심장부인 수도 베이징(北京)을 짓밟히는 민족적 수모를 당하며 20세기에 진입했다. 침략군은 위안밍위안(圓明園)을 불태우고 청제국의 황궁을 약탈하며 온갖 악행을 저질렀다. 이때 중화민족의 눈앞에서 펼쳐진 제국주의자들의 만행은 중국인의 자존심을 여지없이 짓밟았다. 청제국의 파멸을 예고하는 비참한 광경이었다. 이러한 일련의 제국주의 침략과 이에 영합하는 반(半)봉건 세력에 대한 울분과 저항이 혁명으로 승화되는데, 그것이 바로 신해혁명(辛亥革命)이다.

1905년 일본의 도쿄에서 재일 중국인 유학생과 화교들이 주축이 되어 동맹회를 결성하였고, 쑨원(孫文)을 초대 주석으로 추대하였다. 쑨원은 서구식 민주공화국 건립을 목표로 하는 정치강령을 주창하고, 혁명의 수단을 통하여 그 강령을 실현하고자 했다. 동맹회의 결성은 제국주의 열강의 반식민 지배에 항거하는 민족적 각성, 국가적 위기감이 주된 배경이었고, 1905년 제1차 러시아 혁명(2월 혁명)과 러일전쟁에서의 일본의 승리라는 국제적 환경 변화에 영향을 받은 것이었다.

1911년 10월 10일 후베이(湖北) 성 우창(武昌)에서 후난(湖南) 신군 내동맹회 소속의 무장병력이 일으킨 '우창 봉기'가 전국적으로 확대되면서 시작된 신해혁명은 청조의 종말을 고하게 했다.

1912년 새해 아침, 혁명 세력은 난징(南京)에서 중화민국의 건립을 선포했다. 쑨원을 임시 대통령으로 하는 '난징 임시정부'가 수립되고, 주권재민, 인권 옹호, 민생중시를 표방하는 공화제가 건립되었다. 신해혁명은 만주족이 지배하는 청제국을 뒤엎고 수천 년간 중국을 지배해 온 봉건 군주제도를 종식시켜, 아시아 최초의 공화국 정부를 탄생시켰다. 신해혁명은 비교적 완벽한 의미에서의 중국 근대 민족·민주혁명의 효시로 사회발전의 닫힌 문을 활짝 열어젖혀 인민의 사상해방을 촉진하였으며, 이후 혁명 투쟁을 더욱 진일보시켜 나갔다. 특히 신해혁명은 뒷날 중국공산당 지도하의 이른바 신민주주의 혁명의 나아갈 길을 열어 주었다.

신해혁명은 이처럼 중국 근현대정치사에서 큰 획을 그은 사건이었지만, 아쉽게도 완벽하고도 투철한 반제(反帝)·반봉건의 정치강령이 없었고, 혁명을 성공적으로 이끌 수 있는 강력한 혁명 정당을 만들지도 못했다. 그 근본 원인은 혁명을 이끌어 갈 중국의 민족부르주아지 세력이 정치적으로나 경제적으로 그 역량이 아주 유약했기 때문이다.

사실 쑨원을 중심으로 한 동맹회 혁명 세력은 그들의 건국 구상을 실현할 만한 역량을 갖추고 있었던 것은 아니다. 난징 임시정부는 혁명파의 정권이라기보다는 혁명파와 입헌파, 그리고 구관료 등 이른바 민족부르주아지 세력이 제각기 서로 다른 이해관계를 가지고 일시적·편의적으로 짜 맞춘 연합정권이었다. 그 영향력도 중국 전역이 아닌 극히 일부인 남부 지방에 국한되었다. 특히 막강한 북양군벌[1]을 대표하는 위안스카이(袁世凱)를 무시하고서는 명목적인 공화제조차 유지할 수 없는 상황이었다.

또한, 그들 혁명 세력은 제국주의 및 봉건세력과는 실타래처럼 복잡하게 엮여 있었지만, 중국 인구의 절대다수를 차지하는 하층 노동자 및 농민과는 철저히 유리되어 있었고 오히려 그들을 박해하고 있었다. 이는 민족부르주아지 혁명파가 반(反)제·반봉건의 혁명 투쟁을 끝까지 밀고 나갈 수 있는 동력을 상실하는 결과를 낳았다. 신해혁명은 결국 자체 역량 부족 및 구세력과의 타협으로 인하여 종언을 고하고, 혁

---

1) 북양군벌(北洋軍閥): 청조 말기 중화민국 초기 등장한 현대식 군사 집단으로 약 30년 이상 중국을 지배한 군사 세력을 말한다. 리훙장(李鴻章)의 강력한 북양군에서 출발해 위안스카이를 거치면서 무력을 배경으로 베이징 정권을 장악한 군벌의 총칭.

명의 과실은 위안스카이가 이끄는 북양군벌의 수중으로 떨어지고 만다.

따라서 중국에서의 제국주의 세력은 쇠락하지도 않았고, 봉건세력 역시 여전히 그 뿌리가 복잡하게 뒤얽혀 곳곳에 상존하고 있었다. 앞에서 말한 중화민족이 당면한 과제 가운데 어떤 것도 해결하지 못하고 중국의 민생은 여전히 도탄에 빠져있었다. 이러한 의미에서 신해혁명 역시 실패한 혁명이었다. 그것의 실패는 중국 지식인들을 크게 각성케 하였고, 그들로 하여금 새로운 구국구민(救國救民)의 길을 찾아 나서게 하였다.

2. 신해혁명의 좌절과 신문화운동의 전개

신해혁명으로 청제국이 종말을 고하고 중화민국이 건국되었지만, 곧바로 전혀 예상하지 못한 일들이 벌어졌다. 위안스카이가 스스로 황제라 칭하며 등극하는 일과 장쉰(張勳)이 청의 마지막 황제 부이(溥儀)를 재옹립하는 사건이 벌어졌으며, 사상계에서는 공자에 대한 반동적 조류가 거세게 일어났다. 그리고 서구로부터 유입된 다당제와 의회제는 각개 군벌, 관료와 정객 등이 권력 쟁탈의 도구로 이용, 파벌 간의 투쟁이 난무했다. 1915년에는 일본과 치욕적인 '21개조'2)에 서명하는 수모를 당했다.

---

2) 1915년 1월 18일 일본의 가토 다카아키(加藤高明) 외무대신이 위안스카이에게 요구한 중국 내에서의 일본의 강압적인 이권 비밀문서. 내용은 모두 5호, 21개 조항인데, 제1호는 산둥 성의 독일 권익 양도와 철도부설권요구 등의 4개조, 제2호는 관둥주(關東州)의 조차 기간 연장을 포함한 남만주와 동부 네이멍구에서 일본의 특수 권익의 승인 등 7개조, 제3호는 한예평매철공사(漢冶萍煤鐵公司)의 철·석탄 사업에 관한 이권 이양 등 2개조, 제4호는 중국 연안과 도서 지역의 불할양 요구 1개조, 제5호는 중앙정부의 일본인 고문 초빙, 경찰의 공동관리, 병기 구입과 철도부설에 관한 요구 등 7개조였다.

1916년 위안스카이 사망 후 군벌들에 의한 암흑정치는 더욱 심화되었다. 북양군벌은 베이징 중심의 직계(直系 또는 직예直隸), 안후이(安徽) 중심의 완계(晥系), 만주의 펑톈계(奉天系 또는 평계奉系) 등 세 계파로 분열하여 할거함으로써 제국주의 열강들의 중국 대륙침탈에 더욱 유리한 환경을 만들어 주었고, 군벌들 간의 격렬한 혼전은 중국을 장기적인 분열과 동란의 소용돌이 속으로 빠뜨렸다.

이처럼 정치적·사회적 혼란이 계속되고 있는 가운데, 서구와 일본 등 제국주의자들은 중국의 군벌 세력과 결탁하여 각종 이권을 쟁취하고, 중국의 내정에 노골적으로 간여하였다. 따라서 중국은 명목상 주권국가처럼 보였지만, 사실상 열강의 식민지나 다름없었다.

이러한 비참한 현실에 직면한 혁명파 지식인들은 결코 좌시하고 있지만은 않았다. 쑨원은 민주혁명의 깃발을 높이 들고 진정한 민주공화국의 건설을 위해 끊임없이 투쟁하였다. 하지만 그러한 노력은 수구봉건세력의 집요한 저항과 방해로 곤경에 처한다. 국민당 이사장 대리 쑹자오런(宋敎仁)은 의회제의 실현을 위해 동분서주했지만 결국 북양군벌에 의해 암살되었고, 혁명당이 일으킨 위안스카이를 반대하는 '2차 혁명'과 위안스카이의 독재를 막기 위해 쑨원이 만든 임시약법을 수호하는, 이른바 '호법(護法)운동' 등은 오히려 군벌에 의해 진압되고 말았다. 중국의 개명 지식인들은 이러저러한 구국의 방안을 모두 시도해보았지만 한 가닥의 희망은 무거운 실망으로 돌아왔고, 국가의 존망은 그야말로 풍전등화와 같았다. 나라를 구하기 위해서는 새로운 출로를 찾아야 했다.

1915년 9월, 천두슈(陳獨秀)가 상하이(上海)에서 ≪청년≫이라는 잡지를 창간하였다(훗날 ≪신청년≫으로 개명). 그것은 칠흑 같은 한밤에 번개가 치듯 중국대륙에 거대한 '신문화운동'의 광풍을 불러일으켰다. 이

운동은 바로 새롭게 닥쳐올 혁명의 서곡이었다.

신문화운동은 천두슈, 리다자오(李大釗), 후스(胡適), 루쉰(魯迅) 등과 같은 진보적 지식인들이 중심이 되어 전통문화를 통렬히 비판하면서, 정신혁명·윤리혁명·문화혁명을 통하여 새로운 중국을 건설하려 몸부림친 '지식인 운동'이다. 신문화운동에 앞장선 지식인들은 그때까지 추진해 온 신해혁명과 같은 정치적 혁명운동이나 각종 개혁 운동의 한계를 지적하면서, 그것보다 더욱 근본적인 정신계의 개혁이나 혁명의 필요성을 역설하였다. 말하자면 그들은 신해혁명 실패의 뼈아픈 교훈을 통하여 명실상부한 공화정을 건립하려면 반드시 중국의 민족성부터 근본적으로 개조해야 한다고 보았다. 그것은 인간의 의식 세계를 지배하고 있는 전통적인 가치, 윤리, 관습 등을 타파하지 않고서는 정치혁명이나 개혁도 별다른 효과를 낼 수 없다고 생각하였기 때문이다.

그들은 진화론의 관점과 개성의 해방을 주요 사상적 무기로 하여 강력하게 신도덕과 신문학을 제창하고 구도덕과 구문학을 반대하였으며, 봉건적 예교를 향해 전면적인 도전을 선포했다. 그들은 봉건주의적 정통사상, 즉 유교에 대한 비판을 통하여 신사상을 저지하는 전제적 올가미를 세차게 걷어찼다. 그로부터 중국 사회에는 생기발랄한 혁명적 사상해방의 조류가 거세게 일어났다. 하지만 그들 중의 일부는 유교의 정통사상을 비판하는 과정에서 그 비판의 도를 넘어 지나치게 동양의 문화를 폄훼하거나, 심지어 중국의 우수한 전통문화까지도 쓸모없는 것으로 치부하며 부정하려 하였다. 이러한 맹목적이고 편향적인 비판은 신문화운동의 확산에 오히려 역기능을 하였다.

요컨대, 신문화운동에 앞장선 지식인들은 중국의 전통문화·전통질서·전통적 가치는 기본적으로 노예적·보수적·은둔적·쇄국적·가식적·공상적이기 때문에, 이러한 낡은 가치와 문화 및 관습을 철저히 파괴하지 않으면 신중국을 건설할 수 없다고 생각하였다.

특히 천두슈는 고루한 전통문화를 타파하고, 자주적·진보적·진취적·세계적·실리적·과학적인 서구의 문화와 문명을 받아들여 신중국을 건설해야 한다고 역설하였다. 또한, 중국은 더선생(德先生, Democracy의 De를 더德라고 발음하는 데서 따온 구호)과 사이선생(賽先生, Science의 Sci를 사이賽라고 발음하는 데서 따온 구호)으로부터 배워야 한다고 주장함으로써 전면적 서구화의 논리를 제시하였다. 봉건주의가 지배적 위치에 있던 당시의 사회에서 민주주의를 제창하고 독재체제를 반대한 것이나, 과학을 제창하고 미신을 반대한 것은 대단한 진보적 사상의 족적이다.

물론, 신문화운동에 참여했던 모든 진보적 지식인들이 천두슈처럼 전면적으로 중국 문명을 거부하고 서구화를 주장한 것은 아니었다. 리다자오 같은 사람은 동양 문명과 서구 문명을 천두슈와 같이 대립적으로 파악하지 않고, 오히려 동·서 문명의 상호 공존과 창조적 결합을 주장하기도 하였다. 이는 훗날 마르크스레닌주의 사상을 중국의 현실에 접목하는 이른바 '마오쩌둥 사상'의 정립에 크게 영향을 미쳤다.

이상과 같이 당시 지식인들 사이에 서구 문명의 접수에 대한 약간의 견해 차이는 있었다고는 하지만, 신문화운동에 참여한 지식인들 모두가 공유했던 것은 최소한 지배적인 전통문화와 전통질서에 대한 비판 정신이었으며, 새로운 문화와 가치에 기초한 신중국 건설에 대한 이상주의적 탐구 정신이었다. 그리하여 후스는 이 운동을 중국의 르네상스에 비유하였다. 신문화운동의 정신은 러시아 10월 혁명의 자극을 받아 5·4운동으로 발전한다.

3. 5·4운동과 마르크스주의 전파

1917년 러시아에서는 10월 혁명이 일어났다. 10월 혁명은 마르크스의 공산주의 이론이 현실로 나타난 최초의 혁명이었다. 10월 혁명의 승리는 서방의 프롤레타리아 대중을 각성시켰을 뿐만 아니라, 동방의 피압박민족을 일깨워주었다. 나아가 그것은 중국의 혁명에 획기적인 영향을 미쳤다. 10월 혁명은 그 발생 배경, 즉 봉건주의의 압박이 심각했고 경제가 낙후된 점 등에 있어서 중국의 상황과 유사한 점이 많았으며, 국토가 연접하여 있는 나라이기에 중국 인민들에 대한 특별한 흡인력을 가지고 있었다.

노동자·농민이 주인이 되는 새로운 국가의 탄생은 고난과 어둠 속에 허덕이던 중국인들에게 새로운 출로와 밝은 미래를 비추어주었으며, 수많은 난제에 봉착하여 나라의 미래와 민족의 존망을 걱정하던 진보적 지식인들에게는 그 해답을 제시해 주고, 혁명의 방법을 일깨워주었다. 이러한 상황에서 중국에서는 신문화운동의 바람을 타고 러시아 10월 혁명에 동조하는 사람, 초보적이나마 공산주의 사상을 가진 상당수의 지식인이 나타났다.

1917년 러시아 10월 혁명이 일어나기 몇 달 전, 베이징은 중국에서의 새로운 지식인 운동의 중심이 되었다. 1916년 12월, 폭넓은 자유주의 사상을 지닌 차이위안페이(蔡元培)가 베이징대학 총장이 되어 '사상의 자유'와 모든 것을 허용하고 받아들이는 '겸용병포(兼容幷包)'의 원칙하에 대학의 재건을 추진했다. 교수의 임용에 대해서 차이위안페이는 천명했다.

"그들의 학식이 제일이다. …대학 밖에서의 언동은 완전 자유에 맡긴

다. 본 대학은 그러한 언동에 대해서 결코 묻지도 않고, 책임을 따지려
하지도 않을 것이다."

이러한 자유로운 분위기 속에 베이징대학은 급진적인 지식인들의
천국이 되었다. 1917년 초 차이위안페이는 천두슈를 문과대학 학장에
임명했다. 1년 뒤인 1918년 2월에는 천두슈의 추천으로 리다자오가 베
이징대학 도서관 주임에 임용되었다. 그리고 경제와 역사학 교수를 겸
임하면서 대학 강단에 섰으며, ≪신청년≫ 편집에도 참여하고 천두슈
와 함께 ≪매주 평론≫을 창간하였다. 당시 ≪신청년≫ 그룹의 지도적
인물 대부분은 베이징대학과 관계를 맺고 있었다. 이러한 베이징대학
의 분위기 속에서 리다자오는 학생들의 연구동아리의 하나인 '마르크
스 연구회'를 지도하고 있었다. 훗날 중화인민공화국의 창건자가 되는
마오쩌둥은, 후난제1사범학교 은사이며 당시 베이징대학 교수였던 양
창지(楊昌濟, 훗날 마오의 장인이 됨) 교수의 추천으로 도서관 사서 보조가
되었고, 도서관 주임인 리다자오의 허락으로 이 연구회의 멤버가 되었
다. 마오쩌둥은 여기서 처음으로 마르크스주의를 만났다. 마오쩌둥을
제외한 마르크스 연구회의 멤버는 모두 베이징대학 학생들이었다. 훗
날 마오쩌둥은 다음과 같이 술회했다.

"국립베이징대학의 도서관 보조원으로서 리다자오 밑에서 일하는
동안 나는 급속히 마르크스주의에 경도되어 갔다."

특히 이 시기 무엇보다도 중요한 것은 그의 혁명적 사고에 많은 영
향을 미친 천두슈를 여기서 만났다는 사실이다. 그는 천두슈를 통하여
현대적 혁명 사조에 관한 식견을 넓힐 기회를 얻게 되었다.

마오쩌둥 이외에도 훗날 중국공산당의 지도자가 된 베이징대학의 젊은 학생들은 1919년 5·4운동이 일어나기 몇 달 전까지 리다자오의 '마르크스 연구회'를 통해 마르크스주의에 입문했다. 이들 가운데는 취추바이(瞿秋白)와 덩중사(鄧中夏), 장궈타오(張國燾)도 있었다. 이들은 모두 훗날 중국공산당의 걸출한 지도자가 되었다. 이 밖의 여러 학생들도 마르크스주의의 문헌이나 자료를 빌리기 위해 리다자오의 집을 드나들었다. 따라서 베이징대학 사서 주임실은 '붉은 집(紅樓)'으로 알려지기도 했다.

리다자오는 러시아 10월 혁명을 찬양한 중국 최초의 지식인이다. 1918년 그는 성명을 통하여 역설했다.

> "10월 혁명은 사회주의 위에 일어선 혁명이며," "세계 인류 전체의 새로운 희망이다." "머지않은 세계는 틀림없이 붉은 깃발의 세계가 될 것이다."

이즈음 중국은 마르크스 레닌주의를 받아들일 수 있는 환경이 점차 무르익고 있었다. 제1차 세계대전 기간, 중국의 민족자본주의경제는 단시간 내 신속히 발전하였고, 이에 따라 중국 노동자 계급의 역량은 크게 증대되었다. 1919년 5·4운동 전야 공업노동자는 이미 200만 이상에 달했다. 이는 비록 전체 인구에 비해 많은 수라고 할 수는 없지만, 그들은 제국주의·부르주아지 및 봉건세력의 극심한 압박을 삼중으로 받고 있었기 때문에 현상 타파의 욕구가 강렬했고, 다른 어떤 계급보다 혁명 의식이 단호하고 투철했다. 이처럼 중국 공장노동자계급의 성장과 신해혁명 때보다 훨씬 방대해진 지식분자 그룹의 형성은, 중국이 마르크스주의를 받아들일 수 있는 객관적 조건을 다져주었다.

여기다 봉건 지주계급의 노동자·농민에 대한 착취, 과도한 고리대금 및 지대와 세수 등 내적인 각종 사회적 모순은 차치하고라도, 제국주의 외세의 침범과 불평등조약 등 민족자존마저 훼손되는 대외적 모순이 날로 심화되고 있는 상황에서, 진보적 지식인을 포함한 인민 대중이 함께 봉기하는 새로운 혁명은 불가피한 일이었다. 그 혁명은 1919년 5월에 폭발한 5·4운동으로 점화된다.

5·4운동 폭발의 직접적인 도화선은 파리강화회의에서의 중국 외교의 실패였다. 1919년 제1차 세계대전이 끝나자 독일에 대한 전승국인 일본·영국·프랑스·이탈리아·미국 등은 파리에서 평화회의를 개최하고, 독일이 중국 산둥(山東)에 가지고 있던 권익을 일본에 양도하라는 일본의 요구를 받아들였다. 이 소식이 국내에 전달되자 각급 계층을 망라한 인민 대중은 격분하였고, 학생들이 투쟁의 선봉이 되어 5·4운동이 활화산처럼 불타올랐다.

5월 4일 격분한 베이징의 학생 3,000여 명은 톈안먼(天安門)광장으로 모여들어 파리강화회의 결정에 대한 반대 집회를 벌였다. 북양군벌 정부의 혹독한 진압으로 다소 폭풍의 예봉이 꺾이긴 했지만, 6월 3일부터 학생들은 다시 길거리로 나와 강연을 하고, 또 수많은 학생이 체포되기도 했다. 이러한 중대한 고비에 공장노동자들이 나섰다. 6월 5일부터 상하이 노동자 60만~70만 명이 학생운동을 성원하며 파업에 돌입하였다. 연이어 노동자 파업, 상인들의 동맹파업은 요원의 불길처럼 전국에 번져, 20여 개 성·직할시의 100여 개 도시로 확산되었다. 5·4운동은 청년, 지식인의 범위를 뛰어넘어 노동자, 소부르주아지(Petite Bourgeoisie) 계급과 민족부르주아지 계급이 참가하는 전국적인 규모의 인민 대중혁명 운동으로 발전하였다. 운동의 중심은 베이징에서 상하이로 옮겨지고, 운동의 주력은 점차 학생에서 노동자로 바뀌었다.

북양군벌 정부는 인민 대중의 압력으로 6월 10일 할 수 없이 체포된 학생 전원을 석방하고 친일파 관료들의 파면을 선포했다. 그러나 6월 28일, 마침내 중국 대표가 불참한 가운데 파리강화회의 협약 서명식이 거행되었다.

5·4운동은 중국 혁명사에 있어 중대한 역사적 획을 긋는 사건으로 그것은 중국 '신민주주의혁명'의 출발을 상징하는 것이었다. 중국인들은 5·4운동의 역사적 의의를 "철저하고도, 비타협적으로 제국주의와 봉건주의를 반대했다."는 점을 든다.

5·4운동의 성격은 당시에 내세운 구호에서도 분명히 드러난다. 즉, "밖으로는 제국주의 열강의 침탈에 대항하여 국권을 쟁취하고, 안으로는 봉건적 매국노 세력을 축출한다."는 구호에서도 알 수 있듯이, 5·4운동은 첫째, 일본을 비롯한 제국주의 세력의 중국 침탈에 대한 저항 운동이었고, 주권국가로서의 중국의 권익을 확보하려는 자주 운동이었으며, 둘째, 제국주의 세력의 주구(走狗)인 매국적 세력을 일소하고 민주정치의 실현 등을 목표로 했다는 점에서 현대중국에 있었던 최초의 반(反)제국주의 반봉건주의 운동이라고 할 수 있다.

5·4운동 중 청년 학생들은 직접 노동자 계급의 분출하는 놀라운 에너지를 목격하였다. 일부 초보적이나마 공산주의 사상을 가진 지식인들은 인민 대중들 사이로, 노동자들 속으로 파고들어 학교를 세우고 노동조합을 조직하였다. 이들은 훗날 중국공산당의 골간이 된다.

5·4운동은 마르크스주의의 전파를 앞당겼다. 중국의 진보적 지식인들은 파리강화회의의 실질적 교훈으로부터 제국주의 열강의 중국에 대한 억압의 본질을 한 단계 더 높이 인식하게 되었다.

서구열강들과는 달리 혁명에 갓 성공한 소련은 중국에 대해 친화적 태도를 취하였다. 1920년 4~5월, 《동방잡지》·《신청년》 등 진보적 성향의 간행물은 소련 정부가 발표한 <제1차 대중국(對華)선언>을 실었다. 이는 소련 외교인민위원장 대리 카라칸(L. M. Karakhan)이 1919년 7월 25일 소련 정부 명의로 발표한 선언이다. 카라칸은 "제정러시아가 중국 국경 내에서 누리던 모든 특권을 포기하겠다."고 선언하였다. 구체적으로 "차르 정부 단독 또는 일본 및 기타 협약국과 공동으로 중국에서 점탈한 모든 권익을 영구히 되돌려주고 어떠한 보상도 요구하지 않는다."고 발표하였다.

이처럼 레닌 정부는 제정러시아와 청나라 간에 체결했던 불평등조약을 포기하겠노라고 선언했으니, 이것은 실로 중국인들의 마음을 사로잡을 수 있는 파격적인 사건이었다. 중국의 국제적 권익의 반환을 거부했던 서구열강의 태도와는 판이하였다. 소련 정부는 왜 이러한 선언을 했을까? 다음과 같은 두 가지 목적에서 기인한 것 같다.

첫째, 소련과 코민테른의 대(對)세계 전략이 바뀌었기 때문이다. 1920년 7월 코민테른 제2차 대회에서 그들은 <민족, 식민지 문제에 있어서의 테제>를 채택하고, 소련과 세계 부르주아지의 투쟁을 위해서 소련은 "한편으로는 모든 (서구)선진국 노동자의 소비에트 운동을, 다른 한편에서는 (동방의)식민지와 피압박민족의 모든 민족해방을 자기의 주위에 결합시켜야 한다."고 하였다. 원래 코민테른의 지도자들은 소련을 세계 혁명의 근거지로 삼고, 유럽은 노동운동을 통해 사회주의혁명을 추진하는 한편, 동방은 농민운동을 통해 민족주의 혁명을 추진하여 동·서 두 세력에 의한 협공으로 자본주의 세력을 타도한다는 계획이었다. 제1차 세계대전이 끝날 당시 유럽은 여러 가지 조건으로 보아 사회주의혁명을 일어나게 할 수 있는 좋은 타이밍이었지만, 그것은 결국 실패하고 만다. 유럽에서의 노동운동이 지지부진하자 동방으로부터 서방을 포위한다는, 즉 먼저 동방의 피압박민족으로 하여금 제국주의와 대항하게 한 후 서방에서 사회주의의 승리를 쟁취한다는 쪽으로 혁명 전략을 바꾸게 된다. 따라서 그들의 가장 중요한 과제는 동방의 가장 큰 피압박민족인 중국에서 어떻게 공산당을 조직하고 어떻게 혁명을 책동할 것인가로 귀결되었고, 그 결과 중국에 대해 향유하고 있던 과거 정부의 모든 권익을 포기하기에 이르게 된 것이다.

둘째, 현실적으로 소련이 아시아에서의 서구의 영향을 배격하고, 시베리아에 대한 일본의 침략에 대비하기 위해 중국과의 우호 관계를 중시하게 되었기 때문이다. 특히 소련의 중국에 대한 권익 포기의 이면에는, 중국을 이용하여 당시 소련 볼셰비키(적위파) 정권을 반대하면서 중국 북부에서 활동하던 친일 러시아 백위파 세미노프(Semenov) 장군과 그 부대를 몰아내도록 하기 위한 목적도 있었다.

중국인들은 중국을 대하는 소련 정부의 이러한 태도 변화에서 사회주의에 대한 한 단계 더 높은 이해와 감동을 받게 된다. 따라서 5·4운동 이후 수많은 지식인은 점차 마르크스 레닌주의에 눈을 돌리기 시작하였고, 이는 중국에서 사회주의 사상이 더 넓게 전파되게 하는 강력한 촉진제가 되었다. 따라서 5·4운동 이후 신문화운동의 두드러진 특징은 사회주의 사상의 연구와 전파가 점차 진보적 사상계의 주류로 등장하게 된 것이다.

이즈음, 중국의 각종 간행물에는 여러 종류의 사회주의에 대한 견해가 이것저것 뒤섞여 발표되고 있었다. 그러나 마르크스주의는 그 자체가 내포하고 있는 진보적, 과학적, 그리고 혁명적 성격으로 말미암아 중국의 진보적 지식인들을 매료시키고 있었다. 그들은 여러 종류의 이념과 주의를 반복하여 비교 통찰한 후 최종적으로 과학사회주의를 선택하였고, 이어 마르크스주의에 대한 이념을 정립하였다. 이것이 바로 5·4운동 이후 신문화운동 발전의 기본 특징이다.

5・4운동 이후, 리다자오는 중국의 마르크스주의 전파에 거의 주동적 역할을 했다. 1919년 그는 ≪신청년≫에 <나의 마르크스주의관>이라는 논문을 발표하여 비교적 완벽하게 마르크스주의의 유물사관과 경제학설 및 사회주의 이론을 소개하였다. 1920년 9월 천두슈는 <정치를 말하다>라는 논문에서 혁명을 수단으로 하여 노동자 계급(생산계급)의 국가를 건설하는 데 동의한다고 선포하고, 자신은 급진적 민주주의자로부터 마르크스주의자로 전향하였다고 분명하게 밝혔다. 당시 후난 학생운동의 리더 격인 마오쩌둥은 베이징 체류 기간 중, 리다자오 등이 번역한 마르크스주의 중문 서적을 독파하고 마르크스주의에 대한 신념체계를 확고히 하였다.

덩중샤, 차이허썬(蔡和森), 윈다이잉(惲代英), 취추바이, 저우언라이(周恩來), 자오스옌(趙世炎), 천단추(陳潭秋), 샹징위(向警予), 가오쥔위(高君宇), 허멍슝(何孟雄), 왕진매이(王盡美), 덩언밍(鄧恩銘), 리다(李達), 리한쥔(李漢俊) 등도 역시 연이어 마르크스주의에 빠져든 청년 혁명가들이다. 둥비우(董必武), 린보취(林伯渠), 우위장(吳玉章) 등 일부 원로 동맹회 회원들 역시 이즈음 마르크스주의자로 경도된 지식인들이다.

마르크스주의를 받아들인 중국의 진보적 지식인들은 단순히 학리적인 측면에서만 그것을 논의한 것이 아니라, 국가 명운의 도구로서 그것을 주시하였다. 그들은 마르크스주의의 기본원리를 지도 사상으로 하여 실제 투쟁 속에 적극적으로 뛰어들어 노동자 계급과 결합하고, 중국의 현실과 결부시키는데 주의를 기울였다. 즉 마르크스주의 이론을 중국적 현실에 접목하는 데 주의를 기울인 것이다. 이는 바로 중국의 마르크스 사상운동이 시작 단계에서부터 가졌던 이른바 중국적, 또는 중국 특색 마르크스주의의 특징이다.

4. 코민테른의 지원과 중국공산당 창당

중국공산당의 창당은 레닌(Vladimir Il'ich Lenin)이 지도하는 코민테른의 도움으로 이루어진다. 1919년 3월에 건립된 코민테른은 이듬해인 1920년 4월, 당시 소련공산당 극동국 서기를 맡고 있던 보이틴스키(Grigori Voitinsky)를 베이징에 파견한다. 그는 통역관 양밍지(楊明齊, 산둥인 화교)와 함께 베이징에 도착한 후, 베이징대학 러시아인 교수의 소개로 리다자오를 알게 되었다. 그는 리다자오가 베이징대학 도서관 사무실에서 마련한 좌담회에 참석하여 러시아 10월 혁명 이후의 실제 상황과 그 대외정책을 설명하였다. 그리고 두 사람은 중국공산당 창립에 관하여 이야기를 나누었다. 리다자오는 보이틴스키의 의도를 받아들이고 싶었지만, 먼저 천두슈와 접촉할 것을 권했다.

리다자오는 얼마 후 상하이에 머무르고 있는 천두슈에게 보이틴스키를 소개해 주었고, 상하이에 간 보이틴스키는 천두슈와 만난 자리에서 공산당 건립에 대한 문제를 논의하고 코민테른과 소련공산당은 경제적으로 최선을 다해 그들을 지원하겠다고 약속했다. 동시에 중국공산당 창당의 주비 공작을 도왔다.

천두슈는 그때 이미 7명의 회원을 가진 공산주의 소조(小組)를 조직하고 있었다. 천두슈는 전국적인 당 조직을 건립하기 위하여 리다자오를 포함한 여러 마르크스주의 지식인들을 상하이로 불러들였다. 이 모임에서 천(陳)두슈는 남부의 여러 성에서, 리(李)다자오는 화북에서 그 임무를 맡기로 했다. 그래서 '남진북이(南陳北李)'라는 말이 당원들 사이에 널리 회자하였다.

천두슈

리다자오

1920년 여름부터 초가을까지 여러 가지 이름을 가진 공산주의 소조가 베이징, 우한(武漢), 창사(長沙), 지난(濟南), 항저우(杭州) 등지에서 결성되었다. 1920년 10월 리다자오가 베이징에서 조직한 베이징 공산주의 소조는 원래 8명으로 구성되었으나 그 가운데 6명이 무정부주의자였다. 무정부주의자 중에는 장제스(蔣介石)의 이론적 스승이 된 다이지타오(戴季陶)도 포함되어 있었다. 그러나 몇 달 뒤 무정부주의자들은 대부분 당을 떠났고, 그 자리는 더욱 헌신적인 리다자오와 천두슈의 제자들로 채워졌다.

따라서 당이 결성되었을 때 41세의 천두슈와 32세의 리다자오를 제외한다면 당원은 모두 20대 청년 학생들이었다. 베이징에서 리다자오는 덩중샤, 장궈타오, 뤄장룽(羅章龍), 가오쥔위, 허멍슝, 류런징(劉仁靜) 등 훗날 공산주의자로서 이름을 떨친 인사들을 포함한 수많은 애제자를 입당시켰다. 리다자오가 수많은 젊은 인사들을 입당시킬 수 있었던 배경은, 그가 5·4운동 전후부터 길러왔던 학생운동권 지도자들과의 매우 친밀한 개인적 관계 때문이었다.

학생들에게 있어 리다자오는 학문적 스승, 사상적 지도자, 정치적 권위였을 뿐만 아니라 개인적으로도 사적 문제, 금전적 문제에 대해서도 아버지와 같은 조력자였다. 리다자오는 가끔 자신의 가정경제를 고려치 않고 곤궁한 학생들에게 경제적 지원을 함으로써 가정불화를 자초하기도 했다. 어떤 때에는 문제가 심각해서 그의 부인이 직접 총장 차이위안페이를 찾아가 최소한의 생필품을 살 돈도 없음을 하소연한 적이 있다. 그래서 차이위안페이는 경리과에 리다자오에게는 봉급의 일부만 주고, 대부분은 그의 부인에게 지급하라고 명했다는 일화가 있다. 이처럼 중국에서 공산주의운동은 5·4시기에 형성된 친밀한 사제 관계에 의하여 발전되었고, 두 교수에 의하여 지도되고 있었다.

국내적으로 이같이 혁명의 조건이 성숙 발전하고 있는 상황에서 코민테른과 소련공산당(보이틴스키)의 지원으로 1920년 5월 상하이에서 중국공산당 조직을 발기하기에 이른다. 당시 천두슈·리한준·선센루(沈玄廬) 등이 일치하여 공산당을 건립하자고 주장하였고, 그 뒤 또 리다·위슈쑹(俞秀松)·스춘퉁(施存統)이 가입하였다. 그들은 중국공산당의 강령 초안을 완성하고, 중국공산당 임시 중앙을 상하이에 수립하였다. 그리고 천두슈를 서기로 추대하였다. 임시 중앙은 국내외 당 조직 건립의 발기와 연락의 중심 역할을 했다. 주요 활동은 다음과 같다.

① 각지에 당의 조직을 건립. 중국공산당 제1차 대회 이전, 즉 1920년 10월 가을에서 1921년 봄에 걸쳐, 먼저 상하이·베이징·광저우(廣州)·후베이(우한)에 지부를 건립하고 뒤이어 후난(창사)·산둥(지난), 일본, 파리 등지에서 지방조직을 건립하였다.

② 간행물 발간을 통한 선전 활동 전개. 마르크스주의를 선전하고 진보적인 청년들을 조직하여 마르크스주의를 학습하고 중국이 당면한

실제 문제를 연구하였다.

③ 사회주의청년단의 조직. 청년단을 조직하여 단원에게 마르크스주의를 학습시키고 실제 투쟁에 참여케 하여 당의 후비 역량으로 키워갔다.

④ 외국어학교를 설립하여 러시아어 습득. 류사오치(劉少奇)는 이 학교에서 러시아어를 습득한 대표적인 당인이다.

⑤ 노동운동의 전개. 노동자들 속에 들어가 마르크스주의를 선전하고 노동조합의 조직공작을 통하여 노동자들에게 마르크스주의를 받아들이도록 하는 교육을 하고, 계급의식을 제고시켜갔다.

⑥ 무정부주의자 청소. 무정부주의자 등 마르크스주의 반대론자들과 논쟁을 벌여, 일군의 진보적 지식인들이 과학사회주의와 기타 사회주의의 경계를 명확히 구분하도록 하여 모두 마르크스주의 길을 걷도록 계도하였다.

이상 각종 간행물 및 조직 활동의 비용은 모두 보이틴스키가 제공하였다.

1921년 7월 23일, 마침내 중국공산당 제1차(기) 전국대표대회[3]가 상하이 프랑스 조계 왕즈로(望志路) 보아이(博愛)여학교에서 개최되었다.[4] 대회의 마지막 하루는 경찰의 감시를 피해 저장(浙江) 성 자싱(嘉興) 남호의 배 위에서 열렸다. 이른바 창당대회였다.[5] 회의에 참가한 대표 13명은 아래와 같다.

---

3) 제1차 전국대표대회는 제1기 전국대표대회라고도 하고, 제1차 당 대회, 또는 1대라고도 함.
4) 타이완 국립정치대학 대륙문제연구중심의 저명한 중국공산당사 연구전문가인 궈화룬(郭華倫) 교수는 중국공산당 제1차 전국대표대회가 상하이 바이러로(敗勒路) 리한준의 집에서 거행되었다고 기록하고 있다.
5) 1941년 6월 30일, 중국공산당은 <중국공산당 탄생 20주년 항쟁 4주년 기념에 관한 지시>에서 7월 1일을 창당일로 정했다.

상하이 대표: 리다, 리한준
베이징 대표: 장궈타오, 류런징
창사 대표: 마오쩌둥·허수헝(何叔衡)
우한 대표: 둥비우, 천단추
지난 대표: 왕진매이, 덩언밍
광저우 대표: 천궁보(陳公博), 바오후이성(包惠僧)
재일본 대표: 저우푸하이(周佛海)

당시 광저우에 피신해 있던 천두슈는 참가하지 못하였고, 대신 바오후이성을 회의에 파견하였다. 13명의 참석자는 전국의 당원을 대표하였으며, 당시 전체 당원은 50여 명(공식적으로는 57명), 사회주의청년단 단원은 350명 안팎이었다.

당시 신원이 확실한 1차 당원에 대한 분석(1921년 코민테른에 제출한 보고서)에 따르면, 초기 당원 44명의 구성은 기본적으로 지식인 위주였다. 대학교수 7명, 편집자·번역사·기자 7명, 변호사 1명, 국민당 좌파 1명, 초중고 교사 6명, 유학생 6명, 대학생 10명, 중등학생 5명이었고, 아이러니하게 노동자는 1명에 불과했다. 이들의 평균 연령은 26세였고, 소수민족을 2명 포함하고 있었으며, 기본적으로 당원의 대부분은 적극적으로 5·4운동에 참여했던 청년 지식인들이었다.

코민테른 대표 마링(Hendricus Maring)과 붉은 노동자 국제대표 니콜스키(Nikolsky)의 지도하에 회의가 진행되었다. 대회 기간 5일 동안 대회의 주석(의장)은 장궈타오가 맡았고, 기록은 저우푸하이와 마오쩌둥이 하였다.

당명은 '중국공산당'으로 결정했다. 강령은 '혁명군대는 반드시 프롤레타리아와 함께 부르주아지의 정권을 전복시키고 노동자 계급에 의

한 국가건설,' '계급투쟁이 종결 때까지 프롤레타리아 독재 인정,' '부르주아지의 사유재산 몰수,' '황색 지식계급 및 다른 유사 정당 또는 단체와의 관계 단절,' 그리고 '코민테른과의 제휴' 등이 그 골자다. 대회에서는 실제 활동 계획도 토론했는데, 그 요지는 노동운동을 집중적으로 지도하여 노동조합을 결성하고 노동자에 대한 교육을 강화하기로 한 것이다.

중국공산당 제1차 전국대표대회가 열린 상하이 보아이여학교

대회에서는, 동시에 당의 지도부를 선출했다. 중앙 집행부서로 임시 중앙국을 설립하고 천두슈, 리다, 장궈타오 3인으로 중앙국을 구성하였다. 천두슈를 그 서기에, 리다와 장궈타오를 각각 선전위원과 조직위원으로 선임하였다. 그리고 중앙국 후보위원으로 저우푸하이, 리한준, 류런징을 선출했다.

제1차 당 대회는 중국공산당의 성립을 공식적으로 선포했다. 이 대회는 북양정부와 외국 조계의 감시하에 비밀리에 거행되어, 회의장에는 밀정과 경찰이 한바탕 부닥치는 소란을 제외하고는 사회적으로 어떠한 주의도 끌지 못했고 아무 일도 없었던 것 같았다. 하지만 이때부터 칠흑 같은 중국대륙에는 새로운 한 줄기 혁명의 불씨가 타오르기 시작하였다. 이때 비록 당의 역량이 아주 유약하긴 했지만, 중국을 개조하겠다는, 즉 민족의 독립과 인민의 해방을 쟁취하고 국가의 부강과 인민의 공동 번영을 이루겠다는 자신의 소임에는 자신만만하였다.

그러나 중국공산당이 광활한 국토, 수많은 인구, 복잡한 난제, 낙후된 경제 및 문화, 반(半)식민·반봉건적인 문제가 뒤얽혀 있는 중국에서, 그 활동을 전개함에는 반드시 일련의 탐색 과정이 필요했다. 어디서부터 혁명을 시작해야 하고, 어떻게 마르크스주의의 기본원리를 중국혁명의 구체적 실천에 정확하게 결부시켜 민주주의 혁명과 사회주의혁명을 구분하면서 연계하여 갈 것인가? 등등의 문제를 분명히 하여 국가 실정에 부합하는 민주혁명의 강령을 제정해야 했기 때문이다.

중국공산당 창당 후 당 이론을 정립하는 과정에 있어서, 당 지도자들은 마르크스주의의 관점에서 중국이 봉착한 실제 문제를 관찰하고 분석하는데 주의를 기울였다. 당은 중국 인민이 받는 가장 큰 고통은 일반적인 자본주의의 착취가 아닌, 제국주의의 억압과 봉건 군벌의 지배라는 것을 알게 되었다. 1922년 1월, 중국공산당은 코민테른이 소집하여 모스크바에서 열린 극동의 각국 공산당 및 민족혁명 단체 제1차 대표대회에 류사오치, 장궈타오 등을 대표로 파견하였다. 이 대회는 레닌의 이른바 '민족과 식민지 문제의 이론'에 근거하여, 중국이 "당면한 첫 번째 문제는 중국을 외국의 속박에서 해방하고, 독군(督軍: 중화민국 초기 각 성의 최고 군사 장관)을 넘어뜨려 하나의 민주주의 공화국을 건립하는 일이라고 명확히 지적하였다. 이는 중국공산당이 당시 혁명강령을 제정하는 데 있어서 직접적인 지침이 된다.

1922년 7월 16일~23일, 중국공산당 제2차 전국대표대회가 상하이에서 열렸다. 전국 195명의 당원을 대표하여 12명의 대표가 출석하였다. 코민테른에서 파견한 보이틴스키도 회의에 옵서버로 참석했다. 대회는 중국의 정치·경제 상황에 대한 분석을 통하여 중국사회의 반(半)식민·반봉건의 성격을 명시하고 당의 최고 강령과 최저 강령을 천명했다. 최고 강령은 노동자·농민 독재체제를 건립하고, 사유재산제도를 철폐하여 점차 공산주의 사회에 도달하는 것이라고 선언하였다. 하지만 현 단계 혁명의 임무, 즉 최저 강령은 내란을 평정하고 군벌을 타도하여 국내의 평화를 도모하고, 국제 제국주의의 억압을 뒤집어 중화민족의 완전한 독립을 쟁취하여 중국을 진정한 민주공화국으로 통일하는 것이라고 했다. 이렇게 제2차 당 대회는 전 중국 인민에게 반제·반봉건의 혁명강령을 처음으로 밝혔다.

2차 당 대회는 결의안을 통하여 당의 임무는 하나의 혁명적 대중의 성격을 가진 프롤레타리아 정당을 건설하는 것이라 천명하고, 중국공산당은 중국 프롤레타리아의 선봉대, 프롤레타리아의 충실한 대표라고 밝혀 당의 진보적인 성격을 분명하게 드러내었다. 대회는 중국공산당의 첫 번째 <당헌(黨章)>을 통과시켰다. 또한, 2차 당 대회는 결의안을 통하여 중국공산당은 코민테른의 한 지부임을 확인했다. 이는 당시로서는 불가피한 선택이었다.

나아가 2차 당 대회는 중앙집행위원회를 선출하였다. 천두슈, 리다자오, 장궈타오, 차이허썬, 가오쥔위를 중앙집행위원회 위원으로, 덩중샤, 샹징위, 리다를 후보위원으로 선출하였다. 그리고 중앙집행위원회는 천두슈를 위원장으로 선출하고, 장궈타오를 중앙조직부장, 차이허썬을 중앙선전부장, 샹징위를 중앙부녀부장으로 선임했다. 또 당의 기관 간행물 주간 ≪향도(嚮導)≫를 발행하기로 하였다. 차이허썬이 그 편집장을 맡았다.

이후 중국공산당은 중국노동조합 서기부를 설립하여 노동운동에 역량을 집중하였다. 당의 지도하에 1922년 1월 홍콩 해운노동자들의 파업을 시작으로 중국 노동운동은 고조되어갔다. 13개월에 걸쳐 전국에 100여 차례의 파업에 30만 이상의 노동자들이 참가하였다.

1923년 2월 4일 폭발한 징한(京漢: 베이징-우한)철도 3만여 명의 노동자 파업은 노동운동의 절정이었다. 2월 7일, 제국주의 세력의 지지하에 직계군벌의 수령이며 베이징 허난·산둥 지방 최고 군정장관 우패이푸(吳佩孚)는 군인과 경찰을 동원하여 징한철도 연변에서 노동자들을 무자비하게 진압하였다. 징한철도 노동조합 장안(江岸) 위원장 공산당원 린샹첸(林祥謙)과 징한철도 노동조합 및 후베이 성 노동자단체 연합회 법률고문 공산당원 스양(施洋) 등은 연이어 피살되었다. 이후 전국의 노동운동은 잠시 침체기에 접어들었다.

이 시기 공산당이 지도한 노동 투쟁의 결과는 다음 몇 가지 중요한 교훈을 주었다. 첫째, 중국혁명의 적은 상상외로 강했다. 강한 적을 상대하여 이기기 위해서는 겨우 노동자 계급의 고군분투에 의지하는 것만으로는 부족하므로 반드시 모든 가능한 동맹자를 쟁취할 필요가 있다. 둘째, 반(半)식민지·반봉건의 중국에 있어서 노동자는 최소한의 민주적 권리조차 가지고 있지 않고, 규모가 비교적 큰 노동 투쟁도 모두 군경에게 진압당하였다. 그러므로 혁명적 무장투쟁 없이 겨우 파업 및 기타 합법적 투쟁에만 의존하는 것은 무용한 일이었다. 공산당 지도자들은 이러한 경험적 교훈을 깔고 국민당과의 합작을 기초로 한 대혁명 시기에 진입한다.

제 2 장

제1차 국공합작과 국민혁명

1. 제1차 국공합작과 대혁명의 흥기

1924년~1927년, 중국대륙에서는 제국주의 세력과 북양군벌을 뒤집자는 혁명운동이 세차게 불타오른다. 일반적으로 이것을 '대혁명' 또는 '국민혁명'이라 부른다.

목표는 장대했지만, 중국의 혁명 역량은 제국주의 및 봉건세력과는 비교될 수 없는 아주 미약한 상태였다. 따라서 중국공산당은 광범한 통일전선 결성의 필요성을 인식하고, 쑨원이 이끄는 중국국민당과의 합작을 추진하기로 한다. 베이징(직계) 군벌 정부의 타도를 당면한 최대의 목표로 하는 점에서 국공 양당의 노선은 일치하였다.

물론, 코민테른의 압력도 국공합작에 결정적인 역할을 하였다. 코민테른 중앙집행위원회는 마링이 제의한 <중국공산당과 국민당의 관계에 관한 결의>를 국민당과 공산당에 전달하면서 국공합작은 본격화된다. 왜 코민테른은 이렇게 적극적이었는가? 그것은 앞서도 언급한 바와 같이 크게는 소련의 대(對)동방 정책의 일환이었기도 하지만, 당시 소련의 베이징 군벌 우패이푸 정부와의 국교회복 노력이 여의치 않았던 것도 하나의 이유다.

당시 국민당은 대체로 민족부르주아지와 소부르주아지 계급을 대표하는 정당이었다. 그것은 혁명 과정에서 군벌의 압력 및 반대 세력의 방해로 우여곡절을 겪으면서 역량은 소진되고 구성원의 성분은 복잡해졌고, 조직은 이완되었다. 더구나 근거지 광둥에서 광둥 군정부를 조직하여 쑨원을 받들고 있던 천중밍(陳炯明)이 반란을 일으킴으로써 군사력이 크게 약화 되었다. 따라서 쑨원은 중국공산당과의 국공합작을 고려하기에 이른다.

물론 쑨원의 국민당이 이처럼 곤경에 처해 있긴 했으나 국민당은 결코 무시할 수 없는 강점이 있었다. 그것은 첫째, 쑨원은 전 중국인의 마음속에 중화민국의 국부로서, 그가 이끄는 국민당은 사회적으로 권위와 신망이 있었다. 둘째, 쇠진하긴 했으나 쑨원은 중국의 남방에서 각종 혁명 역량을 포용하고 활동할 수 있는 근거지가 있었고, 광둥과 장시(江西) 성 경계에 국민당을 지탱해 주는 수만 명의 충실한 당군이 있었다. 셋째, 쑨원은 여러 차례 그 지도하의 혁명이 좌절된 뒤에 혁명의 방법을 바꾸어야겠다는 생각이 절실하여 공산당과의 국공합작을 환영하고, 소련이 중국혁명을 돕는 것을 환영하는 상황에 있었다. 따라서 공산당은 국민당과의 국공합작을 신중히 검토하기로 한 것이다.

이러한 상황에서 중국공산당은 1922년 8월 29~30일, 마링의 제의에 따라 당 중앙집행위원회 전체회의를 항저우의 서호에서 소집하였다. 천두슈·리다자오·장궈타오·가오쥔위 및 코민테른을 대표한 마링이 참석했다. 회의에서는 중국공산당과 국민당 간의 혁명 통일전선을 구축하는 문제에 관한 토론을 하였다. 마링은 공산당원은 개인적 신분으로 국민당에 가입하여 진일보한 연합전선을 구축하는 것이 좋겠다는 코민테른의 제의를 이 회의에 전달했다. 회의에서는 충분한 토론을 거쳐 쑨원이 국민당을 개조하여 부르주아지·소부르주아지와 프롤레타리아의 민주혁명 통일전선을 구축할 것이라는 조건하에, 공산당원은 개인 명의로 국민당에 가입하여 양당이 합작한다는 결정을 내렸다. 그리고 얼마 뒤, 리다자오, 천두슈, 장궈타오, 차이허썬, 장타이레이(張太雷) 등은 연달아 개인 명의로 국민당에 입당하고 쑨원의 국민당 개조를 돕기 시작한다.

1923년 6월 12~20일, 광저우에서 중국공산당 제3차 전국대표대회가 열렸다. 회의에서는 쑨원과 국민당의 혁명에 관한 입장을 다시 한번 정확하게 짚어보고, 1923년 1월, 마링의 제의에 따라 코민테른 중앙집행위원회가 결정한 〈중국공산당과 국민당의 관계에 관한 결의〉를 받아들이기로 했다. 따라서 공산당원은 개인 신분으로 국민당에 입당하여 합작(통일전선)을 실현하기로 하였다. 그리고 공산당원이 국민당에 가입할 때, 당은 반드시 정치·사상·조직에 있어서 자신의 독립성을 지켜 주어야 한다고 규정했다. 개인 신분으로 국민당에 입당하여 이중 당적을 가지면서 국민당의 활동에 협력한다는 것은 양당이 가지고 있는 역량의 차이나 복잡한 당내 사정을 반영한 것이다. 당원 수만 예로 들어도 국민당은 약 5만 명이었던 데 비하여 공산당은 1천 명 미만이었다.

대회에서는 〈당헌〉 수정 및 대회 선언도 있었다. 그 골자는 "현 단계 당은 당연히 국민 혁명운동을 중심 임무로 하여야 한다." "국민당은 응당 국민혁명의 지도적 지위에 서 있어야 하고, 공산당원은 반드시 국민당에 가입하여야 한다." "국민당의 조직이 전국에 확대되도록 노력하여 전국의 혁명 분자들이 국민당으로 모여들도록 한다." 대회는 또한 명확히 천명했다. 첫째, 국민당을 좌익의 정당으로 개조한다. 둘째, 중국공산당이 공개적으로 활동할 수 없는 지방에서는 국민당을 확대한다. 셋째, 우수한 국민당원은 우리 당(공산당)으로 흡수한다.

대회에서는 새로운 중앙집행위원회도 선출하였다. 중앙집행위원회는 천두슈·차이허썬·탄핑산(譚平山)·마오쩌둥·뤼장룽으로 중앙국을 구성하고, 천두슈를 위원장으로 선출하였다. 그리고 마오쩌둥을 중앙국 비서로 임명하여 중앙의 일상 업무를 맡겼다.

공산당 제3차 대회 이후, 국공합작의 발걸음은 매우 빨라졌다. 1923년 10월 초, 쑨원의 초청으로 소련 대표 미하일 보로딘(Mikhail Markovich Borodin)이 광저우에 도착하여 얼마 되지 않아 정치고문이 되었다. 국민당의 개조는 아주 신속히 실행단계에 들어갔다.

1924년 1월 20일~30일, 국민당 제1차 전국대표대회가 쑨원의 주재로 광저우에서 열렸다. 개막식에는 대표 165명 중 공산당원 20여 명이 참가했다. 공산당 지도자인 리다자오는 쑨원의 지명으로 대회 주석단의 성원이 되었다. 국공합작이 공식적으로 성립된 이 대회에서는 삼민주의를 이전과는 달리 새롭게 해석하여 당의 방침을 명확히 하면서, 혁명을 수행하기 위해 조직 역시 새롭게 정비하였다.

대회에서 통과된 선언에서는 쑨원의 삼민주의를 다음과 같이 새롭게 해석했다. 첫째, 민족주의는 대외적으로 반(反)제국주의·반군벌주의를 명확히 하고, 대내적으로는 국내 각 민족의 자결권과 혁명 승리 이후의 자유로운 연합을 승인하였으며, 그것의 사회적 기반은 지식인·노동자·농민·상인 속에서 찾아야 한다고 했다.

둘째, 민권주의의 경우, 민주주의는 당연히 일반 평민이 공유하여야 할 것을 강조하였다. 주목해야 할 점은 구미의 의회민주주의를 부르주아지독재라고 규정한 것이다. 여기서 민권주의는 정치 권력을 부르주아지 독점으로부터 탈피하여 '진정으로 제국주의를 반대하는 개인과 단체' 속에서 찾고자 한 것이다.

셋째, 민생주의는 '평균지권(地權)'과 '자본절제'의 두 원칙으로, 그것을 그대로 유지했다. 평균지권이란 개인이 소유하는 토지는 지주가 평가하여 국가에 신고하고, 국가는 그 지가를 기초로 하여 징세하고 또 필요시는 신고가격에 의해 이것을 매수하는 정책이다. 자본절제는 대규모 산업의 국유화와 중소기업의 사적 경영의 혼합으로 이루어지는 일종의 국가사회주의 정책이다. 이에 대해서도 국민혁명은 노동자·농민의 적극적인 참여를 구하고, 또 그들을 위한 것이라는 것을 강조하였다.

결과적으로 새롭게 해석된 삼민주의는 노동자·농민을 중핵으로 한 반(反)제국주의·반군벌적 계급 통일전선의 논리였다. 이는 코민테른과 중국공산당의 주장이 반영된 것이다. 국민당 제1차 전국대표대회는 사실상 연소(聯蘇: 소련과의 연합), 용공(容共: 공산당허용), 노농부조(勞農扶助: 노동자와 농민에 대한 지원)라는 3대 혁명 정책을 확립한 셈이다.

다음, 조직의 새로운 정비를 보면, 혁명적 군대와 공산당 대중조직의 지지를 당 조직의 핵심으로 하였다. 이는 이미 마링에 의해 시사된 조직 방향이기도 했다. 이에 따라 우선 당 조직은 소련공산당에게 배운 민주집중제에 근거하여 중앙·성·현·구·구 분부의 각 단계로 조직하고, 국가조직이나 사회단체를 지도하기 위해 당단(黨團)을 설치하였다. 당의 최고 권력기관은 전국대표대회이고, 그 폐회 기간에는 중앙집행위원회가 그 권한을 위임받도록 하였다.

대회에서는 당 전국대표대회 주석 겸 중앙집행위원회 총리로 쑨원을 선출하였다. 쑨원은 당의 최종 결정권자가 되었다. 그리고 당내 합작의 결과로서 중앙집행위원회 위원에 많은 공산당원이 선출되었다. 위원 24명 가운데 탄핑산·리다자오·위수더(于樹德) 등 3명과, 후보위원 17명 가운데 선딩이(沈定一)·린쭈한(林祖涵)·한푸린(韓符麟)·마오쩌 둥·장궈타오·위팡저우(于方舟)·취추바이 등 7명이 공산당원이었다. 중앙집행위원회 전체 구성원 41명 가운데 약 4분의 1(10명)이 공산당원 이었다. 비록 국민당 내부의 정황이 상당히 복잡하긴 했지만, 공산당 측에서 보면 그것은 이미 노동자·농민·도시 소자본가·민족자본가 계급의 민주주의 혁명연맹이 성립된 것이다.

군대조직을 보면, 객군과 학생군 조직으로 구성되었다. 객군이란 군 벌 군대에 불만을 품고 광둥의 국민당에 접근한 개인적 색채가 강한 지방의 군대다. 학생군의 경우 그 양성을 위해 1924년 6월 국민당 직 할로 중국국민당 육군군관학교를 설립했다. 쑨원이 소련으로부터 군 사고문과 무기, 재정을 지원받아 설립했다. 광저우 부근의 황푸(黃浦) 창저우도(長洲島)에 위치한다고 해서 흔히 황푸군관학교로 불렀다. 쑨 원 총리에 장제스가 교장, 랴오중카이(廖仲愷)가 당 대표를 맡았다. 11 월에는 유럽에서 돌아온 저우언라이(공산당 광둥구위원회 위원장)가 황푸 군관학교 정치부 주임, 공산당군 출신 예젠잉(葉劍英)이 교육부 주임을 맡아 효과적인 정치공작 및 군사교육을 실시하였다.

황푸군관학교 설립 목적은 국공합작의 결실답게 "쑨원이 주창한 혁 명의 주지(主旨)를 관철하여 군사와 정치 인재를 양성하고, 황푸의 학 생을 혁명군의 골간으로 삼아 제국주의와 군벌을 타도함으로써, 국민 혁명의 목적을 완수하자."는 것이었다. 각지에서 파견된 공산당원 및 청년단원과 진보적 청년들이 황푸로 몰려들었다. 제1기 학생들 가운 데 공산당원과 공산주의청년단(약칭: 공청단)원은 56명인데, 그것은 전체 인원의 10분의 1이었다. 한국인들도 입학하여 교육을 받았다. 당시 광 둥지역 한인 독립운동의 주요 인물이며 그 학교 교관이던 손두환의 소개로 김원봉과 김성숙 등은 장제스 교장과 면담하여 의열단의 입학 및 학비 면제 승낙을 받았다. 김원봉은 한때 황푸군관학교 정치부에 근무하며 협동 전선 운동을 모색하였다. 조선인 34명이 이 학교에 입학하여 독립군으로 성장하였다.

광저우 부근에 있는 황푸군관학교

대중조직의 경우, 국민당은 공산당이 지도하는 대중조직을 그대로 받아들이고, 새로 조직된 국민당 중앙집행 부서 가운데, 대중조직과 특별한 관계가 있는 부서인 조직부, 노동자부, 농민부 및 부녀부의 실무(비서: 저우언라이의 처 덩잉차오鄧穎超)는 공산당원이 맡았다. 조직부장은 탄핑산이, 농민부장엔 린쭈한, 그리고 선전부장 대리는 마오쩌둥이 임명되었다. 모두 공산당원이었다. 이처럼 대중적 기반의 확보에는 공산당원이 실질적 역할을 하였다.

국민당으로 크게 하나가 된 것은 제1차 국공합작의 공식적인 성립을 의미하는 것이었다. 국공합작이 실현된 후, 전국의 혁명 세력은 광저우로 몰려들었고, 아주 빠른 속도로 반제·반봉건 혁명의 새로운 장이 펼쳐진다.

국공합작의 실현은 노동자 농민운동의 회복과 발전을 촉진하였다. 1924년 7월, 광저우 사몐(沙面) 조계에서 수천 명의 노동자들이 참가하는 정치 파업이 단행되었다. 1925년 5월에는 광저우에서 소집된 제2차 전국 노동자대회에서 이른바 전국 노총인 중화전국총공회(中華全國總工會)가 창립되었다. 1924년 7월부터 시작하여 광저우에 농민운동강습소가 열렸고, 연이어 공산당원 펑파이(澎湃, 농민부 비서)·롼사오셴(阮嘯仙)·마오쩌둥 등의 지도하에 농민운동의 요원을 배양했다.

따라서 국공합작의 결과 생성된 정치체제는, 당은 쑨원과 좌파의 지도하에 있었고, 군대는 객군과 학생군으로 구성되었으며, 대중조직은 공산당의 영향하에 있었다. 이 세 가지 조직 기반은 쑨원의 강력한 리더십 아래 통합되어 있었다.

국공합작의 공동 노력으로 국민혁명의 사상은 남방에서 북방으로 번져 전국적으로 이전에 보지 못했던 규모로 광범하게 전파되었다. 1924년 10월, 비교적 진보적인 펑위샹(馮玉祥) 장군이 정변을 일으켜 직계군벌이 지배하던 베이징 정부를 뒤엎었다. 그리고 한때 베이징과 톈진(天津)을 통제하며 소속 부대를 국민군으로 개편하였다. 그는 쑨원에게 전보를 보내 베이징으로 초청, 국시를 함께 상의하자는 제안을 했다. 11월, 쑨원은 광저우를 출발하여 베이징을 향하던 도중에 국민회의 소집과 불평등 조약 폐지를 발표하며, 대대적인 정치선전 활동을 벌였다.

이처럼 중국의 대지 위에서는, 한편으로는 제국주의와 군벌 세력을 향하여 전면적으로 맹렬한 공세를 펼치는 혁명의 거센 흐름이 나타났고, 다른 한편으로는 반혁명의 역류도 나타났다. 이러한 와중에 국민당 내부의 좌·우파는 분화의 조짐을 보였고, 국공 관계 역시 갈수록 복잡해져 갔다. 중국혁명이 당면한 수많은 문제는 새로운 회답을 기다리고 있었다.

국공 양당의 노선은 반제(半帝)·반봉건, 베이징 정부의 타도를 당면의 최대 목표로 하였다는 점에서는 일치하였지만, 장기적인 목표인 사회변혁의 내용 등에서는 양당의 노선이 일치할 수 없었기 때문에 당연히 마찰이 생길 수밖에 없었다. 또한, 국민당 내부에서도 의견이 갈라져서 사회변혁에 적극적인 공산당에 가까운 입장을 견지하는 랴오중카이·왕징웨이(汪精衛) 등 국민당 좌파와, 사회변혁 전반에 보수적인 자세로 임하고 있는 후한민(胡漢民) 등 국민당 우파 사이의 대립은 쑨원의 사망으로 더욱 심각해갔다.

1925년 1월 11일~22일, 중국공산당 제4차 전국대표대회가 상하이에서 개최되었다. 전국의 994명 당원을 대표하여 20명의 대표가 출석했다. 코민테른의 대표 보이틴스키도 참석했다. 이 대회에서는 국공합작 1년간의 경험을 종합하여 '좌적' 착오와 '우적' 착오를 비판하면서 '우'적 착오가 '좌'적 착오에 비해 더욱 위험하고 더욱 보편화 되어있다고 강조, 전 당원에게 "국민당 속에서의 투쟁임을 절대 잊어서는 안될 것"을 촉구했다. 그리고 대회는 농민 동맹군 문제를 명확히 제기하고 중농·소작농·빈농·고용농과 연합하여 지주·토호열신(土豪劣紳)6)을 반대하고 가렴잡세(苛斂雜稅) 등을 폐지할 것을 제의하였다. 또 농민협회 조직을 널리 확산하고 농민 자위군을 건립하여 농민의 이익

---

6) 중국 국민혁명 때, 관료나 군벌과 짜고 농민을 착취하던 대지주나 자본가를 일컫던 말.

을 보호하는 정책을 수립할 것을 제의했다. 그러나 부르주아지와의 지도권 투쟁 과정 속의 복잡한 문제를 어떻게 처리할 것인가에 대해서는 구체적인 해답을 내놓지 못하였다.

공산당 제4차 전국대표대회는 중앙집행위원회를 선출하였다. 중앙집행위원회는 천두슈·펑수즈(彭述之)·장궈타오·차이허썬·취추바이 등으로 중앙국을 구성하고, 천두슈를 총서기로 선임하였다.

공산당 제4차 전국대표대회 이후 2개월이 채 안 된 1925년 3월 12일, 쑨원이 베이징에서 사망했다. 당시 그는 59세였다. 그의 사망 소식이 전해지자 온 국민이 모두 비통해했고, 국공 양당의 각계 인사들은 대대적인 애도 활동을 거행하였다. 그럼으로써 쑨원의 유지와 혁명정신은 더 광범하게 전파되고, 국민혁명의 외침은 전국 각지에서 더욱 고조되었다.

쑨원이 사망한 뒤, 그의 정치적 권위의 공백을 메우기 위해서 국민당 내부에서는 집단지도체제가 형성되고 있었다. 1925년 5월에 열린 지도자들의 비공식회담을 통해 왕징웨이, 랴오중카이, 장제스, 쉬충즈(許崇智), 그리고 원로의 한 사람인 후한민 등의 지도자들이 등장한다. 1925년 7월 1일, 국민당 중앙집행위원회의 직접적인 지도하에 광저우에 국민당 정부가 수립되었다. 국민당 좌파의 왕징웨이를 정부 주석에 선출하고, 보로딘을 고등 고문으로 초빙했다. 정부위원으로 국민당 우파의 쉬충즈와 후한민, 국민당 좌파의 랴오중카이가 각각 군사, 외교, 재정의 각 부장에 취임하였다. 국민당 좌파가 용공 국공합작 찬성론자들이라면, 국민당 우파는 반공주의자들이었다. 장제스는 정부위원으로서의 직함은 없었지만 황푸 학생군을 장악하고 있어 그의 막강한 군사적 실권은 공인된 사실이었다. 이같이 쑨원 사망 후 국민당 정부의 수립을 통해 국민당 내의 집단지도체제는 일단 성립되었다. 국민당의 체제를 떠받치고 있는 것은 군대와 노동 대중이었다.

쑨원 사망 후 전국 범위의 혁명이 다시 고조된 것은 1925년의 이른바 '5·30운동'으로부터였다. 1925년 2월부터 상하이의 일본계 기업인 내외면방직공장에서 노사의 대립이 격화되고 있었다. 5월 15일에는 투쟁 중이던 중국인 노동자 공산당원 구정훙(顧正紅)이 일본 측에 의해 피살되는 사건이 발생하였다. 이 사건은 각계각층의 중국인들을 격분케 했다. 공산당 중앙의 결정(5월 28일)에 따라 5월 30일에는 상하이 노동자·학생들이 조계 가두에서 이 사건을 규탄하고 제국주의를 규탄하는 시위를 대대적으로 벌였다. 영국 관헌들은 조계 난징로에서 반제국주의를 외치는 학생과 노동자들, 그리고 이에 호응하는 시민에게 발포하여 수많은 사상자를 냈다. 13명이 사망하고, 10여 명이 중상을 입었다.

며칠 뒤, 연이어 영국과 일본 관헌이 중국인을 사살하는 사건이 상하이뿐만 아니라, 여타 지역에서도 발생하였다. 이 사건으로 중국인들의 분노는 극에 달했고, 노동자의 파업·학생들의 동맹휴교 및 수업 거부·상인들의 파업 등 대대적인 항의 운동으로 확대되었다. 전국 각지에서 1,700여만 명이 직접 운동에 뛰어들었다. 도시에서부터 농촌 산간벽지에 이르기까지 '제국주의를 타도하라', '불평등 조약을 폐기하라'라는 구호를 외치며 총 궐기하였다.

그 가운데 눈에 띄는 사건은 광저우 '사몐(沙面)사건'이었다. 6월 23일, 광저우와 홍콩에서 상하이 시위에 동조하며 노동자·학생·시민·군인들 25만이 참가한 대규모 시위와 파업사태가 발생하였다. 사몐 조계에서 영국 경찰과 충돌하며 시위대에는 많은 사상자가 속출하였다. 파업 노동자대표대회는 파업노동자위원회를 설립, 공산당원 쑤자오정(蘇兆征)을 위원장에 임명하여 파업 문제를 처리하도록 하고 홍콩을 봉쇄하는 결정을 내렸다. 광저우의 국민당 혁명정부는 영국에 대해 경제단교를 선언함과 동시에 파업 노동자들에게 재정지원을 하였다. 이후 광저우와 홍콩에서는 국민당 혁명정부의 지지하에 16개월에 걸쳐 파업이 계속되었다. 이처럼 공산당 지도하의 노동 대중운동은 군대와 함께 국민당 혁명정부를 떠받치는 유력한 지주 역할을 하였다.

중국공산당은 5·30운동을 지도하는 과정에서 아주 크게 성장하였다. 1925년 말, 당원 수는 급증하여 1만 명에 달했고, 원래 당 조직이 없던 일부 지역도 당의 조직이 건립되었다. 5·30운동이 활기차게 발전하는 추세에, 황푸군관학교 군대(校軍)와 광둥 주둔 광둥 군·후난 군·윈난(雲南) 군을 연달아 국민혁명군 6개 군, 8만 5,000명으로 개편하였다. 공산당원 저우언라이 등이 국민혁명군의 정치공작을 담당했다. 뒤이어 국공 양당이 함께 힘을 합쳐 두 차례 동정(東征)과 남정을 통하여 불법으로 점거한 둥강(東江) 일대의 군벌 천중밍 부대와 광둥 남로의 군벌 덩번인(鄧本殷) 부대를 섬멸하였다. 그리고 광저우에서 반란을 일으킨 윈난 군과 광시 군을 평정하고 광둥의 혁명근거지를 통일하였으며, 북양군벌에 대항하기 위해 비교적 든든한 후방 기지를 준비하였다.

혁명운동의 신속한 발전에 따라 이른바 국민당 신우파의 반공 세력 역시 급격히 성장하고 있었다. 특히 장제스가 황푸군관학교를 창립하고 광둥 근거지를 통일시키는 과정에서의 역할, 그리고 군사권을 주관함으로 말미암아, 그 영향력과 군사적 지위는 이미 크게 증강되었다. 그의 공산당에 대한 통제 강화 및 반공적 본색은 날이 갈수록 더욱더 선명하게 드러나기 시작했다.

국민당 신우파의 한술 더 뜬 반공 활동 앞에서, 코민테른은 중국공산당 중앙에 지시하여 공산당이 만약 국민당 신우파와 투쟁을 한다면 국공 관계는 반드시 파열을 가져올 것이므로 타협하여 물러설 것을 주장하였다. 코민테른 중국주재 대표 역시 이러한 의견을 견지했다. 공산당 내에서도 코민테른의 지시로, 이러한 타협의 의견이 우세하였다.

1926년 1월, 국민당은 광저우에서 제2차 전국대표대회를 개최하였다. 대회 대표 및 회의에서 선출된 중앙집행위원을 보면, 국민당 우파의 퇴조와 공산당과의 합작을 지지하는 국민당 좌파, 노동 대중조직에 기초를 둔 중국공산당과 장제스를 중심으로 군을 장악한 신우파 간의 3자 협력관계가 일단 성립되었다. 코민테른의 지시로 공산당이 타협으로 물러선 결과, 국민당 신우파가 중앙집행위원회와 중앙감찰위원회에서 우위를 차지하게 되었다. 하지만 장제스는 왕징웨이의 용공적 태도와 끊임없이 팽창하고 있는 공산당 세력에 대해 불만과 적의를 품게 된다.

이와 같은 시점에 중산함 사건이 터진다. 1926년 3월 18일, 해군국 대리 국장 공산당원 리즈룽(李之龍)이 국민당의 군함 중산함을 황푸로 회항시켰다. 이때 장제스는 이 행동을 자신에 대한 공산당의 쿠데타로 판단하여, 3월 20일 그것을 구실로 광저우 일대에 비상계엄을 선포하고 리즈룽을 위시한 공산당원을 연금하는 동시에 광저우·홍콩 노동자 파업위원회와 소련 고문 주재소를 포위하였다. 공산당 중앙과 코민테른 대표가 타협, 양보한 결과 공산당원은 국민혁명군 제1군에서 퇴출당한다. 이 사건에서 장제스의 조치에 반대한 왕징웨이는 장제스와의 권력투쟁에 패한 뒤 병을 핑계로 정부 주석직을 사임했다. 그리고 자의 반 타의 반으로 유럽으로 떠났다. 동시에 장제스는 최고 권력자의 지위로 한 발자국 더 다가갔다.

중산함 사건은 국민당 좌파의 당, 장제스가 장악한 군과 공산당의 대중조직 간 3자 협력에 의해 이루어진 국공합작의 정치구조를 분열시키는 결정적 계기가 되었다.

1926년 5월 15일, 국민당 제2기 제2차 중앙위원회 전체회의(2기 2중전회 또는 2대 2중전회로 약칭)가 소집되었고, 장제스는 이 회의에서 공산당의 활동을 제한하는 것을 목적으로 한 <당무 정리안>을 위시한 일련의 법안을 제출했다. 그것은 ① 삼민주의에 대한 비판 금지, ② 중앙집행위원회 부장직에서 공산당원 배제, ③ 고위 당원 집행위원 가운데 공산당원은 3분의 1 이하로 제한할 것 등을 내용으로 하는 것이었다. 이 결의안의 통과로 국민당 중앙집행위원회에서 각 부장으로 재임하던 탄핑산·런쭈한·마오쩌둥 등 공산당원은 모두 사임해야 했고, 장제스는 오히려 국민당 중앙조직부장 겸 군인부장을 맡았다. 이어서 그는 또 국민당 중앙상무위원회 주석과 국민혁명군 총사령관에 올라 최고 권력을 장악하게 되었다.

중산함 사건 발생 후, 장제스의 입장은 한층 더 대지주 부르주아지 쪽으로 전도되고 있었다. 하지만 그의 역량은 한계가 있었다. 때문에, 북벌 전쟁을 수행하기 위해서는 공산당과 소련의 지지를 얻을 필요가 있었다. 그래서 그는 즉각 공산당과의 분열을 표면화시키지는 않았다.

이상과 같이 장제스는 자신의 당과 군대 내 위치를 확고히 다지고 국민당의 배후가 탄탄해지자 북양군벌을 몰아내기 위한 본격적인 군사행동을 단행하기로 한다. 북벌은 막대한 군비가 소요되므로 소련의 군사적 지원이 긴요했는데, 소련 대표로 국민당 정치고문을 맡고 있던 미하일 보로딘은 북벌을 승인했다.

1926년 7월 9일, 국민혁명군 총사령 장제스는 전군에 동원령을 내리고 '제국주의와 매국 군벌을 타도하여 인민의 통일 정부를 건설하자.'는 기치 아래 북벌 전쟁을 개시했다.

2. 북벌 전쟁의 승리와 제1차 국공합작의 결렬

북벌에 의한 전 중국의 통일은 쑨원 이래 국민당의 일관된 목표였다. 북벌 전쟁의 직접적인 타격목표는 제국주의의 지지를 받는 직예파 군벌 우패이푸와 쑨촨팡(孫傳芳), 그리고 펑톈파 군벌 장쭤린(張作霖)이었다. 그 병력은 모두 70만에 달했다. 이때 국민혁명군은 원래 광둥에 있던 6개 군 이외에, 새로 귀부(歸附)한 제7군·제8군을 합해 총 10만 전후였다. 군벌군과 혁명군의 병력이 현저하게 차이가 나는 상황에서 국민혁명군은 소련 군사고문의 건의를 받아들여, 병력을 집중하여 각개 격파의 전략 방침으로 적을 섬멸하기로 하였다.

북벌의 1차 목표는 우한을 점령하고, 펑위샹의 국민군과 합류하는 것이었다. 당시 양쯔강 일대에는 직예파인 우패이푸와 쑨촨팡 등이 할거하고 있었고, 북양 정부에서는 펑톈파의 장쭤린이 베이징을 장악하고 있었다.

북벌군은 연도에서 환호하는 민중들의 지지를 받으며 파죽지세로 북진했다. 부패한 데다 서로 분열·대립하고 있던 북양군벌 군대는 각개 격파되었다. 1926년 5월, 먼저 후난으로 진격한 북벌군의 주력은 7월 11일 창사(長沙)를 점령한 데 이어, 9월 6일과 7일에는 한양(漢陽)과 한커우(漢口), 10월 10일에는 우한을 잇달아 점령하여 후난과 후베이의 우패이푸 주력부대를 섬멸했다.

장제스가 지휘한 장시 전장의 중로군(中路軍)은 쑨촨팡의 주력군을 격퇴하면서 11월 8일 난창(南昌)과 주장(九江)을 점령하고 장시 성을 장악했다. 국민당의 북벌에는 많은 한국인 청년들이 혁명군으로 참여했는데, 난창을 점령하는 과정에서 희생자가 많이 속출하여 한국인 희생자 추도회가 대대적으로 열리기도 했다. 12월 9일에는 장제스의 심복

허잉친(何應欽)이 지휘한 동로군(東路軍)이 푸저우(福州)를 점령했다. 북방의 펑위샹 부대는 9월 17일 수이위안(綏遠)에서 결의대회를 열고 남하하였다. 11월, 국민연합군은 이미 산시(陝西)·간쑤(甘肅) 성 등을 제압하였다. 다음 해 2월에는 항저우를 함락시키고, 3월에는 중국 최대 상공업 도시인 상하이와 난징을 점령했다. 펑위샹의 국민연합군 역시 서북지역을 제압하고 동쪽으로 진출하여 북벌군에 호응할 준비를 하고 있었다. 북벌 전쟁의 승리는 이미 결정된 것이나 다름없었다.

이처럼 북벌 전쟁이 단시간 내에 거대한 승리를 거둘 수 있었던 것은 국공합작이 만들어 낸 성과였다. 북벌 중, 국공 양당 간에는 크고 작은 갈등이 없지는 않았지만, 기본적으로는 단결하였기에 역량을 집중하여 공동으로 적과 맞서 싸울 수 있었다. 특히 소련 군사고문의 도움과 소련이 제공한 물자원조는 북벌 전쟁의 승리에 큰 역할을 했다.

북벌군은 가는 곳마다 주민들의 환영을 받았다. 주민들은 적정 파악, 길 안내, 물자수송 등에 적극적으로 협력했고, 북벌군이 도착하기도 전에 봉기해 군벌 군대를 몰아내기까지 했다.

북벌군이 진격하여 군벌이 무너진 지역에서는 미증유의 노동자 농민운동이 거세게 일어났다. 후난·후베이·장시 등의 농촌 도처에서는 혁명의 사나운 불길이 타올랐다. 농민들은 자체 정권을 세우고 무장력을 강화하는 등 그 위세는 폭풍우처럼 거세고 맹렬하여 수천 년을 지배해온 봉건 특권과 토호열신을 여지없이 때려눕히고, 그들이 누리던 모든 권력을 농민회로 돌려놓아 새로운 농촌대혁명의 국면을 조성하였다. 도시에서는 노동자들이 노동조합 조직의 지도하에 광둥과 홍콩의 노동자 대파업의 경험을 되살려 무장규찰대를 조직하였다. 1926년 10월과 1927년 2월, 상하이 노동자들이 두 차례에 걸쳐 일으킨 무장봉기는 비록 실패하긴 했으나 혁명 대중들에게는 큰 영향을 주었

다. 대중적 성격의 반제국주의 투쟁 열기는 후술하는 바와 같이 국민
정부가 한커우와 주장의 영국 조계를 탈환하는 추동력이 되었다.

북벌이 진행되는 동안 장제스가 투항하고 귀순하는 북양군벌 군대
를 흡수하여 20만의 병력을 거느리게 되자, 일부 정객이나 관료들도
장제스에게 그들의 신변을 의탁하였다. 이에 그의 군과 정권에서의 파
워와 위상은 급속히 증강되었다. 서구 열강들은 장제스 그룹을 자신들
과 같은 반공 세력으로 간주하고 장제스와의 관계를 맺기 시작했다.

이러한 상황에서 12월 13일, 국민당 중앙집행위원회와 국민정부위
원회는 임시연석회의를 열어, 국민당 중앙과 국민정부를 우창(武昌, 현
우한)에 둘 것을 결의했다. 이 회의에 참석한 사람들은 반(反)장제스 성
향의 국민당 좌파 인사와 공산당 당원들이었다. 그들은 대부분 장제스
에게 권력이 집중되는 것을 반대하는 입장이었다.

북벌의 진전과정에서 그 세력이 확장된 대중운동은 우한정부의 수
립에 의해 한층 더 급진화 되었다. 1927년 1월 3일에는 한커우에서, 6
일에는 주장에서 혁명적 대중이 영국의 관헌과 충돌하여 두 지역의
영국 조계를 탈환하는 사건이 발생하였다. 국민정부 소재인 우한에서
도 5월에 30만 명의 노동자들이 파업을 감행하는 등 공산당 지도하의
노동운동이 급진전 되고 있었다.

농민운동도 북벌의 진전에 따라 후난·후베이·광둥·장시 등을 중
심으로 고조되었다. 특히 후난에서는 마오쩌둥 지도하의 농민운동이
급진전 되었다. 마오쩌둥의 보고에 따르면, 1927년 1월 단계에서 농민
조합원 200만 명, 그 산하 대중이 1,000만 명에 달해 대지주는 물론 중
소 지주의 토지까지 몰수하고, 지주 권력에 대신하여 농민협회가 농촌
의 권력을 장악하기에 이르렀다.

장제스는 우한 국민정부에 대항해 1927년 1월 3일 난창에서 임시

중앙정치회의를 구성하고, 당 중앙과 국민정부를 북벌군 총사령부 소재지인 난창에 둘 것을 결의했다. 장제스가 직접 혁명정부를 통제하겠다는 의도였다. 이어 장제스의 사주하에 쿵저우(贛州)·주장·안칭(安慶) 등지에서는 공산당원을 살해하고 노동조합 총연합회와 국민당 좌파가 통제하고 있는 당부 등을 파괴하는 심각한 사건이 발생했다.

우한 국민정부는 장제스의 군권이 당권을 통제하는 것에 반대하는 대중운동을 벌였고, 공산당도 2월에 들어서면서 공개적으로 '장제스는 연소(聯蘇), 용공, 노농부조라는 쑨원의 3대 정책'을 위반했다고 공격했다. 이러한 상황에서 공산당은 당연히 더 많은 군대와 일부 지방 정권을 직접 장악하여 발생 가능한 돌연 사태에 대처해야 했었는데, 공산당 중앙은 군대에 대한 탈권을 경시하고 단편적으로 대중운동에만 역점을 두었다. 장제스를 떠받치고 있는 힘이 군대라면, 공산당과 국민당 좌파를 지탱해 주는 것은 노동 대중운동이었다는 점에서 볼 때, 국민정부는 장제스의 기습 공격에 대한 준비태세가 되어있지 않았던 것이다.

혁명진영 내부에 분열의 징조가 나타나고 있던 1926년 12월 13일 공산당 중앙은 특별회의를 소집했다. 천두슈는 회의에서 군사정권의 '향우(向右)'를 방지해야 함은 물론, 대중운동의 '향좌(向左)' 역시 방지해야 한다고 주장했다. 후자를 더 강조한 것이다. 공산당의 입장에서 볼 때, 대단히 긴박하고 위태로운 판국에서 회의는 당이 어떻게 생존하고 투쟁해야 할 것인가에 대한 문제는 풀지 않고, 반대로 노동 대중운동을 억제하는 방침만 결정한 것이다. 그럼으로써 그 결정은 회의 폐막 후 심각한 후과를 가져온다. 즉 '우경 기회주의, 향'좌' 방지'를 강조하는 방침이 실제 활동 속에서 그대로 관철되기 시작한 것이다.

'우'경 기회주의에 대해서 공산당 내 상당수 당원은 그것을 배척하고 반대하였다. 1927년 초 마오쩌둥은 32일간에 걸쳐 후난 농민운동을 조사, 연구했다. 그는 조사 보고에서, 당 내외에서 농민 대중운동에 대해 여러 가지로 비난을 하고 있는데, 그것은 잘못된 지적이라고 강력하게 반박하고, 농촌혁명의 위대한 역사적 의의에 대하여 논술했다. 취추바이 등도 '우'경 착오에 대해 비교적 체계적으로 비판을 가했다.

공산당 및 국민당 좌파와 장제스 간의 갈등이 표면화되고 있는 와중에도 북벌은 계속되었다. 장제스가 이끄는 동로군이 1927년 2월 18일 항저우를 점령하고, 상하이 도착을 목전에 둔 시점에 노동자 총파업이 폭발하였다. 천두슈·뤄이눙(羅亦農)·저우언라이·자오스옌·왕서우화(汪壽華) 등이 조직한 특별위원회의 지도하에 노동자 총파업을 개시하였다. 이어서 저우언라이의 총지휘로 3월 21일 무장 폭동으로 전환하여 30시간의 시가전 끝에 상하이를 장악하고 상하이 특별시 임시정부를 수립했다.

이때의 노동자 무장봉기는 저장 재벌을 중심으로 한 상하이 자본가들에게는 공포를 안겨주었다. 저장 재벌로부터 막대한 군자금을 지원받고 있던 장제스는 모종의 결단을 내리지 않을 수 없었다. 이러한 상황에서 상하이 노동자 제3차 무장봉기가 일어나자, 곧바로 상하이 남쪽 교외에 주둔하던 북벌군이 시가 지역으로 진군하였다. 3월에는 후난 출신으로 공산당 지도자들과 교분이 많은 청첸(程潛)이 지휘하는 국민혁명군이 군벌 쑨촨팡의 본거지인 난징을 함락시켰다. 그날 오후 양쯔강을 순찰하던 영국과 미국의 군함이 교민 보호를 핑계로 난징을 맹렬히 포격하여 중국의 군과 민이 크게 사상당하는 사건이 발생하였다. 이른바 난징사건이다.

공산당이 지도하는 대중운동을 기초로 한 우한정부의 도전은 장제스에게 큰 위협이었다. 더구나 난징사건에서 볼 수 있듯이 국민혁명군과 제국주의 열강과의 직접적 충돌은 그 최고사령관이라 할 수 있는 장제스와 열강과의 관계를 곤란한 처지로 몰아넣고 있었다. 그래서 장제스는 자신의 지도권에 대한 위협과 제국주의 열강, 상하이 자본가의 뜻에 맞추기 위하여 반공의 발걸음을 더욱 재촉했다.

공산당 중앙과 상하이 구 당 위원회는 장제스의 음모 공작을 어느 정도 감지하고 혁명의 성과를 있는 힘을 다하여 튼튼히 다지려 했다. 하지만 코민테른은 여전히 장제스에 대한 기대를 버리지 않고 있어, 그와의 파열을 찬성하지 않았다. 천두슈가 금방 유럽에서 귀국한 왕징웨이와 함께 4월 5일 연합 선언문을 발표하여 "국민당 지도자가 공산당을 축출하고, 노동조합과 노동자 규찰대를 억압할 것이라는 말은 유언비어다. 어떠한 유언비어도 믿지 말라."고 했다. 이 선언의 발표는 일부 공산당원들의 경계를 풀리게 하고 정세가 이미 완화된 것으로 착각하게 하였다.

4월 초 장제스는 상하이에서 비밀회의를 열고 폭력적 방법으로 '청당(清党)'을 단행하기로 한다. 장제스는 마침내 4월 12일 쿠데타를 결행하고 상하이의 노동자들에 대한 대규모 학살을 시작했다. 이날 새벽 상하이의 암흑가를 지배하는 폭력조직인 청방(青帮)과 홍방(紅帮)이 노동자 규찰대를 습격한 것을 신호로 장제스의 명령을 받은 바이충시(白崇禧) 휘하 무장병력이 상하이 시내로 진입해 규찰대를 무장해제 시키고 저항하는 시민들을 사살했다. 20만 명의 항의 시위대에 기관총 사격이 가해졌고, 시내 곳곳에서 공산당원과 노동자가 체포되거나 총살당했다. 규찰대를 지휘하던 저우언라이는 간신히 탈출하였다. 이어 장쑤·저장·안후이·푸젠(福建)·광동·광시 등 성에서도 '청당'이라는 이름으로 공산당원과 혁명 대중을 대량 학살하는 사건이 발생했다. 광둥 1개 성에만 체포되어 피살된 사람이 2,000여 명에 달했다.

장제스가 상하이를 습격한 6일 전에 이미 공산당 대참사의 희미한 전주곡이 베이징에서 시작되었다. 1927년 4월 6일, 당시 베이징에 주둔하고 있던 북방 펑톈계 군벌인 장쭤린은 수많은 공산당원과 혁명 대중을 닥치는 데로 잡아 죽였다. 이때 중국 최초의 공산당 지도자요 이론가인 리다자오는 베이징주재 소련대사관에서 장쭤린의 부하에 의해 체포되었다. 3주 후 4월 28일, 아직 39세밖에 되지 않았던 리다자오는 비밀리에 총살당했다. 중국공산당으로서는 너무나 큰 손실이었다.

'4·12 쿠데타' 발생 후, 중국 국내의 정국은 걷잡을 수 없이 급속히 냉각되었다. 우한정부는 4월 17일 장제스의 당적을 박탈하고 그에 대한 체포령을 내렸다. 장제스는 4월 18일 국민당의 최고 원로인 후한민, 우즈후이(吳稚暉) 등과 손을 잡고 난징에 우한정부와는 별도의 독자적인 이른바 '국민정부'를 세웠다. 같은 날 우한에서는 국공 양당의 연석회의가 열렸고, 양당은 4월 21일 장제스를 "쑨원을 배반한 인민의 적"이라고 비난했다. 정국은 베이징(장쭤린)과 난징, 그리고 우한의 3개 정권이 서로 대치하는 국면이 형성되었다.

이때 우한정부는 기본적으로 아직도 혁명정부에 불과했으며, 후베이·후난·장시 3개 성을 직할하고 있었다. 공산당 중앙이 우한으로 천도한 이후 계속하여 우한에 있는 국민당(좌파)과 합작하고 있는 상태였다. 따라서 우한과 난징의 대치 상황에서 우한정부의 지도자들은 아주 큰 난제에 봉착해 있었다. 그것은 공산당이 지도하는 대중운동의 급진화와 국공합작의 유지라는 두 과제를 어떻게 모순 없이 끌고 가는가 하는 것이었다.

이러한 정황에서 우한정부의 한 축인 공산당의 방침은 토지혁명의 추진과 노동운동을 강화하는 동시에 국공합작도 유지해 가자는 것이었다. 즉 대중운동의 급진화와 국공합작의 유지는 서로 모순되지 않는다는 인식이었다. 그러나 공산당의 이 방침은 실제 적용과정에서는 쉬운 일이 아니었다. 위에서 보았듯이 노동 대중운동의 격화는 장제스를 한층 더 반공화시켰고, 또 우한정부를 지지하는 유일한 군대인 탕성즈(唐生智) 휘하의 군대는 후난 성에 기반을 둔 지주 출신의 장교를 다수 포함하고 있었기 때문에 철저한 토지혁명은 이들의 반감을 유발하지 않을 수 없었다.

따라서 중국공산당이 직면한 문제는 노동대중의 투쟁에 의지해 국민혁명을 수행하느냐, 아니면 지주와 자본가에게 양보해서 대중운동을 억제함으로써 국공합작을 유지할 것인가 하는 기로에 처해 있었다.

공산당은 4월 27일~5월 9일, 우한에서 제5차 전국대표대회를 소집하여 그 해답을 찾으려 했다. 당원 5만 7,967명을 대표하여 82명이 대표로 출석하였다. 이 대회에서 천두슈·장궈타오·차이허썬·취추바이가 중앙정치국 상무위원에 당선된다. 그리고 천두슈가 당 총서기에 선출되었다. 하지만 이들 지도자들은 이상에서 제기된 문제에 대한 해결책을 과감하고도 속 시원히 찾아내지 못했다. 천두슈는 노동운동의 강화와 국공합작의 계속은 모순이라는 입장을 견지했다. 따라서 대회에서는 소지주의 토지는 토지혁명의 몰수 대상에서 제외하는 한편, 대중운동의 '진행 방향'을 시정하려는 방침을 채택했다. 이와 같은 당 중앙의 입장 변화에 대하여, 취추바이나 마오쩌둥은 노동운동의 강화와 국공합작의 계속은 모순되지 않는다는 입장에 서서 천두슈의 주장을 비판했다.

제5차 공산당 대회 폐막 후, 우한 국민정부 관할 지역에서의 위기는 갈수록 더욱 심각해졌다. 급속히, 그리고 계속적으로 반공 사건이 발생하였다. 우선 군 지휘관들이 반공으로 돌아섰다. 이어 유럽에서 돌아온 왕징웨이 등 국민당 좌파도 공산당이 지도하는 대중운동을 억압

하자는 입장으로 기울어져 갔다. 이에 따라 노동자 규찰대의 활동이
제한당하게 되고 토지개혁이 엄격히 금지되었다. 그런데도 코민테른
에서 파견한 국민당 정치고문 보로딘과 천두슈 등은 여전히 양보를
통해 왕징웨이 집단을 끌어들이려 했다. 국공합작을 유지하라는 코민
테른의 방침을 따르기로 한 것이다. 공산당 내에서는 천두슈의 '우'경
기회주에 대한 불만이 갈수록 강렬해졌다.

이러한 가운데 6월 1일 중국주재 코민테른 대표인 로이(Manabendra
Nath Roy, 인도 출신 혁명가)와 국민당 정치고문 미하일 보로딘 앞으로
스탈린의 새로운 훈령이 도착했다.

> "혁명군 장교의 토지를 제외하고 토지혁명을 수행하라. 신뢰할 수
> 없는 장군들을 일소하고, 2만 명의 공산당원을 무장시키고, 5만 명
> 의 노동자 농민(工農) 분자를 선발해 새로운 군대를 조직하라. 국민
> 당 중앙위원회를 개조하여 그 위원을 노농 분자로 교체하라. 저명한
> 국민당원을 우두머리로 하는 혁명 법정을 조직하고 반동적인 장교
> 를 재판에 회부하라."

로이는 이 훈령을 왕징웨이에게 보여주었다. 그렇지만 왕징웨이는
이에 따르기를 단호히 거부했다.

우한정부의 북벌군이 펑위샹 군대와 함께 정저우(鄭州)를 점령한 뒤,
왕징웨이를 비롯한 우한정부의 중앙정치위원회 주석단 일행이 6월 9
일 정저우에서 펑위샹과 협상을 한다. 이 자리에서 왕징웨이는 펑위샹
에게 주석직을 제안하며 그의 지지를 얻으려고 했다. 그러나 펑위샹은
우한정부와 난징정부의 대립을 해소하고 북벌에 공동으로 연합할 것
을 주장했다. 이는 조정자로서의 입지를 마련해 2차 북벌의 성과를 독

점하려는 의도였다. 6월 19일에는 난징정부의 장제스, 리쭝런(李宗仁), 후한민 등이 쉬저우(徐州)로 가서 펑위샹과 회담을 하였다. 회담에서 양측은 펑톈파의 장쭤린 군대에 대한 북벌에 공동으로 작전을 펴기로 하고, 펑위샹이 우한정부에 전보를 보내 반공을 독촉하기로 합의했다. 이로써 우한정부는 난징정부에 대립할 독자적 군사 기반을 구축하는 데 절대 필요한 펑위샹의 지지를 얻는 것에 실패했다.

펑위샹과의 회담이 성과 없이 끝난 우한에서는 국공 간의 갈등은 더욱 심해져 6월 17일 우한의 국민당 정부는 보로딘을 비롯한 소련 고문들의 직위를 해제하고, 23일에는 국민혁명의 지도권이 국민당에 있다고 선언했다.

한편, 7월 12일 코민테른 집행위원회의 지시에 따라 공산당 중앙은 장궈타오 · 리웨이한(李維漢) · 저우언라이 · 리리싼(李立三) · 장타이레이 등 5인으로 구성된 중앙 임시정치국 상무위원회를 조직하였다. 그리고 7월 13일, 공산당 중앙 지도부는 우한 국민당 중앙과 국민정부를 강력히 규탄하고 우한 국민정부에 참가하고 있던 공산당의 철수를 선언했다. 동시에 공산당은 계속하여 반제 · 반봉건주의 혁명 투쟁을 지지할 것이며, 국민당 내의 혁명 분자들과는 계속 협력할 것을 원한다는 성명을 발표하였다.

이같이 코민테른이 우한 국민정부에 대해 비우호적인 모습을 보였으며, 펑위샹이 난징의 편에 서자 1927년 7월 15일, 왕징웨이도 분공(分共: 공산당과의 결별)을 결정한다. 7월 15일, 왕징웨이는 쑹칭링(宋慶齡), 덩옌다(鄧演達) 등 국민당 좌파의 격렬한 반대를 무릅쓰고 국민당 중앙 상무위원회 제12차 확대회의를 소집하고 한 달 이내에 4중전회를 열어 분공 문제를 결정하기로 했다. 그러나 이것이 실질적인 분공의 결정이었다. 이로써 3년 7개월간 유지되어 온 제1차 대혁명은 실패로 끝나고, 제1차 국공합작도 종말을 고했다.

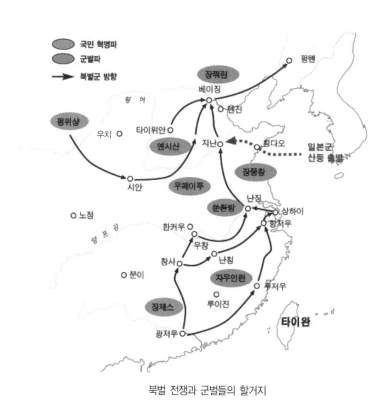

북벌 전쟁과 군벌들의 할거지

3. 중국국민당과 장제스의 북벌 완성

우한의 국민당 정부는 이제 공산당과 결별하고 반공으로 돌아섰으므로, 장제스와 타협하는 것이 가능하게 됐다. 양측의 통합 교섭이 성공하게 된 결정적 원인은 8월 13일 그동안 걸림돌이 되었던 장제스의 전략적 사퇴였다. 9월 11일부터 13일까지 열린 양측의 협상 회의에는 국민당 내 반공 우파 그룹의 일파인 시산(西山)회의파도 참여해 3파 간 통합을 위한 방안이 논의됐다.

한편, 국공합작이 깨진 후 공산당은 코민테른의 지령에 따라 무장봉기 노선으로 급선회한다. 이 무장봉기 노선은 국민당 군대의 압도적인 무력에 의해 실패하는데, 광저우 근거지에서 가장 비참한 패배를 당했다. 12월 11일 예젠잉이 지휘하는 부대와 노동자 적위대 수천 명이 광저우에서 봉기하여 '광저우 노동자 농민 민주정부' 수립을 선포했다. 그러나 그들은 곧바로 국민당 군대의 포위 공격을 받고 3일간 전투를 치른 끝에 극소수만 탈출하고 수천 명의 희생자를 내며 전멸당했다. 희생자 중에는 약 150명의 한국인 청년도 포함돼 있었다.

잠시 전략적으로 하야했던 장제스는 1928년 1월에 국민혁명군 총사령관에 복직했다. 이어 2월 2일 국민당은 난징에서 4중전회를 소집하여 국민정부를 개조하는 한편, "공산당에 대한 제재를 강화하고, 혁명 세력을 집중하여 북벌을 완수하자."는 등의 결의안을 채택했다. 그리고 탄옌카이(譚延闓)를 국민정부 주석, 장제스를 군사위원회 주석으로 선출했다. 4중전회 이후 장제스는 펑위샹과의 회담을 통해 공동 북벌의 방안을 구체화하는 한편, 2월 말에 열린 군사위원회에서 군대를 전면 개편, 4개의 집단군으로 편성했다. 이에 따라 장제스 직속 군이 제1군, 펑위샹 군이 제2군, 옌시산(閻錫山) 군이 제3군, 리쭝런의 신광시군(新桂軍)이 제4군이 됐고, 총사령에는 장제스, 참모장에는 허잉친이 취임했다. 장제스는 3월 초 중앙정치회의 주석에 선임되어 군사적, 정치적 지도권을 장악했다.

4월 4일, 총 70여만 명의 북벌연합군이 북벌을 재개했다. 북방에는 펑톈파의 장쭤린을 중심으로 직예파의 우페이푸, 쑨촨팡, 장쭝창(張宗

蒼) 등의 부대가 잔존하고 있었으나 이미 전의를 상실한 상태였다. 이들은 북벌군의 공격을 받자마자 바로 모든 전선에서 패주했다.

북벌군이 빠른 속도로 북진하자 4월 19일 일본의 다나카 기이치(田中義一) 내각은 '거류민 보호'를 명목으로 '2차 산둥 출병'을 선언했다. 그러나 실제로는 중국의 통일을 방해하기 위한 것이었다. 제6사단을 주력으로 한 일본군이 4월 20일부터 속속 산둥 성의 수도인 지난으로 진입했다. 이에 맞서 5월 1일 국민혁명군이 지난에 입성했고, 5월 3일에는 대규모 시가전이 벌어졌다. 중국 민간인에 대한 일본군의 만행은 극에 달했다. 거류 일본인의 시체 11구가 발견되자 일본군은 이를 악용했다. 5월 5일 일본군 통신대는 "일본 거류민이 280명이나 학살당함, 말로는 표현할 수 없는 폭거"라는 전문을 일본 정부에 발송했고, 5월 7일 일본 정부는 '3차 산둥 출병'을 결행한다. 8일부터 일본군의 맹렬한 공격이 시작되었고, 9일에는 제3사단 1만 5,000명의 병력을 산둥 성 칭다오(靑島)로 급파했다. 국민혁명군은 많은 사상자를 내고 지난에서 퇴각했다.

5월 9일, 펑톈파 군벌 장쭤린은 장제스에게 정전을 제안하면서 "국내 정치문제(통일)에 대해서는 국민의 여론에 따르겠다."고 선언했다. 장제스는 일본을 국제연맹에 제소하는 한편, 일본군과의 전투를 피하기 위해 지난을 우회해 북벌을 속행했다.

5월 17일 펑톈파 군대가 만주로 철수하기 시작했는데, 일본 정부는 장쭤린이 만주로 돌아갈 경우, 북벌군이 만주로 추격하지 않겠다는 약속을 국민당 정부로부터 받아놓았다. 일본 관동군은 장쭤린이 만주로 귀환할 경우, 그의 부대를 무장 해제할 계획이었지만, 일본 외무성은 그렇게 하지 말라는 훈령을 내렸다.

6월 3일 장쭤린이 열차 편으로 베이징을 떠났다. 장쭤린을 태운 특별 열차는 선양(瀋陽, 奉天)에 도착하기 직전인 4일 오전 5시에 폭파되었다. 장쭤린은 식당차의 흡연실에 있다가 중상을 입고 곧바로 사망했다. 일본 관동군의 소행이었다. 이는 만주 철도 연장증설 문제 등에서 일본의 뜻대로 움직이지 않는 장쭤린을 제거하여 일거에 만주 지역을 관동군의 통제 아래 두기 위한 책략이었다. 관동군은 장쭤린이 사망하면 만주 전역에 큰 혼란이 일어나고 그에 따라 군사행동의 명분을 얻을 수 있게 되리라고 예상했다. 그러나 사태는 이런 예상과 전혀 다른 방향으로 전개됐다.

북벌군은 6월 8일 전투도 없이 베이징에 무혈입성했고, 12일에는 톈진을 점령했다. 15일 베이징에 들어온 장제스는 베이징 교외의 비윈사(碧雲寺)에 있는 쑨원의 무덤 앞에서 '북벌의 완성'을 선포했다. 그리고 직예 성은 허베이(河北) 성으로, 베이징은 베이핑(北平)으로 개칭하였다. 베이징은 이때부터 공산당이 중국을 통일하고 수도를 베이징에 정할 때까지 베이핑으로 명명하였다.

장쭤린의 아들로 그의 뒤를 이어 펑톈파 군벌의 총수가 된 장쉐량(張學良)은 7월 1일 "평화적인 통일을 희망한다."고 선포하였다. 장제스, 펑위샹, 옌시산, 리쭝런 등은 7월 중순에 군사 회의를 열어 동북 문제를 평화적으로 해결하자는데 합의했다. 장쉐량은 일본의 노골적인 협박에도 불구하고 12월 29일, 그의 지배 아래에 있는 랴오닝(遼寧), 지린(吉林), 헤이룽장(黑龍江) 등 동북 3성에 청천백일기(靑天白日旗: 중화민국의 국기)를 내걸었다. 장쉐량은 국민당으로부터 동북 변방 총사령관에 임명되었다. 이리하여 중국은 장제스를 중심으로 일단은 '표면적'으로나마 통일을 실현했다.

제 3 장

토지혁명과 농촌의 도시 포위 전략

1. 난창봉기와 징강산 근거지 건설

1927년 제1차 국공합작이 결렬된 후, 중국 국내정세는 급변하여, 생기가 넘치던 남중국은 피비린내 나는 전장으로 바뀌었다. 장제스는 난징정부 수립 이후 신군벌들과 합종연횡의 혼전을 거쳐 전국적인 범위의 통일국가를 건설하였다. 장제스 정권은 대외적으로는 반소련(反蘇)·친제국주의(親帝) 정책을, 대내적으로는 관료 자본가와 봉건 지주 계급의 이익을 옹호하는 노선을 취했다. 반면, 민족자본주의의 발전을 통제·억압하고, 공산당원과 혁명 대중을 탄압하고 학살하였다. 따라서 북양군벌과 마찬가지로 그것은 여전히 대지주 자본가의 이익을 대표하는 정권이었다.

이러한 장제스 정권의 통치하에서 공산당은 반제(反帝)·반봉건 민주주의 혁명을 계속하면서도, 먼저 장제스의 국민당 정부에 직접 맞부딪혀야 했다. 하지만 당시 공산당의 상황은 창당 이래 최악의 곤경에 처해 있었다. 통계에 의하면, 1927년 3월~1928년 상반, 피살된 공산당원과 노동자·농민이 무려 31만에 달했고, 그 가운데 공산당원은 2만 6,000여 명이었다. 이처럼 극히 험악한 분위기 속에 당내 사상은 혼란에 빠졌고, 일부 심지가 굳지 못한 당원들은 당에서 이탈, 당원 수는 급격히 1만여 명으로 줄었다. 동시에 노동 및 농민운동은 퇴조하였고, 상당수의 중간파 인사들도 공산당과 거리를 두려고 했다. 말 그대로 중국 공산혁명은 퇴조 상태였다.

그러나 이처럼 혁명의 전도가 아주 암담한 상황에서도 공산당과 노동대중들은 결코 좌절하거나 억눌리지 않았다. 그들은 지하에서 온몸에 피를 뿜으며 솟구쳐 일어났다. 피비린내 나는 전우의 시신을 묻고 밟으며 계속 투쟁하고 무장으로 봉기했다.

난창봉기, 추수폭동, 광저우봉기가 이 무장봉기 노선의 산물이었고, 홍군(紅軍)의 탄생은 바로 이 세 무장봉기의 부산물이었다. 홍군의 창설은 대중운동에만 의존했던 공산당에게 마침내 전 중국을 통일하는 결정적 계기를 제공해 준 것이다.

1927년 7월 중순, 공산당 중앙 임시정치국 상무위원회는 다음과 같은 세 건의 대사를 결정한다. 첫째, 당이 장악하거나 그 영향권에 있는 부대를 난창으로 집중시켜 폭동을 준비한다. 둘째, 후난·후베이·장시·광둥 4개 성의 농민이 추수철에 폭동을 일으킨다. 셋째, 당 중앙회의를 열어 새로운 시기의 방침과 정책을 토론하고 결정한다.

공산당 중앙은 8월 7일 한커우에서 비밀리에 긴급회의를 소집했다. 이른바 그 유명한 '8.7회의'다. 회의에서는 대혁명 후반기에 천두슈가 저지른 '우'경 기회주의 착오를 철저히 청산하는 동시에, 토지혁명의 실행과 무장봉기로서 국민당 반동파에 대항하자는 방침을 확정하였다. 그리고 농민을 동원하여 추수폭동을 일으키는 것을 당면 주요 과제로 삼았다. 회의에서 마오쩌둥은 "대혁명 중, 당 중앙이 적극적으로 프롤레타리아를 지도하지 못했다."고 비판하고, "군사 방면에 비상한 주의를 기울여야 하며, 정권은 총검으로부터 나온다는 것을 명심하여야 한다."고 역설하였다.

회의에서는 취추바이를 수뇌로 하는 9명의 당 중앙 임시정치국 위원을 선출하였다. 당시 마오쩌둥과 저우언라이는 7인의 후보위원 중 한 사람으로 선출되었고, 덩샤오핑(鄧小平)은 당 중앙의 비서로 참여했다. 이 8.7회의는 당내 사상의 혼란과 조직의 이완을 똑바로 잡고 당이 나아가야 할 길을 분명하게 제시해 주었다. 이는 대혁명의 실패로부터 토지혁명 전쟁의 흥기에 이르는 하나의 큰 역사적인 전환점이 되었다.

당 중앙의 지침과 8.7회의의 방침에 따라 공산당인들은 혁명의 기치를 높이 들고, 피와 무력 항쟁으로 국민당의 학살정책에 화답한다. 당이 각지에 파견한 수많은 간부들은 당의 조직을 복구, 정비하여 무장봉기를 획책하였다.

1927년 8월 1일, 저우언라이를 서기로 한 전적(前敵)위원회 및 허룽(賀龍)·예팅(葉挺)·주더(朱德)·류보청(劉伯承) 등은, 당이 장악하거나 영향권 내에 있는 북벌군 2만여 명을 지휘하여 난창에서 무장 폭동을 일으켰다. 이른바 '난창봉기'였다. 하지만, 9월 말~10월 초, 봉기군은 광둥으로 남하하던 도중 무더위와 식료 및 의약품의 공급 부족과 중장비 무장의 강행군으로 탈주병과 질병 환자가 속출하였고, 결국 차오저우(潮州)와 산터우(山頭) 전투에서 국민당군에게 궤멸당했다. 잔여 병력 약 1,000여 명이 광둥의 하이루펑(海陸豊)으로 남하하여 현지 농민 무장 병력과 합류하여 노농혁명군 제2사단을 편성하고, 하이루펑 소비에트와 운명을 같이 했다.

다른 일부 잔병 2,000여 명은 주더의 지휘하에 후난 남부로 진입하여 농민운동과 접속하면서 전전하다가 1928년 마오쩌둥 부대와 합류

한다. 이는 훗날 '주·마오 군'의 명성을 떨친 홍군 제4군(군장: 주더, 당
대표: 마오쩌둥)으로 편성된다.

난창봉기는 국민당을 향해 총부리를 겨눈 첫 번째 전투였다. 이는
중국공산당이 독자적으로 혁명전쟁을 지도하고 인민의 군대와 무장력
을 창설하여 정권을 탈취하려 한 첫 시도였다.

8·7회의 후, 당 중앙은 마오쩌둥을 당 중앙 특파원 자격으로, 후난
성에서 당 위원회(약칭: 당위)를 개조함과 동시에 후난과 장시 성 경계
에서 추수폭동을 일으키도록 명하였다. 폭동은 9월 9일에 시작되었다.
그러나 국민당군의 제지로 계획했던 창사 진격이 좌절되었다. 이후,
마오쩌둥을 서기로 한 전적위원회는 즉각 결단을 내려 원래 정해진
계획을 바꾸어 적의 통제가 비교적 약한 산악지대로 들어가 근거지를
마련하기로 하였다. 10월 7일, 마오쩌둥은 부대를 이끌고 징강산(井崗
山)이 있는 장시 성 닝강(寧岡) 현 마오핑(茅坪)에 도착하였고, 이때부터
역사적인 징강산 혁명근거지에서의 투쟁이 시작된다.

12월 11일, 광둥 성 당위 서기 장타이레이와 사령관 예팅·예젠잉
장군 등의 지도하에 '광저우봉기'를 일으켰다. 봉기군은 한 차례 광저
우의 대부분 시가지 전역을 점령하고 소비에트 정부와 노농홍군을 건
립했다. 하지만 3일 만에 국민당군의 맹공으로 봉기는 실패하고 장타
이레이와 수많은 봉기군이 사망하였다. 광저우에서 탈출한 봉기군의
일부는 하이루펑으로 도망쳐 투쟁에 참가하였고, 다른 일부는 광시의
줘유강(左右江) 일대의 농민 봉기군과 합류하였다.

이상과 같은 규모가 비교적 큰 봉기 이외에도, 연이어 공산당은 하
이루펑·충야(琼崖)·후베이-허난 변경·장시 서남·장시 동북·후난
남부·후난-후베이 변경·푸젠 서부·산시(陝西) 서부 등지에서 무장봉
기를 일으켰다. 1928년 초까지 공산당은 거의 100여 차례의 무장봉기

를 일으켰는데, 이들 봉기 가운데 일부는 아주 짧은 시일 내에 실패하고 만다. 그들의 실패는, 중국의 현실에서는 도시 무장 폭동이나 대도시 점령을 통하여 혁명을 승리로 이끈다는 것은 먹히지 않는다는 것을 증명해 주었다. 일부 잘 버티어 준 봉기군은 대부분 여러 성의 경계 지역이나 국민당 통치의 중심도시에서 비교적 멀리 떨어진 산간벽지에 있었다. 이러한 산간벽지 농촌 지역의 봉기가 바로 훗날 홍군과 혁명근거지 발전의 초석이 된다.

이처럼 여러 차례에 걸쳐 무장봉기를 일으켰지만, 혁명은 여전히 저조한 형국이었고, 당 중앙은 이러한 형세를 정확히 인식하지 못하고 있었다. 1927년 11월에 소집된 중앙 임시정치국 확대회의는 여전히 도시를 중심으로 한 전국의 무장 폭동계획을 결정함으로써, 취추바이를 중심으로 한 '좌'경 맹동주의가 전당의 지배적 위치에 있게 되었다. 이 회의 뒤에도, 몇몇 지역에서 맹목적인 폭동을 일으켰다. 그러나 결과는 참패였다. 이는 당 중앙으로 하여금 문제를 다시 생각해 보게 하는 계기가 되었다. 1928년 4월, 중앙 임시정치국은 당내에 '좌'경 맹동주의-도시 중심의 맹목적 무장 폭동의 착오가 존재함을 인정한다고 통고했다. 이쯤에 이르러서야 비로소 전국적 범위의 공작에 횡행하던 '좌'경 착오는 기본적으로 중지되었다.

왜 혁명이 저조한 상태임에도 당내에서는 '좌'경 맹동주의적 착오가 나타났는가? 그것은 당시 당 중앙과 공산당 지도자들이 중국 정국의 복잡성과 중국혁명의 장기적 성격에 대한 인식이 부족했기 때문이었다. 국민당의 야만적 학살에 대한 분노와 복수의 열망이 혁명가들에게 목숨을 건 필사적인 충동을 일으키게 할 것이며, 일반 대중들의 인식 수준이 진보적 인사들의 그것처럼 될 것이라 착각하였기 때문이다. 이러한 정서는 당시에는 상당히 일반적인 현상이었다.

각 지역에서 무장봉기가 일어나고 있을 때 공산당 중앙은 여전히 상하이에 주재하고 있었고, 당의 활동 중심은 도시에 있었다. 실제, 외국으로부터 수입한 '도시 중심론'은 중국의 실제와는 동떨어진 이론이었다. 이러한 상황에서 마오쩌둥과 주더가 이끄는 징강산 근거지의 투쟁은 중국에서 혁명 발전의 객관적 규율을 어떻게 인식하여야 하고, 국가의 실정에 부합하는 혁명의 방향은 어떠한 길로 가야 할 것인지 대한 지침을 제시하는 데 크게 공헌했다. 그것이 훗날 '마오쩌둥 사상'의 근간이 된다. 즉 마르크스 레닌주의(이론)를 중국의 실정(실제)에 맞게 적용하자는 이론이다.

징강산은 후난과 장시 성 사이에 뻗어있는 뤄사오(羅宵)산맥 가운데 위치하고 있다. 마오쩌둥이 이끈 추수 봉기 부대가 그곳에 도착한 후, 국민당 내부에서 벌어진 새로운 분열을 기회로 포착하여 국민당 군대의 봉기군에 대한 토벌 작전을 격퇴하는 한편, 당 및 군과 정권의 건설에 전력을 투구하였다. 그렇게 함으로써 닝강(寧岡)을 중심으로 한 후난-장시 경제성장(변경지역) 혁명근거지의 기반을 닦았다.

주더와 천이(陳毅)가 지휘하는 일부 난창봉기 잔여 부대와 현지 농민이 후난 남부에서 봉기한 후, 징강산으로 이동하였다. 그리고 이들은 1928년 4월 하순 마오쩌둥 부대와 합류하여 노농혁명군 제4군(얼마 후 홍군 제4군으로 개칭)으로 재편하고 마오쩌둥이 당 대표와 군사위원회 서기를, 주더가 군장(사령관)을 맡았다. 홍4군은 중국공산당 후난·장시 변구 특위와 노농병 소비에트정부를 건립한 뒤, 연이어 국민당 군대의 대(對)공산군 3차 연합 토벌 작전을 격파하고 징강산 근거지를 견고히 했다. 7월 펑더화이(彭德懷)·텅다이위안(騰代遠)·황궁뤠(黃公略)가 후난 핑장(平江)에서 봉기하여 홍군 제5군으로 편성되었고, 12월에는 징강산에 도착하여 홍4군과 합류했다. 그럼으로써 홍군의 세력은 한층 더 증강되었다.

근거지의 무장투쟁은 토지혁명과 불가분의 관계에 있었다. 징강산에 근거지를 건설한 초기 단계의 주요임무는 농민을 격발시켜 악질토호열신 지주계급을 타도하도록 지도하는 일이었고, 분전공작(分田工作; 토지개혁으로 지주의 농지를 농민들에게 분배하는 일)은 개별 지역에서만 시험적으로 실시했다. 근거지가 점차 안정되어 감에 따라 1928년 5월~7월, 변구 각 현에 전면적으로 분전공작이 고조되었고, 연말에는 징강산 <토지법>을 공포했다.

징강산 근거지를 건설하는 과정에서, 홍군 가운데 일부 심지가 약한 사람들은 사방에 백색 정권이 포위하고 있는데, 어떻게 이 조그만 홍색 정권이 생존하고 발전할 수 있을 것이며, "홍기는 도대체 얼마나 지탱하겠는가?"라는 의문을 제기하기도 했다. 1928년 10월에 소집한 후난·장시 변구 당의 제2차 대표대회는 마오쩌둥이 기초한 결의안을 통하여 이 문제에 대한 회답을 주었다. 결의안은 다음과 같이 역설하였다.

"중국은 제국주의가 간접적으로 통치하는 경제가 낙후한 반(半)식민지국가이기 때문에, 지방적 성격의 농업경제(통일된 자본주의경제가 아닌)와 제국주의의 분할 착취정책은 신구 군벌 각파 간의 충돌과 전쟁을 유발하고 있다. 홍색 정권은 오히려 이러한 상황을 이용함으로써 끝까지 버티고 발전할 수 있다. 계속 발전하는 혁명의 기세가 있고, 대단히 훌륭한 당과 정화한 정책이 있고, 매우 훌륭한 대중이 있고, 상당한 역량을 가진 홍군이 있어, 작전에 편리한 지세와 충분하게 급양할 경제력이 있기만 하면 홍색 정권은 충분히 존재하고 발전할 수 있다."

마오쩌둥과 주더가 이끄는 징강산 근거지의 투쟁은 중국혁명 발전의 정확한 방향을 제시하고 있었다. 혁명의 형세가 저조한 상황에 봉착한 시점에 징강산 근거지의 건설, 그리고 무장투쟁 및 토지혁명과 근거지 건설 등의 성공은 각 지역의 군사 봉기·노농 무장 할거에 본보기가 됐을 뿐만 아니라, 혁명가들의 가슴에 새로운 희망의 불씨를 지펴 주었다.

2. 혁명운동의 부흥과 국민당군에 대한 반(反)토벌 작전

제1차 국공합작 결렬 이래의 경험적 교훈을 총결하고, 혁명 투쟁의 노선과 임무를 결의하기 위하여 1928년 6월 16일~7월 11일, 소련의 모스크바에서 중국공산당 제6차 전국대표대회를 개최하였다. 대회에 출석한 대표는 142명이며, 그 가운데 정식 대표(표결권이 있는 대표)는 84명으로 전국의 13만여 공산당원을 대표하였다. 대회는 코민테른의 책임자 니콜라이 부하린(Nikolai Ivanovich Bukharin)의 지도하에 중국혁명에 관련된 근본 문제에 있어서 어느 정도 기본적인 회답을 도출해 냈다. 대회에서는 <정치결의안> 등의 문건을 통하여 다음과 같이 결의하였다.

"중국은 여전히 반(半)식민지 반봉건국가이며, 현 단계의 중국혁명은 낮은 단계의 성격, 즉 자본가 계급의 민주주의 혁명이다. 작금의 정치형세를 보면, 첫 번째 혁명의 물결은 이미 여러 차례 실패하여 지나갔지만 새로운 혁명의 물결은 아직 도래하지 않은 상황이기 때문에, 당의 총임무는 대중의 힘을 얻는데 두어야 한다. 혁명의 새로

운 고조는 필연적으로 도래할 것인바, 혁명의 물결이 고조하면 제국
주의·국민당 타도의 무장봉기를 일으켜야 하는데, 지금은 무장봉
기의 준비기로서 현재 당의 총노선은 공격이 아니고 대중을 끌어들
여 단결하며, 혁명 역량을 모아 무장봉기를 준비해서 제국주의자를
몰아내고 중국의 진정한 통일을 달성하며, 토지혁명을 실시하여 노
농병 대표회의(소비에트) 정권을 건립하는 것이다."

그리하여 대회에서는 국민당과의 타협을 원하는 '우'경 기회주의를
호되게 비판하는 한편, 당내에 가장 주요한 위험은 맹목적인 투쟁을
주장하는 '좌'경 맹동주의임을 강조했다. 이처럼 대회에서는 천두슈의
'우'경 기회주의와 취추바이의 '좌'경 맹동주의가 동시에 비판받았다.

제6차 당 대회는 중간계급의 양면성과 반동 세력의 내부 모순에 대
한 정확한 평가와 정책이 부족했고, 국공합작 실패 후 당이 요구하는
바의 전술상의 질서 있는 퇴각, 그리고 농촌근거지의 중요성과 민주혁
명의 장기적 성격에 대한 인식 부족 등 결함도 존재하고 있었다. 하지
만, 대회의 결의가 전달, 관철된 후 대체로 전당의 사상은 하나로 통일
되어 혁명운동을 발전시키는 데 있어서 적극적인 작용을 했다.

6차 당 대회는 새로운 중앙위원회와 중앙심사위원회를 선거하였다.
그리고 그 1중전회에서는 각각 7명의 중앙정치국 위원과 후보위원을
선출하고, 다시 당 중앙 최고 지도기구인 중앙정치국 상무위원을 선출
하였다. 쑤자오정(蘇兆征)·샹중파(向忠發)·샹잉(項英)·저우언라이·차이
허썬 등이 상무위원에 선출되었다. 지도 간부 구성에 있어서 노동자
성분을 강조하여 노동자 출신인 샹중파가 중앙정치국 상무위원회 주
석에 선출되었다. 샹중파는 비록 당 중앙의 주요 책임자로 선출되었지
만, 실제적으로는 위상에 걸맞은 역할을 하지는 못했다.

중국공산당은 제6차 대회 후 2년간은 혁명의 부흥기를 맞이했다. 국 공합작 실패 후, 마치 절망의 수렁에 빠져든 것 같았던 당 중앙은 비 상한 각오로 당의 건설에 전력투구했다. 그 결과, 당의 조직은 크게 발 전하였다. 1929년 6월 하순~7월 초, 상하이에서 6기 2중전회가 소집 되었을 당시 당원은 6만 9,000이었는데, 이듬해에는 배로 증가하여 12 만 2,000명이나 되었다. 그리고 1930년 말에는 전국 17개 성에 성 당위 및 수많은 특위, 그리고 시 당위, 현 당위 등의 조직이 복구되었다.

6차 당 대회 이후 노동자 혁명 역량도 어느 정도 회복되었다. 1929 년 말에 이르러서는 전국의 적색 노동조합 조합원 및 그 영향하에 있 는 노동자 대중은 총 4만여 명에 달했다. 농민의 소작료 거부·곡물세 거부·납세 거부 투쟁, 도시 빈민의 가렴잡세 반대 투쟁, 그리고 학생 운동. 여성운동, 좌익 문화 운동, 국민당 군대 중의 사병운동 등도 모 두 큰 진전이 있었다. 당면한 백색테러(공산당에 대한 국민당의 보복)에 대 응하기 위해서는 공산당 중앙이 특무(정보) 공작을 강화하였다. 1927년 11월, 당 중앙은 상하이에 특무 병과를 신설하였다. 특무 병과는 저우 언라이의 지휘하에 당 중앙기관의 안전 보위, 체포된 당원 구출, 반역 자 엄정 징벌, 정보 수집, 소비에트구에 적의 동향 보고, 홍군과 근거 지의 공동 투쟁 등에 있어서 중요한 역할을 하였다.

더욱 중요한 것은 공산당 중앙이 각 지역의 홍군과 농촌근거지에 대한 지도를 강화한 것이다. 이 시기 중요한 근거지는 장시 남부, 푸젠 서부, 후난·후베이 서부, 후베이·허난·안후이, 푸젠·저장·장시, 후난·후베이·장시, 후난·장시, 광시의 줘유강, 광둥의 둥강과 충야 등이 있었다. 각 근거지의 당 조직은 군벌이 서로 혼전하는 기회를 포 착하여 농민을 격발시켜 토지혁명을 일으키고, 혁명정권을 건립하고, 유격전을 전개하여 홍군과 근거지를 견고하게 확대하여갔다. 그 가운데 가장 영향력이 컸던 것은 마오쩌둥과 주더 등이 지도하는 장시 남부와 푸젠 서부 근거지였다.

1929년 1월, 마오쩌둥, 주더, 천이가 이끄는 홍4군 주력이 장시 남부로 출격하였다. 이어 징강산에서 포위망을 뚫고 나온 홍5군 주력과 회동하고 푸젠 서부로 진출, 장시 남부와 푸젠 서부 소비에트 정부를 연달아 건립하였다. 이로써 지방 무장력이 매우 크게 발전하였다. 1930년 6월, 장시 남부, 푸젠 서부 지역의 홍군을 홍1군단으로 합편하고 총지휘관은 주더, 정치위원 겸 전적위원회 서기는 마오쩌둥이 맡았다. 모두 2만여 병력으로 홍군 가운데 전투력이 가장 강한 부대의 하나가 되었다. 8월, 홍1군은 펑더화이·텅다이위안이 지도하는 홍3군단과 합편하여 홍1방면군이 되었다. 그 사령관에는 주더, 총전적위원회 서기 겸 총 정치위원은 마오쩌둥이 맡았다.

마오쩌둥은 홍군을 지도하여 근거지를 건립하는 과정에서 의식적으로 당이 지도하는 농민전쟁과 구식 농민전쟁을 확연히 구별하였다. 징강산 시기에 그는 중앙에 보낸 한 보고에서 변구 각 현의 당은 거의 완전히 농민으로 구성되어 있어, 만약 프롤레타리아 사상으로 지도를 하지 않으면, 사상의 착오가 발생할 수 있다고 했다.

농촌이라는 열악한 환경에서 당과 홍군의 진보적 성향을 어떻게 잘 지탱해 나갈 수 있겠는가 하는 문제를 해결하기 위하여 1929년 12월 하순, 푸젠 성 상캉(上抗) 현 구톈(古田)에서 홍4군 당의 제9차 대표대회를 소집했다. 대회는 난창봉기 이래 홍군과 농촌근거지 건설의 경험을 총결하여, 각종 사상의 착오를 비판하는 한편, 사상강화의 중요성을 강조하고 프롤레타리아 사상으로 당과 인민의 군대를 건설할 것을 다짐하였다.

회의에서는 또 마오쩌둥이 주재하여 기초한 유명한 <중국공산당

홍군 제4군 제9차 대표대회 결의안>이 통과되었다. 이 결의안은 8개 안으로 구성되어 있는데, 그중 가장 중요한 것은 당내의 사상 착오를 바로 잡는 문제로, '홍군은 혁명의 정치적 임무를 집행하는 하나의 무장 집단'으로 반드시 당의 지도에 절대복종할 것을 강조한 것이다. 그리고 홍군의 임무는 전쟁을 수행해야 할 뿐 아니라, 대중을 선전·조직·무장하는 대중공작과 군자금의 조달 등을 책임져야 함을 강조하였다. 구톈회의의 결의는 당과 홍군 건설의 강령적 성격의 문헌이었다. 그것은 농민이 주요 성분인 농촌에서 어떻게 사상강화에 착수하여, 당이 프롤레타리아의 선봉적 성격을 유지하고 프롤레타리아가 지도하는 새로운 유형의 인민의 군대를 만드느냐의 문제를 해결해 주었다. 회의에서는 홍4군의 새로운 전적위원회를 구성하고, 그 서기에 마오쩌둥을 선출하였다.

이 시기, 장시 남부·푸젠 서부 근거지 내의 토지혁명은 아주 크게 발전하였다. 1929년 4월, 마오쩌둥의 주재하에 장시 성 싱궈(興國) 현에서 <토지법>이 제정되었다. 이듬해 봄, 싱궈 등 여러 현에서 전면적인 분전 운동이 벌어졌다. 마오쩌둥은 징강산 근거지에서 벌인 토지혁명 이래의 경험을 총결하여 일련의 깊이 있는 토지혁명의 원칙과 정책을 제의하였다. 토지혁명을 추진한 지방에서는 인민의 생활이 현저히 개선되었다. 공산당이 가난한 농민들에게 봉건적 토지제도에 대해 맹렬히 공격하도록 지도한 이 정책은, 농민들로 하여금 국공 양당, 이 두 정권의 우열을 쉽게, 그리고 빠르게 식별하게 했다. 농민들은 토지혁명을 통해 지주계급으로부터 그들이 쟁취한 토지를 잃지 않기 위해 자연스럽게 공산당 편에 서서 홍군을 지원하고 근거지의 건설과 유지에 적극적이었다.

장시 남부·푸젠 서부 근거지 건설의 성공은 각지의 홍군과 근거지

건설을 고무하였고, 하나의 모범 사례가 되었다. 1930년 여름에는 전국의 농촌근거지가 이미 10개나 되었고, 홍군도 7만여 명으로 증가하였다. 이와 함께 지방 혁명 무장력은 모두 10여 만이나 되었다. 고난의 시행착오를 거치며 공산당인들은 농촌근거지가 이미 인민의 혁명 역량을 축적하고 단련하는 주요 전략기지임을 알게 되었다.

홍군과 근거지의 존재와 발전은 국민당 통치자들에게 큰 충격을 주었다. 그리하여 1930년 10월부터 장제스의 국민당군은 막강한 화력을 집중하여 남부 지방 각 근거지의 홍군을 향해 대대적인 토벌 작전을 발동하게 된다.

국민당군이 발동한 토벌 작전의 중요 표적은 마오쩌둥과 주더가 이끄는 홍1방면군이었다. 1930년 겨울부터 1931년 여름까지 홍1방면군은 마오쩌둥과 주더의 지휘하에 적극적인 방어 방침을 고수하며, '적을 깊이 유인하는 전술(誘敵深入)' 등을 구사하여 국민당 군대의 3차에 걸친 포위 토벌 작전을 격퇴하였다. 반(反)토벌 작전의 승리는 장시 남부·푸젠 서부 근거지를 한 덩어리가 되게 하여, 21개 현, 5만 km²의 면적, 250만 인구를 가진 중앙혁명근거지를 구축할 수 있게 하였다. 제3차 반토벌 작전이 종결된 지 얼마 후, 국민당 내 공산당 지하당원인 자오보성(趙博生)과 진보적 성향의 장교 둥전탕(董振堂)이 국민당군 제26로군 1만 7,000여 명을 선동, 1931년 12월 14일 장시 성 닝두(寧都)에서 폭동을 일으키고 투항하였다. 이들은 홍군 제5군단에 편입되었다. 이 기간, 후베이·허난·안후이, 후난·후베이 서부 등 변구 근거지의 '반토벌' 작전도 크게 승리를 거두었다.

각 근거지가 계속하여 확대·발전하는 가운데, 1931년 11월 7일~20일 루이진(瑞金)에서 소비에트 제1차 전국(인민)대표대회가 개최되었다. 이 대회에서 중국공산당은 중화소비에트공화국 임시 중앙정부의 성립을 선포했다. 임시 중앙정부 주석에는 마오쩌둥이 당선되었다.

제1차 국공합작 결렬 이후, 혁명을 견지하고 부흥의 길로 나갈 수 있었던 관건은 바로 하나의 정확한 혁명노선을 찾아낸 데에 있었다. 이 혁명노선은 바로 그 발판을 도시에서 농촌으로 전환한 것이다. 즉 농촌이 도시를 포위하는 전략이었다. 그것은 농촌에서 농민대중을 발동하여 그들에 의지하여 근거지를 건립하고, 그것을 통하여 토지혁명과 각종 건설사업을 전개, 농민을 주체로 한 장기적인 혁명전쟁을 수행함으로써 혁명 역량을 발전·강화하여, 마지막에는 도시를 점령하고 전국적인 승리를 쟁취하는 전략이었다. 이는 아무도 걸어보지 못했던 독창적인 노선으로, 이 노선의 정립에는 마오쩌둥의 공헌이 가장 컸었다. 그는 실제 무장투쟁 중에 그 투쟁의 중심을 농촌으로 전환하여 근거지를 발전시킨 경험이 있고, 이론적으로도 그의 논문 <하나의 작은 불티가 평원을 불태울 수 있다(星星之火, 可以燎原)>(1930년 1월 5일) 등에서 중국혁명의 노선 문제에 대해 논술한 바 있다.

3. 왕밍의 '좌'적 착오와 혁명운동의 좌절

중국의 사회주의혁명이 결코 순조롭게만 진행된 것은 아니다. 정세가 호전되면, '좌'경 모험주의가 고개를 들고, 이에 따라 코민테른 역시 잘못된 지침을 하달하여 중국공산당 내의 급진적 '좌'경이 기승을 부렸다.

1930년 6월 11일, 상하이에서 중앙정치국 회의가 소집되었다. 이 회의는 중앙정치국 상무위원 겸 선전부장인 리리싼이 주재하였다. 회의는 <새로운 혁명 고조와 1개 성 혹은 일부 성의 우선 승리>라는 제하의 결의안을 통과시켰다. 이 결의안은 리리싼이 직접 기초한 것으로, 우한을 중심으로 한 전국 중심도시의 봉기와 전국의 홍군을 한데 집 중시켜 중심도시를 공격하는 모험적 계획이었다. 이 결의안이 통과된 후부터 '좌'경 모험주의가 당 중앙의 지배적 지위를 점하였다. 뒤이어 이 계획을 실행에 옮기기 위해, 총파업과 전국 무장봉기의 최고 지휘 기관인 총행동위원회와 중앙에서 지방에 이르는 각급 행동위원회를 설립하였다. 이러한 노선의 추진 결과, 국민당군과의 대결에서 결국은 중과부적(衆寡不敵)으로 각 지역의 홍군과 근거지는 모두 상당한 정도 의 손실을 맛보지 않을 수 없었다. '좌'경 모험주의가 당내에 지배적 위치에 있던 기간은 길지 않았지만, 결국 당은 이로 인해 너무나 큰 대가를 치루야 했다.

리리싼 노선의 결의를 접한 코민테른은 경악했고, 당시 모스크바에 체류하고 있던 취추바이와 저우언라이는 리리싼이 미쳤다고 할 정도 로, 리리싼의 결의는 중국혁명 형세를 너무나도 낙관적으로 보고 있었 다. 한마디로 환상적 전략이었다고 볼 수 있다. 당시 코민테른은 대도 시 공격을 시기상조로 보고 이것을 제지하는 입장이었다.

코민테른은 전국적인 무장봉기 계획의 즉각 정지를 요구하며 취추 바이와 저우언라이를 황급히 귀국시켰다. 1930년 9월 하순 모스크바 에서 갓 귀국한 저우언라이와 취추바이의 주재하에 당 6기 3중전회가 상하이에서 소집되었다. 여기서 저우언라이와 취추바이는 코민테른의 지시에 따라 '좌'경 착오 사상을 바로잡고, 리리싼을 대표로 하는 '좌' 경 모험주의자들을 비판했다. 리리싼 등은 스스로 착오를 시인하고, 자아비판도 하였다. 전국적인 총파업과 봉기 및 전국의 홍군을 집중하 여 중심도시를 공격하는 계획의 추진은 정지되고, 총행동위원회 활동 은 취소되었다. 이로써 리리싼을 중심으로 한 '좌'경 모험주의의 지배는 종료되었고, 전당의 공작은 정상적인 궤도에 오르기 시작했다.

하지만, 코민테른의 간여로 사정은 순식간에 돌변했다. 1930년 10월, 코민테른은 당 6기 3중전회가 리리싼 노선의 반코민테른적 성격을 강력히 비판하지 않았던 것을 불만스럽게 생각하며, 리리싼의 노선을 비판하는 서한을 당 중앙에 보냈다. 모스크바로부터 귀국한 지 얼마 안 된, 코민테른 동방부 부부장 미푸(Павел Александрович Миф)의 신임을 받고 있던 왕밍(王明: 본명 陳紹禹), 보구(博古, 본명 秦邦憲) 등 소련 유학파들이 비정상적인 루트를 통하여 당 중앙보다 먼저 편지의 내용을 알고, 즉각 '타협주의(調和主義)'를 반대한다는 구호하에 당 6기 3중전회 후의 중앙을 맹렬히 공격했다. 즉 취추바이와 저우언라이가 주재한 6기 3중전회가 리리싼과 적당히 '타협'하고 마무리 지었다는 의미였다. 그것은 당내에 심각한 사상의 혼란을 불러와 당 중앙이 정상적인 활동을 하기 어렵게 만들었다.

왕밍은 그가 쓴 <두 갈래 노선>이라는 소책자를 배포하였다. 이 소책자에서 그는 중국혁명의 반(反)자본가·반부농 투쟁의 의의를 과장하고, 중간진영의 존재를 부인했다. 전국적인 '혁명 고조'와 전국범위의 '공격 노선'으로, 중심도시를 포괄한 1개 또는 일부 주요 성을 우선적으로 서둘러 쟁취할 것을 계속 강조하고, 당내의 주요 위험은 '우'경 기회주의, '실제 공작 중의 기회주의'와 '부농노선'이라고 주장했다. 그리고 그는 미푸의 지원으로 단숨에 중앙정치국을 장악한다. 그것이 당 6기 4중전회다.

1931년 1월 7일, 당 6기 4중전회가 상하이에서 열렸다. 대회는 6기 3중전회의 이른바 리리싼의 맹동주의를 비난하는 한편, '리리싼 노선'에 대한 취추바이와 저우언라이의 '타협주의'를 비판하는 것이 요지로서, '당내의 목전 주요한 위험'인 '우'경에 대한 반대를 강조하였다. 또

'코민테른에 대한 복종'의 중요성을 강조하고 각급 지도기관을 개조하였다. 취추바이와 저우언라이는 타협의 과오에 대한 책임을 지고 혹독한 질책을 받았으며, 리리싼은 모스크바로 불려가 엄중한 조사를 받은 후 마르크스주의를 재학습하도록 명령받았다. 왕밍은 미푸의 지지하에 중앙정치국 위원이 되었다. 정치국 상무위원에는 자아비판을 한 샹중파 · 저우언라이, 그리고 장궈타오가 유임되고, 회의 후 곧바로 왕밍이 상무위원에 올랐다. 명목상 총서기는 샹중파였지만, 실권은 왕밍을 중심으로 한 보구 · 캉성(康生) · 선쩌민(沈澤民) 등 소련 유학파에게 넘어갔다.

이 회의는 사실상 (리리싼을 대신하여) 왕밍의 '좌'경 맹동주의 강령을 승인해 준 것이다. 이때로부터 교조주의를 특징으로 하는 왕밍의 '좌'경 맹동주의가 공산당 중앙을 장장 4년간 지배하게 된다. 왕밍 등의 주장은 리리싼의 '좌'경에 비하여 더욱 '좌'적이었다. 중국혁명의 실제를 잘 모르는 젊은 소련 유학파 그룹이 당 중앙을 장악한 일은 당내에 적지 않은 혼란을 불러왔다.

그러면 왕밍이 어떻게 실권을 장악할 수 있었는가? 그 원인은 8.7회의 이후 당내에 계속하여 짙게 깔려 있던 '좌'적 정서를 제대로 정리하지 못한 데 있었다. 당내의 수많은 간부들은 혁명 열정에만 넘쳐있었지, 이론적인 무장과 실천 경험 모두 부족하였다. 여기다 왕밍이 수많은 마르크스주의의 말과 글들을 대중 앞에 뿜어내며 으름장을 놓음으로써 대중들은 그것을 식별하거나 제지할 능력을 상실하였기 때문이다.

당 6기 4중전회 후, 공산당은 국민당 통치구역에서의 공작에서 하나의 혼란한 일과 마주쳤다. 뤄장룽 등이 4중전회를 반대한다는 명분하에 독단적으로 중앙비상위원회를 발족시켜 분열 공작을 조장하였고,

이에 당으로부터 제명 출당되는 일이 발생하였다. 따라서 당 조직이 심각하게 훼손되어, 왕밍은 상하이를 떠나 모스크바로 가야 했고, 이어 저우언라이는 중앙근거지로 갔다. 상하이에 남아있는 당 중앙위원과 정치국 위원은 절반도 안 되었다. 그 결과, 코민테른 극동국의 제의에 따라 9월 하순 임시 중앙정치국을 건립하고 보구(친팡셴)가 총책을 맡게 되었다.

바로 이 시점, 일본 제국주의가 침략전쟁을 발동한다. 1931년 9월 18일 심야, 중국 동북에 주둔하고 있던 일본 관동군이 중국군의 북대영(北大營)과 선양을 공격해 왔다. 4개여 월 만에 랴오닝, 지린, 헤이룽장 등 동북 3성의 전역이 함락되었다. 이것이 이른바 중국인들이 가장 치욕스럽게 기억하는 국치일 가운데 하나인 '9·18 사건'이다.

이후, 중·일 양 민족 간의 관계는 더욱 악화되었고, 중국 국내의 계급 관계에 중대한 변화가 일어난다. 당시, 공산당이 당면한 문제는 민족의 위기가 전례 없이 심각한 상황에서 맞이한 국내 계급 관계의 새로운 변화를 정확하게 인식하는 일이었다. 그러나 임시 중앙정치국은 비록 항일을 주장하긴 하였지만, 이들 문제를 정확하게 인식하고 처리하지 못했다. '무장으로 소비에트를 보위하자'는 구호를 외쳤지만, 그것은 실질적인 구국 활동과는 거리가 먼 것이었고, 중간 세력을 계속 가장 위험한 적으로 간주, '좌'경 폐쇄주의(關門主義)의 방침을 고집하였으며, 제정하는 수많은 결의안은 실제 활동에 있어서 '좌'경 모험주의를 한층 더 강화하는 결과를 가져왔다.

'좌'경 모험주의의 주관적 행동은, 공산당의 국민당 통치구역에서의 공작을 더 어렵게 만들었다. 극히 어려운 조건임에도 일군의 공산당인들은 쑹칭링·루쉰(魯迅) 등 진보적 성향의 민족주의자들과 힘을 합쳐 항일구국운동을 펼치는 한편, 장제스의 통치에 맞섰다. 국민당 정부의 잔혹한 문화 탄압 정책하에 일부 좌익 문화 종사자들은, 문화 전선에서의 투쟁을 통하여 공산당의 영향을 확산하고 진보적 사상을 전파하는 동시에, 중국의 현실과 연계하여 수많은 사회과학 저작과 문학예술 작품을 집필하고 발표했다. 좌익작가연맹·사회과학자연맹 등을 중핵으로 한 좌익 문화 운동은 중국 근현대 진보주의 사상의 발전과 항일 구국운동을 촉진하는 기폭제 역할을 했다.

'좌'경 모험주의 지배하의 공산당 중앙은 중앙의 대표나 새로운 지도 간부의 파견을 통하여 점차 홍군과 근거지 속으로 그 노선을 확대하여갔다. 그러한 노선의 확대하에서 진행된 반혁명분자 숙청 운동은 지도급 간부와 전사들을 대량으로 학살, 홍군과 근거지에 심각한 손실을 초래하였다. 중앙혁명근거지에서 마오쩌둥이 한 주장은 '협애한 경험론', '부농노선', '심각한 우경 기회주의의 일관'이라는 질책을 받았다.

1932년 여름, 국민당은 일본과 <쑹후(淞滬)정전협정>에 서명한 후, 즉각 대군을 집결하여 혁명근거지를 향해 제4차 포위 토벌 작전을 개시하였다. 국민당 군대의 창끝은 먼저 후베이, 허난, 안후이와 후난·후베이 서부 근거지를 향했다. 우세한 국민당 군대의 공격에, '좌'경 지도자들의 잘못된 지휘가 더해져 후베이·허난·안후이 근거지의 홍4방면군과 후난·후베이 서부 근거지의 홍2군단은 연이어 원래의 근거지로부터 쫓겨나 서쪽으로 이동하는 과정에서 각각 쓰촨·산시 근거지와 후난·후베이·쓰촨·구이저우(貴州) 근거지를 개척했다.

1932년 말, 국민당 군대는 30여 개의 사단 병력을 집결하여 공산당의 중앙근거지를 향해 제4차 포위 토벌 작전을 발동하였다. 당시 중국 공산당 내부에서는 이미 위에서 언급한 바와 같이 '좌'·'우'경 간에 노선투쟁이 격렬하게 불붙고 있었다. '좌'경 모험주의자들은 주로 소련 유학파들로 이론적으로는 마르크스주의에 정통하였지만, 국내 실정에 어두워 코민테른의 지시와 정책에 충실한 파벌이었다. 그래서 '국제파'라고도 하였다. 국내파는 주로 국내에서의 투쟁 경험이 풍부한 민족주의적 성향이 강한 사람들로 무엇보다 중국의 실정을 중시하는 파벌이다. 그래서 '국내파'라고 부르기도 하였다.

왕밍은 소련으로 돌아가긴 했지만, 보구가 당 대표로 재직하며 모스크바에 있는 왕밍의 조종을 받고 있었다. 이에 반해 마오쩌둥을 중심으로 한 국내파는 '도시 중심' 노선을 반대하면서 적의 역량이 미약한 농촌에서 근거지를 마련하여 토지혁명을 통하여 혁명 역량을 강화하고 무장 역량을 확대해야 한다는 노선을 일관되게 견지하였다. 전자는 도시의 거점을 확보하기 위해 장제스와 전면전(정규전)을 벌여야 한다는 주장이고, 후자는 화력이 우세한 국민당 군대에 유격전으로 맞서야 한다는 주장이다.

이러한 노선투쟁 과정에서 1932년 10월, 닝두에서 당 소비에트구 중앙국 확대회의가 열렸다. 이 회의는 임시 중앙이 '좌'경 모험주의 노선을 관철하고 적에게 어떻게 대응해야 할 것인가를 토론하기 위한 장이었다. 여기서 마오쩌둥은 1932년 2월과 3월, 홍군이 간저우(贛州) 등 중심도시를 공격하는 것을 반대한 것과, 간저우 전투에서 패한 후에는 간강(贛江) 유역의 중심도시 방향으로 공격하는 것을 찬성하지 않고, 적의 통치가 비교적 약하고 당과 대중의 역량이 비교적 강한 장시 동북부로 향할 것을 주장했던 것에 대해 신랄한 비판을 받았다. 그리고 마오쩌둥은 '중심도시 탈취' 방침에 대해 '소극적 태업', '순수 방어노선'이라는 질책을 받았다. '적을 깊은 곳으로 유인하는(誘敵深入)' 그의 전략방침 역시 먼저 가서 적의 공격을 기다리는 '우'경주의의 위험이라는 비난도 받았다. 그리고 회의는 홍군이 적군에게 포위되기 전에 주동적으로 출격하여 중심도시를 탈취하고 먼저 장시의 전쟁을 승리로 이끌 것을 요구했다.

회의는 마오쩌둥을 전선의 작전지휘관으로 그대로 두자는 저우언라이의 의견을 무시하고, 왕자샹(王稼祥)·주더의 반대의견에도 귀 기울이지 않고 마오쩌둥을 홍군의 지도적 지위에서 배제하는 결정을 내렸다. 국제파 지배하의 당 중앙은 결국 마오쩌둥을 중화소비에트 임시정부 주석 및 홍군 정치위원직에서 해임하였다. 그래서 주더와 저우언라이가 홍1방면군을 지휘하게 되었다. 그러나 그들은 이른바 마오쩌둥이 주장하던 유격전을 통하여 적을 격멸시켜 승리를 거두었다.

국민당군의 제4차 포위 토벌 작전이 진행될 때, 국제파가 지배하던 공산당 임시 중앙은 장세스의 공격에 밀려 1933년 상하이에서 루이진의 소비에트 중앙근거지로 이동하였다. 원래 중국공산당은 상하이에 중앙국을 두고 국민당 통치구역 내의 당의 공작을 지도하는 동시에 코민테른과 연계하고 있었다. 상하이의 당 중앙국은 1934년 3월~1935년 2월 국민당의 공격으로 거의 다 파괴되었고, 1935년 7월에 활동이 정지되었다.

공산당 임시 중앙이 상하이에서 중앙근거지로 이동해 온 후에도 당과 홍군, 그리고 근거지는 전면적으로 '좌'경 모험주의의 방침과 정책을 밀고 나갔다. 걸림돌을 제거하기 위하여 조직적으로 종파주의적 방법으로, 생각이 같지 않은 간부들에 대해 잔혹한 투쟁과 공격을 가했다.

임시 중앙은 1932년 장시 성에서 덩(덩샤오핑)·마오(마오쩌탄毛澤覃: 마오쩌둥의 동생)·셰(셰웨이쥔謝唯俊)·구(구바이이古柏)에 반대하는 투쟁을 벌였다. 그들은 모두 당시 홍군과 지방행정의 중요 책임자들이었다. '좌'경 지도자들이 그들에게 창끝을 겨눈 것은 실제로는 마오쩌둥에 대한 공격이었다. 위 네 사람은 국민당군의 우세한 공격에 대하여, 맞붙어 전면전을 벌이는 것보다는 후퇴하여 적을 내부 깊숙이 유인한 다음 기회를 보아 격파하는, 이른바 유격전을 펴라는 마오쩌둥의 전술이 당시 홍군이 처한 실정에 합당하다고 보아, '좌'경 모험주의(전면전)에 반하는 행동을 했을 뿐이었다. 그러나 이로 인하여 덩샤오핑은 1933년 봄 장시 성 당위 선전부장직에서 해임당하고 당의 엄중한 경고 처분을 받은 뒤, 일개 촌락의 순시원으로 쫓겨났다. 이것이 그 유명한 덩샤오핑의 인생 3락(三落: 세 번 추락) 3기(三起: 세 번 일어남) 가운데 첫 번째 추락이다.

1933년 하반기 장제스는 혁명근거지에 대하여 제5차 포위 토벌 작전을 발동한다. 그는 이어서 100만 대군을 동원하여 각지의 홍군을 공격하고, 9월 하순부터는 50만 군을 이끌고 장시 성 루이진의 중앙 소비에트근거지를 공략했다.

당시 장시 소비에트는 비록 중국에서도 교통이 불편하여 국민당 정부의 힘이 미치지 못하고 인구가 드문 지역이긴 했으나, 전국 2,000여 개 현 가운데 무려 300여 개의 현이 그곳에 속하였고 인구는 1,000여만에 달하였다. 그래서 1928년 말까지 북벌을 완료하여 불완전하나마 중국통일을 일단락시킨 장제스는, 마오쩌둥의 혁명근거지 전략이 큰 진전을 보이자 그것을 완전히 소탕해버릴 계획을 추진한다. 그것은 일본 제국주의의 침략 등 외세에 대항하기 위해서는 먼저 국내 안정이 우선이라고 생각했기 때문이다. 결국, 장제스를 총사령관으로 한 반공 연합전선의 제5차 공산당 포위 토벌 작전이 전개된 것이다.

이때 공산당 임시 중앙국의 대표인 보구는 코민테른에서 파견한 군사고문 독일인 오토 브라운(Otto Brown)의 군사 지휘에 따라 국민당군을 맞아 싸웠다. 보구와 브라운을 비롯한 후방에서 활동한 지도자들은 병력을 활용하는 문제에 있어서, 병력을 한곳으로 집중시켜 한 방향에서 공격하고 다른 방향은 견제만 해서 병력의 기동성을 확보해야 한다는 마오쩌둥과 주더의 주장을 묵살하고 홍군의 정규군을 여러 갈래로 나누어 적의 분산 공격에 대항(방어)해야 한다고 고집, 또 그렇게 밀어붙여 결국 장제스에게 참패하고 말았다. 보구는 마르크스 레닌주의 이론에 익숙했고, 브라운은 군사 교범을 너무나 잘 아는 사람이었다. 하지만 그들이 아는 어떤 교본도 중국의 군사작전에 적용될 수는 없었다. 따라서 브라운의 방어전략이 100만 국민당군의 포위 작전에 여지없이 무너지고 말았다. 그것은 중국의 실정에 맞지 않은 왕밍·보구의 '좌'경적 오류가 가져온 참혹한 패배였다.

훗날 마오쩌둥은 그의 자서전에서, "이 전쟁에서 저지른 가장 큰 착오 중 하나는 국민당군을 유인하는 전술을 버리고 단순한 피동적 방어만 하는 그릇된 전략을 채택한 것"이라 했다. 이미 유리한 위치를 점거한 적군과의 전투에서 유격전과 운동전이 아닌 진지전을 한 것은 큰 실수라고 본 것이다.

1933년 11월, 국민당군 제19로군 장성들이 푸젠에서 '중화공화국 인민 혁명정부'를 세우고 공개적으로 항일반장(抗日反蔣: 일본에 대항하고 장제스에 반대)을 선포, 그 대표를 공산당에 파견하여 홍군과의 합작을 논의하자는 제의를 해왔다. 이는 홍군이 국민당군의 제5차 포위 토벌 작전을 뚫고 나감에 있어서 절호의 기회였다. 그러나 국제파 '좌'경 지도자들은 계속하여 중간파를 가장 위험한 적으로 간주하고 군사적으로 제19로군과 제휴하려 하지 않았다. 결국, 홍군은 절호의 기회를 놓치고 말았다. 장제스는 제19로군을 격파한 후, 중앙의 소비에트근거지를 4면으로 포위하였다.

1934년 1월, 공산당 6기 5중전회가 루이진에서 소집되었다. 이 회의는 <정치 결의안> 등 문건을 통과시키고 일부 지도층을 개편하였다. 이 회의에서는 중국은 이미 '직접적인 혁명의 형세'가 존재한다고 단정하고, 제5차 반(反)포위 토벌전은 중국의 소비에트 노선과 식민지 노선 간에 누가 누구를 이기느냐의 문제로 소비에트 중국이 완전 승리를 쟁취하여야 할 투쟁이라고 보았다. 그러므로 하층 통일전선의 책략을 계속 관철하고, 계속 급진 '좌'적 토지정책을 견지하여 이른바 부농 노선을 비판하고, 국민당 통치구역에서 당은 최대의 역량으로 노동자계급의 파업 투쟁을 조직 지도할 준비를 해야 한다고 결의했다. 그리고 4중전회의 '좌'경 노선을 전적으로 긍정한다고 했다.

이처럼 이 회의는 '적은 강하고 아군은 약한(敵强我弱)' 불리한 전세를 무시하고 '좌'경 모험주의가 정점을 치달은 회의였다. 회의는 중앙 정치국을 재편하고 중앙정치국 상무위원회를 대신해 소련모형의 중앙 서기처를 설립하여 보구·장원톈·저우언라이·샹잉(項英)이 서기로 선출하였다. 보구는 여전히 당의 총책으로 남았다.

'좌'경 모험주의가 한층 더 강조된 결과 국민당은 제5차 포위 토벌 전쟁에서 승리를 거두었고, 공산당은 크게 패했다. 1934년 4월 중순, 국민당 군대는 우세한 병력을 집중하여 중앙소비에트근거지의 북쪽 관문 광창(廣昌)을 공략했다. 18일간의 혈전을 벌였으나 광창 사수는 실패했다. 10월 초 국민당군이 다시 중앙근거지의 복부를 진격해오자 중앙 홍군의 주력은 전략적 퇴각을 하지 않을 수 없었다. 10월 중순, 당 중앙기관과 중앙 홍군 8만 6,000여 명은 근거지를 탈출, 포위망을 돌파하여 서쪽으로 퇴각로를 찾았다.

제6차 당 대회 후 중국의 혁명운동은 부흥의 국면을 맞이했지만, 당 중앙의 지도권이 중국의 실정을 잘 모르고 코민테른의 신임만 받는 '좌'경 교조주의의 수중으로 떨어짐으로써 당과 홍군에 돌이킬 수 없는 큰 손실을 안겨주었다. 산시(陝西) 북부 이외의 전국 모든 근거지와 국민당 통치구역 내의 공산당 조직은 모두 붕괴되고 말았다.

4. 장정 중 쭌이회의에서 마오쩌둥 당권 장악

장제스를 총사령관으로 한 국민당군의 제5차 포위 토벌 작전을 맞아, 1년간의 접전 끝에 공산당은 2년 10개월 동안 지켜온 장시 중앙소비에트를 포기하고, 1934년 10월 15일 부대를 이끌고 루이진을 탈출한다. 그것이 바로 역사적인 2만 5천리 '대장정'의 시작이다.

장정은 처음부터 미리 2만 5,000리로 예정한 것은 아니었다. 녜룽전(聶榮瑧)의 회고에 의하면, 당시의 생각으로는 먼저 후난 성 서부 지역으로 이동하여 그곳에 있는 홍2군·홍6집단군 두 부대와 합류한 후에 다시 대책을 마련하려 했던 것이다. 그런데 그때 이미 장제스는 홍군이 그곳을 통과할 것을 예감하고 후난 서부에서 15개 사단 40만 대군으로 홍군을 기다리고 있었다. 이 긴급한 상황에서 마오쩌둥은 홍2군과 홍6집단군 두 부대의 합류를 포기하고, 계획을 바꾸어 적의 세력이 취약한 구이저우 방향으로 갈 것을 제안했다. 그의 주장은 장원톈·저우언라이·왕자샹 등 다수가 찬성하여 받아들여졌다. 홍군은 후난의 퉁다오(通道) 현을 점령한 뒤 구이저우로 넘어갔다. 1934년 12월 18일, 공산당은 구이저우 성 리핑(黎平)에서 중앙정치국 회의를 소집하고 마오쩌둥의 의견에 따라, 후난 서부로 전진한다는 본래의 계획을 포기하고, 구이저우 북부를 향해 진군하였다.

장정이 시작될 무렵, 당시 마오쩌둥은 실권이 없었고, 당 중앙의 지도권은 왕밍의 조종을 받는 보구가 장악하고 있었으며, 군사 지휘권은 독일인 군사고문 브라운의 손에 쥐어져 있었다. 실권자인 왕밍은 당시 국내에 있지도 않고, 소련의 모스크바에서 코민테른의 배경을 업고 국내의 당과 군대를 원거리에서 조종하면서 중국혁명의 명줄을 잡고 있었다.

10월 중순에 출발하여 12월 1일 샹강(湘江)을 도하할 때까지 불과 45일밖에 되지 않았지만, 국민당군이 포진한 네 갈래(四道)의 봉쇄선을 돌파한 뒤에는 8만 6,000의 홍군과 중앙기관 인원이 3만 명으로 줄어들었다. 중앙 홍군은 계속되는 장제스 군의 추격과 포위 속에서 차단당하는 피동적 상황에 있었기 때문에 막대한 손실을 당할 수밖에 없었다. 사상자나 도망자도 늘어났을 뿐 아니라, 부대 안에는 회의와 불만의 소리가 날로 높아졌다.

이러한 상황에서 1935년 1월 7일 홍군은 구이저우의 옛 성인 쭌이에 도달했다. 1월 15일~17일, 쭌이(遵義)에서 중앙정치국 확대회의가 열렸고, 이 회의에 참석한 사람들은 훗날 중국공산당의 최고위 지도자급으로 부각하는 주요 인사들이었다. 참석자는 마오쩌둥을 비롯하여 중국 노농혁명군사위원회 주석 겸 홍군 총사령관 주더, 중화전국총공회 당단 서기 천윈(陳雲), 중국 노농혁명군사위원회 부주석 겸 홍군 총정치위원 저우언라이, 중화소비에트 중앙정부 인민위원회 주석 장원톈, 당 중앙 총서기 보구, 중국 노농혁명군사위원회 부주석 겸 홍군 총정치부 주임 왕자샹, 국가정치보위국장 덩파(鄧發), 중화전국총공회 주석 겸 푸젠 성 당위 서기 류사오치, 공청단 중앙 서기 허커취안(何克全), 홍군 총참모장 류보청(劉伯承), 홍군 총정치부 주임 대리 리푸춘(李富春), 제1군 사령관 린뱌오(林彪), 제1군 정치위원 녜룽전, 제3군 사령관 펑더화이, 제3군 정치위원 양상쿤(楊尚昆), 제5군 정치위원 리쥐란(李卓然), 그리고 홍군 기관지 ≪홍성보(紅星報)≫ 편집인 덩샤오핑과 오토 브라운 코민테른 중국주재 군사고문 및 그의 통역관 우슈취안(伍修權) 등이었다.

이 회의에서는 보구와 오토 브라운의 군사 노선을 집중적으로 규탄하고 그들의 군사상, 조직상의 오류를 바로잡는 결정을 한다. 국제파의 당 중앙국 총책 보구는 <5차 반토벌 작전에 관한 총결>이라는 보고를 통해, 군사 지도의 오류를 변명했다. 하지만 이어 발언대에 나선 장원톈은 이와 반대의 보고를 하고, 마오쩌둥과 왕자샹도 중요한 발언을 했다. 그들은 보구와 브라운이 제5차 반토벌 작전에서 단순 방어만 하고, 전략적 이동 중 퇴각하며 도망친 행각을 신랄히 비판했다. 격렬한 쟁론 끝에 참가자 다수가 장원톈 · 마오쩌둥 등의 보고와 의견에 동의하고, 보구의 총결 보고는 정확하지 않은 오류임을 인정하였다.

따라서 그때까지 중국공산당의 실권을 장악하고 있던 보구와 오토 브라운 등 국제파(소련파)의 노선은 비판을 받게 되었고, 국민당과의 전투에서 실패한 책임을 추궁당하게 된다. 이때부터 국제파의 군사 노선에 반대하며, 농민을 기반으로 한 유격전을 주장하던 마오쩌둥이 당권과 군사지도권을 장악하고 장정을 이끌게 되었다.

회의에서 당 중앙 총서기는 보구에서 장원톈으로 교체되고, 마오쩌둥은 중앙서기처 서기에 선임되었다. 중앙서기처 서기는 장원톈, 마오쩌둥, 저우언라이, 왕자샹, 보구 등으로 구성되었다. 당 중앙 3인 군사 영도소조에 마오쩌둥, 저우언라이, 왕자샹을 선임했다. 홍군 전선지휘부 총사령관에 주더, 그 정치위원에 마오쩌둥을 선임했다.

훗날 개혁개방의 새로운 중국을 여는 덩샤오핑은 이 회의에 홍군 기관지인 ≪홍성보≫ 편집인 자격으로 참석하고, 이 회의에서 당 중앙 비서장에 발탁된다. 이로써 덩은 마오쩌둥 계열의 유력한 간부로 지목되었다. 덩샤오핑은 1980년 이탈리아의 한 기자와 만나, 나는 일생 "세 번 추락하고 세 번 일어났다(三落三起)."고 말했다. 그는 "1933년 왕밍 등 국제파는 내가 마오쩌둥 편에 섰음을 지적하여 나를 한번 걷어찼고, 3년이 지나서야 비로소 나를 원 위치로 돌려 놓았다."고 했다. 첫 번째의 재기였다. 그것은 바로 이 쭌이회의에서의 결정이다.

쭌이회의의 중요한 역사적 의의 가운데 또 하나는 국제파의 위축으로 코민테른과의 연계가 중단된 상황에서, 중대한 정책 결정을 중국공산당이 독자적으로 창출해 낸 점이다. 특히 이 회의를 계기로 마오쩌둥이 홍군과 당 중앙에서 주도적인 위치를 확고히 하고, 홍군과 당 중앙을 극도의 위기에서 구해 냈다는 점에서 큰 의의가 있다.

일단 위기에서 전열을 가다듬은 홍군은 장정의 목표지점을 서북 방향으로 정하고 새로운 출발을 하게 된다. 중앙 홍군은 마오쩌둥 등의 지휘하에 실제 상황의 변화에 따라 민첩하게 작전 방향을 바꿔가며 네 차례나 츠수이허(赤水河)를 건너고 꼬불꼬불한 태산준령 우링(五嶺)과 우멍산(烏蒙山)을 둘러 넘어서 국민당군의 진지 사이로 뚫고 나갔다. 진사강(金沙江)을 건넌 후에야, 수십만 국민당군의 포위망을 벗어날 수 있었다.

쓰촨 성 루딩 현 대도하 철삭교(쇠줄 다리)

홍군은 소수민족에 대한 엄격한 규율을 유지함으로써 쓰촨 경내 다 량산(大凉山) 이족(彝族) 거주지역을 순조롭게 통과하여 서둘러서 대도 하 변의 안순창(安順場) 나루터와 루딩(瀘定)의 철삭교(鐵索橋) 변에 도착 했다. 이어 천험의 요해지를 건너고, 인적이 드문 자진산(夾金山)을 타 고 넘어 사오진(小金)에서 장궈타오·쉬하이둥(徐海東) 등이 이끄는 홍4 방면군과 회동했다.

아마도 장정 중 가장 험난하고 어려운 고비가 바로 이 시점이 아닌 가 생각된다. 마오쩌둥은 당시의 상황을 한 수의 시로써 기억하고 있다.

<七律·長征>
(1935년 10월)

紅軍不怕遠征難,
萬水千山只等閑.
五嶺逶迤騰細浪,
烏蒙磅礡走泥丸.
金沙水拍雲崖暖,
大渡橋橫鐵索寒.
更喜岷山千裏雪,
三軍過後盡開顔.

홍군은 원정의 고난 겁내지 않나니,
만수천산 험한 길도 거칠 것이 없어라.
우링산 굽이 굽이를 실개천인 듯 건넜고,
우멍산 고개 고개는 흙덩이인 듯 넘었네.
진사강물 철석이는 구름 벼랑은 열기가 넘치는 듯,
대도하에 가로 걸린 쇠줄 다리는 차갑기만.

민산의 천리 눈길 홍에 겨워 지났거니,
홍군의 얼굴마다 웃음 꽃 활짝 피었네.

1935년 6월 하순 당 중앙은 량허커우(良河口)에서 정치국 회의를 소집, 주력을 집중하여 북쪽을 향해 진격할 것을 결정한다. 그러나 얼마 후 장궈타오가 쓰촨·시캉(西康: 현 칭하이靑海) 방면으로 남하하겠다고 주장함으로써 홍군의 양대 부대가 회동한 후, 무르익던 기세에 그림자가 드리워진다.

8월 초, 홍군은 좌·우 양로 군으로 나누어 북상한다. 마오쩌둥·장원톈·저우언라이 등은 당 중앙기관과 전적지휘부를 이끌고 우로군을 따라 행동하고, 주더·장궈타오·류보청 등은 홍군 총사령부를 지휘하여 좌로군을 따라 움직였다. 8월 하순 우로군은 초원을 통과한 후, 먼저 와서 기다리던 좌로군과 회동하였다. 그러나 장궈타오는 계속 남하하기를 바랐다. 8월 20일 중앙정치국은 마오얼가이(毛兒蓋)에서 회의를 소집하고, 장궈타오가 부대를 이끌고 황허를 건너 칭하이(靑海)·닝사(寧夏)·신장(新疆)의 벽지 깊숙이로 들어가려는 그의 주장을 비판했다. 그리고 홍4방면군에게 당 중앙을 중심으로 단결할 것을 호소하고, 북상의 방침을 견지하기로 하였다.

그러나 9월 9일, 장궈타오는 우로군 정치위원 천창하오(陳昌浩)에게 부대를 이끌고 남하하라고 명령함으로써 당의 결정에 맞서 '당내 투쟁'을 벌이게 된다. 마오쩌둥은 이러한 정황을 파악한 후, 저우언라이·장원톈·보구와 긴급히 협의하여 그날 밤 홍1·홍3군과 군사위원회 종대를 먼저 북상하게 하는 결정을 내렸다. 당 중앙은 여러 차례 장궈타오에게 전보를 보내 즉각 부대를 이끌고 북상하라고 했으나 그는 아랑곳하지 않았다.

9월 12일, 쓰촨의 어제(俄界)에서 중앙정치국은 확대회의를 소집하고, 장궈타오에 대해 당과 홍군을 분열시키는 착오를 저질렀다는 결정을 내림과 동시에, 북상하는 홍1방면군 주력과 당 중앙군사위 직속부대를 중국 노농홍군 산시 간쑤(陝甘) 지대(支隊)로 개편하였다. 펑더화이를 총사령관으로 임명하고 마오쩌둥은 정치위원을 맡았다. 린뱌오는 부사령관, 왕자샹은 정치부 주임에 임명되었다. 마오쩌둥·저우언라이·펑더화이·린뱌오·왕자샹으로 구성된 5인단이 홍군의 모든 공작을 지도하였다.

9월 17일, 산시 간쑤 지대는 펑더화이의 지휘하에 일거에 간쑤 남부천연의 요새 시쯔커우(腊子口)를 돌파하고, 하다푸(哈達鋪)를 점령하였다. 9월 27일 중앙정치국은 정식으로 산시 북부 진입을 결정하였다. 1935년 10月, 마오쩌둥이 이끄는 중앙 홍군은 마침내 산시 북부(陝北)에 도착했다.

중국공산당의 대장정

1934년 10월 15일 장시 성 루이진을 탈출하면서 시작된 대장정은 1935년 10월 20일 산시 성 옌안(延安) 북쪽 우치(吳起)에 도달하면서 종결됐다. 대장정은 후난, 구이저우, 윈난, 쓰촨, 간쑤 등 모두 11개의 성과 24개의 강, 1,000여 개 이상의 산을 넘고 넘으며 1년여 동안 2만 5,000리를 행군한 인류 역사상 유례없는 대행정(大行程)이었다.

5. 장정의 종결과 혁명의 성지 옌안

장정의 종착지인 옌안은 원래 산시(陝西) 성 북부 산비탈 황토밭에 있는 아주 빈곤한 변방의 작은 읍이었다. 그곳의 주민들은 옌안이, 홍군의 진입으로 하룻밤 사이에 세계인의 이목을 끄는 고을로 변하리라고는 꿈에도 생각지 못했을 것이다. 한꺼번에 그렇게 많은 사람이 들이닥치고, 연이어 상하이와 베이징 등 대도시와 전국 방방곡곡에서 수많은 항일 청년, 지사들이 앞다투어 옌안으로 밀려와 이 조용한 산촌의 소읍은 갑자기 떠들썩한 혁명의 성지로 변해갔다.

홍군이 옌안을 장정의 종점, 즉 최후의 목적지로 정한 것은 정말 우연한 일이었다. 장시에서 처음 장정을 시작할 때는 구체적인 목적지가 없이 국민당의 공격에 대항하여 싸우고 쫓기고 도망치면서 그때그때의 상황에 따라 움직였을 뿐이었다.

그래서 덩샤오핑도 그의 딸 덩룽(鄧鎔)이 "아버지는 장정 때 무슨 일을 하셨습니까?"라고 물었을 때, 그 대답은 다음과 같이 간명했던 것이 아닌가 생각된다.

"그저 따라 걸었을 뿐이다."

정처 없이 쫓기고 쫓기며 방향 없이 헤매다 살아남은 그의 고난에 대한 솔직하고도 꾸밈없는 대답이라고나 할까?

1935년 9월 17일, 그날은 아주 중요한 날이었다. 바로 그날 방향을 잡지 못하고 헤매던 홍군이 최후의 목적지를 찾게 된 날이기 때문이다. 이날 홍군은 격렬한 전투를 끝내고 간쑤 성 하다푸에 이르렀다. 선두 부대가 하다푸를 공격할 때 그곳의 유일한 우체국을 점거하였고, 그들은 우체국 안에 있던 여러 가지 문서를 수색하던 중 국민당의 낡은 신문 조각을 발견하였다.

그 신문 조각을 집어 든 마오쩌둥은 만면에 희색이 완연하였다. 마오쩌둥은 이 신문에서 산시(陝西) 북부 산비탈 황토밭 자락에 하나의 공산당 부대와 소비에트근거지가 있고, 그 지부의 지도자가 류즈단(劉志丹)이라는 것을 발견했다. 류즈단은 1925년 중국공산당에 입당하여 광저우 황푸군관학교 재학시절에 마오쩌둥을 알았으며, 당시 마오쩌둥 역시 광저우에 머무르고 있었다.

마오쩌둥은 마치 길 잃은 나그네가 머무를 집을 찾은 기분이었다. 그래서 그는 산시 북부 옌안을 최종 목적지로 삼고 홍군을 이끌고 옌안을 향했다. 홍군이 옌안에 도착했을 당시 두 가지 문제에 봉착했다. 하나는 마오쩌둥이 가장 우려했던 문제로, 바로 먹는 문제였다. 즉 어떻게 배를 채우느냐의 문제였다. 산시 북부는 옛날부터 빈곤한 지역인데, 여기에 갑자기 인구가 불어났고 또 겨울이 바로 닥쳐 식량이 없이 어떻게 발붙이고 엄동설한을 견뎌낼 수 있느냐 하는 문제였다.

다른 하나의 문제는 병력 부족의 문제였다. 장정을 통하여 살아남은 병력은 4,000에 못 미쳤고, 류즈단의 25군 역시 1만여 명에 불과하여 장제스의 공격을 막아내는 데는 역부족이었다. 당시 장제스는 홍군을 격파하기 위하여 병력을 옌안으로 집결시키고 있었다. 장정에서 살아남은 병정들은 큰 파도가 모래와 자갈을 씻어간 후의 금싸라기와 같은, 혁명 발전의 정수요 불씨였기에 그들을 다시 소소한 전투에서 희생시킬 수는 없었다. 그래서 항일전쟁과 함께 국민당군의 공격을 막아내기 위한 공작대원이 필요했고, 이때 후방에서 이들을 모집하는 것은 당세의 확충과 전세의 반전을 위해 아주 중요한 작업이었다.

1935년 12월 17일부터 25일, 당 중앙은 와야오바오(瓦窯堡)에서 정치국 확대회의를 열었다. 이 회의에서 이상 두 가지 문제를 해결하기 위하여 마오쩌둥은 동정군(東征軍)을 편성하여 산시(山西)로 보내 신병을 모집하고 식량을 조달할 것을 주장하고, 몸소 동정군의 정치위원을 맡았다. 사령관에는 펑더화이를 임명했다.

한편, 당 중앙이 먼저 북상한 후, 이미 남하한 장궈타오는 10월 5일 노골적으로 따로 당 '중앙'을 세웠다. 1936년 1월 12일 당 중앙은 장궈타오에게 책임지고 따로 세운 '중앙'을 철폐하도록 결정하였다. 장궈타오의 분열 행위는 함께 출정한 주더 · 류보청 등의 반대에 부닥치고, 홍4방면군 속에서도 이탈하는 분위기가 감지되었다. 남하한 홍군은 작전 중 사상자가 아주 많아 4월에는 겨우 4만여 명만이 살아남았다. 이때 당 중앙은 다시 한번 홍4방면군에게 북상하라고 명령하였다. 소련으로부터 돌아온 장하오(張浩) 역시 중국공산당의 코민테른 주재 대표단 명의로 장궈타오에게 전문을 보내 따로 세운 당 '중앙'을 취소하도록 요구했다. 상황이 이렇게 돌아가자 장궈타오는 부득불 6월 6일에 따로 세운 '중앙'의 취소를 선포하였다. 훗날 장궈타오는 국민당으로 전향하고, 국민당이 공산당에 의해 타이완으로 쫓겨나자 홍콩으로 망명하였다가 캐나다로 이주하여 1979년 그곳에서 생을 마감했다.

원래 후난 후베이 구이저우 근거지에서 런비스(任弼時) · 허룽 등이 지휘하는 홍2, 홍6군은 1935년 11월 후난의 상즈(桑植)를 출발하여 온

갖 어려움과 위험을 뚫고 1936년 7월 2일 홍4방면군과 쓰촨 시캉 변경 간즈(甘孜)에서 회동하였다. 당 중앙은 홍2·홍6군단과 홍32군을 홍2방면군으로 합편하여 허룽이 총지휘를 맡고 런비스가 정치위원을 맡도록 하였다.

주더·류보청·런비스·허룽 등의 노력과 쉬샹첸(徐向前) 등 홍4방면군의 수많은 간부 전사의 지원을 받아, 홍4·홍2방면군은 마침내 공동으로 북상하여 1936년 10월 홍1방면군과 간쑤 성의 후이족(回族) 자치지역(현 닝샤후이족자치구)에서 회동하고 장정을 성공적으로 종결하였다.

1936년 10월 하순, 홍4방면군의 일부 2만여 군사는 중앙군사위원회의 지시를 받아 황허를 건너 닝샤 전투를 전개하고, 11월 상순 중앙의 결정에 따라 서로군으로 개칭하였다. 황허 강변 서쪽 긴 지대에 깊숙이 파고든 서로군 장졸들은 극히 열악한 여건에서도 4개월간 고전분투하면서 국민당군 2만여 명을 섬멸하였지만, 결국은 중과부적으로 1937년 3월 처참하게 패했다.

홍군 주력이 장정에 돌입한 이후 양쯔강 남북에 남아있던 일부 홍군과 유격대는 샹잉·천이 등의 지휘하에 3년이라는 긴 세월 동안 독립적으로 간고한 유격전을 펼쳤다. 그들은 중앙과의 연락이 끊기고 국민당군이 분할 봉쇄하는 여건하에 단단히 인민 대중에 의지하여 자신의 역량과 진지를 보존했다. 남아서 투쟁하던 취추바이와 허수형(何叔衡) 등 많은 공산당인들은 국민당군에 의해 희생되었다.

이 시기, 당 지도하의 동북항일무장은 양징위(楊靖宇) 등의 지휘하에 유격전을 펼치고 있었다. 이들은 훗날 항일동북연군의 근간이 되었다.

외형상으로는 이 대장정으로 인하여 중국공산당은 심각한 피해를 입었다. 출발 당시 약 8만 6,000명이었던 병력은 4,000여 명으로 줄었고, 민간인 3만 5,000여 명은 2만 5,000여 명으로 줄었다. 그러나 실질적으로 볼 때, 공산당은 이 대장정으로 인해 유격전을 공식 노선으로 채택하였고, 마오쩌둥이 완전히 당권을 장악하였으며, 당시 공산당을 지도하는 위치에 있던 코민테른과의 관계에서도 독자성을 쟁취하는 등 많은 성과가 있었다. 또 어떠한 탄압에도 굴하지 않고 생존할 수 있다는 강력한 자신감을 얻을 수 있었다. 장정에서 살아남은 사람은 많지는 않았지만, 이들은 중국공산당의 보배로운 자산으로서 이후 항일전쟁과 국공전쟁을 이끄는 골간이 되었다. 그리고 장정 도중 토지혁명을 통하여 홍군은 혁명의 종자를 심었고, 그렇게 자란 농민대중은 중국을 통일하는 큰 동력이 되었다.

이 대장정에는 조선인 김무정, 김산도 참가하고 있었다. 김무정은 대장정 참가를 통해 중국 출신 조선 공산당인 '연안파'뿐만 아니라 북한의 거물로 이름을 떨치게 된다. 무정이 이끄는 조선독립동맹과 조선의용군은 해방 후 조선민주주의인민공화국 국방군 건설의 중요 골간이 되었다.

제 4 장

항일전쟁과 민족통일전선 구축

1. 시안사변과 항일 민족통일전선의 구축

　장정 대열이 천신만고 끝에 1935년 10월 20일 산시(陝西) 성 옌안에 도착할 즈음, 일본군의 본격적인 중국대륙공략이 시작되었다. 그야말로 폭풍우가 몰아치는 급변의 시기였다. 일본 제국주의는 1931년 9월 만주사변을 일으켜 헤이룽장·지린·랴오닝 등 중국의 동북 3개 성을 강점한 후, 허베이·산둥·산시·차하르(察哈爾)·쑤이위안(綏遠) 등 화북의 5개 성을 삼킬 목적으로 침략 준비를 다그치고 있었다.

　일본의 강압하에 국민당의 난징정부는 1935년 6월과 7월 연속적으로 일본과 친투(秦土) 협정 및 허매이(何梅) 협정을 체결하였다. 이 협정은 일본의 영토확장 요구에 굴종하여 중국의 군대를 허베이에서 철수시키고, 전국의 항일활동을 중지하는 것이었다. 이는 실제로 베이징과 톈진을 포함한 허베이와 차하르 2개 성의 주권 대부분을 일본에 양도하는 것이나 다름이 없었다.

　이러한 상황에서 대다수 중국인은 망국과 멸족의 위험을 더욱 절박하게 느끼고 날로 항일의 목소리를 높여갔다. 여기저기서 항일구국운동이 솟구쳐 일어났다. 1935년 12월 9일 공산당 지하당 조직의 지도하에 일어난 베이징대학 학생의 애국 투쟁을 시작으로 베이징에서 격렬한 항일시위가 일어났다. 이른바 12·9 학생운동이다. 국민당 정부는 군과 경찰로 이를 진압했다. 이로부터 톈진, 상하이, 우창, 충칭, 광저우 등 전국 각지에서 학생과 시민들은 앞다투어 항일 집회와 시위를 벌였다. 각지의 노동자들도 이에 호응하여 분연히 일어났고, 전국 노총의 호소하에 파업을 감행하는 동시에 학생투쟁을 지원했다.

상하이와 기타 지역의 애국 인사들 및 애국 단체들이 이곳저곳에서 각종 구국회를 조직하고 내전의 중지와 항일 출병을 요구하고 나섰다. 이러한 형세는 중국이 이미 정치 대변동의 전야에 도래하였음을 보여주는 것이었다. 항일을 요구하는 여러 세력이 하나로 응집하여 항일 민족통일전선을 구축, 공동으로 외적을 방어하자는 여론이 대세를 이루고 있었다. 따라서 중국공산당의 앞에는 인민민주주의를 쟁취하고, 하루속히 항일전선을 구축하는 것이 주요 과제로 다가왔다.

이에 앞서 1935년 7월 소집된 코민테른 제7차 대표대회는 반파시스트 통일전선 건립 문제를 제의하였다. 8월 1일, 코민테른 주재 중국공산당 대표단은 중화소비에트 임시정부와 중국공산당 중앙의 명의로 <항일 구국을 위한 전국 동포에게 고하는 글>을 발표하였다. 이른바 '8·1선언'이다.

공산당 중앙은 12월 17일~25일, 상술한 와야오바오 정치국 확대회의에서 또 군사전략 문제 및 전국의 정치형세와 당의 책략 및 노선 문제를 토론했다. 와야오바오회의는 제5차 반(反)포위 토벌 작전의 실패로부터 전 민족의 항전 분기(奮起)에 이르는 과정에서 소집된 중요한 회의였다. 23일, 회의는 <군사전략 문제의 결의>를 통하여 국내 전쟁을 민족 전쟁과 결부시켜 직접 대일 작전을 위한 역량과 홍군을 확대하는 방침을 확정하고, 전략상 항일유격전의 중요성을 강조하였다.

회의는 또 장원톈이 기초한 <목전 정치형세와 당의 임무에 관한 중앙의 결의>를 통과시켰다. 이 결의에서는 항일 민족통일전선의 책략 및 방침을 확정하였다. 결의는 새로운 상황에서 노동자·농민·도시 소자본가와 광범한 지식인들뿐만 아니라, 민족자본가 역시 항일을 굳건히 하는 기본 역량이 될 수 있다고 보고했다. 비록 지주 매판 진영일지라도 분화할 가능성이 있다고 보았다. 그리고 당의 기본전략을 수천만의 인민 대중을 조직하고 기세등등한 혁명군을 동원하여 광범한 항일 민족통일전선을 건립하는 데 둔다고 하였다. 그러므로 반드시 '좌'경 모험주의와 폐쇄주의를 극복하고, 프롤레타리아가 통일전선에서 지도권을 견지할 것을 강조했다.

12월 27일 마오쩌둥은 이 회의의 정신에 근거하여 당의 간부 회의에서 <일본 제국주의에 반대하는 전략을 논함>이라는 보고를 했다. 요컨대, 위 회의의 결의와 마오쩌둥의 보고는 일본 제국주의자가 중국을 침략한 이후의 사회 각 계층 상호관계의 변화를 분석하여, 당의 기본 책략과 임무는 광범한 항일 민족통일전선을 구축하는 데 두어야 한다고 결론지었다.

와야오바오회의 종결 후, 1935년 말, 당 중앙은 류사오치를 화북으로 파견하여 산산이 파괴된 화북 각지의 당 조직을 재건하고, 1936년 상반에는 당 중앙과 코민테른 주재 당 대표단을 상하이에 파견하여 그곳에서 새롭게 재건된 당 조직과 연계, 통일전선전략을 적극적으로 전개하였다. 5월에는 민족주의적 애국인사인 쑹칭링·선쥔루(沈鈞儒)·저우타오펀(鄒韜奮)·타오싱즈(陶行之)·장나이치(章乃器) 등이 발기하여 조직한 전국의 각계 구국연합회가 내전을 정지하고 일치단결하여 항일전선에 나설 것을 촉구하였다.

이러한 항일애국 운동의 민심에 편승하여 서북지역에서는 장쉐량(張學良)의 동북군과 양후청(楊虎城)의 서북군이 공산당과 연합할 것을 주장하였다. 장제스는 이에 크게 분노하였다. 이 연합을 제지하기 위해 장제스는 1936년 12월 4일 직접 시안(西安)을 방문했다.

원래 국민당 동북군 총사령관 장쉐량은 서북군 총사령관 양후청과 장제스의 지시를 받아 산시(陝西) 북부의 공산군을 포위하고 있었다. 장쉐량은 만주의 실력자 장쭤린의 아들로, 아버지가 일본군으로부터 피살된 후에 일본군에 밀려 베이징을 근거로 국민당군의 부사령관으로 합류하고 있었다. 하지만 그의 부하들은 국민당과 공산당이 내전을 중지하고 항일투쟁에 나서 줄 것을 요구하였고, 이에 장쉐량은 공산당과 비밀협정을 맺어 서로에 대한 공격을 중지하고 있었다. 한편, 국내를 먼저 안정시킨 다음 국외의 사건을 도모한다는 '안내양외(安內攘外)'전략을 내세워, 항일투쟁에 소극적이던 장제스는 장쉐량의 공산군에 대한 작전을 독촉(督戰)하기 위하여 장쉐량의 군대가 포진하고 있던 시안으로 들어가 화칭츠(華淸池)에 체류하였다.

마침 시안의 청년들은 12·9 학생운동 1주년을 기념하는 시위를 하면서 장제스의 군사행동을 반대하였다. 장쉐량과 양후청 두 사령관은 여론의 요구에 밀려 12월 12일 장제스를 체포하여 화칭츠에 감금하고, 국민당 정부의 개조, 내전의 중지와 항일투쟁을 한 정치범의 석방 등 8개 항을 요구하였다. 이상이 '시안사변'의 전말이다.

국민당 정부의 최고지도자가 그의 부하들에 의해 감금되는 기이한 사건은 전 세계에 혼란과 충격을 주었다. 소련의 신문들은 장제스의 체포를 친일 분자들의 음모라고 보도하였고, 일본 신문들은 반대로 소련과 공산당 세력의 사주를 받았다고 주장하기도 하였다. 이러한 충격과 혼란 속에서 국민당과 공산당 내부에서 이 사건을 어떻게 해결할 것인가를 둘러싸고 격렬한 논쟁이 벌어졌다. 국민당 내의 강경파는 시안에 대한 즉각적이고 대대적인 무력 토벌 작전을 주장하였고, 온건파는 장제스의 생명을 위태롭게 할 무력 사용을 자제하며 평화적 협상을 통해서 사태를 수습하려 했다. 공산당 내부에서도 장제스에 대한 처단과 평화적 해결을 주장하는, 즉 강·온의 견해가 대립하였다.

시안 사건의 초기 단계에서 공산당의 지도부는 대부분 장제스의 처단을 주장하였다. 그러나 장제스를 제거할 경우, 중국은 항일전의 구심점이 될만한 지도자를 잃고 내전에 휘말릴 위험성이 있으며, 그것은 바로 일본과 국민당 내의 친일 세력에게만 유리하다는 현실적 판단 때문에 공산당은 시안 사건의 평화적 해결을 강조하게 되었다. 물론 이러한 결정에 이르는 과정에서 코민테른의 입장이 충분히 반영된 것도 사실이다. 코민테른과 소련은 처음부터 장제스의 국민당 정부가 중심이 되어 항일전을 벌여야 한다는 생각이었기 때문에 장제스의 석방을 요구하였다.

이와 같은 상황에서 공산당은 12월 17일 저우언라이를 시안에 파견하여 장쉐량과 긴밀하게 협력하면서 국민당의 온건파와 협상을 전개하였다. 저우언라이와 장쉐량·양후청 간 공동의 노력으로, 담판을 통하여 장제스로부터 '공산당 포위 토벌 작전'을 중지하고, 홍군과 연합하여 일본에 대항하자는 등 6개 항의 승낙을 받아 낸다. 결국, 국민당과 공산당은 공동으로 항일투쟁에 나서기로 합의하게 되었고, 장제스는 25일 감금에서 해제되어 난징으로 돌아갔다. 이로써 국민당과 공산당 사이에 두 번째 국공합작의 길이 열려, 명실상부한 항일 민족통일전선이 결성된다.

제2차 국공합작의 실현을 위해 1937년 2월 10일 공산당 중앙은 국민당 5기 3중전회에 전보를 보내, 5개 항의 정책을 제안하고, 4개 항의 공약을 주었다. 5개 항의 정책은 다음과 같다.

① 내전을 정지하고, 국력을 집중하여 일치해서 외적에 대항한다.
② 언론·집회·결사의 자유를 보장하고, 모든 정치범을 석방한다.
③ 각 당, 각파, 각계, 각 군의 대표자 회의를 소집하고, 전국의 인재를 모아 공동 구국에 나선다.
④ 대일 항전의 모든 준비 공작을 신속히 완성한다.
⑤ 인민의 생활을 개선한다.

만약 국민당 정부가 위 5개 항의 요구를 받아들인다면 공산당은 아래의 4개 항을 보증하겠다고 했다.

① 국민당 정부에 대해 무력으로 전복하려는 방침을 정지한다.
② 정권의 통일을 위해 노농홍군 소비에트정부를 중화민국 특구정부로 개칭하고, 홍군은 국민혁명군으로 개칭하며 직접 난징 혁명정부와 군사위원회의 조언을 받는다.
③ 특구 정부의 지역에서는 보통선거에 의한 철저한 민주제도를 실시한다.
④ 지주의 토지를 몰수하는 정책은 포기하고 항일 민족통일전선의 공동강령을 단호히 실행한다.

이와 같은 공산당의 제안은 최소한 표면적으로는 국민당 정부의 권위를 인정하고 공산당의 독자적인 소비에트 정부체제를 포기했다는 점에서, 그리고 토지혁명과 같은 과격한 계급투쟁노선을 포기했다는 점에서 그야말로 획기적인 양보였다. 그리하여 국민당 5기 3중전회는 격렬한 논쟁 끝에 내전 중지와 일치하여 항일의 원칙을 수용하기로 하고, 공산당에 대하여 소비에트 정부와 홍군의 해체, 계급투쟁의 중지, 공산주의에 의한 선전 활동의 중지 등을 요구하였다.

쌍방의 요구와 보증이 받아짐으로써 1927년 제1차 국공합작이 붕괴된 후 계속되었던 10년간의 내전을 종식하고, 항일 민족통일전선의 명분 아래 제2차 국공합작이 이루어진다.

1937년 1월 13일, 공산당 중앙기관은 바오안(保安)에서 옌안으로 이전하였다. 중국혁명의 새로운 국면과 국공 관계의 전환점을 맞아 공산당 중앙은 당 자체의 사상과 정치 노선을 크게 강화할 필요가 있었다. 그리하여 5월 3일부터 7일까지 옌안에서 당의 소비에트대표회를 소집하였다. 여기서 쭌이회의 이후의 당의 정치 노선을 승인하였다. 그리고 마오쩌둥은 과거에 당 중앙에 크게 의존했던 '집중제'를 포기하고, 민주화를 위한 투쟁의 중요성을 호소했다. 향후 공산당이 마주해야 할 국면은 이전과는 전혀 다른 새로운 상황이 될 것이고, 이에 대처하기 위해서는 인민 대중이 자발적으로 일어나게끔 해야 하는데, 이에 필요한 것이 바로 민주화라는 것이 그의 기본적인 생각이었다.

그러기 위해서는 당원과 간부의 질을 높이지 않으면 아니 되었고, 이를 위해 일찍이 루이진 소비에트 시기에 설립했던 '홍군대학'을 1937년 1월 '항일군정대학'으로 개편하였다. 대학의 교육위원회 주석은 마오쩌둥이 직접 맡고, 교장은 린뱌오, 부교장은 류보청, 교육장은 뤄루이칭(羅瑞卿)이 맡았다. 이들 교장단은 국공내전을 승리로 이끈 주역들로 훗날 중화인민공화국의 개국 공신들이다.

항일군정대학 제1기는 군대 간부에서 선발된 280여 명의 학생으로 출발했다. 신중국 건립 후 중국 인민해방군의 중추가 된 뤄룽환(羅榮桓), 양청우(楊成武), 장아이핑, 쑤전화(蘇振華) 등이 1기 졸업생이다.

제2기는 대학부와 부속 보병학교로 나누어져 있었다. 대학부에는

14개 학생대대가 있었는데, 1대대와 2대대 교육생 대부분은 홍군의 연대급 이상 간부들이었다. 후야오방(胡耀邦), 천겅(陳賡), 뤄빙후이(羅炳輝), 리셴녠(李先念), 양더즈(楊得志), 장전(張震), 허창궁(何長工), 량싱추(梁興初), 위추리(余秋里), 장궈화(張國華), 라이주안(賴傳) 등 이름난 간부들이 포함되어 있었다. 개혁개방기 당 총서기에 오르는 후야오방은 1대대 및 2대대에서 가장 나이가 어린 학생이었다.

항일군정대학의 강사진은 마오쩌둥, 저우언라이, 카이펑(凱豊), 리웨이한, 둥비우(董必武), 예젠잉, 린뱌오, 뤄루이칭, 뤄룽환 등 당대의 걸출한 공산당 지도자들이었다. 당시 마오쩌둥은 100여 시간에 걸쳐 ≪변증법 유물론 요강≫을 강의했다. 이 요강의 제2장 11절과 제3장 제1절은 바로 1937년 마오쩌둥이 발표한 그 유명한 논문인 <실천론>과 <모순론>이다.

1982년 9월, 후야오방(당시 당 총서기)은 북한의 김일성을 동행하여 시안을 방문하고 베이징으로 돌아가는 열차 속에서, 군정대학 시절을 회고하며 다음과 같이 말했다.

　"마오 주석은 우리에게 철학 강의를 했다. 당시 주석의 강의는 특징이 있었다. 그것은 강의시간마다 여러 학생에게 토론을 시키는 것인데, 그때마다 나를 일어서게 하여 발언하게 했다. 그리고는 흡족한 표정을 지었다."

사실상 그때까지만 해도 마오쩌둥의 변증법에 대한 이해는 그리 깊지 않았다고 한다. 그가 직접 강의에 나선 것도 차제에 변증법적 사고를 본격적으로 배우려고 하는 실천적 필요성에 더해 이를 바탕으로 자신의 이데올로기적 기반을 다지려는 욕심이 있었기 때문이었다. 암

틀 이를 통해 마오쩌둥은 중국 당내에서 탁월하고 폭넓은 구상력을 가진 지도자로서의 지위를 확고하게 뿌리내릴 수 있었다.

그에 따르면, 현실에는 많은 모순이 존재하는데, 그러한 모순들은 아무 의미 없이 혼재하는 것이 아니라, 그때그때의 상황에 따라 특별한 어떤 것이 지배적인 위치를 차지하게 된다는 것이다. 마오는 자신의 또 다른 논문인 <항일시기 중국공산당의 임무>(1937년 5월)에서 중국에는 대체로 아편전쟁 시기부터 제국주의와 중국 사이의 모순과, 봉건제도와 인민 대중 사이의 모순이라고 하는 두 가지의 근본적 모순이 존재해왔는데, 전자는 민족적인 모순이고, 후자는 계급적인 모순이라고 했다. 그러나 여기에 그치지 않고 그는 중국과 같이 계급 문제와 민족 문제가 뒤엉켜 혼재하는 상황에서는 '기본 모순'과 '주요 모순'이라는 두 가지 말을 구별해서 사용하지 않으면 안 되는 상황이 발생한다고 했다. 여기에서 마오쩌둥 사상의 탁월성이 드러나는데 곧 현실을 교조적으로 보지 않고, 각각의 단계에서 어떤 때에는 제국주의와의 민족적 모순이 뒤로 물러나고 국내적 모순이 주요한 모순으로 되기도 하며, 또 어떤 때에는 국내의 계급적 모순이 뒤로 물러나고 제국주의와의 모순이 주요한 모순이 된다고 본 것이다.

화북 지역을 석권한 일본 제국주의 세력은 이제 그 기세를 몰아 전 중국을 삼키기 위한 모든 준비를 마치고 있었다. 팽팽한 긴장감이 나라 전체에 퍼져 있었다. 1937년 당시 중국이 마주한 가장 위협적인 현실은 바로 일본군의 침략이었다. 일본군이 겨누는 총구는 공산당과 국민당을 가리지 않았으며, 따라서 일본군과의 싸움은 공산당과 국민당 할 것 없이 모두의 사활이 걸린 문제였다. 이제 미국이나 영국 등 그밖의 제국주의 국가와 중국 사이의 모순뿐만 아니라, 그때까지 국민당과 공산당 간에 벌어졌던 치열한 전투 또한 부차적인 것이 되어버렸다. 당시 중국이 마주한 '주요 모순'은 일본군과의 싸움이었으니, 임박한 '주요 모순'을 해결할 때까지 중국의 자본주의 계급을 대표하는 국민당 세력과 프롤레타리아계급을 대표하는 공산당 세력과의 싸움인 '기본 모순'은 잠시 뒷전으로 미루어두어야 하는 형국이 도래한 것이다. 이제 공산당과 국민당이 서로 연합하여 '통일전선'을 구축하고 일본 제국주의 세력에 맞서 싸우는 것은 피할 수 없는 현실적 당위가 되어버렸다.

이렇게 해서 '제2차 국공합작'의 분위기는 무르익어 가고 있었다. 마오쩌둥의 <모순론>과 <실천론>은 이러한 시대적 요구에 대한 이론적 기초를 확고하게 세워준 하나의 이정표라 할 수 있다.

마오쩌둥은 이 강의를 통하여 마르크스주의의 인식론 및 변증법의 눈높이에서 당내에 장기적으로 존재해 온 주관주의의 착오를 폭로하고 비판하는 한편, 전국적인 항일의식 고조의 도래를 맞이하여 정치적·사상적인 무장을 위해 중요한 준비체제를 마련하였다.

공산당은 연이어 저우언라이·예젠잉·린보취 등을 파견하여 국민당 지도자들과 시안·항저우·루산(廬山)·난징 등지에서 여러 차례 담판했다. 비록 국면의 흐름은 갈팡질팡 요동치고 있었지만, 내전을 중지하자는 국민 여론은 이미 대세를 형성하여, 국공 양당 고위층 간의 담판이 시작되었다.

요컨대, 마오쩌둥은 시안사변을 계기로 소위 항일통일 민족전선이라는 민족주의적 대안을 강력히 내세워 반제(反帝) 감정에 불타는 인민들로부터 국민당을 제치고 진정한 항일 민족 세력으로서의 정통성을 인정받는 한편, 장정으로 쇠진한 공산당의 세력을 재기, 확장하는 계기를 마련하였다.

2. 일본군의 침략과 제2차 국공합작

1937년 7월 7일, 일본군은 베이징 교외의 루거우차오(蘆溝橋)에서 중
국군과 일본군 사이에 일어난 하찮은 사건을 빌미로 일방적인 공격을
개시했다. 다리 위에서 사라진 일본군 사병으로 말미암아 확대된 사건
은 일본군의 실수로 인한 것이었지만, 이를 확인하고도 일본군은 중국
군 제29군을 공격하면서 전쟁으로 확대되었다. 이 사건은 1928년 6월
장쭤린 암살 사건이나 1931년 7월 2일의 완바오산(萬寶山) 사건과 9·18
사건, 1932년 1월 28일 제1차 상하이사변(1·28사건) 등과 마찬가지로
현지의 일본 장교가 계획적으로 일으킨 것이었다.

중일전쟁 발발 3주 전 저우언라이, 마오쩌둥, 보구

1937년 7월 8일, 중국공산당은 전 민족이 단결하여 항전하는 것만이
중국의 생존과 발전의 유일한 출로라고 보고, 전 동포 및 정부와 군대

는 하나로 뭉쳐 민족통일전선의 굳건한 장성을 구축하여 일본의 침략에 대항할 것을 호소했다. 같은 날 마오쩌둥·주더·펑더화이 등 홍군의 지도자들은 장제스에게 전보를 보내 일치단결하여 적과 맞서 국토를 보위할 것을 제안했다.

항일을 위해 국공 양당이 단결할 것을 촉구하기 위하여 공산당 중앙은 저우언라이를 루산에 파견, 국민당과 담판을 시작했다. 저우언라이는 장제스에게 <공산당 중앙이 국공합작을 공포하겠다는 선언문>을 전달하고 신속히 전 민족이 함께 궐기하여 대일 항전을 발동할 것을 제의했다. 그리고 공산당은 국공합작의 실현을 위한 4개 항의 보증을 재천명했다.

전국의 항일구국운동의 고조와 공산당의 국공합작 제의 하에, 장제스는 7월 17일 루산에서 담화를 발표하여 항전의 준비를 결심하기에 이른다. 하지만 일본과의 강화를 완전히 포기한 것은 아니었다. 그런 가운데 일본 침략군은 7월말~8월 초 톈진과 베이징을 점령했다. 전쟁의 불길은 화북에서 화동까지 확대되어 상하이까지 밀고 내려갔다. 국민정부는 '항일 자위'를 선언하고 상하이 전선에 장제스 직계의 군대를 투입했다.

이처럼 민족의 존망이 백척간두에 놓인 상황에서 국공 양당은 홍군 주력부대를 국민당군의 8로군에 편입하는 등의 협의를 진행한다. 그리고 8월 25일, 공산당 중앙군사위원회는 홍군을 국민당군 8로군으로 개편(9월, 제18집단군으로 개칭)한다는 명령을 발포하고, 주더를 총지휘관, 펑더화이를 부총지휘관, 예젠잉을 총참모장, 줘취안(左權)을 부총참모장, 린비스를 정치부 주임으로 임명하고, 덩샤오핑을 정치부 부주임으로 발탁하였다. 산하에 3개 사단, 즉 115사단(사단장 린뱌오, 부사단장 녜룽전), 120사단(사단장 허룽, 부사단장 샤오커蕭克), 제129사단(사단장 류보청, 부사단장 쉬샹첸)을 두었다. 전군은 4만 5,000여 명이었다.

이어 남부 8개 성 변계 지역의 홍군과 유격대 가운데 충야 유격대를 제외한 모든 부대는 국민당군 육군 제4군으로 편입되었다. 예팅이 군단장, 샹잉이 부군단장으로 산하에 4개 지대가 있었으며 전군이 1만여 명이었다. 홍군은 개편 후 신속히 항일전선으로 출동하였다. 양당의 군사상의 합작은 사실상의 합작으로 전국의 항전과 국공합작의 발전은 진일보하였다. 1937년 9월, 산시 간쑤 닝샤 혁명근거지를 산시 간쑤 닝샤 변구로 개칭하고, 23개 현 150만 인구를 관할하게 되는 데 바로 이곳이 공산당 중앙의 소재지다.

공산당의 수차례에 걸친 재촉 하에 국민당 중앙통신은 9월 22일 비로소 <공산당 중앙이 국공합작을 공포하겠다는 선언문>을 발표했다. 그리고 9월 23일, 장제스는 실질상 공산당의 합법적 지위를 인정한다고 발표하였다. 이로써 국공 양당의 합작을 기초로 한 민족통일전선이 공식적으로 구축된 것이다. 전국의 모든 국민, 진보 당파, 항일단체, 사회 각계 애국인사와 해외 동포들 모두 국공 양당의 새로운 합작을 열렬히 지지하였고, 여러 가지 방법으로 항일 민족통일전선에 참여했다. 제2차 국공합작의 최종 협정안은 다음과 같다.

첫째, 쑨원의 삼민주의는 오늘의 중국에 필요한 것이다. 양당은 그 완전한 실현을 위해서 싸울 것을 약속한다.

둘째, 공산당은 국민당을 폭력에 의해 타도하고 지주의 토지를 몰수하는 일체의 정책을 포기한다.

셋째, 현재 적색 지구의 정부는 전선 지구 민주 정부로 개편한다.

넷째, 홍군은 국민혁명군으로 그 명칭을 바꾸고 국민정부 군사위원회의 통제를 받는다.

1937년 8월 하순, 공산당 중앙은 산시 북부 뤄촨(洛川)에서 정치국 확대회의를 개최하였다. 이는 전국적인 항일전쟁(중일전쟁)이 폭발된 역사적 전환점에서 소집된 중요한 회의였다. 회의에서 마오쩌둥은 군사 문제와 국공 양당의 관계 문제에 관한 보고를 하였고, 회의에서는 〈항일 구국 10대 강령〉을 통과시켰다. 회의에서는 또 새로운 군사위원회 위원 11명을 선출하였다. 그 가운데 마오쩌둥은 서기, 주더와 저우언라이는 부서기에 선임되었다. 〈강령〉의 내용은 다음과 같다.

① 일본 제국주의를 타도할 것.

② 반드시 전국의 군사를 총동원할 것.

③ 반드시 전국의 인민을 총동원할 것.

④ 정치기구를 민주적으로 개혁하여, 국민당의 일당독재정치를 폐지하고, 인민에게 충분한 항일 민주적 권리를 부여할 것.

⑤ 항일하는 외교정책을 실시할 것.

⑥ 전시재정정책을 합리적으로 정돈할 것. 민족 반역자의 재산을 몰수하여 항일비용에 충당, 국산품 장려, 일본상품의 근절 등.

⑦ 인민의 생활을 개선할 것. 소작료와 이자의 삭감(減租減息) 및 가렴잡세의 폐지 등.

⑧ 항일하는 교육정책을 실시할 것.

⑨ 민족 반역자를 일소할 것.

⑩ 국공합작을 토대로 각 당·각파·각계·각 군의 항일 민족통일전선을 구축할 것.

이는 항일전에 있어서 최후의 승리를 쟁취하기 위한 공산당의 전면적인 항전 노선을 구체적으로 드러낸 것이다. 그리고 장기적 전쟁을 견지하여 최후의 승리를 쟁취하자는 의미를 내포하고 있었다.

그러나 지주계급과 대자본가의 이익을 대표한 국민당은 일당독재의 포기를 원치 않았고, 대중 중심의 항일구국운동의 발흥은 자신의 통치적 지위에 대한 위협으로 받아들였다. 그래서 공산당의 전면적인 항전 노선을 거부하고, 단순히 정부와 군대만이 항전하는 단편적인 항전 노선을 취했다. 심지어 대일 작전을 통하여 공산당의 힘을 약화시키고 소멸시키려 했다.

3. 적 후방 전장 구축과 공산당의 독립자주원칙 견지

뤄촨회의는 항전이야 말로 '어렵고 힘든 지구전'이라 보고, 이에 따른 인민군대의 전략적 목표를 설정하였다. 그것은 적의 후방에서는 인민 대중을 대담하게 동원하여 독자적인 유격전을 전개하는 한편, 우군(국민당군)과 연합 작전으로 적 후방의 전장을 개척하여 항일근거지를 건립하고 인민군대를 확대 발전시켜 일본 침략자를 물리치는 것이었다.

8로군은 처음부터 일본군의 후방에 분산하여 유격전을 펼쳐 적을 교란하여 정면 전장을 지원하는 것을 자체의 임무로 삼고 있었으며, 일본군의 세가 약해 보이는 곳이 있으면 거기에 근거지를 건립하여 해방구로 삼았다. 적 후방에서의 독자적인 유격전은 항일전쟁의 총체적인 전략에 복종하면서도 인민군대의 장점을 충분히 발휘하였다. 정치적으로 군대에 대한 공산당의 절대적 지도권을 보증함으로써, 인민군대로 하여금 항일 민족통일전선을 견지하고 지구 항전의 정확한 방침을 견지하게 하였다.

8로군이 항일전선에 막 출병했을 때는 주로 국민당군과의 연합 작전으로 소수의 병력으로 대중을 동원하고 무장시키는 공작을 했다.

1937년 9월 25일, 8로군 제115사단의 주력군은 산시(山西) 동북의 핑싱관(平型關) 부근에서 매복, 기습 공격하여 일본군 1,000여 명을 섬멸하고, 100여 대의 차량을 격파하였다. 이는 항전 이후 중국군의 제1차 승리로 '일본군 격파 불가'라는 신화를 깨뜨려 전국의 군과 민 모두에게 항전에 대한 자신감을 크게 북돋우고, 공산당과 8로군의 명성을 더욱 제고시키는 계기가 되었다.

국민당군은 항전 초기에는 항전에 어느 정도의 적극성을 보였다. 국민당군은 쑹후(淞滬), 신커우(忻口), 쉬저우(徐州) 및 우한의 방위를 위해 격렬한 전투를 벌였고, 타이얼좡(台兒庄) 전투에서 승리를 거두기도 했다. 여기에 8로군과 신4군은 적의 후방에서 폭넓은 유격전을 벌여 일본군이 3개월 안에 중국을 완파하겠다는 계획을 철저히 무산시켰다. 하지만 '적강아약(敵强我弱)'의 형세와 국민당의 단편적인 항전 노선의 견지로 말미암아 정면 전장의 국면은 아주 불리한 처지에 놓이게 되었고, 따라서 수많은 주요 도시와 동부 연해의 부유한 지역은 일본군에게 점령당했다. 일본군은 중국의 곳곳에서 온갖 살상과 약탈 및 강간을 자행하여 중국인들은 씻을 수 없는 치욕과 재난을 당했다. 1937년 12월, 일본군은 당시 국민당이 통치하던 중화민국의 수도 난징을 점령하고 미증유의 난징대학살을 자행했다. 당시 처참하게 살해된 군·관·민은 30만 이상에 달했다. 이외의 기타 지역에서도 일본군은 중국인을 무차별 학살하였다. 그 수는 헤아릴 수 없이 많았다.

1937년 11월 8일 타이위안(太原)이 일본군에 함락된 후, 8로군과 공산당이 지도하는 산시(山西) 신군은 공산당 중앙의 명령에 따라 일본군의 후방 곳곳에서 독자적으로 유격전을 전개하여 항일 민주정권을 세우고 항일근거지를 개척하였다. 1938년 1월, 일본군 후방에 최초로 공산당이 지도하는 항일민주정권, 이른바 산시 차하르 허베이 변구 임시

행정위원회를 허베이 서부 푸핑(阜平)에 건립하였다. 신4군 역시 양쯔강 남북으로 진격, 장쑤 남부·안후이 남부와 중부 등 지역에서 화중적 후방 항일근거지를 건립했다.

1938년 10월, 8로군과 신4군은 일본군 및 친일 괴뢰군과 1,600여 차례 전투를 벌여 적군 5만 4,000여 명을 살상하거나 포로로 잡고, 뒤이어 산시 차하르 허베이, 산시 북부와 다칭산(大青山), 산시 허베이 허난, 산시 서남부, 산둥, 장쑤 남부, 안후이 중부 등 항일근거지를 건립하였다. 백산·흑수(백두산 헤이룽강黑龍江) 전투에서도 동북 연군(聯軍)의 활약으로 일본군에 큰 타격을 가했다. 옌안을 중심으로 한 산시 간쑤 닝샤 변구는 적 후방 전장의 전략적 총 후방이 되었다.

이때부터 옌안은 전국 혁명의 심장부가 되어, 전국 각지의 모든 진보적 청년들이 갈망하고 찾아오는 혁명의 성지가 되었다. 그래서 공산당에는 젊고 지적인 여성 당원들이 많았다. 당이나 군의 지도급 인사들에게 결혼이나 재혼을 할 수 있는 절호의 기회였다. 이때 마오쩌둥은 유명 배우 출신 장칭(江青)을 만났고, 린뱌오는 베이징대학 출신 예췬(葉群)을 만났으며, 덩샤오핑 역시 베이징대학 물리학과 출신 여전사인 쥐린(卓琳)을 만났다. 이들 남녀 전사들은 이곳에서 훈련을 받은 후 다시 항일전선으로 달려갔다.

일본군 후방 항일유격전의 진전에 따라 중국의 항일전쟁은 점차 전략상 서로 자웅을 겨루는 두 개의 전장을 형성하였다. 하나는 주로 국민당 군대가 담당하는 정면 전장이고, 다른 하나는 공산당 군대 위주의 적 후방 전장이었다. 적 후방 전장의 개척과 항일근거지의 건설은 전국의 전쟁국면을 안정시켜 전략상 중·일의 전세를 일방적 공·수 관계에서 대치 단계로 전환하게 하는 중요한 구도를 조성하였다.

항일전쟁이 전국으로 확대되고, 전쟁의 형세가 매우 복잡하게 돌아가자 그 누구도 전쟁의 미래에 대해 예측할 수 없는 상황이었다. 그래서 세간에서는 '중화 망국론', '일본 속승론(速勝論)' 등의 여러 가지 근거 없는 주장이 난무하고 있었다. 이러한 잘못된 생각을 바로잡아 항일전쟁의 기본 형세를 명확히 밝히는 동시에, 항일전쟁에 어떻게 대응할 것인가 하는 것은 항일전쟁을 지도하고 있는 중국공산당으로서 반드시 해결해야 할 중요한 과제였다.

이 중요 과제를 푸는 데 있어서 마오쩌둥은 결정적인 공헌을 한다. 1936년 12월 그는 이미 홍군대학에서 <중국 혁명전쟁의 전략 문제>에 대하여 연설하면서, 장시 소비에트 시기 혁명전쟁의 경험을 총괄하고, 항일전쟁의 전략체계를 완성하기 위한 기초적 작업을 시작했다. 그 뒤 1937년의 <유격전>, 1938년 3월의 <기초전술>, 1938년 5월의 <항일유격전의 전략 문제> 등은 같은 달 26일~6월 3일 옌안 항일전쟁연구회에서 행한 연설 <지구전을 논함>으로 발전하였다. 이러한 마오쩌둥의 전쟁론의 체계화는 공산당이 1937년 후반, '국내 정규전에서 항일유격전으로의 전환'에 즈음하여 당 중앙과 일부 군사 간부들 사이에 군사전략을 놓고 심각한 논쟁이 있었음에도, 당 중앙이 올바른 지도를 관철할 수 있는 이론적 근거를 제공해 주었다.

마오쩌둥은 <지구전을 논함>에서 "모든 당원과 공산군이 자각적, 능동적으로 지구전을 벌인다면 정의로운 싸움인 항일전은 반드시 승리할 것이다."라고 역설하였다. 마오쩌둥은 항일전쟁을 지구전으로 규정하고 전쟁은 3단계를 거쳐 전개하여야 비로소 최후의 승리를 쟁취할 수 있다고 하였다. 즉 ① 적의 전략적 공격과 아군의 전략적 '방어', ② 적의 전략적 수세와 아군의 반격 준비('상호 대치'), ③ 적의 전략적 퇴각과 아군의 전략적 '반격'이 그것이다.

지구전을 끝까지 지탱해 주는 것은 조직화 된 인민의 힘이라고 했

다. 즉, <지구전을 논함>의 핵심적인 주장은 '인민 전쟁'의 이론적 전
개라 할 수 있는데, "힘의 대비는 군사력 및 경제력의 대비일 뿐만 아
니라, 인민의 힘 및 민심의 대비이기도 한 것이며, 무기는 전쟁의 중요
한 요소이기는 하나 결정적인 요소는 아니고, 결정적인 요소는 물적
요소가 아니라 바로 인간이다."라고 하였다. 요컨대, 항전의 승리를 쟁
취하는 유일하고 정확한 길은 인민 대중을 십분 동원하고 그들의 힘
에 의지하여 인민 전쟁을 수행하는 것이라고 했다.

마오쩌둥의 전쟁론은 그의 지도권의 정당성에 대한 최대의 이론적
기반이었다. 이 논문은 유격전의 개념을 종래의 전술적 차원에서 전략
적 차원으로까지 끌어올렸으며, <항일유격전의 전략 문제>와 함께 중
국공산당의 항일전 지도에 있어 강령적 문헌이 되었다. 동시에 전국적
항전의 지도에 대해서도 영향을 미쳤다.

제2차 국공합작이 성사된 후, 공산당은 역량을 집중하여 국민당 통
치구역에서의 공작을 강화하였다. 그럼으로써 국민당이 전면적으로
항전 노선을 밀고 나가도록 하여, 항일 민족통일전선을 더욱 확대하고
공고히 했다. 1937년 12월, 공산당은 당시 국민당 통치구역의 중심인
우한에 중국공산당 중앙 창강국(長江局)을 건립하고, 남부 각 성의 당
조직공작을 통일적으로 지도하여 창강(양쯔강) 유역과 남부 각 성의 대
중운동을 발전시켜, 각급 당 조직을 신속히 복구·건립하는 동시에 당
원도 대량으로 늘려갔다.

이처럼 창강국은 우한을 중심으로 한 항일 구국 대중운동을 적극적
으로 지도하는 한편, 공산당 대표단을 우한에 주둔시켜 국민당과의 연
계 및 담판 업무를 담당하게 하였다. 8로군과 신4군은 연이어 시안·
란저우(蘭州)·충칭·구이린(桂林) 등지에 사무소를 개설하였고, 한커우
에서는 공개적으로 공산당 주관의 <신화일보>와 주간지 <군중>을

발간하였다. 공산당은 원래의 비교적 협소한 환경에서 벗어나 국민당 통치구역 내의 각계 인사들과 직접적으로 폭넓게 접촉하고 항일운동을 선전하면서 초보적이나마 새로운 활로를 열어갔다. 저우언라이는 국민정부 군사위원회 정치부 부부장을 맡았고, 공산당원이 국민당이 소집한 국민참정회에도 참가하는 등 이 기간 국공 양당 간 합작의 관계는 비교적 원만한 편이었다.

그러나 국공 양당은 각기 서로 다른 계급의 이익을 대표하고 항전에 대해서도 서로 다른 지도노선을 견지하고 있었기 때문에, 통일전선 내부의 첨예한 모순과 투쟁은 불가피했다. 통일전선 과정에서 국민당은 단편적인 항전 노선을 견지한 데 반해, 공산당은 전면적인 항전 노선을 견지했다. 국민당은 한편으로는 일본군의 침략에 대항하면서 다른 한편으로는 공산당의 세 확장을 견제하는 전략이었다. 반면, 공산당 중앙은 항전 초기부터 반드시 투항주의에 반대할 것을 강조하고, 통일전선의 바탕 위에 독립 자주성을 유지하면서 국민당과 단결하여 일본에 대항하는 방침을 채택하였다. 그리고 공산당은 사상 및 정치와 조직에 있어서 독자적으로 광범하게 대중을 동원하는 전면적인 항전 노선을 관철하였다. 또한, 공산당은 인민군대에 대한 절대적 지도를 견지하고 국민당의 통제와 속박을 타개할 수 있는 인민의 무장력을 육성해 나갔다. 이처럼 공산당은 통일전선 중에, 형식상으로는 항일 구국을 부르짖으며 국민당과의 합작을 강조하였지만, 실질적으로는 독립 자주의 원칙을 견지하며 항일전쟁에서의 주도권을 쟁취하려 했다.

1937년 11월 말, 중국공산당 코민테른 주재 대표 겸 코민테른 집행위원 왕밍이 소련에서 귀국하여 옌안에 도착했다. 그는 코민테른과 소련 지도자들이 "중국의 항전은 당연히 국민당의 지시에 따라야 한다."는 주장에 근거하여, 공산당이 항일 통일전선 중에 견지하고 있는 독립 자주의 원칙을 인정하지 않았다. "일체는 통일전선에 복종한다." "일체는 통일전선을 통하여야 한다."는 주장을 하고, 공산당과 인민군 대의 활동을 국민당이 용인하는 범위 내로 제한하였다. 왕밍의 주장은 중국공산당의 입장에서 볼 때는 분명 '우'경 착오로 공산당의 공작에 지장을 초래하고, 독립 자주적인 전면 항전 노선의 관철을 방해하는 것이었다.

공산당 중앙은 왕밍의 이러한 '우'경 착오적인 주장을 단호히 배척 하였다. 1938년 3월 공산당 중앙이 런비스를 코민테른에 파견하여 중 국의 항전상황과 국공 양당 관계 및 당이 견지하는 노선과 정책을 있 는 그대로 설명하였다. 8월, 중국공산당의 코민테른 대표 왕자샹이 귀 국하여 다음과 같은 코민테른의 지시를 전달하였다.

> "중국공산당 중앙의 정치 노선은 정확하다. 중앙은 마오쩌둥을 중 심으로 통일적 지도를 하여야 한다."

이는 공산당 6기 6중전회 소집을 고무하였다. 1938년 9월에서 11월 에 걸쳐 옌안에서 열린 6기 6중전회는 중국공산당 역사에서 하나의 큰 획을 긋는 회의였다. 공산당으로서는 이 회의가 1934년 1월 루이진 에서 열린 6기 5중전회 이후 최초로 소집된 당 지도층의 토론장이었 다. 회의에서는 왕자샹이 코민테른의 지시를 전달하고, 마오쩌둥이 중 앙정치국을 대표하여 <신 단계를 논함>이라는 제하의 정치보고를 하 는 것으로 회의를 총결하였다.

이 보고는 마오쩌둥 리더십의 진전이라고 하는 관점에서 보면 중요 한 노선 전환의 의도가 깔려 있었다고 본다. 정치보고에 나타난 그의 논점은 다음 네 가지로 요약된다.

첫째, 항일 민족통일전선전술에 있어 마오쩌둥 자신이 주창해 온 '독립 자주'와 '군사 문제'에 대한 입장을 더욱 명확히 하였으며, 왕밍의 국공합작에 대한 낙관적인 대응을 타파해야 한다고 했다.

둘째, 장시 소비에트 시기 소련파의 지도에 대한 쭌이회의에서의 비판에 다시 당시의 간부정책과 조직원칙을 '중대한 원칙상의 착오'라고 덧붙였다.

셋째, 당의 정확한 정책과 당내 단결의 출발점으로 쭌이회의를 들어, 마오쩌둥 자신이 지도자로 부각한 시점에 특별한 의미를 부여하였다.

넷째, 가장 중요한 의미를 갖는 것은 '마르크스의 중국화'를 제창한 것이다.

이 논점은 명백히 왕밍 등 소련파, 즉 국제파를 겨냥한 것이었다. 그것은 마오쩌둥이 점차 소련파로부터 이탈, 그들에 대한 암묵적 비판을 가하기 시작한 것을 의미한다. 마오쩌둥은 그때까지의 당내 여러 집단 간의 세력균형 정책으로부터 한 걸음 나아가 자신의 지도권의 독자적 성격을 강조하려 함으로써 이른바 지도자로서의 자기주장과 '위로부터의' 정치적 권력을 행사하기 시작한 것이다. 6중전회는 이러한 의미에서 마오쩌둥 자신에 의한 공산당의 마오쩌둥화를 향한 '전진 운동'의 출발점으로 간주된다. <신 단계를 논함>에서 강조하는 마오쩌둥의 '마르크스주의의 중국화'라는 제언을, 뒷날 체계화되는 '마오쩌둥 사상'과 관련지어 보면 그 의미가 명확해진다. 그것은 공산당에 대한 그의 새로운 노선설정을 상징적으로 나타낸 것이라 할 수 있다.

여기서 마오쩌둥은 '중국화'라는 사상의 방법론과 표현형식으로서의 '민족'을 강조함으로써 당내의 '서양 모방주의', 공허하고 추상적으로 말하는 '망상주의'와 '교조주의'를 비판하고, 당의 이데올로기 공작에 대한 일정한 방향성을 제시하게 된 것이다. 이는 마오쩌둥이 그의 이데올로기적 독자성을 정립하기 위한 전략을 이론적으로 표현한 것이다. 이처럼 6중전회에서의 '중국화'라는 마오쩌둥의 문제 제기는 그가 단순한 스탈린의 제자로서가 아니라, 오히려 적극적으로 '중국의 길'을 걷겠다는 독자적 사상가로서의 이데올로기적 방향성을 위한 노력의 결정이었다.

회의에서는 또 기존의 당 중앙 창강국을 폐지하고 중원국(中原局)을 설치하여 양쯔강 이북 후베이·허난·안후이·장쑤 지역 당의 공작을 맡도록 하고 류사오치를 서기에 임명하였다. 그리고 양쯔강 이남에는 남방국을 설립하기로 하였다.

4. 국공 관계의 악화와 신민주주의론 주창

1938년 8월 22일 일본군이 우한 공세를 시작했고, 10월에는 우한이 함락되었다. 후베이 성 우한은 중국을 남북으로 잇는 요새다. 일본은 우한을 장악하면 향후 만주와 중국의 중부를 연결하는 진로를 차단해 중국군의 숨통을 조일 수 있다고 보고 우한을 집중적으로 공격했다. 일본 수뇌부의 예상대로 중국군의 거센 저항에 직면하자, 일본은 우한 공격군의 대다수를 정예 병력으로 편성한 갑종 사단을 투입했다. 1938년 10월 17일, 일본군은 우한의 중국군 각 요충지를 함락하고 우한에 대한 포위망을 구축했다. 그리고 일본군은 중국의 남북을 잇는 우한의 주요 철도를 차단하였다. 이렇게 되자 중국군은 더 이상 방어할 능력을 상실하게 되었고, 중국의 군사위원회는 우한을 포기하고 충칭으로의 퇴각을 선언하게 된다. 1938년 10월 27일 우한은 함락되었고 우한의 군수공장과 주요시설은 파괴되었다. 공산당은 세력을 보존하기 위해 우한 전투 기간, 8로군 정규사단을 투입하지 않고 근거지를 북서쪽으로 이동했다.

1938년 10월 우한 함락에서 후술하는 1941년 1월의 신4군 사건까지의 2년 동안, 중국의 전황은 전반적으로 악화일로였고, 전선은 대치 상태로 빠져들었다. 국공 관계 역시 균열의 틈이 확대되어갔다. 마오쩌둥은 이 시기의 상황을 1944년 5월에 다음과 같이 언급하였다.

"1938년 10월, 우한을 함락한 이후부터 일본 제국주의자는 그 전략을 바꾸어 공산당에 초점을 맞추고, 국민당을 경시하기 시작했다. 동시에 국민당에 대해서는 정치적인 투항의 권유를 주로 하고 군사적인 공격을 부차적인 것으로 하는 전략을 취하는 한편, 그 주력군을 점차 공산당에 집중하기 시작하였다. …국민당은 1937년과 1938년에는 비교적 항전에 열성을 다하고 우리 당과의 관계도 비교적 좋았으며, 또 대중의 항일운동에 대해서도 제한적이나마 비교적 많은 자유도 허용하고 있었다. 그런데 우한을 빼앗기면서부터 국민당은 공산당에 대한 적대적 태도를 강화하면서 점차 반공 공작을 적극화한 반면, 대일 항전에 대해서는 소극적으로 바뀌어 갔다."

마오쩌둥의 이러한 언급과 같이 1938년 10월 우한과 광저우가 함락된 후, 중국의 항전은 전략적 대치 단계에 들어갔다. 일본군은 중국을 패망시키겠다는 전체적인 방침에 따라 전략과 정책을 조정하여, 정면 전장에 대한 전략적 공격을 멈추고 주력을 8로군과 신4군을 타격하는 데 투입하는 한편, 국민당에 대해서는 정치적으로 투항을 권유하는 것을 주로 하고 군사적인 타격은 부차적으로 하는 방침을 채택했다.

일본의 정치적 투항 권유하에 국민당 내부에서는 투항, 분열, 후퇴 등으로 항일전선이 흔들리고 있었다. 매우 심각한 상황이었다. 1938년

12월 국민당 부총재 왕징웨이(汪精衛)를 우두머리로 하는 국민당 친일파가 공개적으로 일본에 투항하였고, 1940년 3월에는 난징에 장제스의 국민당 정권과는 별도의 일본 괴뢰 정권인 새로운 친일 국민당 정권을 세우고, 왕징웨이는 스스로 그 정권의 수반이 되었다.

장제스를 대표로 하는 국민당의 친영·미파는 항일에 대해서는 소극적, 반공에 대해서 적극적인 정책을 취하기 시작했다. 1939년 1월 국민당 5기 5중전회는 공산당 내에 간첩을 침투시켜 공산당을 와해시키는 전략인 '용공(溶共)'과 '방공(防共)', 그리고 '한공(限共)'의 방침을 확정했다. 각지에서는 공산당의 지도하에 있는 항일 군·민을 습격하고 살해하는 반공 충돌사건이 잇달아 발생하였다. 대일 항전을 위한 국민적 단합이 심각한 위기에 봉착하였다.

민족모순과 계급모순의 교착은 정국을 아주 복잡하게 만들었다. 공산당은 항전의 전체적인 국면으로 보아, 전 항전 시기에 걸쳐 시종 민족의 모순이 가장 상위에 있고, 각 계급의 이익은 그다음의 것으로서 반드시 전 민족의 이익에 복종하여야 한다고 했다. 국내 시국의 역류에 대처하여 공산당은 끝까지 '중도 타협반대', '국내 단결 견지, 내부 분열 반대,' '진보 견지, 후퇴 반대'라는 3대 구호 아래, 친일 매국 정치인 왕징웨이는 단호히 타도하면서도, 장제스와는 계속 합작을 유지하며 항일 민족통일전선을 공고히 다져갔다.

일본군이 적 후방의 근거지를 주요 공격의 대상으로 삼은 상황에서 공산당은 노동자·농민 등 대중의 역량을 조직하고 그들의 힘에 의지하여 일본군의 공격에 맞설 수밖에 없었다. 1938년 겨울, 8로군은 당 중앙의 전략과 방침에 따라 산악지역에서 평원지역으로 밀고 나가, 대중을 동원한 폭넓은 유격전을 벌여 일본군의 유생역량을 섬멸하였다. 그리고 그곳에 산시 차얼 허베이, 산시 허베이 허난, 산시 산둥 허난,

산시 북부, 산둥 등 항일근거지를 공고히 하고 확대하였다.

1940년 8월, 8로군 총부는 일본군의 화북 항일근거지에 대한 '소탕', '수롱(囚籠)' 작전[1]을 격퇴하기 위해, 화북 주둔 일본군 교통선에 대한 습격, 파괴를 중요 목표로 한 대규모 전투를 벌였다. 참전 부대는 105개 단(團: 연대) 약 20만으로, 이름하여 '백단대전(百團大戰)'이라 불렀다. 이 전투에서는 1,824차례의 작전으로 일본군 2만 3,000여 명을 사상하고, 1만 8,000여 명을 포로로 잡았다. 그리고 470여 km의 철도와 1,500여 km의 도로, 대량의 적 토치카와 거점을 파괴하고, 대량의 총포와 군용 물자를 노획하였다. 그럼으로써 일본군은 심각한 타격을 입었고, 반대로 중국인에게는 항전의 열정을 더욱 격발시켰다. 이와 함께 공산당과 8로군의 위세와 명망은 한층 더 높아졌다.

동시에 신4군의 각 부대는 당 중앙의 '화중(華中)을 발전시키자'는 전략적 방침에 따라 산지·평원과 하천·호수·항구 등 복잡한 지형을 이용한 유격전을 벌여 안후이 동부·허난 안후이 장쑤·안후이 동북부·허난 후베이·장쑤 북부 등지에 항일근거지를 건립하고, 장쑤 남부·안후이 중부에 근거지를 확대하여 화북과 화중 항일근거지 간의 소통로를 확보하였다. 화남에서는 공산당 지도하의 항일 무장으로 둥강·충야 등지에 항일유격근거지를 건립하고 광범한 항일유격전을 벌였다. 따라서 일본군은 인민 전쟁의 넓은 바다로 함몰되어 갔다.

공산당은 항일전 초기 대중동원을 통한 군사력의 증대와 변구 근거지의 확대에 따라, 1938년 8로군은 15만 6,000, 신4군은 2만 5,000의 규모로 증강되었다. 이는 항일전쟁이 시작된 1937년 8월의 2만 2,000

---

1) 수롱(囚籠, prisoner's cage): 죄수를 나무 굴레에 가두는 것. 수롱작전은 일본군이 철로·국도 등 교통선으로 적 후방 항일근거지를 분할 포위하고, 다른 근거지와 단절시켜서 한 곳에 가둠과 동시에 계속하여 분할된 근거지를 공격함으로써 근거지를 일거에 섬멸하려 한 작전임.

및 3,000여 명과 비교하면 각각 1년 사이에 무려 7배와 8배로 증강되었다. 1940년에는 8로군과 신4군이 각각 40만과 10만으로 증가하여, 1938년에 비해 무려 2.6배와 4배가 되었다. 그리고 수많은 지방 무장력과 민병이 도와주고 있었다. 당원 수도 급증하여 1937년의 4만 명에서 1940년에는 80만으로 증대하였다.

1940년 공산당이 지도하는 항일근거지는 화북·화중을 넘어 화남에 걸쳐 확대되었고, 산시·간쑤·닝샤 등 서북 변구 지역 근거지를 더하면 모두 17곳으로 약 1억 인구를 품고 있었다.

일본군에게 함락된 도시와 교통 요로에서 공산당의 지하 조직은 장기적으로 매복, 은폐하면서 역량을 축적하여 기회를 기다리는 방침으로 공작방식을 전환하였다. 따라서 당 조직은 대중 속으로 파고 들어가 숨어서 항일선전교육과 통일전선 공작을 전개하여, 그들이 다양한 방법으로 일본군을 견제하고 일본의 통치에 타격을 가하도록 하는 한편, 적 후방 유격전과 연합하여 항일근거지를 공고히 하도록 하였다.

공산당은 국민당 통치구역에서의 공작에도 새로운 진전이 있었다. 1939년 1월, 충칭에 공산당 중앙의 남방국을 설립하고 서기에 저우언라이, 부서기에 둥비우를 임명하였다. 남방국은 양쯔강 이남의 통일전선, 당의 건설, 선전·문화, 대중 공작 등을 수행하였다. 남방국은 특히 중간세력인 민주당파, 무당파 인사, 국민당 민주파, 지방 실력자, 저명한 지식인 등과 광범하게 접촉하고 그들의 지지를 끌어내는 역할을 했다. 그들을 초청하여 국시를 함께 상의하고 그들에게 공산당의 주장을 이해하게 함으로써 점차 그들의 신뢰를 쌓아갔다. 저우언라이와 남방국의 지지로 1941년 3월 중국민주정단동맹(1944년 9월 중국민주동맹으로 개칭)이 충칭에서 건립되는데, 이는 공산당에 대한 하나의 우군이 된다. 남방국은 또 국제 통일전선 공작도 전개하여 중국의 항전에 대한 국제사회의 지지와 공감을 끌어냄으로써 중국공산당의 국제적 영향력을 확대하였다.

이와 같은 공산당 세력의 증강은 국민당과 일본군의 경계심을 높이고, 그들을 자극하기에 충분했다. 특히 신4군 등 부대의 활동 범위가 상하이·우한 등 경제 중심지역 이남이었기 때문에 일본군도 그 토벌에 주력했지만, 그 이상으로 장제스의 국민정부가 공산당의 세력 확대에 신경을 곤두세우고 있었다. 그 때문에 국민정부는 일본군에 대해서보다도 신4군의 활동을 적극적으로 억제하려 하였고, 그에 대한 감시와 압박에 더 큰 힘을 쏟았다. 국민당의 전략은 신4군의 규모와 활동범위를 가능한 국공합작 당시의 수준으로 제한하려는데 반하여, 공산당은 국민당군이 철수한 지역과 일본군 점령의 배후지역에서 항일전을 전개하고 혁명근거지를 확장하려 한 정책에서 비롯된 것이었다.

1940년 국민당 정부는 공산당에게 전군을 양쯔강 이북으로, 다시 황허 이북으로 이동하도록 명령하는데, 이에 순응하지 않고 지체하자 국민당 완고파는 1941년 1월 드디어 세계를 놀라게 한 '환난(皖南)사변'을 일으킨다. 신4군 소속 부대원 9,000여 명이 안후이 성 남쪽에서 북쪽으로 이동 중 국민당군 7개 사단 8만여 명의 공격을 받아, 포위망을 탈출한 2,000여 명을 제외한 대부분 장병이 희생되는데, 이를 '신4군사건'이라고도 한다. 이 전장에서 군 사령관인 예팅은 국민당군과 담판하다가 체포되었고, 부사령관 샹잉은 전사했다. 이 사변에서 신4군의 주력 부대는 궤멸 수준의 큰 타격을 입었다. 사변 발생 후, 장제스는 신4군의 '반란사건'이라 날조하고 그 부대명의 번호를 빼 버렸다.

국민당 완고파가 일으킨 이 한 차례 반공 정책에 마주하여 공산당은 군사적으로는 철저히 자신을 방위하고 정치적으로는 단호하게 반격한다는 방침을 세우고, 신4군의 재건을 선포함과 함께 천이를 군단장 대리, 류사오치를 정치위원으로 임명하였다. 마오쩌둥은 국민당 완고파의 항전 파괴 음모를 폭로하고, 그 우두머리를 징벌함과 동시에 예팅 사령관의 석방을 촉구했다. 나아가 국민당 일당독재의 폐지와 민주정치 실행 등 12조 해결방안을 제시했다. 저우언라이도 충칭에서 국민당 당국을 향해 엄중히 항의하고, 직접 <강남에서 국난 중 순국한 장병들에 대한 애도사(爲江南死國難者志哀)>와 <천고기원(千古奇冤)>이라는 시 한편을 발표했다.

> <천고기원千古奇冤>
> 千古奇冤, 江南一葉;
> 同室操戈, 相煎何急?!
> 천고의 억울함이여, 강남에서 순국하신 예팅 장군.
> 형제끼리 창을 겨누고, 서로 공격함이 어찌 그리 급하던고?!

이 비분이 충만한 애도사와 시는 ≪신화일보≫에 게재되어 국민당 완고파의 반동적 행적을 강력히 폭로하고 성토하였다.

전국의 국민 및 국제여론은 일반적으로 공산당에 공감하였으며, 국민당이 반대파를 섬멸하고 항전을 파괴하는 행동에 대해 비판적이었다. 국민당 완고파가 대내외적으로 고립의 위기에 빠지자 반공 활동은 어느 정도 주춤해졌다.

공산당은 그동안의 국민당 완고파와의 투쟁 경험을 종합하여 통일전선의 책략을 더욱 강화해 나가기로 했다. 그것은 항일 민족통일전선 과정에서는 "진보 세력을 발전시키고 중간세력을 쟁취하여 완고 세력을 고립시켜야 한다."는 총 방침이었고, 국민당 완고파에 반대하는 투쟁에 있어서는 "상대가 나를 치지 않으면 나도 상대를 치지 않고, 만약 상대가 나를 치면 나도 반드시 상대를 친다(人不犯我, 我不犯人, 人若犯我, 我必犯人).”는 자위적 입장과 “이치에 맞고 유익해야 하고 절도가 있어야 한다(有理, 有利, 有節)”는 원칙을 견지한다는 것이었다. 이들 원칙의 견지는 공산당이 복잡 다변한 환경 속에서 통일전선 과정 중에 마주치는 각종 다루기 힘든 문제를 한층 더 능숙하고 적절하게 처리하여 ‘좌·우’경의 착오를 범하지 않도록 해주었다.

이 기간, 국민당은 “공산주의는 중국의 실정에 적합하지 않다.”는 등 반공의 논리를 퍼뜨렸다. 그래서 공산당은 정치사상 노선에 있어서 국민당과 논전을 벌여, 한편으로는 국민당의 각종 가짜 삼민주의를 폭로하고, 다른 한편으로는 삼민주의와 공산주의의 관계에 초점을 맞추어 공산주의의 최저 강령은 삼민주의의 그것과 기본적으로 서로 같은 것이라고 하였다. 그러나 양자는 또 상이함도 있으므로 공산당은 모든 진짜 삼민주의자와 장기적으로 협력할 것이라고 설명하였다. 이 논전은 신민주주의 이론체계의 형성을 촉진하는 역할을 하였다.

국민당 완고파가 선동하는 반공 논리를 반박하기 위하여 전 당원과 전 인민을 향해 공산당은 중국혁명 및 그 전도의 전부라는 견해를 천명하였다. 그것은 “중국은 어디를 향해 가는가?” 라는 이 중대한 문제에 대한 회답을, 항전과 중국혁명을 어떻게 더 잘 지도할 것인가에 초점을 맞추어 체계화한 이론이다. 그것은 바로 마오쩌둥의 공헌이었다.

마오쩌둥은 중국혁명의 독창적 경험을 총괄하여 1939년 말에서 1940년 초에 이르는 기간, 연이어 <공산당인>의 발간사, <중국혁명과 중국공산당>, <신민주주의론> 등 저작을 발표하여 신민주주의 이론을 완벽하게 정리한다.

특히 <신민주주의론>은 마오쩌둥이 1940년 1월에 체계화한 이론으로서, 그는 반(半)식민지·반봉건적 상황에 있는 중국혁명은 반드시 두

단계를 거쳐서 진행된다고 주창하였다. 그 첫째 단계는 반(半)식민지 ·
반봉건상태의 중국을 자주 · 독립의 부르주아 민주사회로 개조하는 반
(反)제국주의 · 반봉건주의 부르주아 민주혁명의 단계, 이른바 '신민주
주의' 단계이고, 둘째 단계는 혁명을 더욱 발전시켜서 사회주의를 건
설하는 '사회주의 프롤레타리아혁명'의 단계라고 했다.

마오쩌둥은 중국의 혁명운동은 신민주주의 단계에서 사회주의혁명
의 단계로 전환되어야 한다고 하였다. 신민주주의 혁명은 약체의 부르
주아계급을 대신하여, 프롤레타리아계급과 반(半)프롤레타리아계급을
지지 기반으로 하여 '공산당이 지도'하는 부르주아혁명이기 때문에,
'부르주아계급이 지도'하는 '구민주주의' 혁명과 구별하여 '신민주주의'
혁명이라고 명명하였다. 마오쩌둥은 5 · 4운동 이후에 있어서의 중국
민주주의 혁명은 이미 부르주아계급이 지도하는 민주주의 혁명이 아
니고, 신민주주의 혁명이라 했다.

> "신민주주의는 필연적으로 사회주의로 발전한다. 신민주주의혁명
> 과 사회주의혁명은 한꺼번에 두 단계를 다 해치울 수는 없지만, 두
> 혁명 단계는 상호 필연적으로 연접하는 관계이어야 한다. 즉, 그 둘
> 사이에 부르주아지 독재가 끼어들게 해서는 아니 된다. 공산당이 민
> 주주의 혁명 단계인 최저 강령을 실현하는 것은, 바로 앞으로 최고
> 강령(공산주의 사회건설)에 도달하기 위함이다.
>
> 신민주주의의 기본강령은 정치적으로는 제국주의와 봉건주의의
> 압박을 뒤엎고 중국에 프롤레타리아가 지도하고, 노농연맹을 기초
> 로 한 혁명계급 독재의 민주공화국을 건립하는 것이다. 경제적으로
> 는 대은행 · 대공업 · 대상업을 국가가 계획적으로 몰수 조종하는 국
> 영 경제를 건립하고, 지주의 토지를 몰수하여 농민에게 돌려주어 합
> 작경제를 발전시키도록 농민을 유도하며, 민족자본주의경제의 발전

과 부농경제의 존재를 허락한다. 문화적으로는 봉건적 매판 문화를 폐기하고 민족의 과학·대중문화를 발전시키는 것이다.

이처럼 신민주주의는 모든 반제(反帝)·반봉건세력을 규합한 '연합 독재민주공화국'의 건설을 지향하고 있는 까닭에, 중국공산당은 신민주주의 단계에서는 노동자·농민·소시민과는 물론 민족자본가와도 통일전선을 구축해야 한다."

이상이 마오쩌둥의 주장이었다. 신민주주의 단계는 결코 단시일 내에 성취될 수 있는 것이 아님을 명백히 밝혔다. 그의 이러한 태도는 1945년 4월 그가 발표한 〈연합정부론〉과 그 후 그가 내놓은 여러 저작에서도 일관되었다. 사실 마오쩌둥이 신민주주의론을 내세웠던 것은 중국공산당이 국민당에 비해 약세에 있었던 시기, 국민당의 공산당 토벌 작전의 예봉을 피하기 위해서는 노동자·농민·소시민, 그리고 민족자본가까지도 일치단결할 것을 주장하는 소위 민족 통일전선의 명분을 내세울 필요가 있었기 때문이라고도 볼 수 있다. 신민주주의 이론은 마르크스 레닌주의와 중국혁명의 실제를 상호 결부시킨 산물로, 중국혁명, 특히 공산당 창당 이후의 역사적 경험의 총결이며, 항전 시기에 있어서 마오쩌둥 사상의 가장 중요한 이론적 성과다.

5. 근거지 건설의 강화와 정풍운동 전개

1941년에서 1942년은 세계적으로 파시스트 세력의 광기가 극에 달했던 시기로 중국의 적 후방 항전에서는 가장 어려운 고비였다.

제2차 세계대전 발발 후, 독일 나치스는 유럽의 여러 나라를 침공한 데 이어, 1941년 6월에는 동쪽으로 소련을 향해 대규모 공격을 개시했다. 12월에는 일본이 미국의 해군기지인 진주만을 기습하였고, 동시에 영·미 등 서방국가의 속령인 태평양 군도를 공격하여 태평양전쟁을 일으켰다. 국제적으로 파시스트는 전 세계 공동의 적이 되었다. 중국도 반파시스트 국제 통일전선의 건립을 주장하고, 영·미 등과의 협력을 강화하며 이들 공동의 적에게 대항하였다. 1942년 1월, 미·영·중·소 등 26개 국가는 <연합국가선언>에 서명하고, 공식적으로 국제 반파시스트 연합전선을 구축하였다. 중국은 국제 반파시스트 전쟁에 있어서 동방의 주전장이 되어 일본 육군의 주력에 대항하는 역할을 맡고 있었다.

일본 제국주의는 중국을 태평양전쟁의 후방 기지로 삼을 계획하에, 중국에서의 전쟁을 조속히 종결시키기 위해 작전을 다그쳐갔다. 특히 잔학한 속전속결의 전략을 구사하였다. 화북에서는 반복적으로 '치안강화 운동'을 전개하고, 점령지역 구민들에 대한 잔혹한 경제약탈과 노예화 교육을 실시하였다. 그리고 화중의 항일근거지를 향해서는 미증유의 잔악한 '소탕'·'청향(清鄕)2)·'잠식' 작전을 벌이고, 소광(燒光: 불살아 버리고)·살광(殺光: 죽여 없애버리고)·창광(搶光: 모조리 빼앗아버리는)이라는 이른바 그 악명 높은 '3광 정책'을 펼쳤으며, 독가스와 세균을 사용하여 구민을 싹쓸이하였다.

이러한 일본의 항일근거지에 대한 침탈로 구민들과 군인들의 사상자 수는 날로 늘어났고, 경작지는 폐허가 되었으며, 식량과 가축은 모두 약탈당하였다. 일본군의 공격이 얼마나 잔인했던가는 다음을 보면

---

2) 청향(清鄕): 1941년 봄, 왕징웨이, 리스췬(李士群) 등이 일본군의 경제적 지원과 정략적 지도하에 '청향 운동'의 계획을 세우고, 청향의 각종 기구를 조직하고 군대와 정보원을 훈련시켜 기층 정보조직을 구축, 화중 항일근거지의 정보를 수집하는 작업을 함.

알 수 있다. 1941년 일본군 10만에 의해 산시(山西) 차얼 허베이 변구 근거지에서는 15만의 가옥이 불타 없어지고, 1만 두의 우마가 끌려가고, 5,500의 주민이 학살당하고, 1만 7,000명이 만주 노역장으로 끌려갔다.

여기다 충칭의 국민당 친일 완고파는 앞다투어 난징의 친일 괴뢰 왕징웨이 정부군에 합류했고, 또한 그들에 의한 변구 근거지에 대한 봉쇄 작전이 펼쳐졌다. 전쟁이 끝났을 때 왕징웨이의 난징 정부군은 80만이었다고 하나, 그 가운데 50만은 충칭 국민정부에서 합류한 부대였다.

이처럼 일본군의 무자비한 공격으로 변구 근거지의 면적은 크게 줄어들었고, 1940년 1억을 넘던 근거지의 인구는 5,000만 이하로 급격히 감소하였다. 인민군대도 50만에서 40만으로 줄었고, 근거지 내에서는 군수품은 물론, 구민들의 생필품까지 그 궁핍이 극에 달했다. 훗날 린뱌오는 "밤에 켜는 등불의 기름마저도 없었다."고 회고했다. 이러한 군사적 곤경과 더불어 이 시기 화북 해방구에는 수해·한해·병충해 등의 천재가 덮치고 역병과 기근이 잇달아서, "군인과 구민은 초근목피로 연명하는 등 상황은 더욱 심각하였다."고 주더는 당시를 회고했다.

이러한 상황에서 공산당의 대응 전략은 대중동원체제를 전면적으로 재편성하는 것이었다. 1941년 5월, 당 중앙과 마오쩌둥은 <산시陝西 간쑤 닝샤 변구 시정 강령>을 공포하고 전면적으로 당의 신민주주의 정책을 시행하였다. 그것은 공산당 지도하의 대중 기반을 확대하기 위해 ①통일전선 정권에 '3·3제'를 채택하고, ②경제봉쇄를 극복하기 위해 생산 운동을 일으키고, ③당의 지도를 강화하기 위해 지도의 통일과 정풍운동에 착수한 것이다. 이들 조치를 통하여 마오쩌둥은 당·군·민의 사기를 고무하고, 그들의 관심을 고통의 질곡으로부터 한층 더 건설적이고 희망적인 문제로 바꾸어 가고자 했다.

'3·3제'는 근거지 정부 공직자의 구성을 공산당원·진보적 좌파 인사·중간파에게 각각 3분의 1씩 배분하도록 한다는 원칙이었다. 이는 각계각층의 항일 인사를 근거지 정부로 흡수하여 단결시키고, 신민주주의 시정 방침을 통하여 각종 항일 계층 및 계급의 인권과 재산권을 보장하며 공정하고 청렴한 정치를 적극적으로 실행하는 것을 보이기 위한 정책이었다.

경제봉쇄를 극복하기 위해서 소작료와 이자율을 인하하고, 대대적인 생산 운동을 전개하였다. 지대는 종전보다 25% 낮추고, 이자율은 일반적으로 연 10%로 규정하였다. 기타 잡세 및 노역과 각종 고리대 일체는 금지했다. 이는 빈농과 중농의 지지를 얻어 근거지의 정치경제를 강화하기 위해서 취한 조치였다. 생산 운동의 경우, 당은 농업생산의 발전을 대대적으로 호소하고 농민을 동원하여 황무지를 개척하고 수리 시설을 증설하고 노동의 품앗이(互助) 및 경작기술을 조직, 보급하였다. 이러한 소작료 인하와 생산 운동은 엄혹했던 물질생활의 궁핍을 극복하는 데 있어서 결정적인 작용을 했다.

근거지 정부는 또 문화 교육사업을 전개하고 선진 문화사업을 발전시켜 인민군대와 근거지 건설을 위한 대량의 핵심역량을 배양하고 광범한 대중의 문화 수준을 제고시켜 나갔다.

당은 또 군대 내에서는 애민운동을 전개하고, 인민 대중 속에서는 인민해방군을 옹호하는 운동을 전개하여 군·민 관계와 군·정 관계를 한층 더 긴밀하게 하였다. 그리고 주력 부대와 정부 기관에 정병간정(精兵簡政: 군대의 정예화와 행정기구의 간소화)을 실시하는 등 인민의 부담을 줄이는 정책을 시행하였다.

이러한 인민과 친화하는 근거지에서의 신민주주의 정책은 각종 건설사업을 원활하게 하여 장기적인 항전의 기반을 공고히 하고 고통을 극복하는 견실한 기초를 다졌다. 항일근거지에서의 신민주주의 건설은 중국 인민들에게 새로운 희망을 보게 하였다.

이 시기 전당의 범위에서 전개한 정풍운동은 한층 더 당의 사상노선을 다잡고 당 자체의 건설을 강화한 점에 있어서 역사적 의의가 있었다. 쭌이회의 이후 당은 역사상의 '좌'·'우'경 착오를 바로잡고 전당이 마오쩌둥을 중심으로 한 통일적 지도체제를 구축했지만, 당내에는 여전히 '좌'·'우'경 착오의 뿌리가 제거되지 않고 사상 노선상에 있어서 일부 분열의 양상이 잠재하고 있었다. 그러므로 당은 이러한 노선의 착오를 청산하고 이론을 실제에 결부시키는 방법으로, 중국혁명의 중요한 문제를 처리할 것을 전 당원에게 교육하는 것이 당이 해결해야 할 절박한 과제였다.

따라서 옌안의 정풍운동은 항일 통일전선의 구축에 부수한 당원의 사상·의식·행동 양식에서의 부정적 결과와 통일전선의 붕괴 위기에 대응하여, 공산당이 자체의 세력을 결집하고 재강화하기 위해 시작한 '사상혁명'이었다. 그 대표적인 논점은 학풍(學風)·당풍(黨風)·문풍(文風)으로, 이른바 '3풍 정돈'이었다.

1941년 5월, 마오쩌둥은 옌안 간부회의에서 <우리의 학습을 개조하자>는 제목의 보고를 통하여 정풍운동에 불을 붙였다. 당 중앙은 즉각 마오쩌둥이 제기한 문제에 호응하고 나섰다. 7월 1일 <당성 강화에 관한 결정>이 그것이다. "사실에 근거해서 진리를 구하자." "조사하지 않는 자는 발언권이 없다."는 등의 구호는 전당으로 퍼져나갔다. 1942년 2월, 마오쩌둥은 <당의 기풍을 정돈하자>와 <당 팔고(八股)를 반대하자>[3]는 연설에서, 주관주의에 대한 반대를 통하여 학풍을 정돈하고, 종파주의에 대한 반대를 통하여 당풍을 정돈하고, 당 팔고에 대한 반대를 통하여 문풍을 정돈하자는 정풍운동을 전당적 차원에서 전개할 것을 제의하였다. 5월, 당 중앙 옌안 문예 좌담회서 마오쩌둥은 혁명 시대의 문예는 인민을 위한 것이어야 하고, 먼저 노동자·농민·병사들을 위한 복무가 기본방향이어야 한다고 역설하였다.

주관주의에 반대하는 것은 정풍운동의 가장 중요한 임무라고 하였다. 당의 역사에서 반복하여 나타나는 '좌'·'우'경 착오는 사상의 근원에서 말하자면 그것은 모두 주관주의에서 비롯된 것이다. 주관주의의 주요 형식은 교조주의와 경험주의다. 마오쩌둥의 견해에 의하면 교조주의의 근원은 미숙성, 피상성, 사대성, 단편적 지식에 대한 만족, 외국의 것을 그대로 수용하는 것, 창조성의 결핍, 표적 없는 화살을 쏘는 것과 같은 '이론을 위한 이론'을 학습하는 것, 전체적으로 책에 의존하는 것 등이다. 경험주의란 교조주의와 정반대되는 것, 즉 전적으로 경험에 의존하는 것이다. 주관주의를 극복하기 위해서는 반드시 당의 사상노선을 똑바로 잡고 '실사구시'의 원칙을 견지하여 모든 것은 실제 상황에서 출발하여 이론을 실제와 연계시켜 나가야 한다는 것이다. 이는 이른바 '마오쩌둥 사상'의 근간이 된다.

당의 공작방식을 말하는 당풍에 관해서 마오쩌둥은 종파주의를 반대하자고 했는데, 마오쩌둥의 이른바 종파주의는 무엇인가? 그것은 '지나치게 독자성을 주장하는 것', '자기 소관의 부분적인 업무의 중요성을 지나치게 강조하여 전체의 이익을 부분의 이익에 종속시키고자 하는 것', '소수는 다수에 복종하고 하급은 상급에 복종하고 부분은 전체에 복종하고 전당은 당 중앙에 따른다는 민주집중제를 망각하는 것' 등의 행태를 말했다.

---

3) 팔고문(八股文): 명(明)·청(淸) 양대에서 과거의 답안용으로 채택된 특별한 형식의 문체. 형식적이고 공허한 글. 케케묵고 시대에 뒤떨어진 말이나 글을 일컬음.

그리고 마오쩌둥이 강조한 문풍이란, 예술과 문학은 노동자·농민·병사·간부 등 프롤레타리아와 폭넓은 대중을 감상의 대상으로 하여 창작되어야 한다는 것이다. 따라서 예술과 문학은 인민의 노고와 투쟁을 찬미하고 인민에 대한 교육을 목적으로 삼아야 한다는 것이다. 마오쩌둥은 글을 씀에 있어서도 가능한 한 평이하게 표현하여 대중이 이해할 수 있게 하여야 한다고 주장했다. 이를 문풍에 있어서의 대중 노선이라 하였다.

위와 같은 '3풍의 정돈'을 통하여 마오쩌둥은 마르크스 레닌을 절대화하고 그 이론적 입장에서 현실을 대하는 태도를 비판했다. 마오쩌둥은 마르크스 역시 실천이라는 입장에서는 역사적 한계성을 갖는다고 보았다. 마르크스주의라 해도 오직 그 사적 유물론과 변증법적 유물론이라는 입장과 관점·방법만을 학습하고, 그것을 준거로 중국의 역사와 중국혁명의 실제를 연구하여 중국의 정치·경제·사회·문화 등 제반 문제에 대한 과학적 해석과 이론적 설명을 할 수 있어야 한다고 했다. 따라서 마오쩌둥은 마르크스나 레닌의 말을 함부로 내세워 난해한 용어나 술어로 장식하고 민중에 대해서 권위적인 태도로 임하는 것을 강력히 비판했다.

마오쩌둥은 과거의 경우는 중국의 역사적 경험을, 현재의 경우는 혁명적 경험 및 조사의 중요성을 강조했다. 러시아 혁명사보다도 중국의 혁명사를 중시하고 중국의 민족적 특성과 혁명적 전통을 상기시켰다. 1942년 4월에 발간한 중국공산당 간부 필독 문헌 편집위원회가 편찬한 《사상방법론》에서는 특히 하나의 장을 설정하여 "민족적 특장(特長)을 연구하라." "일정한 조건에서의 혁명적 전통을 이용하라."고 설파했다.

요컨대, 정풍운동을 일관하는 가장 중요한 키워드는 당 조직 내부에 있어서 '지도의 일원화'라는 레닌주의적 조직원칙의 확인과 '마르크스주의의 중국화'라는 두 가지 목표에 초점을 맞춘 것이다.

이러한 목표하에 정풍운동은 1942년부터 1943년에 걸쳐 계속되는데, 3만 명 이상의 간부가 동원되어 소조로 나뉘어 토론하고, 학습과 훈련을 받았다. 1943년 9월부터는 당의 고급 간부대회를 열어 '당의 역사적 경험과 당면한 임무'를 토론하고 총결하였다. 여기서 결론 내린 중요내용은 왕밍을 대표로 하는 교조주의가 중국혁명에 막대한 손실을 가져다주었다고 보고, 왕밍의 잘못된 노선 및 그 영향을 비판하였다. 이 고급 간부대회에서 이른바 '소련 유학파'가 마지막으로 청산된 것이다.

이러한 사상투쟁의 기초위에 1944년 5월에서 1945년 4월까지 옌안에서 공산당 6기 7중전회가 소집되었다. 회의에서는 <약간의 역사 문제에 관한 결의>를 통과시켰다. 그것은 당 역사상의 중대 문제, 특히 토지혁명 시기 왕밍을 대표로 하는 '좌'경 교조주의는 중대 오류였다고 결론지음으로써, 마오쩌둥의 지도자적 지위가 확립되었다.

정풍운동은 사회주의교육 운동인 동시에 사상해방운동이었다. 그것은 마르크스주의의 보편적 이론을 중국의 특수성(실제)에 창조적으로 적용하는 문제를 제기, 견지함으로써 전 당원의 사상과 정치 노선을 바로잡고, 마르크스주의의 교조화를 배격하고, 소련 경험과 코민테른의 지시를 신성화하는 교조주의를 타파하게 하였다. 이로써 정풍운동은 성공적으로 종결되고, 중국공산당 제7차 전국대표대회는 순조롭게 추진될 수 있었다.

정풍운동의 성공은 국제적 환경의 변화에 의해서도 더욱 가속화될 수 있었다. 1941년에 있었던 일본과 소련 간 불가침 조약의 체결은 중국공산당에게 자립의 필요성을 통감하게 했으며, 1943년에 있었던 코민테른의 해산은 '중국적 마르크스주의'를 발전시키는 데 있어서의 장애물을 완전히 제거해 주었다. 이는 마오쩌둥이 '창조적 마르크스주의의 길'을 걷게 하는 결정적인 요인이 되었고, 동시에 마오쩌둥의 위상은 한층 더 강화되었다. 나아가 정풍운동의 성공은 마오쩌둥 사상이 당의 지도 이데올로기로 자리 잡게 하였고, 항일전쟁과 중국혁명을 승리로 이끄는 사상적 기반을 마련해 주었다.

6. 제7차 당 대회와 마오쩌둥 사상의 확립

1943년 이후, 반파시스트 전쟁은 세계 각지에서 승리를 거두고 있었다. 중국공산당이 이끄는 인민 항일세력 역시 중대한 고비를 넘어 다시 일어서는 계기를 만났고, 화북의 항일 군·민도 분기탱천하여 적에 대한 공세를 시작하였다. 1944년에 접어들자 각 근거지의 군·민이 일본 및 난징 괴뢰 정부군에 대한 국부적인 반격을 개시, 원래의 근거지를 수복하거나 확대하는 한편, 적 후방에 새로운 항일근거지를 개척하였다. 1년 중 총 2만여 차례의 작전을 펼쳐 적군 20여 만을 섬멸하고 20여 개의 현과 도시를 탈환, 1,700여 만의 인구를 해방시켰다.

이 시기 국민당은 여전히 일본과의 전쟁을 회피하거나 관전하는 태도를 일관함과 동시에 반공 정책을 견지했다. 1943년 국민당 완고파는 제3차 반공 고조를 발동하였으나 공산군의 대대적인 반격으로 확전되지 못하고 바로 제지되었다. 1944년 허난·후난·광시 전투에서는 국민당군이 공산군에게 여지없이 패하여 재기할 수 없는 지경에 이르렀다. 8개월간 146개의 도시, 20여만 km²의 땅을 잃었다. 국민당의 군사적 궤멸과 더불어 통치구역 내의 정치·경제적 위기의 심화는 각계 인사들의 강렬한 불만을 야기하였고, 이로 인하여 국민당 통치구역 내에서 공산당이 지도하는 대중운동은 급속히 고양되었다.

특히 마오쩌둥은 국민정부군이 포기하고 퇴각함으로써 일본군의 수중에 들어간 광대한 지역에서의 공산당 조직 확대에 큰 역점을 두었다. 국민정부 관리나 그 가족·지식인·부유층 등은 다 빠지고, 농촌에서는 빈농, 도시에서는 노동자와 어민들만이 남은 일본군 점령지역 및 기타 변구에서 공산당은 일련의 '대중운동'을 전개하여 그들의 혁명역량을 확대해 나갔다. "대중으로부터 나와 대중 속으로 돌아간다(從群衆中來, 從群衆中去)"는 슬로건 아래 공산당원과 간부들은 생산의 제고를 위해 농민들과 함께 일하도록 하고, 고급당원들은 현급 지방 행정 단위로 파견하여 지방 단위별 대중동원 공작을 전담하게 하였다. 공산당원들은 지방의 말단 행정단위에서 종전의 향신 계층(주로 지주와 부농)이 전담하던 지방의 정치·경제적 역할을 대신하였으며, 이들은 농민의 이익에 바탕을 둔 농촌경제건설과 사회 및 교육개혁을 전개하여 나갔다.

이것은 한편으로는 전쟁 재원을 획득하여 홍군의 식량과 군수품의 공급을 보장하기 위한 것이었고, 다른 한편으로는 인민의 생활을 개선하고 그것에 의하여 혁명전쟁에 참가하려는 대중의 적극성을 촉구하기 위한 것이었다. 이러한 대중운동을 통하여 농민들 자신도 그들의 권익에 눈을 돌리고 그것의 추구를 위한 자율성과 결속력을 갖게 되었다.

1944년 9월, 린보취(林伯渠)는 당 중앙의 지시에 따라 국민참정회의에 공산당의 대표로 참가하여 국민당 일당독재의 철폐와 '민주연합정부의 건립'을 주장하였다. 저우언라이는 옌안에서 이보다 한 걸음 더 나아가 이 주장을 실행에 옮기는 단계와 방법을 천명하였다. 이들 주장은 국내외적으로 강렬한 반향을 불러일으켰고, 각 민주당파 및 폭넓은 민주인사들의 동의와 지지를 받았다. 결국, 이는 전 중국인이 분전역투(奮戰力鬪)하는 정치목표가 되었다. 이 주장을 실현하기 위하여 공산당은 국민당 및 미국 대통령의 특사 겸 미국의 후임 주중 대사 패터릭 J. 헐리(Patrick J. Hurley)와 담판을 진행하고, 미국의 부장반공(扶蔣反共: 장제스를 돕고 공산당을 반대하는) 정책을 강력히 비판했다. 이는 국민당 통치구역 내에서의 공산당 세력 확산에 큰 영향을 미쳤다.

독일이 제2차 세계대전에서 항복하고 연합국의 승리가 눈앞에 다가온 1945년 4월 23일에서 6월 11일, 중국공산당 제7차 전국대표대회가 옌안에서 개최되었다. 대회에는 정식 대표 544인과 후보 대표 208인이 121만의 당원을 대표하여 참석했다. 당시 공산군은 91만, 민병은 220만, 그리고 변구 인구는 9,550만, 항일근거지는 98만 km^2의 면적이었다.

마오쩌둥은 회의에서 <연합정부론>이라는 정치보고를 하고, 류사오치는 <당헌 수정에 관한 보고>를, 주더는 <해방구 전장론>이라는 군사보고를 하였고, 저우언라이는 <통일전선론>이라는 연설을 하였다. 린비스와 천원 등도 발언하였다. 보고의 순서를 보면, 당시 제1인자는 마오쩌둥이고 다음은 류사오치, 주더, 그리고 저우언라이였음을 알 수 있다.

이 7차 당 대회에서는 새로운 정세 하에서의 당이 지향해야 할 노선을 정립하였다. 즉 그것은 "대담하게 대중을 발동하고 인민의 역량을 강화하여 당의 지도하에 일본 침략자를 물리치고 전국의 인민을 해방하여 신민주주의 중국을 건립하자."는 것이었다. 신중국을 건립하기 위하여 당시 중요하고도 절박한 임무는 '민주 연합정부'를 세우는 것이었다. 대회에서는 연합정부 건립의 구체적 절차를 구상하고, 정치·경제·문화면에서의 신민주주의의 강령을 제정하였다.

마오쩌둥은 <연합정부론>에서 "중국공산당은 단순히 프롤레타리아만을 대표하는 것이 아니라, 그 강령과 실제의 투쟁으로 봐서 더욱 광범위한 농민, 소부르조아지, 지식분자 및 기타 민주인사들까지를 함께 대표하는 것."이라고 역설했다.

대회는 무장투쟁·통일전선과 당 건설의 역사적 경험을 총괄하여 신민주주의혁명 추진의 '3대 기풍'을 깊이 있게 논술하였다. 즉, 이론과 실제의 결합, 대중과의 밀접한 연계와 자아 비평의 기풍이 그것이다. 3대 기풍의 강조는 공산당원을 여타 정당원과 구별하는 기준이었다. 마오쩌둥은 강조하였다.

"공산당인의 모든 언어와 행동은 반드시 가장 광범한 인민 대중의 최대의 이익에 합치하여야 하며, 그럼으로써 가장 광범한 인민 대중의 지지를 받는 것을 최고의 가치로 한다. 전심전력으로 중국 인민을 위하여 일하고 한순간도 대중을 이탈하지 않고, 모든 것은 인민의 이익으로부터 출발하여야 하는데, 이것이 바로 우리가 제정하는 정책의 근본 출발점이다."

류사오치의 <당헌 수정보고>에 따라, 6월 11일에 채택된 중국공산당의 신 <당헌>은 다음과 같이 마르크스 레닌주의와 마오쩌둥 사상을 동일 반열에 올려놓았다. 그 총강은 다음과 같이 규정하였다.

"중국공산당은 마르크스 레닌주의의 이론과 중국혁명의 실천을 통일시킨 사상인 '마오쩌둥 사상'을 당의 일체의 공작의 지침으로 삼는다."

이 회의는 마오쩌둥 사상을 중국공산당의 지도이념으로 확정한 것이다. 이는 중국의 근대 특히 중국공산당 창당 이래의 경험을 총괄한 아주 중요한 하나의 결정이었다. 중국혁명은 마르크스 레닌주의의 지도를 필요로 하지만, 다만 중국과 같은 대국, 반(半)식민지·반봉건국가에서의 혁명 과정에서는 반드시 여러 가지 특별한 복잡한 문제에 마주치게 된다. 이 경우 마르크스주의의 일반이론에만 기대거나 외국의 경험을 답습하는 것만으로 그 문제들을 해결할 수 없으므로, 중국혁명의 구체적 정황에 근거하여 독창적으로 마르크스 레닌주의를 운용하고 그렇게 밀고 나가야 함을 강조한 것이다.

7차 당 대회는 마오쩌둥 사상을 9개 측면에서 개괄하였다. 즉, 현대 세계의 정황과 중국의 실정에 관한 과학적 분석, 신민주주의에 관한 이론과 실제, 농민의 해방에 관한 이론과 실제, 혁명 통일전선에 관한 이론과 정책, 혁명전쟁에 관한 이론과 정책, 혁명근거지에 관한 이론과 정책, 신민주주의 공화국 건설에 관한 이론과 정책, 당의 건설에 관한 이론과 정책, 문화에 관한 이론과 정책 등이다.

7차 당 대회는 새로운 중앙위원회를 선출하였다. 중앙위원 44명, 후보 중앙위원 33명을 선출하고, 연이어 열린 7기 1중전회에서는 13명의 공산당 최고지도부를 선출하였다.

당시 <당헌>상 당 중앙의 최고지도기관은 중앙정치국과 중앙서기처였다. 중앙서기처의 구성과 위상은 현재의 중앙정치국 상무위원과 맞먹는 것이다. 당시에는 상무위원회 제도가 없었다. 전국대표대회는 지금도 마찬가지지만 명목상 혹은 의전상의 권위만 가지고 있었고, 중앙위원회도 당의 최고정책기구라고는 할 수 있으나 그들 중의 핵심인 중앙정치국 위원들에 의해 주도되었다. 당시 전국대표대회 대표는 547명이었고, 그들 중 77명이 중앙위원이었으며, 그 가운데 13명이 정치국을 구성하고 있었다. 또 그들 중 6명이 중앙서기처 서기로 당을 이끄는 권력 핵심이었다. <당헌> 상 전국대표대회는 5년에 1회, 중앙위원회는 1년에 1회 소집되고, 그 인원도 많아 효율적인 토의를 하기에 부적합했다. 따라서 정치국과 그 서기처에 정책 결정권이 집중될 수밖에 없었다. 그 시스템은 현재도 마찬가지다.

마오쩌둥을 중심으로 한 주더·류사오치·저우언라이·런비스·천원 등 6명이 최고 상임지도부인 중앙서기처의 서기 겸 중앙정치국위원에 선출되고, 캉성·가오강(高崗)·펑전(彭眞)·둥비우·린보취·장원톈·펑더화이 등이 중앙정치국 위원이 되었다. 마오쩌둥은 당 중앙위원회 주석 겸 중앙정치국과 서기처의 주석을 맡았다.

당시 이들의 평균 연령은 51.2세로 새 국가를 일으키겠다는 열정이 왕성한 나이였다. 이들의 대부분은 국내에서 사범교육(마오쩌둥, 가오강, 펑전) 및 고급군사교육(주더, 펑더화이)을 받았으며, 그 외는 고학(勤工儉學)으로 프랑스에서 유학(저우언라이) 하였거나 코민테른이 모스크바에 설립한 공산주의 교육기관에서 유학(주더, 천원, 류사오치, 런비스, 둥비우, 린보취, 캉성)한 엘리트들로 중화민족의 부흥과 중국의 재건에 이견이 있을 수 없는 패기에 찬 지도자들이었다. 이들 정치국 위원들 중 5명(마오쩌둥, 류사오치, 런비스, 린보취, 펑더화이)은 마오쩌둥과 동향인 후난 성 출신이었다. 이는 무엇보다도 초기 공산주의운동이 후난 성 중심의 내륙에서 불붙기 시작했기 때문이라 볼 수 있다.

류사오치, 펑전, 캉성, 가오강을 제외한 대부분은 장정에 참가한 당 지도자들이다. 류사오치와 펑전은 국민당 통치지구인 백구(白區)에서 지하 조직을 이끌었고, 가오강은 산시(陝西) 북부 혁명근거지에서 합류한 동북의 핵심 지도자였다. 캉성은 장정 기간 중, 소련의 비밀 정보조직에서 훈련(1935~1937년)을 받고 있었다. 이 밖에 장원톈은 일본·미국·소련 등에서 유학한 국제통으로 왕밍 계열의 일원이었으며 마오쩌둥의 통솔에 반대했던 볼세비키파였다. 그러나 1935년 1월 쭌이회의에서 마오쩌둥을 지지함으로써 마오쩌둥이 당내 지도적 위치를 구축하는 데 결정적 역할을 하였다

이처럼 당시 최고지도층은 '백구' 출신의 류사오치와 펑전, '국제파'의 장원톈, 군의 주력 등 비록 경험과 견해가 다른 인물이 포함되었지만, 이들이 새로운 정치 질서를 수립하는 데 있어서 마오쩌둥을 중심으로 대동단결할 수밖에 없었던 것은 당시 시대적 상황의 결과이다. 항일전쟁 후기에 발표된 <신민주주의론>, <연합정부론> 등은 이와 같은 엘리트 연합을 합리화한 이론의 일면이라고 볼 수 있다.

따라서 7차 당 대회 이후 공산당은 마오쩌둥을 핵심으로 한, 당 중앙이 7대의 당 노선을 관철하며 항일전쟁과 국공내전을 이끌고 신민주주의 혁명의 승리를 이끄는 주력이 되었다. 즉 이들과 이들이 정한 당 노선에 의해, 국공내전을 승리로 이끌고 신중국 중화인민공화국을 건설할 수 있었다. 이들 지도체제는 1956년 9월 제8차 당 대회가 개최될 때까지 유지되었다.

제 5 장

국공내전과 공산당의 승리

1. 제2차 세계대전 후 중국의 진로와 충칭담판

1945년 상반, 제2차 세계대전의 종말이 눈앞에 다가오고 있었다. 5월 2일 소련군이 베를린을 함락하고, 8일 독일은 항복하였다. 6월에는 미군이 일본령 오키나와를 점령하였다. 중국 전장에서는 공산당이 인민군대를 이끌고 하계 공세 작전을 발동했다. 일본군이 점령한 점과 선에 대해 포위망을 더욱 좁혀가 여러 해방구가 연계되도록 관통시켰다. 유격전을 점진적으로 운동전(진지전과 유격전의 중간 형태)으로 전환하여 전면 반격을 위한 환경을 조성해 갔다. 함락된 구역, 도시의 당 조직은 일본군 및 친일 괴뢰군에 대한 와해 공작을 적극적으로 펼치고 지하 군대를 조직하여 무장 폭동을 준비하는 한편, 적 내부와 서로 호응하여 반격을 개시하였다.

7월 28일, 미・중・영 3국이 포츠담 선언을 발표하여 일본의 항복을 촉구하는 명령을 내렸다. 8월 6일과 9일, 미국이 연달아 일본의 히로시마와 나가사키에 원자폭탄을 투하하였다. 8월 8일에는 소련이 1945

년 2월에 체결된 얄타협정에 따라 일본에 선전 포고를 하고, 9일에는 중국의 동북에 진입하여 일본 관동군에 대한 대대적인 공격을 개시했다. 이러한 상황에서 중국의 항일전은 전면적인 반격의 단계로 들어갔다.

이때 장제스의 국민당 군대는 주로 서남·서북 지역에 집중되어있었고, 일본군이 점령한 화북·화중과 화남의 대부분 도시·교통 요로는 모두 공산당이 지도하는 적 후방 군·민의 포위망 속에 처해 있어, 대일 전면 반격은 바로 적 후방 항일근거지 인민군대의 임무였다. 8월 9일, 마오쩌둥은 <일본 침략자에 대한 최후의 일전>이라는 성명을 발표하였다. 옌안 총사령부의 지시와 명령에 따라 각 항일근거지의 군과 민은 일본군과 친일 괴뢰군을 향하여 맹렬한 반격을 개시, 아주 빠른 속도로 현 이상 150여 개의 시를 탈환하였다.

1945년 8월 15일, 일본 천황이 무조건 항복을 선언하였다. 9월 2일, 일본 대표가 도쿄만의 미주리호에서 연합국을 향해 투항문서에 서명했다. 일본군 128만이 중국에 투항했다. 제2차 세계대전은 막을 내렸다. 드디어 중국의 항일전쟁은 8년(1937~1945년) 만에 일본의 패망과 중국의 승리로 종결되었다. 그러나 그것은 엄청난 대가를 치른 비참한 승리였다. 군과 민 3,500만이 살상당했고, 직접적인 경제 손실은 1,000억 달러, 간접적인 경제 손실 5,000억 달러에 달했다.

비록 손실이야 막대하였지만, 항일전쟁에 승리한 중국의 인민들은 반파시스트 세계 각국 민중들과 마찬가지로 새로운 희망에 부풀어 있었고, 전후 중국의 재건에 큰 기대를 걸고 있었다. 침략자 일본을 완전히 패망시켰을 뿐 아니라 제2차 세계대전 중에 맺었던 각국과의 불평등조약이 폐기되고, 중국 자신의 국제적인 위상도 제고되어 중화민족의 미래는 충분히 약속된 것처럼 보였다. 하지만 중국 인민들은 아직도 전쟁의 공포에서 완전히 해방된 것은 아니었다. 항일전쟁의 종결로 국민당과 공산당 간의 숙명적인 무력 대결의 가능성은 오히려 증가하였기 때문이다.

국민당은 1945년 5월에 개최한 제6차 당 대회에서 전후의 정권 구상을 논의하고 자당의 주도하에 국민대회를 개최하여 거기에서 헌정 시행에 대한 구체적인 방안을 수립하겠다는 방침을 정하였다. 이 방침에는 국민당이 정권의 주도권을 확보하려는 목적이 담겨 있었다.

한편 공산당은 1945년 4월~6월에 개최한 7차 당 대회에서 이미 각 당, 각 정파가 평등하게 참여하는 '연합정부' 구상을 제기하여 국민당의 국민대회 소집에 맞섰다. 이 제안은 국공 양당 이외의 여타 정파들의 지지를 기대할 수 있는 내용이었다.

국공 양당 사이에는 이상과 같은 정권 구상에 대한 대립뿐 아니라, 투항한 일본군의 수용 절차와 공산군 부대의 배치를 둘러싸고 항쟁이 끊이지 않았다. 투항한 일본군을 접수하는 과정에서 국공 양당의 충돌은 불가피했다. 일본의 '포츠담 선언' 수락 소식이 연합국 각지를 뒤흔들고 중국에 진주하고 있던 130만의 일본군과 80만의 친일 난징 괴뢰 정부군이 국공 양당의 접수대상으로 바뀌게 되었을 때, 옌안의 인민해방군 총사령부는 모든 해방구의 군대(8로군, 신4군 및 항일무장부대)에게 적군의 무장해제에 대처하라고 지시했다.

한편 장제스의 국민당은 8월 11일, 중국주둔 일본군 최고사령관 오카무라에게 항복을 권고함과 동시에 일본군의 군사행동 정지와 향후 자신들에 의한 무장해제, 그리고 교통질서의 현상 유지를 요구했다. 주더·펑더화이 등의 공산군에게는 중앙의 지시가 있을 때까지 일본군 및 친일 난징 괴뢰 정부군에 대한 무장을 해제하지 말고 당분간 현재 주둔하는 곳에 그대로 머물 것을 통고하였다.

그러나 항일전쟁 기간 독립 자주적으로 투쟁해왔고, 이미 일본군 점령지역의 전면적 탈환을 결의하고 있던 공산당은 이러한 장제스의 지시를 받아들일 리가 없었다. 공산군은 장제스의 지시를 무시하고 만주를 접수하고 있던 소련군에 호응하여 그곳으로 진격함과 동시에 일본군의 무장해제와 피점령 지역의 접수에 착수하고 있었다.

전후 종전의 결과를 둘러싼 국공 양당에 의한 이 같은 투쟁은 공산군 쪽에 유리하게 전개되고 있었다. 왜냐하면, 국민당군의 주력부대가 1944년 가을부터 종전 직전에 걸쳐 일본군의 공격을 받아 중국 남서부로 퇴각한 반면, 공산군은 일본군 점령지역의 배후에 소위 광대한 '해방구'를 구축하고 있었기 때문이다. 1945년 7월 7일 <해방일보>에 의하면 "당시의 해방구 면적은 98만 km², 인구 약 9,800만에 달했다."고 한다. 따라서 장제스가 위에서 말한 것처럼 공산군에게 현지 주재 지령을 발동하였던 것도 이러한 사정을 저변에 깔고 있었기 때문이었다.

하지만 국민당군은 미국의 수송지원이나 일본군 및 난징 친일 괴뢰정권의 협조로 화동·화북·서북 지구의 주요 도시와 주요 철로변의 접수에 성공했다. 이에 따라 전후의 중국은 '점'과 '선'을 진압한 국민당과 해방구를 통한 '면'을 차지한 공산당이 서로 대치하는 상황이 되었다.

이처럼 국공 양당은 일본 점령지역의 접수를 둘러싼 군사적 갈등을 계속하면서도, 한편으로는 평화통일을 위한 교섭에 응한다는 화평양양(和平兩樣)의 모습을 보이고 있었다. 그것은 전후 중국의 평화를 희구하는 중국 내 여론은 물론, 미·영·소 3국 역시 중국의 내전을 찬동하고 있지 않았기 때문이었다. 더구나 미국은 국민정부하의 안정된 통일 중국을 기대하고 있었다. 따라서 주중 미국대사 헐리가 열심히 국공 양당 간의 조정에 나서게 되었고, 그 결과 1945년 8월부터 10월 사이 국공 양당의 담판이 충칭에서 열렸다.

1945년 8월 중하순, 장제스는 연속하여 3차에 걸쳐 마오쩌둥에게 전보를 쳐서, 충칭으로 와서 '국제 및 국내적 각종 중요 문제'를 논의하자고 제안했다. 마오쩌둥으로서는 내전에 반대하는 안팎의 요구를 무시할 수 없었다. 실리적으로도 일단의 시간도 벌고, 동시에 공산군의 자위를 위한 각종 준비를 위해 이 제안에 응하기로 했다. 8월 28일, 마오쩌둥은 저우언라이·왕웨페이(王岳飛)와 함께 충칭으로 가 국민당과 담판을 진행했다. 마오쩌둥이 부재중인 옌안의 공산당 중앙은 류사오치가 주석 대리로서 당무를 맡았다. 결과 여하를 떠나 이 담판은 평화와 통일을 열망하는 전 중국인에게 희망을 주었고, 열렬한 박수를 받았다.

14일간의 복잡하고도 어려운 담판을 통하여 국공 쌍방은 10월 10일, 합의문에 서명하고 <쌍십회담 기요>를 공포하였다. 그것이 이른바 '쌍십협정'이다. 그렇지만 헐리의 보증을 받고 국민의 기대를 한 몸에 모았던 충칭담판은 '화평건국의 기본방침'을 승인하고, 장기 합작, 내전 방지, 독립 자유와 부강한 신중국 건설 및 정치적 민주화를 위한 정치협상회의의 소집 등에서만 어느 정도 합의에 도달했을 뿐, 쌍방이 인민군대와 해방구 정권의 지위에 대한 기본문제에 관해서는 합의하지 못했다. 즉 군대의 국가화와 공산군의 국민당군으로의 편입, 해방구의 지방정부로의 해소, 국민대회 개최에 의한 헌법제정 등 국민당측이 제기한 근본 문제에 대해서는 어떠한 타협점도 찾지

1945년 8월, 협상에 참석한 앞줄 오른쪽부터
마오쩌둥, 장제스, 미국 특사 패트릭 헐리

못했다. 단지 성과가 있었다면 '정치협상회의'의 소집이라는 평화적 협상의 여지를 남겨두었을 정도였다.

담판 기간 중, 국내외의 촉각이 충칭에 집중되고 있을 때, 국민당군은 일본군의 접수를 내세워 서둘러 북상을 계속하여 화북의 중요 도시를 확보하고 동시에 동북 지방의 접수에 착수하고 있었다. 장제스는 110만 대군을 소집하여 3로로 나누어 화북 해방구를 진격하여 동북 진입의 통로를 열고 전체 동북을 점령하려 했다. 충칭담판 후의 10월 13일에는 슝스후이(熊式輝)와 장제스의 아들 장징궈(蔣經國) 등이 동북 접수 공작의 준비를 위해서 베이징에서 창춘(長春)으로 갔고, 31일에는 미국의 수송선을 탄 국민당군 13군이 친황다오(秦皇島)에 상륙하기 시작했다. 11월 15일에는 산하이관(山海關), 22일에는 후루다오(葫蘆島), 26일에는 진저우(錦州)로 진주했다.

한편 공산군도 일찍부터 동북에서 태세를 정비해 갔으며 10월에는 린뱌오의 지휘하에 10만 이상의 동북연군이 편성되었다. 그리고 공산당 중앙은 북쪽으로 진격하고 남쪽을 방어하는 '북진남방(北進南防)'의 전략적 방침을 세우고 11만의 군대와 2만의 간부를 선발하여 동북으로 진입, 중요한 전략적 위치에 있는 동북을 쟁취하려 했다. 이와 동시에 각 해방구의 군과 민은 국민당 군대에 반격을 가했다. 류보청과 덩샤오핑이 지휘하는 산시(山西) 허베이 산둥 허난 부대는 상당(上黨) 전투에서 승리를 거두었다. 공산군은 계속하여 한단(邯鄲)·핑쑤이(平綏)·진푸(津浦) 등 3개 전투를 발동하여 적 10만을 섬멸하고 국민당군의 화북 진입과 동북 진격을 막았다. 담판의 계속과 내전의 준비 및 진행을 국공 모두가 동시에 병행하고 있었다.

국공 양당 군대의 무력 충돌은 말할 필요 없이 전국 각지에서 내란의 위기를 불러일으키고 있었다. 그래서 11월 초순으로 예정되어 있었던 정치협상회의 개최도 연기될 수밖에 없었다.

1945년 11월 19일, 궈모뤄(郭末若) 등이 충칭에서 내전 반대 대회를 열고 각계 인사들이 내전 반대연합회를 만들었다. 하순에는 쿤밍(昆明)의 학생들이 내전 반대 집회를 열고 3만여 명의 학생들이 수업을 거부했다. 12월 1일 국민당은 부대를 파견하여 무력으로 학생들을 진압했다. 충칭·상하이 등지에서는 계속하여 쿤밍의 학생을 성원하는 운동이 벌어지고, 이는 대규모적인 애국 민주주의 운동으로 확대되었다. 중국민주동맹(약칭: 민맹)과 중국민주건국회(약칭: 민건), 중국민주촉진회, 구삼학사 등 민주당파와 수많은 지식인도 내전 반대 운동에 적극적으로 참여했다.

이러한 사태에 직면하자 미국의 트루먼(Harry S. Truman) 대통령은 11월 27일, 마셜(George Catlett Marshall) 원수를 특사로 임명하여 내전의 정지와 국민정부하에서의 통일된 민주주의 중국의 출현을 촉구하기 위해 국공 조정을 도와줄 의향을 표명했다.

국공 양당은 국내외의 이러한 요구에 대하여 부득불 동의하지 않을 수 없었다. 1946년 1월 5일, 협상회의에 앞서 양당은 <국공 군사 충돌 정지에 관한 변법>을 마련하고, 10일에는 양당 대표가 국내 충돌 정지에 관한 협정에 정식으로 서명하였다. 같은 날 국공 쌍방은 정전 명령을 하달하였다. 이는 13일부터 발효되었으며 그 실행을 위해서 베이징에 '군사 3인 위원회'가 설치되었다. 미국의 특사 마셜을 의장으로 국민당의 장췬(張群)과 공산당의 저우언라이로 구성하였다.

이리하여 1946년 1월 10일에서 31일에 걸쳐 충칭에서 정치협상회의가 열렸다. 출석 인원은 국민당 대표 8명, 공산당 대표 7명, 민맹 대표 9명, 청년당 대표 5명, 기타 무당파 인사 등 38명이었다. 회의에서는 격렬한 논쟁을 거쳐 5개 항의 결의안이 통과되었다. 그것은 국민정부

위원 40명의 절반은 국민당 외의 인원으로 충당할 것(정부조직안), 국민
대표대회는 각 당파·지역 및 직능 대표·지식인 등 2,050명으로 구성
할 것(국민대회안), 장제스 주석 지도하에 통일·자유민주주의 신중국을
건설할 것(화평건국강령), 군과 당은 분립함과 아울러 국군은 6개월 이
내에 90개 사단(그 뒤 50~60개 사단)으로 감축할 것(군사문제안), 국민당
이 제정한 <55헌법>은 수정할 것(헌법수정원칙) 등이다. 이것은 여러
민주당파의 다수 대표가 참가한 상당히 균형 잡힌 결의안이긴 했으나,
각 당의 집행부나 중앙위원회의 승인이 필요한 것이었기 때문에, 결의
안 그 자체로는 어떠한 법적 강제력을 갖고 있지 않았고, 국민당 집행
부가 그것을 그대로 승인할 가능성도 적었다. 공산당 측 역시 "사태는
더욱 어려운 길을 걷게 될 것"이라는 마오쩌둥의 냉정한 언사(1946년
<해방공작의 방침>)에서 나타나듯이 결코 전쟁 수행의 의지를 포기한
것은 아니었다.

결의안 채택에 이어 3인 위원회는 <정군(整軍) 협정안>을 작성하여
12개월 안으로 국민당군은 50개 사단, 공산군은 18개 사단으로 감축하
고 18개월 뒤에는 국군을 하나로 통일한다는 구체적 절차를 마련하였
다. 그러나 실제로는 양군의 병력은 오히려 증강되어 가고 있을 뿐 아
니라 내전의 위기는 더욱 고조되고 있었다.

그래서 공산당은 한편으로는 마셜의 조정(정치협상회의)에 응하면서
도, 다른 한편으로는 계속 다가올 내전에 대비했다. 예를 들면, 1945년
11월 7일에 있었던 당내 지시, <소작료 인하와 생산 운동은 해방구를
지키는 두 개의 중요한 임무다>에서 이렇게 말했다.

"국민당은 미국의 원조 아래 모든 힘을 동원하여 우리 해방구로
진격해 오고 있다. 전국 규모의 내전은 이미 시작되고 있다. 우리 당

의 임무는 있는 힘을 다 동원하여 자위의 입장에 서서 국민당의 공
격을 분쇄하고 해방구를 지키고 평화의 국면을 이루는 것이다."

또 12월 15일 당내 지시, <해방구 활동의 방침>에서도 이와 같은
내용을 재차 강조하였다. 이런 점으로 보면 당시 마오쩌둥은 미국의
조정에 의한 협상에 그다지 큰 기대를 걸지 않고 있었다는 것을 짐작
할 수 있다. 국민당 역시 완고파 인사들은 정치협상회의의 결의안을
실패한 졸작이라고 비난하였고, 장제스도 그 결의에 대해 불만을 표시
했다. 따라서 정치협상회의 결의안의 파기는 시간문제였다.

2. 공산군의 전략적 방어와 제2전선의 투쟁

국민당은 미국의 지원 아래 각 부대에 전면적인 내전을 다그쳤다.
미국은 비행기와 군함을 이용하여 54만 국민정부군을 내지의 전선으
로 수송하고, 군사고문단과 해병대를 파견하여 상하이·베이징·텐진
등지의 접수를 도왔다. 관내(關內: 만리장성 안쪽)의 대·중 도시를 제압
한 뒤, 국민당군은 공격의 중점을 동북으로 돌려 산하이관·진저우 등
지를 함락시킨 뒤, 이어서 선양과 쓰핑(四平)을 점령하였다. 1946년 5월
에는 창춘·지린을 점령하고 쑹화강(松花江) 이남의 대부분 지역을 장
악하였다.

1946년 5월 초, 국민당 정부는 난징 환도를 선포하였고, 담판의 중
심 역시 충칭에서 난징으로 옮겨졌다. 저우언라이는 공산당 대표단을
이끌고 담판을 위해 난징에 도착하였지만, 그때 이미 장제스는 내전을
결심하고 있었다. 나날이 위기가 더해 가자 국민당 통치구역 내 각계

각층의 인사들도 내전을 제지하기 위해 적극적으로 나섰다. 6월 23일, 상하이 인민단체 연합회조직 청원단은 난징으로 몰려가 국민당을 향해 평화를 호소하였다. 하지만 청원단은 난징 샤관(下關)역에서 국민당 폭도들에게 포위되어 심한 구타를 당하고 마쉬룬(馬叙倫) 등 다수는 크게 다쳤다.

이처럼 전면 내전은 날이 갈수록 더욱 가까이 다가오고 있었다. 이에 공산당 중앙은 전당의 주요 시책을, 전면적인 내전에 대비하는 데 집중하라고 지시하였다. 당 중앙은 5월 4일 자위전쟁의 견고한 대중적 기초를 다지기 위하여 해방구의 토지정책을 변경하라고 지시하였다. 이른바 '5 · 4지시'다. 그것은 항전이래, 계속 견지해 온 '소작료와 이자의 삭감(감조감식)' 정책을 '경자유기전(耕者有其田: 실제 일할 수 있는 사람이 농토를 갖도록 하는)' 정책으로 바꾼 것이다. 물론, 감조감식의 방침을 전면적으로 폐지한 것은 아니었다. 그러나 가능한 한, 농민대중을 움직여 감조(소작료 삭감)를 토지몰수로까지 밀고 나가도록 고무하였다. 그럼으로써 폭넓은 농민의 지지를 끌어내고, 농민대중이 해방구를 지키기 위하여 적극적으로 투쟁할 수 있는 동기를 유발한 것이다. 즉 공산당 중앙은 대대적인 토지개혁이 농민의 지지를 끌어낼 수 있다고 본 것이다. 왜냐하면, 국민당 정부는 대놓고 지주와 부농을 옹호하는 정책을 표명하였기 때문이다.

이렇게 공산당은 자위전쟁을 준비하면서도 여전히 전면 내전을 저지하기 위해, 6월 초, 공산당 대표가 국민당에 서신을 보내 동북에서 장기적인 정전을 선포할 것을 제의했다. 그리하여 6월 6일에는 7일부터 15일간의 정전에 합의했다. 그러나 공산당의 담화에 의하면 국민당군은 이 휴전 기간에도 재빠르게 군사력을 증원하여 10개 이상의 중요 도시를 접수한 것으로 알려졌다. 21일에는 휴전이 8일간 연장되었지만, 그것은 전투 중의 휴식 이상의 의미가 없었다.

국민당은 내전 준비를 완료한 후 해방구를 향해 서슴없이 전면 공세를 개시하고, 3~5개월 안에 공산군을 섬멸하겠다고 호언장담했다. 6월 26일, 국민당군 22만이 중원의 해방구를 진격해 오자 전면적인 내전이 시작되었다. 공산당 중원 군구 주력 2만여 명은 사령관 리셴녠 등의 지휘하에 공격로를 나누어 포위망을 돌파하였다. 그 후, 국민당군은 산시(山西) 남부, 장쑤 북부, 산둥 서남, 자오둥(膠東), 허베이 북부, 쑤이위안 북부, 차얼 남부, 러허(熱河), 랴오닝 남부 등지에서 해방구를 향해 대규모 공세를 가했다. 이때, 국민당군 총 병력은 430만으로 미국이 원조한 대량의 신식 무기를 보유하고 있어, 군대의 수로 보나 장비와 기타 군수 물자로 보나 공산군에 비해 절대 우세한 위치에 있었다.

이에 마오쩌둥은 7월 20일, <자위전쟁에 의하여 장제스의 공격을 분쇄하자>라는 제목의 당내 지시를 기초(起草)하였다. 거기서 그는 "몇 개 지방, 몇 개 도시의 일시적인 포기는 불가피할 뿐만 아니라 필요한 것이다."라고 밝혔다. 마오쩌둥으로서는 우세한 적을 요격하기 위해서는 당면 도시의 포기를 포함한 운동전을 결심하지 않을 수 없었기 때문이다. 그리고 마오쩌둥은 '일체의 반동파는 모두 종이호랑이'에 불과하다고 하고, 중국 인민의 고난을 무릎 쓴 분투는 능히 장제스의 비행기와 탱크를 이길 수 있다고 자신감을 북돋우는 한편, 모든 것을 자력갱생에 의지하여 '불패의 땅' 위에 서야 한다고 역설하였다.

나아가 공산당은 막강한 국민당군의 공세를 분쇄하는 정치, 군사적 방침을 수립하였다. 그것은 정치적으로는 대담하게 대중을 동원하여 모든 단결 가능한 역량을 한데 모아 광범한 인민 민주 통일전선을 건립하고, 군사적으로는 우세한 병력을 집중하여 각개 적의 작전을 섬멸하는 원칙을 견지하는 것이었다.

공산당은 국민당 군대의 전면적 공세에 직면하여 해방구의 군과 민을 이끌고, 이러한 방침에 따라 적극적으로 응전하였다. 화중 야전군 주력이 장쑤 중부 지구에서 일곱 번 싸워 일곱 번 이겨, 적 5만 6,000여 명을 섬멸하였다. 화이허(淮河) 북부, 산시(山西) 허베이 산둥 허난, 산시 차얼 허베이, 동북 지방 등 전장에서도 잇달아 승전보가 전해졌다. 8월 16일의 ≪옌안 방송≫과 19일 ≪장자커우(張家口) 방송≫은 변구 1억 3,000만의 주민들에게 총동원령을 내렸다. 9월 9일, 동북 민주연군 사령관 린뱌오도 지령을 내려 창춘, 쓰핑 등에 대한 반격을 개시하였다. 산둥 라이우(萊蕪) 전투에서는 적 5∼6만을 섬멸하였다. 인민군대는 전면적인 내전 벽두 8개월 안에 적 71만을 섬멸하여 국민당의 전면적인 공격의 기세를 꺾어, 국민당의 속전속결 계획을 물거품이 되게 하였다.

1946년 10월 11일, 국민당군도 산시(山西) 차얼 허베이 해방구의 수부인 장자커우를 점령하였다. 이처럼 내전이 확대되고 있는 상황에서, 11월 15일 장제스는 난징에서 공산당의 참가를 호소하며 헌법제정을 위한 국민대회를 강행하였다. 그러나 국민당이 발표한 대회 대표는 본래 협정안에 들어 있던 2,050명 가운데, 다른 당파에 배분된 410명을 빼앗아 갔으며, 특히 해방구의 대표 200명 중 140명도 점탈하고 있었다. 이에 공산당과 민주연맹은 출석을 거부하였고, 저우언라이 등 공산당 대표단은 11월 16일 담판을 중단하고 옌안으로 철수하였다.

미국도 조정을 단념하고 철수했다. 1947년 1월 7일, 마셜 특사는 공산당의 비타협적인 태도를 비판하는 성명을 남겨두고 중국을 떠나버렸다. 그렇게 해서 1월 30일, 3인 위원회는 사실상 해산되었고, 3월 국민당은 강제로 난징·상하이·충칭 주재 공산당 대표를 모두 철수하도록 하였다.

1946. 11. 옌안에서 저우언라이를 맞이하는 마오쩌둥과 주더

1947년 3월부터 시작하여 국민당군은 해방구에 대한 전면적인 공세가 좌절되자 그 중점을 산둥과 산시 북부 해방구로 바꾸고, 기타 전장에서는 수세로 전환하였다. 인민군대는 계속하여 적극적인 방어의 방침을 견지하여, 국민당군의 유생역량 소진을 섬멸 작전의 주된 목표로 삼았다. 국민당군은 총 78개 사단 171만 병력을 해방구 공격을 위해 배치했다.

산둥과 화둥의 야전군은 천이와 쑤위(粟裕)의 지휘하에 국민당군 45만의 공세를 맞아 적을 깊은 곳으로 유인한 다음, 5월 중순에 멍량구(孟良崮) 전투에서 정예 주력으로 편성된 국민당군 제74사단 3만 2,000여 명을 전멸시켰다. 이로써 국민당군의 산둥 해방구에 대한 중점 공세 전략은 좌절되었다.

서북의 경우, 국민당은 25만 병력을 산시(陝西) 간쑤 닝샤 변구 공격에 출격시켰다. 펑더화이가 지휘하는 서북 야전군 2만여 명이 이에 항거했다. 하지만 우세한 국민당군을 맞아 정면에서 대항하기는 역부족이었다. 서북 야전군은 6일간 옌안 이남에서 격전을 벌이며, 공산당 중앙기관을 옌안에서 안전하게 철수하도록 엄호했다. 그러나 결국 1947년 3월 19일 옌안 포기 결정이 내려졌다.

이로 인하여 마오쩌둥·저우언라이·런비스 등 공산당과 인민해방군 총사령부의 주요 지도자들은 옌안을 떠나 산시(陝西) 북부를 전전하면서 전국 각 전장의 작전을 지휘했다. 한편 류사오치·주더·둥비우 등 일부 중앙위원은 류사오치를 서기로 하는 중앙공작위원회를 조직하여 산시(山西) 쑤이위안을 거쳐 산시(山西) 차얼 허베이 변구로 진입하여 당 중앙이 위임한 공작을 추진하였다. 그리고 예젠잉을 서기, 양상쿤을 후방 지대 사령관으로 한 중앙 후방위원회는 산시(山西) 서북으로 옮겨가 후방 공작을 총괄하였다.

이 기간, 동북, 러허, 허베이 북부, 허난 북부, 산시(山西) 남부의 해방군은 국민당군에 대하여 국부적인 반격을 개시하여 적 40여 만을 섬멸하고 153개의 도시를 수복했다.

1946년 12월 24일, 베이징에서는 미군 병사가 중국인 여대생을 강간하는 사건이 발생하였고, 이에 항의하는 운동이 거세게 일어났다. 공산당 중앙의 지시에 따라 각지의 당 조직은 '미군을 중국에서 퇴출하라.'는 구호를 내걸고 투쟁을 확산시켜갔다. 베이징·톈진·상하이·난징·항저우·충칭·광저우·타이페이 등지의 학생들이 잇달아 집회를 열고 동맹휴교를 하고 대대적인 시위를 벌였다. 전국에 무려 50여 만의 학생들이 이 운동에 참여하여 전국의 각계각층 인민 대중으로부터 광범한 성원을 받았다. 학생운동을 선도로 한 이 한 바탕 인민운동은 아주 빠르게 당이 지도하는 무장투쟁(제1 전선)과 한 몸이 되어 국민당 독재 통치에 저항하는 '제2의 전선'으로 발전하였다. 공산당은 이때 국민당 통치구 내 인민의, 생존 투쟁의 기반 위에 반(反)매국・반내전・반독재의 광대한 진지 건립을 제의하고, 제2전선의 투쟁을 더욱 광범하고 깊이 있게 발전시켜나갔다.

전면 내전 시작 이후 국민당 통치구의 사회경제적 상황은 급격히 악화되었다. 관료자본은 극도로 팽창하여 전체 국가 경제의 명줄을 억누르고 있었고, 수많은 노동자에 대한 착취는 극에 달하였으며, 민족자본을 함부로 병탄하여 많은 민족 상공업은 도산 직전에 있었다. 농업경제 또한 크게 위축되어 농촌에서는 굶주린 백성이 도처에 널려 있었다. 공무원, 교직자와 학생들의 생활은 최악의 상태에 처해 있었고, 수많은 민중은 기아와 사선에서 발버둥 치고 있었다.

1947년 5월, 반(反)기아・반내전 운동이 전국 방방곡곡에서 일어났다. 5월 20일, 베이징・상하이・쑤저우(蘇州)・항저우 등지에서는 16개 전문대학 이상 학교 5,000여 명의 학생들이 헌병의 저지선을 깨부수었고, 난징에서는 '교육의 위기를 구조하자'는 구호를 내걸고 연합 대시위를 벌였다. 학생들은 '기아에 반대한다, 내전에 반대한다'는 구호를 소리높이 외치며 국민참정회를 향해 청원하였다. 같은 날, 베이징 학생들도 기아 반대・내전 반대를 외치며 시위를 벌였다. 상하이・텐진・충칭・푸저우・구이린・지난・창사・쿤밍 등지의 학생들 역시 동맹휴교와 시위 등의 방법으로 투쟁을 벌였다.

5・20 학생운동에 호응하여 국민당 통치구역 내 기타 부문에서도 민중운동이 폭풍처럼 거세게 일어났다. 1947년 20여 개의 대・중 도시의 약 320만 노동자가 파업에 돌입했다. 농촌에서는 수많은 농민이 노역 및 식량 징발, 세금징수에 저항하며 일어났다. 2월 28일 타이완에

서도 국민당의 폭정에 저항하는 무장 폭동이 일어났다. 결국, 장제스 정부는 정치적으로는 물론, 경제적으로 심각한 위기에 처하였다.

3. 해방군의 전략적 공세와 토지개혁

제2차 세계대전이 끝난 뒤 2년 차에 접어들자, 인민해방군[1]은 국민당군의 공세를 잘 격퇴하여 전세는 인민해방군에게 유리하게 돌아가고 있었다. 1947년 6월, 인민해방군이 국민당군 112만을 궤멸함으로써 국민당군의 총 병력은 전쟁 시작 때의 430만에서 374만으로 줄어들었다. 그 가운데 정규군은 200만에서 150만으로 줄었다. 반면 해방군은 195만으로 증강되었고 무기 역시 미국의 신식 무기를 지원받은 국민당군의 무기를 탈취함으로써 아주 크게 개선되었다.

장제스는 이러한 궁지에서 벗어나기 위해 무차별 해방구를 불사르고 파괴하는 전략을 시도하였다. 그럼으로써 해방구의 물적 인적 손실은 눈덩이처럼 불어나고 있었다.

이러한 상황에서 공산당 중앙은 중요한 전략적 정책을 결정한다. 그것은 적의 공세 전략이나 병력의 우세에 상관하지 않고, 당의 전략을 '방어'에서 '공격'으로 전환한 것이다. 즉 전면적인 공세로 전환하여 해방군 주력이 외선을 쳐부수고, 적의 방어가 허술한 후방으로 돌아서 들어가 장제스의 전략적 방침을 분쇄하는 것이었다. 그럼으로써 전장을 국민당 통치구역으로 밀어 넣어 적이 공격에서 방어로 전환케 하고, 동시에 피아간의 공·방의 형세를 뒤바꾸어 놓으려 하였다. 즉 국

---

[1] 1947년 2월부터 중국공산당 지도하의 부대(과거의 홍군, 공산군, 인민군대 등)를 스스로 인민해방군(약칭: 해방군)이라 부르기 시작했다.

민당군의 공세를 수세로, 해방군의 방어를 공세 전략으로 전쟁의 판도를 바꾸어 놓고자 한 것이다.

마오쩌둥은 이러한 계획을 실행하기 위해 공산당 중앙의 산하 해방군을 단계적으로 3군 연합체계로 편성하고, 좌우 양 날개를 견제하는 작전 구도로 만들어 갔다. 당시의 전세에 근거하여 3군 연합을 다음과 같이 구축하였다. 먼저 류보청·덩샤오핑 지휘하의 산시(山西) 허베이 산둥 허난 야전군을 주력으로 하는 중로(中路)는 중앙을 돌파하여 다볘산(大別山)으로 직진하고, 다음, 천이·쑤위가 이끄는 화동 야전군의 주력 서선(西線) 병단을 동로로 하여 장쑤 산둥 허난 안후이 지구를 밀어붙이게 하였다. 그리고 천겅·셰푸즈(謝富治)가 지휘하는 산시(山西) 허베이 산둥 허난 야전군 일부는 서로로 방향을 잡아 허난 서부로 돌진하도록 하였다. 3군은 합동작전으로 서로의 계획을 주고받으며 기동성 있는 작전으로 국민당군을 궤멸시키는 전략이었다. 좌우 양 날개의 경우, 서북 야전군이 위린(楡林)에 출격하여 산시(陝西) 북부를 공략하는 국민당군을 북쪽으로 끌어들이고, 화동 야전군 동선(東線) 병단이 자오둥(膠東)에 공세를 가하여 산둥의 해변을 견제하는 작전이었다.

1947년 6월 30일 밤, 덩샤오핑·류보청 대군 12만은 황허를 건너 산둥 서남부 전투를 개시하여 인민해방전쟁의 서막을 올렸다. 류·덩 대군은 국민당군 수십만을 전면에서 공격하고 뒤에서 추격하여 한 가닥 혈로를 연 다음, 황판(黃泛) 지구를 넘고 사허(沙河), 뤼허(汝河)와 화이허를 건너 8월 말에는 다볘산(大別山)에 진입했다. 류·덩 대군은 인민 대중의 열광적인 지지를 받으며 20만 국민당군의 공격을 차례대로 분쇄, 3만여 명의 국민당군을 섬멸하고 33개 현에 새로운 인민 정권을 건립하여 그 기반을 굳혔다.

이와 동시에 천겅·셰푸즈 대군과 천이·쑤위 대군은 당 중앙의 지휘하에 각각 허난 산시(陝西) 허베이 변구와 허난 안후이 장쑤 평원으로 진입했다. 여기서 3로 대군은 모두 외선을 타도하고 '品'자 형의 공격 태세를 구축하여 난징과 우한을 위협하였다. 12월, 3로 대군은 합력하여 다볘산을 표적으로 공세를 펼치고 있던 국민당군을 포위 공격했다. 따라서 중원은 해방군이 전국적인 승리를 쟁취하는 전진기지가 되었다.

내선의 작전에서는 펑더화이가 지휘하는 서북 야전군, 탄전린(潭震林)과 쉬스유(許世友)의 화동 야전군 동선(東線) 병단, 쉬샹쳰이 이끄는 산시(山西) 허베이 산둥 허난 야전군 타이웨(太岳) 병단 등은 점차 반격 단계로 들어갔다. 이에 앞서 1947년 5월, 해방군은 동북에서 반격을 시작한 이래 린뱌오와 뤄룽환이 지휘하는 동북 민주연군이 계속하여 추계와 동계 공세를 가하여 국민당군 20여 만을 섬멸하였다. 이로써 공업이 집중되어있는 동북에 국민당군을 몰아낼 수 있는 유리한 기반을 구축하였다.

해방군은 내선과 외선의 공세 작전으로 내전을 전국 규모의 전략적 총공격 태세로 바꾸어 놓았다. 이에 국민당군은 부득불 공세 전략에서 '전면 방어' 전략으로 전환하였고, 해방군은 오랜 국내 혁명전쟁에서 장기적으로 취해 왔던 전략적 방어의 방침을 끝내게 된다. 이는 국공 내전이 이미 새로운 역사적 전환점을 맞이하였음을 암시하는 신호였다. 마오쩌둥은 말했다.

"이는 장제스의 20년 반(反)혁명 통치가 발전으로부터 소멸하는 전환점이고, 이는 1백 수년 이래 중국에서의 제국주의 통치가 발전으로부터 소멸하는 전환점이다."

1947년 10월 10일, 중국 인민해방군 총사령부는 <인민해방군 선언>을 발표하여 국민당 반동 정권을 타도하고 민주연합정부를 건립한다는 방침을 밝혔다. '타도 장제스, 전 중국 해방!'의 구호를 선포했다. 이어 12월 공산당 중앙은 회의를 소집하여 마오쩌둥이 쓴 <목전의 형세와 우리의 임무>를 보고하고, 장제스를 철저히 쳐부수고 전국적인 승리를 쟁취하기 위한 정치·군사·경제 강령 및 일련의 정책을 제정하였다. 이에 근거하여 1948년 4월, 마오쩌둥은 "'신민주주의 혁명노선'을 프롤레타리아 지도의, 인민 대중의 제국주의·봉건주의와 관료 자본주의에 반대하는 혁명."이라고 발전적으로 개괄하였다.

해방군이 방어에서 공세 전략으로 전환하는 새로운 형세는 해방구에 더욱 심도 있는 토지개혁 운동을 요구하였다. 농민의 혁명성과 생산의 적극성을 더욱 고무하는 한편, 해방군에 대한 농민의 지원을 강화하기 위해서였다. 1947년 7월에서 9월, 당 서열 2위인 류사오치 주재로 공산당 중앙공작위원회가 허베이 성 시바이포(西栢坡)에서 전국토지회의를 소집하였다. 이 회의에서 <중국 토지법 대강>이 제정된다. 주요 내용은 지주의 토지와 재산뿐만 아니라 부농의 잉여 토지와 재산도 몰수하여 촌을 단위로 해서 사람 수에 따라 균분하고, 그 이외의 재산에 대해서는 인민 대중이 토론을 통해 균분하도록 규정한 것이다. 해방구의 각급 기관은 대량의 토지공작대를 농촌 곳곳에 파견하여 대중을 동원, 빈농단과 농회를 조직하여 지주의 악행에 대한 규탄과 징벌 등을 통하여 지주의 토지를 철저히 몰수하여 균분하도록 하였다. '빈농·소작농이 천하를 뺏고 천하를 다스리자' 라는 구호 아래 토지개혁의 주체는 빈농·소작농으로 구성된 빈농단에 위임되었다. 빈농·소작농 노선으로 불리는 급진적인 토지개혁노선이 공식적으로 채택된 것이다.

토지개혁의 순조로운 추진을 위해 1948년 5월, 공산당 중앙은 <1948년의 토지개혁과 숙정 공작에 관한 지시>를 내린다. 각 해방구에서는 '3사(三査)'(계급, 사상, 기풍에 대한 조사)와 '3정(三整)'(조직, 사상, 기풍에 대한 숙정)을 내용으로 한 숙정 운동을 전개하여 농촌 기층조직의 사상 기풍과 성분의 불순문제를 해결하였다. 숙정을 통하여 농촌 기층당 조직은 사상·정치·조직상에 남아있는 국민당의 잔재를 쓸어 내고, 공산당 통치의 기반을 공고히 하였다.

역사적으로 중국인들은 "먹는 것이 하늘이니, 먹는 것이 정치의 최우선(以食爲天, 食爲政首)"이라고 했고, 정치가 국민의 먹는 문제를 해결하지 못하면 나라도 뒤집히는 것이 중국이다. 이러한 전통을 가진 농민들에게 노동력에 따라 토지를 분배해 주고, 그것의 소유권까지 인정해 주는 것은, 당시로서는 다분히 정치적인 함의가 깔린 정책이다. 물론 농민의 사기를 북돋아 생산을 배가시킬 수 있다고 하지만, 토지를 손에 넣은 농민대중의 입장에서 본다면 국공내전은 '보전보가'(保田保家: 논밭을 확보하고 가정을 지키는)의 싸움이었다.

이러한 급진적인 토지정책의 실시는 그 과정에서 무정부·무질서 상태가 조성되어 극좌적 편향까지 출현하기도 하였다. 즉, 격렬한 토지개혁 운동 과정에서, 일부 지역에서는 중농과 상공업자의 권익을 침범하고, 지주를 구타하거나 살해하는 등 극좌 편향이 발생하기도 하였다. 당 중앙은 이러한 사실을 발견한 뒤 강력한 조치로 이를 바로 잡고, 토지공작의 총노선 정책을 명확히 규정하였다. 즉 빈농을 바탕으로 '중농과 연대'하여 단계적으로 잘 구분하여 봉건적 수탈제도를 소멸시키고 농업생산을 발전시키자는 것이었다. 중농에 대해서는 적으로 보지 말고 우군으로 연대하자는 내용이다.

전국의 각 해방구의 토지개혁 운동은 획기적인 성과를 거두었다.

1948년 가을에는 1억 인구가 사는 해방구에서 봉건적 생산 관계를 소멸시키고 농민은 지주계급의 압박과 착취에서 벗어날 수 있었다. 따라서 생산의 적극성은 고양되고 수많은 청장년은 자신의 재산을 지키기 위해 해방군에 자진 입대하는 결과를 가져와 식량 확보와 모병이라는 두 가지 과제를 동시에 해결할 수 있었다.

그러나 해방군이 새로 접수한 신해방구에서의 토지개혁만은 일단 뒤로 미루는 한편, 감조감식부터 우선적으로 실시하기로 했다(신해방구에서 토지개혁을 재개한 것은 1950년 6월<토지개혁법>이 공포된 뒤의 일이었다). 이유는 1948년부터는 전세가 공산당에게 유리하게 돌아가기 시작한 시기였고, 경제의 회복과 발전이 중요하여 중농과 부농의 생산력을 온존할 필요가 있었으며, 농촌의 질서와 안정이 요구되었기 때문이었다.

내전기의 토지개혁에는 '좌'편향 등 우여곡절도 있었으나 총체적으로 보면, 마오쩌둥은 토지개혁 운동을 통해서 농촌 대중의 기층에너지를 공산당으로 흡수하는 데 성공할 수 있었으며, 그것이 국공 간의 역학관계를 역전시키는 큰 요인이 되었다. 요컨대, 토지개혁 운동은 국공내전에서 공산당을 승리로 이끈 최대의 동력이 되었다. 바로 이 토지개혁이 있었기에 농민을 해방하고 지주와 결탁한 국민당 군대를 철저히 무너뜨릴 수 있었다. 십만, 백만, 몇 천만의 농민대중이 격발되어 해방군으로 몰려들었고, 전선으로 밀어닥쳤다. 주로 농민으로 구성된 공산당 군대는 자신들이 분배받은 토지를 지키기 위하여 최대의 전투력을 발휘하였다. 토지개혁은 지주계급에게는 재앙이었고, 농민들에게는 성대한 축제였으며, 국민당에게는 패망을, 공산당에게는 승리를 안겨주었다.

공산당이 지도하는 제2전선의 투쟁도 새로운 진전이 있었다. 1947년 10월 10일, 항저우·난징·상하이 등 대도시의 10여만 학생들이

'불법 체포 반대', '특수공작 반대', '청년학살 반대' 등의 구호를 외치
며 궐기하였다. 1948년 초에는 상하이·베이징 등지 학생들의 '박해에
반대하는' 투쟁의 물결이 다시 고조되었다. 4월에는 화북의 학생들이
'박해에 반대하고, 학생연맹을 보위하자'는 투쟁을 전개, 그 기세가 4
월의 폭풍을 불러일으켰다. 5∼6월 사이에는 전국적으로 미국과 결탁
한 제국주의를 타도하자는 애국운동이 거세게 일어났다.

각 민주당파와 무당파 민주인사들은 점차 더욱 인민 혁명 편으로
기울어져 국민당 통치에 반대하는 투쟁에 적극적으로 참여하였다. 이
로 인하여 그들은 국민당으로부터 적대시 당하고 냉혹한 박해를 받았
다. 민맹의 중앙 지도자인 리궁푸(李公朴)·원이둬(聞一多)·두빈청(杜斌
丞) 등은 잇달아 쿤밍과 시안에서 국민당의 특수공작원에 의해 암살당
하고, 수많은 민맹 성원들은 체포되거나 납치되었다. 1947년 10월 국
민당은 민맹을 불법 단체로 규정하고 엄격히 단속하였다. 일부 민주인
사와 중간계층 중에서 영향력이 센 '중간노선'의 정치적 주장은 철저
히 괴멸되었다.

전쟁이 공세 전략으로 전환되어 점차 승리의 조짐이 나타나고, 공산
당의 단결과 지지의 호소는 각 민주당파와 수많은 민주 인사들로 하
여금 사상 전환을 앞당기게 하였다. 1948년 1월, 민맹의 지도자 선쥔
루(沈鈞儒) 등은 홍콩에서 민맹 1기 3중전회를 열어 민맹 총부를 복원
하고, 중국공산당과의 '제휴 합작'을 선포했다. 국민당 민주파는 홍콩
에서 정식으로 중국국민당혁명위원회를 조직하고 쑹칭링을 명예주석,
리지선(李濟深)을 주석으로 하는 중앙집행위원회를 구성하였다. 그리고
"당면한 혁명의 임무는 장제스의 매국 독재 정당을 뒤엎는 것."이라고
선포하였다. 이와 동시에 중국민주건국회, 중국민주촉진회, 중국농공
민주당, 구삼학사, 중국치공당, 타이완민주자치동맹 등 민주당파들도

모두 신민주주의의 입장에 동참할 것을 선언했다.

1948년 4월 30일 공산당 중앙은 반동분자가 아닌 자들은 누구나 참
가하는 새로운 정치협상회의를 개최하여 민주연합정부의 건립을 준비
하자고 호소하였다. 각 민주당파 및 각 계층 대표 인사들은 이에 열렬
히 호응, 국민당의 저지를 뚫고 각종 루트를 통하여 해방구에 들어가
새로운 정치협상회의 개최 준비와 신중국 건립의 업무에 참여하였다.
이러한 통일전선의 진전으로 중국공산당이 지도하는 다당합작과 정치
협상제도의 기초를 다질 수 있었다.

4. 3대 전투의 승리와 국민당 통치의 쇠멸

1948년 전반기 해방군은 각지의 전투에서 국민당을 향해 계속 공세
를 가하여 대량의 적을 섬멸하고 적의 구역 방어선을 돌파하였다. 같
은 해 가을 국공 간의 군사력 대비는 이미 근본적인 변화가 일어나,
해방군이 전국적인 전쟁의 승기를 잡고 있었다.

이때, 해방군은 전쟁 초기 127만에서 280만으로 증가하였고, 그 가
운데 야전군이 149만이나 되었다. 전 군대는 또 신식 숙군(肅軍) 운동을
전개하고, 소고(訴苦: 구사회와 반동파가 노동대중에게 준 고통에 대한 하소연),
3사(三査), 3정(三整)을 통하여 정치상 고도의 단결, 생활의 개선, 군사상
기술과 전술의 제고라는 3대 목적의 달성으로 전투력이 한층 더 향상
되었다. 해방구의 면적은 235만 km^2, 인구는 1억 6,800만으로 확대되
었고, 구해방구의 토지개혁은 기본적으로 완성되어 해방군의 후방은 더
욱 견고해졌다.

이와는 반대로 국민당군의 총병력은 365만으로 급감한 데다 제1선

에서의 가용병력은 178만에 불과했고, 사기는 저하되고 전투력은 떨어져 있었다. 해방군의 막강한 공세에 국민당군은 구역 방어를 포기하고 겨우 중점 방어만 할 뿐이었다. 국민당 군대의 5개 전략 집단군, 즉 후중난(胡宗南), 바이충시, 류즈(劉峙), 푸줘이(傅作義), 웨이리황(衛立煌)은 이미 각각 서북, 중원, 동북, 화북, 동북 등 5개 전장으로 분할되어 있어, 상호 연합하여 합동 전략을 수행하기가 어려웠다.

1948년 가을, 군대의 대대적인 재편을 마친 해방군은 전쟁의 승패를 가르는 결정적인 3대 전투, 즉 랴오선(遼瀋), 화이하이(淮海), 핑진(平津) 전투를 발동하기에 이른다. 결전의 서막은 산둥에서부터 불을 뿜었다. 1948년 9월 16일, 쑤위 등이 지휘하는 화동 야전군 32만이 지난 전투를 개시했다. 8일간의 밤낮을 가리지 않은 격렬한 전투를 통하여 국민당군의 요새지이며 산둥 성의 수도인 지난을 함락시키고 국민당군 10여 만을 섬멸하였다. 지난의 점령은 해방군의 도시 공세 작전역량이 크게 발전하였고, 장제스의 대도시를 중점으로 하는 방어체계가 붕괴하기 시작하였음을 증명해 주는 것이었다.

1948년 9월, 린뱌오·뤄룽환이 지휘하는 동북 야전군 주력은 지방 무장력과 함께 총 103만을 동원하여 진저우·창춘·선양 등에서 고립된 55만 국민당군을 향해 랴오선 전투를 개시하였다. 먼저 진저우 지구의 작전부터 시작하였다. 진저우는 동북과 화북을 연결하는 전략적 요충지로 국민당군 6개 사단 10여 만이 방어하고 있었다. 해방군의 일부는 창춘을 겹겹이 포위하고 주력은 진저우를 집중적으로 공략하여 타산(塔山)과 장우(彰武) 일대에서 퇴로를 차단, 국민당군의 진저우 지원을 완강히 저지하였다. 10월 14일 해방군은 진저우를 향해 총공세를 개시, 31시간의 격전을 벌여 적 9만을 섬멸하고 국민당 동북군 총사령부 부사령관 판한제(范漢杰)를 생포하였다.

진저우 함락 후 국민당군 창춘 방어군의 일부가 내부 반란을 일으키고 투항하자 이를 접수하였다. 진저우의 탈환을 기도한 국민당군 랴오웨샹(廖躍湘) 병단은 동북 야전군의 완강한 저지에 맞부딪치자, 잉커우(營口)와 선양으로 후퇴하였다. 동북 야전군은 1박 2일간의 격전을 벌여 국민당군 10만을 랴오둥 서부에서 포위 섬멸하였다. 이어 승기를 잡고 11월 2일 선양과 잉커우를 함락하고 랴오선 전투의 승리를 마감하였다. 이 전투는 52일간 전개되었는데, 국민당군은 장중의 보옥이라는 미국식 장비군 다수를 포함한 47만을 잃었으며, 이 전쟁을 기점으로 국공의 세력 판도는 완전히 역전되었다. 동시에 동북 야전군은 해방군의 강력한 전략적 후비대가 되어, 이어 전개되는 화이하이 및 핑진 전투에 유리한 환경을 조성해 주었다. 특히 동북의 공업기지를 쟁취함으로써 든든한 전략적 후방을 얻게 되었다.

랴오선 전투 종결 뒤 곧바로 공산당 중앙은 류보청·천이·쑤위·탄전린에게 전령을 내려, 덩샤오핑을 서기로 한 전적위원회를 조직하고, 화동 야전군과 중원 야전군 및 일부 지방 무장력 약 60여 만을 통합 지휘하여 쉬저우(徐州)를 중심으로, 동서로는 하이저우(海州)에서 상커우(商口)에 이르기까지, 북남으로는 린청(臨城)에서 화이허(淮河)까지의 광활한 지역에서 거대 규모의 화이하이 전투를 발동하였다.

1948년 11월 6일에서 22일까지 해방군은 쉬저우 이동지역에서 황바이타오(黃百搯) 병단 약 10만을 섬멸하고, 국민당 제3 '유화(宥和)'지구 부사령관(공산당 비밀당원) 허지펑(何基灃)과 장커샤(張克俠)가 반란을 일으키고 이끄는 2만 3,000의 투항군을 접수하였다. 11월 23일~12월 25일, 해방군은 안후이 북부 쑤(宿) 현 서남지구에서, 허난으로부터 갓 도착하여 고군분투하던 증원군 황웨이(黃維) 병단 약 12만을 전멸시키고, 룽청(榮城) 동부지구에서 해방군의 포위를 돌파하려던 쑨위안량(孫元良)

병단 4만을 섬멸하였다. 1949년 1월 6일, 해방군 화이하이 전선 부대
는 투항을 거부한 두위밍(杜聿明) 집단을 향해 총공세를 펼쳐 4일간의
격전 끝에 2개 병단 10개 군단을 전멸시켰다. 화이하이 전투는 종결되
었다. 전투는 66일간 벌어졌으며, 국민당군 55만 5,000을 섬멸하였다.
이 전투의 승리는 해방군이 양쯔강을 도하, 국민당 통치의 중심인 난
징과 상하이를 공략하는 데 아주 유리한 조건을 조성해 주었다.

화이하이 전투보다 조금 뒤 1948년 11월 말, 화북에 고립되어있는
국민당군을 격멸하기 위해 핑진 전투를 발동한다. 해방군은 1948년 11
월 29일, 서쪽의 장자커우에서 시작하여 동쪽의 탕구(塘沽)와 탕산(唐山)
에 이르기까지 베이징(베이핑) 및 톈진을 포괄한 지역에서 핑진 전투를
개시했다. 린뱌오의 동북 야전군은 공산당 중앙군사위원회와 마오쩌
둥의 지시에 따라 휴식 중에 정비를 앞당겨 사단을 이끌고 입관(入關:
관내로 들어와), 화북 인민해방군 주력과 함께 지방부대 약 100만과 합
력하여 국민당 화북군 총사령관 푸줘이가 지휘하는 50여 만의 국민당
군을 포위하여 격멸하였다. 공산당 중앙은 린뱌오 · 뤄룽환 · 녜룽전으
로 구성된 핑전 전선 총전적위원회를 조직하고 린뱌오를 서기로 임명
하여 베이징 · 톈진 · 탕산 지구의 작전과 접수관리 등의 공작을 통일
적으로 지도하도록 하였다.

해방군은 먼저 '포위만 하고 공격하지 않고(圍而不打)' '차단만 하고
포위하지 않는(隔而不圍)' 작전으로 신속하게 푸줘이 군대를 분할 포위
하여 남쪽과 서쪽으로 철수하고 도망갈 길을 차단하였다. '먼저 두 머
리를 친 뒤에 중간을 취한다(先打兩頭, 後取中間)'는 전략에 따라, 12월 하
순 신바오안(新保安)과 장자커우를 함락하고 국민당군 7만여 명을 섬멸
하였다. 1949년 1월 14일, 톈진을 포위한 해방군은 총공세를 개시, 29
시간의 격전을 벌여 13만여 명의 국민당 방어군을 전멸시키고 톈진에

입성했다.

이제 베이징만 남았다. 25만의 방위군이 지키는 베이징에 대해서는 해방군이 물샐틈없이 포위하여 궁지에 몰아넣은 다음 선전전과 지하공작을 통하여 총사령관 푸쥐이를 압박하였다. 1주일이 지난 1월 21일 해방군과 푸쥐이 간에 평화협정이 체결되어, 다음날 국민당군 20만은 교외로 철수하고, 나머지 5만은 푸쥐이와 함께 해방군에 투항했다. 국민당 측에서는 투항한 푸쥐이를 배신자로 보겠지만, 이 평화협정으로 천년고도 베이징의 역사유물은 온전하게 보존될 수 있었고, 200만 베이징 시민은 생명과 재산을 보전할 수 있었다. 투항군은 해방군으로 개편되고, 해방군은 1월 31일 베이징을 접수하였다. 핑진전투 64일간의 기간 중 해방군은 국민당군 52만을 섬멸하거나 접수 개편하였다. 이로써 화북지방 전역은 기본적으로 공산당이 평정하게 된 것이다.

랴오선·화이하이·핑진 등 3대 전투에서 해방군은 국민당군 154만을 섬멸함으로써 국민당군의 주요 군사력은 기본적으로 궤멸되었다. 3대 전투 후, 국민당 정권의 양쯔강 이북 전 전선은 붕괴되었다. 이리하여 전후 국공내전은 일거에 종말을 맞이하게 된다. 당초 1951년경으로 예상했던 공산당의 완전 승리의 시기는 1949년으로 앞당겨졌다.

이 단계에 이르러 장제스는 패배의 국면을 만회하기 위하여 1949년 새해 첫날, <전국의 군·민 동포에게 고함>이라는 담화를 통하여 국공 화평담판을 제의했다. 하지만, 마오쩌둥은 이를 '반동 세력의 온존'을 위한 일시적 방책이라고 표현하며 단호히 거절했다. 1월 8일 장제스는 미국에 군사원조의 확대를 요청했고, 국민정부 외교부장 우톄청(吳鐵城)은 미·영·불·소 각국이 중재에 나서 줄 것을 간청했지만 실현되지 않았다. 미국은 12일 현 상황에서 중재해봤자 어떠한 효과적인 결과를 기대할 수 없을 것이라고 답했고, 다른 나라들도 각기 조정역을 거절하였다. 궁지에 몰린 장제스는 1월 21일 성명을 발표하고 총통 직에서 물러났다. 리쭝런 부총통이 총통 대리직을 맡게 되었다. 국민 정부 대리 총통 리쭝런은 구두상으로는 공산당이 제의한 조건을 기초로 화평담판을 원한다고 하고서, 실제적으로는 잠시 숨돌린 시간을 얻어 양쯔강 방어선을 구축하여 해방군의 남하를 저지하고, 양쯔강을 남북으로 나누는 국공의 분할 통치를 구상하고 있었다.

공산당은 전세가 자신에게 유리하게 돌아가고 승리의 결전이 거의 막바지에 왔음을 감지하고 있었다. 하지만 공산당은 전쟁을 조속히 종식하기 위하여 비록 겉으로는 화평담판을 거절하였으나, 여전히 국민당의 난징정부 또는 지방정부 및 군사 집단과의 화평담판을 바라고 있었다. 그리하여 공산당은 화평담판을 위한 8가지 조건을 국민정부에 제시하였다. 그것은 1949년 1월 14일 공산당 중앙이 <마오쩌둥 주석의 시국에 관한 성명>이라는 형식으로 발표한 8가지 조건이다.

① 전쟁범죄자를 처벌할 것.
② 가짜 헌법을 폐지할 것.
③ 가짜의 법적 정통성을 폐절할 것.
④ 민주적 원칙에 따라 모든 반동 군대를 재편할 것.
⑤ 관료자본을 몰수할 것.
⑥ 토지제도를 개혁할 것.
⑦ 매국 조약을 폐기할 것.
⑧ 반동분자를 제외한 정치협상회의를 개최하여 민주연합정부를 수립하고, 난징 국민당 반동 정부와 그 산하 각급 정부의 모든 권력을 접수할 것.

이것은 국민정부에 항복을 강박하는 내용이었다. 국민당의 리쭝런 대리 총통으로서는 일본인 전범과 장제스를 포함한 전쟁범죄자를 처벌할 것을 요구하는 공산당과는 담판의 단서를 찾기가 쉽지 않았다. 설상가상으로 국민당 내에서도 끝까지 공산당과의 대결을 요구하는 강경파가 존재하여 화평담판을 진척시키려는 리쭝런의 발을 묶어 놓았다.

2월부터 3월에 이르는 기간 어렵게 절충이 이루어져, 4월 1일 장즈중(張治中)을 대표로 하는 국민당 대표가 베이징에 들어가, 4월 13일 국공 대표단은 베이징에서 정식 담판을 시작하였다. 공산당 대표 저우언라이는 <국내 화평협정 최종 수정안>을 장즈중에게 전달하고, 국민정부에게 20일 안에 해답을 달라고 했다. 그러나 수정안의 내용은 일본인 전범과 장제스에 대한 처치가 약간 애매하게 수정되어 향후 교섭 가능성의 일말을 열어 두었다고는 하나, 공산당 측의 8개 조건은 부동이었으며, 국민당의 내정으로 봐서도 리쭝런 총통 대리로서는 받아들일 수 있는 것이 아니었다. 4월 20일 최종 수정안에 대한 서명은 국민당에 의해 거부되었다.

따라서 화평담판은 국민당으로서는 최후의 바램을 건 승부수였다고 말할 수 있고, 공산당에게 있어서는 양쯔강 도하와 화남의 대도시에 대한 공략을 위한 작전 준비 기간이었다고 보는 것이 타당할 것이다.

해방군은 국민당이 화평담판 수정안을 거부했던 4월 20일 밤 양쯔강 도하작전을 감행했고, 다음날인 21일 마오쩌둥 주석과 주더 인민해방군 총사령관은 <전국 진군 명령>을 발포하였다.

총전적위원회 서기 덩샤오핑의 통합 지휘하에 류보청·덩샤오핑 등이 지도하는 제2야전군과 천이·쑤위·탄전린 등이 지도하는 제3야전군, 그리고 제4야전군에서 먼저 파견한 병단·중원 군구 부대와 연합하여, 강북 인민의 지원을 받고 강남 유격대와 계책을 공유하며, 4월 20일 밤부터 21일까지 서쪽의 장시 성 주장 동북의 후커우(湖口)에서부

총전적위원회 서기 덩샤오핑과 사령관 류보청

터 동쪽의 장쑤 성 장인(江陰)에 이르는 천리 전선에서 도강 전투를 개시하였다. 군사를 3로로 나누어 양쯔강을 건너 국민당의 양쯔강 방어선을 완전히 분쇄하였다. 4월 23일, 해방군은 국민정부의 수도 난징을 점령하였다. 이로써 22년간의 난징 국민당 통치는 종말을 고한다.

해방군은 파죽지세로 중남, 동남, 서북, 서남의 각 성을 향해 승리의 진군을 계속하였다. 난징을 점령한 다음 날, 타이위안을 함락하고, 5월에는 항저우, 우한, 시안, 난창과 중국 최대의 도시 상하이를 접수하였다. 7월 상순에는 저장의 전 성을, 한 달 뒤인 8월에는 푸저우와 란저우를 함락시키고 후난 성을 접수했다. 9월 시닝(西寧)과 인촨(銀川), 신장 성(현 신장 위구르 자치구)을 해방시켰다. 9~10월, 해방군은 헝양(衡陽) 바오칭(宝慶) 전투에서 국민당군 바이충시 부대의 주력에 결정적인 타격을 가한 후, 광둥과 광시로 진군하였다. 이쯤에 이르자 공산당은 중국대륙의 대부분을 점령하였다. 공산당의 말을 빌리자면, 중국의 대부분 국토를 해방시킨 것이다.

공산당은 이처럼 군사적으로 국민당군을 제압하는 한편, 정치공작도 다그쳐 국민당 군·정 인원의 내부적 봉기와 투항을 획책하였다. 그 결과 투항, 접수한 수가 188만에 달했다. 전체 전쟁 기간 섬멸한 국민당군 850만의 22%에 달하는 인원으로, 이들은 공산당의 승리에 크게 기여했다.

5. 7기 2중전회와 전국인민정치협상회의 개최

1948년 9월 8일~13일, 중국공산당은 향후의 당의 기본방침을 결정하는 중앙정치국 확대회의를 허베이 성 핑산(平山) 현 시바이포에서 소집하였다. 회의는 장제스를 격퇴하고 전국적인 승리를 쟁취하기 위하여 마지막으로 사상·정치·조직상의 중요 준비를 하는 회의였다. 마오쩌둥은 이 회의에서 "당 공작의 중점을 점차 농촌에서 도시로 옮겨갈 것"을 주장하여, 그때까지의 중국혁명노선-'농촌이 도시를 포위하는 방침'의 전략적 전환을 시사하였다.

1949년 공산당은 톈진과 베이징을 함락하고 전국적인 통일을 눈앞에 둔 시점인 3월과 9월, 각각 7기 2중전회와 중국인민정치협상회의(약칭: 정협)를 개최한다. 이들 회의는 중국공산당이 전국을 통일한 후 어떤 방향으로 어떤 국가를 건설할 것인가에 대한 방침을 결정하는 중요한 회의였다.

1949년 3월 5일, 당 7기 2중전회에서 위 시바이포 정치국 확대회의에서 시사한 바와 같이, 마오쩌둥은 혁명 승리 이후의 당의 기본적 임무로써 "당 공작의 중점을 농촌에서 도시로 옮길 것"을 제안하였고, 당 중앙은 이를 확정하였다. 이 중점의 전환은 연이은 도시 접수와 해방이라는 형세의 변화에 대응하기 위한 도시 공작의 중요성을 제시함과 동시에, 공산당의 장기적인 비전, 즉 전국 통일 이후 신민주주의 건설의 청사진을 밝혀 놓은 것이다. 그것은 전국적인 승리 후, 당이 정치·경제·외교에 있어서 채택해야 할 기본정책, 그리고 중국을 농업 국가에서 공업 국가로 전환시키고, 신민주주의 사회에서 사회주의사회로 전환시키는 총임무와 주요 절차를 규정하였다.

당 공작의 중점을 농촌에서 도시로 옮기기 위해서는 전 당이 생산을 회복하고 발전시키는 것을 중심 임무로 하고, 도시 관리와 도시 건설에 대한 지식을 습득하여야 하며, 도시 공작 중에서는 반드시 전심전력하여 노동자 계급에 의지하여 기타 노동대중과도 단결하고, 지식분자 및 협력 가능한 모든 사람을 우군으로 만들어야 한다고 했다. 특히 당외 민주인사와 장기적으로 협력하는 정책을 견지할 것을 강조하였다. 회의에서는 특별히 전쟁 승리 후에도 반드시 계속하여 겸허·근신하고, 교만하거나 성급하게 서둘지 않는 태도를 유지할 것을 강력히 환기시켰다.

3월 13일 7기 2중전회는 폐막했다. 폐막 후, 중국공산당 중앙 및 그 소속 기관은 시바이포에서 베이징으로 옮겼다. 그리고 6월 15일, 신정치협상회의 주비위원회 제1차 전체회의를 베이징에서 열었다. 이것은 전국적인 정권 기구의 첫걸음이었다. 주비회의에는 중국공산당을 비롯하여 중국국민당혁명위원회·중국민주동맹 등의 민주당파, 노총·해방구 농민단체 등의 인민단체, 인민해방군, 민주적 교수, 국내 소수민족, 해외 화교 등 23개 단체에서 각각 4명~7명의 대표가 참가하여 모두 134명이 출석하였다. 이 회의는 마오쩌둥을 주임으로 한 주비위원회 상무위원회를 조직하여 공동강령을 기초하고, 정부 방안을 제정하여 신중국 정권 건립의 전반적인 주비공작을 했다.

이 회의에서 마오쩌둥은 신정치협상회의에서부터 민주연합정부 수립까지에 이르는 구상을 언급하였다. 그는 정치협상회의에 의한 '민주연합정부 수립'이라고 하는 종래의 정권 구상을 견지하면서도 동시에 '프롤레타리아가 지도하며 노농동맹을 기초로 하는 인민 민주 독재'를 한층 더 강조하였다.

당시 국민당 정부는 급속히 붕괴하여, 미국도 <중국백서>를 발표, 중국에서 손을 뗄 자세를 시사하였다고는 하나, 국민당에서 다시 지도권을 탈취한 장제스는 필립핀·한국 등과 연합하여 반공 동맹을 결성하려 하였다. 또한, 티베트에서는 현지 정권이 인도와 영국의 힘을 배경으로 한족 배척을 꾀하고 있었다. 중국 내에서도 도시 민족자본가와 상공업자 가운데는 신민주주의혁명 단계에서의 프롤레타리아의 강력한 지도에 반발하는 무리 역시 적지 않았다. 낙관은 금물이었다. 이와 같은 상황에서 6월 30일 발표한 논문이 마오쩌둥의 이른바 <인민 민주 독재론>이다.

마오쩌둥은 이 논문에서 "부르주아지 공화국 건립 방안은 중국에서는 통하지 않을 것이라고 보고, 우리가 건립하고자 하는 신중국은 노동자 계급(공산당을 통하여)이 지도하는 노농연맹을 기초로 한 인민 민주 독재일 뿐임."을 강조했다.

왜 현 단계에서 '인민 민주 독재', 즉 프롤레타리아가 지도하는 강력한 인민 민주독재가 필요한 것일까? 마오쩌둥은 다음과 같이 설명하였다. "제국주의가 아직 존재하고, 국내의 반동파가 아직 존재하며, 국내의 계급이 아직 존재하기 때문이다." 그러므로 국제적으로는 확고하게 사회주의 편에 가담하며, 국내적으로는 '제국주의 앞잡이, 즉 지주 계급과 관료 부르주아 및 이들 계급을 대표하는 국민당 반동파와 그 공범자들'에 대하여 독재를 실시할 필요가 있다는 것이었다.

당연히 당면의 인민 국가기관이란 '주로 인민의 군대, 인민의 경찰, 인민의 법정'을 지칭하게 된다고 하고, 물론 이 국가는 인민의 내부에서 민주제도를 실시하며 인민은 언론·집회·결사 등의 자유권을 가진다고 했다. 그러나 여기서 지적하는 '민주'란 항일전쟁 중에 마오쩌둥이 역설한 "민주는 곧 '자력갱생'이다."라고 한 적극적 내용에 비교하면, 어느 정도 일반적인 정의로서의 '민주'의 내용과 유사한 감이 있다. 인민이란 누구일까? 마오쩌둥은 정의하기를 "현 단계에서는 노동자 계급, 농민계급, 소자본가 및 민족자본가이다."라고 했다.

이러한 마오쩌둥의 주장에 근거, 공산당의 강력한 지도하에 1949년 9월 21일부터 30일에 걸쳐 베이징에서 제1기 중국인민정치협상회의 전체회의가 개최되었다. 585명의 정 대표와 77명의 후보를 포함한 총 662명(622 또는 635명이라는 주장도 있음)이 참석했다. 정 대표의 경우 당 파 대표는 14개 단체에서 142명, 공산당 대표는 국민당혁명위원회 및 민주동맹과 동수인 16명이 참석했다. 인민단체 대표는 16개 단체에서 206명, 노총 19명, 해방구 농민단체 16명, 전국상공회 10명, 국내 소수 민족 10명, 국외 화교 대표 15명 등이 참석했다. 지역대표는 9개 지구 에서 102명이 참석하였으며, 미(未)해방구의 의석도 마련되어 있었다. 군대 대표는 제1야전군에서 제4야전군까지 각기 10명의 대표를 출석 시켰다. 특별 초대 인사는 75명이며, 그 가운데는 국민당에서 공산당 으로 전향한 장즈중과 푸줘이도 포함되어 있었다. 회의에서는 보통선 거에 의해 구성되는 전국인민대표대회(약칭: 전인대)의 개회 전까지 정 치협상회의 전체회의가 전국인민대표대회의 직권을 대행할 것임을 결 의하였다.

회의에서는 "신민주주의, 즉 인민민주주의가 중화인민공화국 건국 의 정치적 토대"라는 점에 만장일치로 합의하고, <중국인민정치협상 회의 공동강령>을 통과시켰다. 주목할 점은 이때 공동강령에서 확립 한 국가체제는 바로 '신민주주의'이지 '사회주의'가 아니라는 사실이다.

구체적으로 <공동강령>의 내용을 살펴보면 다음과 같다. 정치체제 면에서 보면, <공동강령> 제1조는 "중화인민공화국은 노동자 계급이 지도하고 노농동맹을 기초로 한 인민 민주 독재국가이며, 중국의 노동 자·농민·소자본가·민족자본가 계급, 그리고 기타 애국 민주 분자 로 구성된 인민 민주 통일전선의 정권이다." 라고 하여 국가와 정권의 성격을 규정하였다. 이렇게 당시 <공동강령>은 '공산당이 지도하는 국가'라 하지 않고, '노동자 계급이 지도하는 인민 민주 통일전선 정권'으로 규정한 것은 당시의 정치 상황을 반영하기 위해서였다. <공동강령>은 또 "국가의 정치 권력(주권)은 인민에게 속하고, 인민이 국가 정치 권력을 행사하는 기관은 각급 인민대표대회와 각급 인민정부"라 하고, "각급 국가 정치 권력기관은 일률적으로 민주집중제를 실시한다."고 규정하였다.

경제건설의 기본방침은 "공유와 사유의 병행, 노동과 자본의 공동 이익, 도시와 농촌의 상호 부조, 국내와 국외의 교류 등의 정책을 통해 생산을 발전시키고 경제를 번영케 하는 것"이라고 했다. 또 "국가는 국영 경제와 개체경제 및 개인(私人) 자본주의경제 등을 조정하여, 각 종 사회경제의 구성 분자가 국영 경제의 지도하에서 분업과 협업, 적재적소에서 제 역할을 함으로써 전체 사회경제의 발전을 촉진하도록 한다."고 했다.

<공동강령>은 또 소수민족 정책에 대해서는 국내 "각 민족은 일률적으로 평등하고 서로 도우며 단결하고, 제국주의와 각 민족 내부에 존재하는 인민의 공적을 물리쳐서 중화인민공화국을 각 민족이 우애 협력하는 대가정으로 만든다. 각 소수민족이 사는 지역은 당연히 그 민족의 구역 자치를 실시한다."고 규정하였다.

나아가 외교정책에 있어서는 "국제적으로 각국의 인민과 우호 협력하고 제국주의의 침략과 전쟁을 반대한다."는 신중국 외교정책의 원칙을 제시하였다.

<공동강령>은 신중국 건설의 청사진으로써 신중국 건국의 대강령 이었다. 건국 후, 보통선거에 의해서 구성되는 전국인민대표에서 헌법 이 제정될 때까지 그것은 임시헌법의 역할을 했다.

정치협상회의는 또 <중화인민공화국 중앙정부조직법>을 제정하고, 신중국 건설의 지도부를 선출하였다. <공동강령>의 정신에 따라, 공산당은 단독으로 정권을 구성하지 않고 민주당파를 비롯한 각계 인사들을 망라한 연합정부를 수립하였다. 국가 원수격인 중앙인민정부위원회 주석에는 마오쩌둥이 선출되고, 부주석은 주더·류사오치·쑹칭링·리지선·장란(張瀾)·가오강 등이 선출되었다. 6명의 부주석 중 주더와 류사오치는 중앙서기처 서기로 당 서열 2, 3위였으며, 가오강은 당 중앙정치국 위원 겸 동북인민정부 주석이었다. 다른 3명은 쑨원의 미망인 쑹칭링, 중국국민당혁명위원회 주석 리지선, 중국민주동맹 주석 장란 등 비공산당원이었다.

최고 행정기관인 정무원의 경우, 저우언라이가 총리를 맡고 4명의 부총리를 두었다. 그들 중 궈모뤄, 황옌페이(黃炎培) 등 2명의 부총리는 비당원이었다. 그리고 15명의 정무위원 중 9명, 34개 부장급 중 14명이 당외 인사였다. 최고인민법원장 선쥔루(민맹)와 인민정부위원 56인 중 27명도 비공산당원이었다.

군의 경우, 마오쩌둥은 중국인민혁명군사위원회 주석을, 주더(인민해방군 총사령)·류사오치·저우언라이·펑더화이는 그 부주석을 겸직하였다. 부주석 5명 중의 1명인 청첸은 중국국민당혁명위원회 부주석의 신분이었다.

정부의 구성에 있어 이처럼 비공산당원을 포함시킨 이유는 소위 연합정부 수립의 명분으로 새로운 중국을 탄생시킨 모체가 오직 공산당만이 아닌 국민당에 반대하는 광범한 통일전선이라는 사실을 국내외에 과시하기 위한 것이었다. 물론 그것은 실질적으로는 공산당이 국민정부를 무너뜨리고 정권을 장악하긴 했으나, 그 세력 기반이 취약하였기 때문에 취한 불가피한 과도적 조치이기도 하였다.

정치협상회의에서는 신중국의 국명을 중화인민공화국으로 정하고. 국기는 오성홍기(五星紅旗), 국가는 의용군행진곡, 수도는 베이핑(北平)으로 확정하였다. 베이핑이 수도로 확정됨에 따라 그 이름은 다시 베이징(北京)으로 회복되었다.

회의는 중화인민공화국 건국 전야인 1949년 9월 30일 폐막하였다. 그날 밤, 톈안먼광장에서는 인민영웅기념비 정초식을 거행했다.

6. 공산당은 어떻게 국민당에게 승리할 수 있었는가?

1921년 7월, 57명의 당원을 근간으로 창당한 중국공산당이 불과 28년 만에 중국 천하를 제패하고 세계인구 4분의 1을 가진 대제국을 건설하게 되었다. 아무도 예상치 못한 일이었다. 따라서 중국공산당이 국민당을 물리치고 승리할 수 있었던 요인과 배경에 대한 학계의 논쟁은 끊임없이 대두되었다. 이를 요약하면 다음과 같다.

첫째, 국민당의 부패와 독재로 그들의 통치는 민심을 잃었고, 국민당 내부가 사분오열되어 전열이 일사불란하지 못했기 때문이다. 장제스를 비롯한 많은 국민당 지도층 사이에 존재하는 뿌리 깊은 당파주의가 국민정부군의 군사체계를 혼란시켜 상호간 연대의 결여와 비협조를 유발하였다. 모든 분야에 걸쳐 특유의 가족적·경제적·정치적 이해관계가 만연했으며, 극단적인 경우에는 공산측으로의 투항도 적지 않았다.

둘째, 공산당의 강력한 통일전선전략이 효과를 발휘한 것이다. 먼저 대내적으로 공산당이 꾸준히 전개한 통일전선 선전과 신민주주의 정치이론이나 연합정부론은 각 민주 당파 및 인민 대중을 우군으로 끌어들이는 이론적 기초가 되었다. 대외적으로 통일전선전략은 국외, 심지어 미국까지 중국공산당이 정권을 잡으면 중국에 청렴하고 민주적이며 통일된 강대국이 건설되어 혼란한 정치국면을 끝낼 것이라고 믿을 수 있게 만들었다. 그러므로 국내의 각계 민주 당파 및 인민 대중들도 그것을 강력히 원했다.

셋째, 마오쩌둥이 주창한 "농촌으로부터 도시를 포위한다."는 전략이 성공하였기 때문이다. 특히 토지혁명은 전통적 농민혁명에 착안한 대중노선을 통하여 중국 인민의 80%를 넘는 농민들에게 토지를 분배하는 방식으로 추진되었다. 이는 한편으로는 생산력을 증대하고, 다른 한편으로는 집요한 정치·이념교육을 통해서 계급투쟁을 강조하여 대규모의 정치적·군사적 동원을 가능케 하였다. 국공 대립 하에서 농민들이 택할 수 있었던 길은 토지 분배로, 그들의 권익을 보호해 주고 정치·사회·경제 제도의 변혁을 시도하는 공산당일 수밖에 없었다. 또 공산당에 대한 지원을 통하여 자신들의 권익 보존이 가능하다고 믿게 되었다. 반면 국민당은 소수의 기득권을 옹호하려는 보수 세력을 대변하는 정치집단, 즉 친부르주아지 정당으로서 일당독재의 정치제도에 안주, 국민의 지지를 얻기 위한 정책에 거의 관심이 없었다. 특히 농촌사회의 초미의 관심사였던 토지문제에 대하여 장제스 정권은 그 중요성과 심각성을 제대로 이해하지 못했을 뿐만 아니라, 오히려 반동적인 정책을 견지함으로써 광범위한 농민들의 불신과 이탈을 조장했다. 따라서 정권의 기반이 무너지게 된 것이다.

넷째, 항일전쟁이 끝난 이후 국민정부는 민족적인 정통성 경쟁에서 공산당에게 패배하였다. 항일전쟁이 승리한 후, 국민정부는 일본군이 점령했던 지역을 접수하는 과정에서 공산당을 견제하기 위하여 패주하는 일본군과 난징 친일 괴뢰정권의 관료, 군대 등의 협력을 요구하였고, 상당 부분 이들 친일 세력을 국민정부의 행정기구와 군대조직에 수용하였다. 물론 친일 세력에 대한 처형이 없었던 것은 아니지만, 조직적인 청산 운동은 전혀 실시하지 않았다. 이에 반해 공산당은 일본 및 친일 세력에 대한 철저한 청산 운동을 벌였다. 따라서 민족의 자주 독립을 염원하는 중국 인민들은 자연스럽게 마오쩌둥의 손을 들어주게 되었다.

다섯째, 항일전쟁의 발발을 들 수 있다. 일본의 침략은 어떤 의미에서 장정 이후 옌안 시기에 중국공산당에게 닥쳤던 절체절명의 위기를 완화해 주고, 2차 국공합작으로 공산당이 후방 전장에서 자신의 역량을 키울 기회를 제공하였다. 이에 반하여 전장에서 일본군과 대치하고 있던 국민당은 전쟁을 직접 치러야 했고, 그로 인해 신무기로 무장한 수많은 정예부대를 잃고 말았다. 따라서 2차대전 종결 후 상대적으로 후방에서 역량을 비축한 공산당은 국민당과의 국공내전에서 연전연승할 수 있었다.

역사에는 필연적인 것도 있고 우연적인 것도 있다. 앞의 네 가지 조건을 국민당이 패하고 공산당이 승리한 역사의 필연적 요소라고 한다면, 일본의 중국침략으로 발발한 항일전쟁은 중국공산당에게 위기를 기회로 돌릴 수 있는 우연적 요인이 된 것이다.

제 2 부

중화인민공화국 건립 후
마오쩌둥 시대의 중국공산당
(1949~1978)

제1장

신국가 건설과 신민주주의 혁명의 완성

1. 중화인민공화국의 성립과 신국가 건설

1949년 10월 1일 오후 3시, 국방색 중산복을 입은 마오쩌둥은 가까운 혁명동지들과 함께 톈안먼 성루에 나타났다. 톈안먼광장에는 이미 새벽부터 몰려든 군중들로 인산인해를 이루고 있었다. 중국 인민들의 마음속에는 이곳이 바로 중국과 세계의 중심이었다. 마오쩌둥은 톈안먼광장을 터지도록 메운 군중들을 향해 '중화인민공화국 건국!'이라고 우렁차게 외쳤다. 그는 또 세계만방을 향해 떨리는 목소리로 "이제 인류의 4분의 1을 차지하는 중국 인민이 일어났다."고 선포했다.

마오쩌둥은 1918년의 레닌과는 달리 '사회주의혁명'의 선포자가 아닌, 민족의 해방자로 나타났다. 마찬가지로 광장에 운집한 군중들 역시 그를 수백 년간의 굴욕을 딛고 민족을 통일시킨 민족의 해방자로 환호했다. 새로 탄생한 신중국은 '프롤레타리아 독재국가'가 아닌, '인민 민주 독재국가'였다. 인민의 범위는 노동자와 농민뿐만 아니라 소부르주아 계급과 민족부르주아 계급도 포괄하였다. 국민당 및 제국주의와 밀접하게 결탁한 농촌의 '봉건지주'와 도시의 '관료 부르주아'만 철저히 배제하였다.

1949년 10월 1일 톈안먼 성루에서 중화인민공화국 건국을 선포하는 마오쩌둥

건국 당시 중국은 겉으로 보기에는 미국과 맞먹는 넓은 국토, 세계 인구의 4분의 1이라는 거대한 인구 및 풍부한 자연 자원을 보유하고 있어 이른바 자급자족 내지 자기 완결적 경제체제의 논거를 구비하고 있었으며, 훌륭한 문화유산과 전통을 갖고 있어 대제국으로서의 위용을 갖추고 있었다. 그러나 정권 수립 당시 중국이 당면한 상황은 혁명 과정 이상으로 풀어내야 할 문제들이 산적해 있었다. 그 일부는 혁명 투쟁의 직접적인 결과였고, 다른 일부는 한 세기에 걸친 외국 지배의 유산이었으며, 또 다른 일부는 과거부터 지속되어 온 유교적 보수주의와 같은 이념적인 것도 있었다. 특히 청 말엽부터 시작된 오랜 국내외 전쟁과 이로 인한 정치적 혼란과 경제적 피폐는 완벽한 통일 정부로

서의 기반을 갖추기에는 미흡했기에 가야 할 길이 멀었다.

여기다 공산정권을 수립할 당시 중남, 서남, 화동지역에는 여전히 국민당군 3개 집단군 약 70만 명이 자리 잡고 있어 완전한 영토상의 통일을 보지 못한 상태였다. 동남부 신해방구(신중국 건국 이후 점령한 구역)는 전체 인구 5억4천만 가운데 3억1천만이 거주하는 지역인데, 이 지역은 비록 해방군이 점령하였다고는 하나, 공산당 정권에 반대하는 세력이 적지 않았으며 인민의 의식 속에는 구체제의 이데올로기가 여전히 팽배해 있었다.

국내 경제 상황은 그 잠재력에 훨씬 못 미치는, 붕괴 상태에 놓여있었다. 경제 상태의 붕괴는 실업인구를 급증시키고 급기야는 국민을 아사지경으로 몰아넣고 있었다.

외교면에서도 소련이 신중국을 지지하면서 <중소 우호 동맹 상호 협조 조약>을 체결(1950년 2월 14일)하였다고는 하나, 미국이 신중국에 대한 승인을 거절하고, 여타 국가가 신중국과의 외교 관계를 수립하지 못하도록 방해하는 입장에 있었다.

나아가 갑작스러운 혁명의 승리에 도취한 공산당은 자만과 향락으로 부패한 사상이 난무해질 가능성을 내재하고 있었다.

이러한 현실적 상황에서 공산정권 수립 당시의 중화인민공화국도 여타 혁명정권과 마찬가지로 혁명 질서를 확립하고 경제를 부흥시켜 새로운 정권 기반을 공고히 해야 하는 무거운 과제를 안고 있었다. 그리하여 이 시기의 국가건설의 목표는 최종 목표인 사회주의 국가건설 그 자체보다도 기본적으로 '신민주주의 혁명론'의 연장 선상에서 계급적 연합과 단결에 기초한 공산당 중심의 연합정권 기구의 건설과 새로운 정치질서의 구축, 그리고 국가 경제의 회복과 사회질서의 개편을 추진하는 데 있었다.

2. 영토상의 완전한 통일과 경제체제 정비

위에서 언급한 바와 같이 중화인민공화국 건립을 선포할 당시 국민당군이 패주를 거듭하고 있긴 하였으나, 중남·서남·화동지역에서는 여전히 바이충시·위한모(余漢謨)·후쫑난 등이 지휘하는 국민당군 3개 집단군 약 70만 명이 자리 잡고 있어 완전한 영토상의 통일을 이룬 상태는 아니었다. 바이충시와 위한모는 광둥과 광시 지역을 방어하고 있었으며, 후쫑난은 천혜의 요새인 친링(秦嶺)을 방어선으로 해방군의 쓰촨 진입을 저지하려는 계획을 세우고 있었다. 그리고 이 방어선이 무너지면 광시와 쓰촨으로 철수하여 서남방어선을 구축하고 국제환경의 변화에 따라 권토중래의 기회를 포착하려 했다.

공산당 중앙군사위원회는 이미 1949년 9월 13일, 대륙을 완전히 진압하기 위하여 린뱌오가 이끄는 제4야전군과 류보청·덩샤오핑이 지휘하는 제2야전군의 주력 부대 일부를 후난과 광둥에 투입하고 있었다. 그리고 신중국 수립 후 9월 26일 인민해방군은 세 차례의 대규모 전투를 벌여 국민당군 10여 만을 섬멸하고 후난과 광둥을 장악하였다. 12월 16일, 광시로 패주한 바이충시를 완전히 섬멸하였다. 1950년 4월 30일, 린뱌오가 지휘하는 제4야전군은 하이난도(海南島)를 점령하고, 5월에는 동남 연해의 해상방어 요충지인 저우산군도(丹山群島)를 점령하였다. 12월 29일 장제스의 국민당 정부는 광저우, 충칭, 청두(成都)를 거쳐 타이베이로 패주하였다.

1949년 12월 초에는 윈난의 룽한(龍漢)과 쓰촨의 덩시허우(鄧錫候) 및 시캉의 류원후이(劉文輝)가 각각 투항해왔다. 신장의 바오얼한(包爾漢)과 타오치웨(陶峙岳)는 9월 25일에 공산당 정권에 접수되었다. 이로써 1950년 10월까지 국민당 정규군 128만을 섬멸하고, 티베트와 타이완, 펑우

(澎湖), 마주(馬祖), 진먼(金門), 홍콩과 마카오를 제외한 전 대륙과 도서를 완전히 장악하였다. 티베트는 한국전쟁 중인 1951년 5월, 류보청과 덩샤오핑이 지휘하는 제2야전군에 의해 신중국에 복속되었다. 신해방구에서 해방군은 대규모의 토벌 작전을 벌여 260여 만의 공비와 특수공작원을 섬멸하였다.

해방군이 대륙을 진압하는 과정에서 점령한 신해방구에서는 정치, 군사상으로 임시적 과도정권인 6대 군구 군사관제위원회를 설치하여 통치 관리하였다. 군사관제위원회는 국민당의 활동을 진압하고 국민당의 모든 공공기관을 접수 관리하여 사회질서를 유지하는 한편, 각지에서 각계 인민대표회의를 소집(선거)하여 지방 인민정부의 출범을 도왔다. 1951년 9월 말에는 전국의 대행정구, 성, 직할시와 현, 그리고 기층에 이르기까지 정권 기구를 기본적으로 구축하였다.

경제적으로는 점령 구 위주로 '분산 관리'의 원칙에 의해 통치되었다. 그러나 건국 후 얼마 안 되어 국민당군을 대륙에서 완전히 축출하자, 공산당 지도자들이 당면한 과제는 정치적으로 정권 기반을 공고히하고, 피폐한 경제를 부흥 발전시켜 사회주의 체제의 기초를 다지는 일이었다. 따라서 지방 분산적 할거 체제는 그러한 국가적 과제를 해결하는 데 적합하지 않았으며, 그것은 결국 재정적자의 누적과 물가 폭등 등 정치, 경제적 불안을 조장하였다.

그리하여 마오쩌둥은 건국 전야인 1949년 7월에 이미 스탈린식 중앙집권적 계획경제에 밝은 천윈을 동북으로부터 불러들여 중앙군사혁명위원회 산하에 국가재정경제위원회를 신설하고, 그를 중국경제조정의 사령탑(주임)으로 임명하였다. 그것은 건국 후 경제관리체제를 지방의 분산 관리로부터 중앙의 통일적 관리로 전환하기 위해 마련한 전략적 포석이었다. 천윈은 1949년 겨울과 1950년 겨울 두 가지 중대한 조치를 취한다.

그 첫 번째 조치는 국가행정력으로 자유시장경제체제에 타격을 가하는 것이었다. 당시 천원의 임무는 국가가 시장을 통제하여 자유경쟁을 압살함으로써 자유 거래에 타격을 가하여 자유시장을 말살하는 일이었다. 1949년 10월 건국 얼마 후 천원은 '4로 진병(四路進兵)'을 제의, 상하이·톈진 등지의 식량·면사와 면포·토산품 등의 자유 거래에 타격을 가하였다. 그 하나는 중세의 부과. 둘째는 공채권의 회수. 셋째 기업주가 제 때에 임금을 주도록 하고 공장의 폐쇄는 불허. 넷째 사영은행과 사영기업에 대한 대출 불허 등의 조치를 취하였다. 이는 스탈린식 경제정책으로 경제에 대한 국가행정의 간여와 물자의 국가 독점으로 시장경제 메커니즘을 말살시키는 것이었다.

천원이 시도했던 두 번째 조치는 첫 번째 조치의 기반 위에 재정 대권을 중앙에 집중시키는 것이었다. 1950년 3월 천원은 중앙인민정부 정무원의 명의로 <국가재정 경제공작의 통일에 관한 결정>을 공포, 재정 경제에 관한 권한을 중앙에 집중(이를 '收'라고 함)시켜 관리하게 된다. 그 주요 내용은 ① 전국 재정수지의 통일, ② 전국 물자 수급의 통일적 관리, ③ 전국의 현금과 화폐 발행의 통일, ④ 행정직원의 편제와 보수기준을 전국적으로 통일 관리하는 것 등이었다.

이로부터 전국의 재정·물자·인사 대권이 모두 중앙에 귀속되었고, 따라서 재정은 안정되었다. 하지만 천원의 이 두 조치는 시장에 의존하여 연명하던 '민족자본가 계급'에 타격을 가했을 뿐만 아니라, 그것이 '사회주의 개조의 길'로 향하게끔 밀어붙여 지방의 이익과 적극성을 압살, 전국의 경제를 위축시키는 결과를 초래하였다.

이러한 상황에서 중앙의 통일적 관리에 대한 지방 지도자들의 반대가 속출하였다. 상하이의 천이와 후난의 황커청(黃克誠)이 그 대표적 예다. 천이는 1950년 5월 중앙에 보낸 한 보고서에서 "3, 4월 상하이의 민심은 대단히 흉흉하다. 밥을 굶고 공장과 상점이 문을 닫고 시민들이 경찰서를 부수고 군중들의 민원이 쇄도하고 있다."는 등 당시 상하이의 혼란상을 상세히 보고했다. 황커청도 1951년 2월 마오쩌둥과 중앙의 재경위원회에 편지를 보내 지방경제를 목 조르는 정책을 비판하고, 당연히 지방의 공업이 적극성을 발휘하도록 하는 조치가 있어야 할 것을 제의했다.

마오쩌둥은 지방 지도자들의 건의를 받아들여 중앙 재경위원회에 이의 시정을 지시하였다. 정무원은 <1952년도 재정 수지 체계의 구분에 관한 결정>을 내려 중앙이 통일적으로 지배하던 재정경제체계를 중앙·대행정구·성의 3급이 '단위별로 나누어 관리(분급 관리)'하도록 개정, 중앙의 일부 재정권을 지방에 위임하였다.

그러나 이처럼 중앙집권의 기본방침 아래 지방(대행정구, 성)에 자율의 여지를 두었지만, 이는 권력을 중앙에 집중화하는 과정에서 일어난 문제점을 모면하기 위한 임시방편에 불과했다. 그 자체가 분권화로 돌아가는 것은 아니었다. 왜냐하면, 당시의 상황으로서는 국가적 통일과 사회주의 체제의 기반조성이 급선무였으므로, 지방의 분산 관리는 이러한 시대적 요청에 적합한 것이 아니었기 때문이다.

3. 강력한 대중동원과 신민주주의 개혁

새로운 국가를 건설한 공산당 지도자들은 새 헌법이 제정되기에 앞서 정치체제에 대한 적극적인 지지를 불러일으키기 위하여 강력한 대중동원과 신민주주의적 사회개혁을 추진한다. 즉 유교적, 봉건적, 제국주의적, 자본주의적 유산을 청산하고 사회주의 건설의 기초조건을 마련하는 일에 착수한다. 1950년부터 1952년 사이에 전국적으로 빠른 속도로 확전시켜 나간 토지개혁, 축첩제 폐지와 새로운 혼인법 제정, 항미원조, 애국증산절약, 사상개조, 3반·5반 운동 등 일련의 대중운동이 바로 그것이다.

내전 중 이미 공산당은 1억 4,500만의 농업인구(전체 인구는 1억 6,000만)가 거주하는 구해방구에 토지개혁을 강행하여 지주와 부농의 토지 2,500만ha를 1억의 농민에게 나누어 주었다. 그러나 2억 6,000만(총인구는 3억 1,000만)이 사는 신해방구에 대해서는 토지개혁을 실시하지 못하였다.

<공동강령> 제27조는 "토지개혁을 실시한 지역에서는 토지소유권을 보호하여야 하며, 토지개혁을 실시하지 못한 지역에서는 농민을 동원하여 농민단체를 조직하고, 이들의 힘을 빌려 토비의 악덕을 제거하고 소작료와 이자를 내림과 동시에 토지 분배의 과정을 거쳐 경작자가 토지를 소유하도록 한다."고 규정하였다. 이에 따라 1950년 6월 28일 중앙인민정부위원회는 <중화인민공화국 토지개혁법>을 통과시키고, 6월 30일 마오쩌둥은 전국적으로 이를 실시하도록 명하였다.

<토지개혁법>은 농촌인구를 빈농·중농·부농·봉건 지주 등 4계급으로 나누고, 지주계급·종문 등과 같은 씨족 단위의 토지·가축·농기구· 잉여 식량과 기타 남아도는 가옥을 몰수하여 빈농에게 나누어주는 내용이었다. 그러나 부농경제를 보존하고 소규모 토지 임대자의 토지는 몰수하지 않기로 했다. 빈농은 토지를 소유하지 않고 있거나 아주 좁은 면적의 토지를 가진 계층으로 전체 농촌인구의 70%였다. 지주는 스스로 경작하지 않고 고리대금업자처럼 빈농에게 땅을 빌려주어 피를 빨아먹는 기생충과 같은 무리로, 전체 인구의 4%가 전국

경작지의 30%를 점하고 있는 것으로 추산되었다.

토지개혁의 주된 방법은 행정 법규에 따라 추진한 것이 아니고, 대중운동의 형식(인민재판)을 통하여 진행했다. 투쟁을 주도한 조직은 토지개혁공작대와 빈농 및 고용농 위주로 구성된 농민협회였다. 주된 전술로는 고용농과 빈농을 중심으로 중농과 중간 부농을 결집하여 지주계급을 타도하는 방식이었다.

1950년 가을에 먼저 화동과 중남 지역의 1억 농민 인구가 사는 300여 개의 현에서 전개하였다. 시짱 자치구와 신장 위구르 자치구를 제외한 그 밖의 지역은 1951년과 1952년에 각각 완성하였다. 악덕 지주나 토지개혁에 저항 또는 방해하는 지주들에 대해서는 인민재판을 통하여 사형에 처했다. 100만 내지 200만의 지주가 척결되었다.

토지개혁의 목적은 한편으로는 경작자에게 토지를 분배하는 원칙에 따라 토지를 농민에게 돌려줌으로써 농민의 생산 의욕을 북돋우는 것이었으며, 다른 한편, 특히 정치적으로는 농촌사회의 구세력을 제거하기 위한 것이었다. 농민을 동원한 대중운동을 통해 과거 농촌 지역의 주요 조직체였던 씨족, 사원, 비밀결사 조직(幇會) 등을 새로운 사회주의 기반인 농민조직으로 대체하는 것이었다.

그 결과 토지개혁이라는 하나의 계급투쟁운동을 통하여 인구의 70%를 차지하는 빈농과 소작농들에게 봉건적 착취제도를 내몰 수 있다는 믿음을 주었다. 나아가 농촌의 봉건적 사회구조를 철저히 파괴하여 2천 년 이래 농촌을 지배하던 향신 계층은 농민을 주축으로 하는 공산당 조직으로 대체되어 사회주의 건설의 초보적인 기반이 마련되었다.

다른 한편, 도시의 국영 공업·광업·교통 기업도 신국가 건설의 목적에 걸맞게 개조하였다. 그것은 기업 내부에 숨어있는 반혁명분자와 봉건세력의 잔재를 일소하고, 구사회의 유습인 관료적 관리체제와 갖가지 노동자에 대한 억압을 척결하기 위한 것이었다. 공업·광업 관리위원회와 직공 대표회의를 설립하여 노동자들을 공장관리에 참여시키고 노동자 대중이 주인이 되도록 하여 생산의 적극성을 고취하였다.

1950년 5월 1일, 중앙인민정부는 <중화인민공화국 혼인법>을 공포하여 혼인에 대한 봉건적 폐습을 폐지했다. 그것은 강제 결혼, 남존여비, 축첩제도, 자녀의 권리를 무시하는 봉건적 혼인제도를 철폐하고, 일부일처, 남녀평등 및 부녀자와 자녀들의 합법적인 권리를 보호하는 내용이었다. 이와 동시에 당과 정부는 강력한 조치로 구사회의 유습인 매음 매춘, 마약 판매 및 흡입, 도박 등 각종 악습을 철저히 금지하였다. 그럼으로써 사회 풍기를 다잡아갔다.

1950년 6월, 한반도에서 전쟁이 발발했다. 아직 중국의 새 정권이 안정을 찾지 못한 시기였다. 지정학적으로 한반도와는 순망치한(脣亡齒寒)의 관계에 있는 중국으로서는 긴장하지 않을 수 없었다. 특히 타이완을 통일하지 못한 공산당으로서는 타이완을 지지하고 있는 미국의 한국전쟁 개입은 바로 중국에 대한 선전포고나 다름이 없었다. 물론 전쟁 발발 이전에 소련은 물론, 김일성과도 전략적 교감이 없었던 것은 아니지만, 유엔군의 개입으로 전세가 불리하게 돌아가자 타이완의 버팀목인 '미국에 항거하여 조선(북한)을 도와야 한다'는 항미원조(抗美援朝)'의 명분을 내세워 한국전쟁에 참전하기로 하였다.

1950년 10월 8일, 마오쩌둥은 펑더화이를 지원군 사령관으로 임명하여 100만의 지원군이 한반도로 출격할 것을 명하였다. 그리고 마오쩌둥은 대내적으로 항미원조, 보가위국(保家衛國: 한집안을 지켜나가는 동시에 나라를 보위함) 운동을 전개함으로써 중국인들의 애국주의를 고양하는 한편, 오랫동안 중국인 마음속에 자리 잡고 있던 친미, 숭미(崇美),

공미(恐美: 미국에 대한 공포) 사상을 사
라지게 했다. 항미원조 운동은 모든
경제회복 활동(생산증대와 절약 운동 등)
및 사회개혁 활동과 긴밀히 연계되
어 돌아갔다. 노동자들에게 공장은
전장이며, 기계는 대포나 총이라는
구호로 애국, 반미 감정을 부추겼다.

한국전쟁은 1953년 7월, 3년 만에
휴전되었다. 중국의 승리였다. 대외
적으로는 세계 최강국 미국과의 전

중국을 방문한 김일성과 마오쩌둥

쟁에서 무승부를 기록함으로써 세계의 정치무대에 새로운 강국으로
등장할 수 있었으며, 내부적으로는 인민들에게 민족적 자긍심과 단합
을 고무할 기회를 잡았기 때문이다. 특히 한국전쟁 지원을 빌미로, 지
방의 군부 세력을 외부로 빼돌림(한국전쟁으로 투입)으로써 마오쩌둥이
집정하고 있는 중앙의 권력을 강화할 수 있는 절호의 기회가 되었다.

한편 부정적인 측면을 전쟁의 결과적인 점에서 보면, 중국 대(對) 연
합군, 즉 미군과의 대치는 전면적으로 소련 일변도(向蘇一邊倒) 정책을
벗어날 수 없게 만들었다. 그것은 바로 스탈린이 가장 바라던 결과였
다. 김일성이 전쟁을 일으키도록 부추기고 중국을 강제로 미국과 정면
으로 대적하도록 해서 중국과 미국의 동맹 가능성을 철저히 막아, 중
국을 사회주의 진영 속에 가두어 버리는 것이 스탈린의 깊은 속셈이
었을 것이다. 실제 당시 스탈린은 중미 동맹 결성의 가능성을 간파하
고 중국에 김일성의 통일 계획에 협조하라고 강요했고, 중국의 한국전
쟁 참전으로 중미 우호의 가능성을 물거품이 되게 하였다. 그로 인해
결국 신생 중국은 미국 중심의 세계무역에서 완전히 배제되고 고립되

지 않을 수 없었다. 미국의 조종하에 영국·프랑스·일본 등 36개국은 중국에 대해 봉쇄 금운(禁運) 정책을 썼다. 그 결과 중국은 흐루쇼프 등장 이전까지 부득불 소련 일변도 정책을 유지하지 않을 수 없었다.

건국 초기에 대륙에는 국민당의 무장 세력이 200만, 각종 정보요원이 60만, 국민당과 긴밀한 관계를 맺고 있는 정파의 간부가 60만 명, 그리고 기타 수많은 반혁명 세력이 잔존하고 있었다. 한국전쟁이 발발하자 이들은 재기의 기회로 삼고, 곳곳에서 우후죽순처럼 봉기하여 4만여 명의 친공산당 간부를 살해했다. 그래서 1950년 12월부터 3년간 이들 친국민당 세력에 대한 대대적인 숙청작업(반동 진압운동)을 벌이는 한편, 1951년 겨울, 공산당은 도시에서 '3반' 및 '5반 운동'과 같은 새로운 사상개조 운동을 전개하였다.

1951년 11월, 당 중앙의 생산증대와 절약 운동 전개 중에 나타난 부패 문제에 근거하여, 그해 12월 1일, 당 중앙은 당·정 기관 내부의 간부를 대상으로 횡령 반대, 낭비 반대, 관료주의의 반대에 대한 규칙을 제정하고, 이들 세 가지 행태에 대한 반대, 즉 '3반 운동'을 본격적으로 전개했다. 특히 1930년대 혁명에 참여했던 이른바 원로 간부들의 독직과 타락을 근절하려는 운동으로, 간부의 횡령, 낭비, 관료주의를 척결하는 운동이었다.

마오쩌둥이 혁명 승리의 가능성을 본 후부터 역사상 승리자가 승리의 성과에 의해 썩어가고 결국 정권을 잃었던 정치적 교훈에 기인하여 착안한 것이다.

그러나 실제적이고 구체적인 3반 운동의 대상에 대해서는 1951년 11월 23일 자 ≪인민일보≫ 사설에서 숨겨두었던 진실을 드러냈다. 사설에서 부정부패 문제는 주로 "국민당 반동파의 부정 기풍을 이어받은 잔류 인원에 나타나는데, 그 이유는 그들이 횡령 인사 전체의 99%

를 차지하기 때문"이라고 했다. 결국, 3반 운동은 국민당 잔여 세력을 숙청하는 반동 진압 운동의 연속이었다고 보겠다. 물론, 이 운동을 통하여 당원의 질이 개선되었다는 점 또한 부인할 수 없다. 특히 새로 수혈된 당원은 대중동원의 실천적 경험을 쌓도록 요구되었기 때문이다.

운동방식은 범죄 대상자를 각 기관에 할당하여 적발한 후, 한곳에 모은 다음 군중이 비판하는 형식으로 전개되었다. 기층에서는 투쟁 과정 중 구타, 포위 공격, 모욕과 학대 등을 동반하였다. 운동방식이 비인간적이고 폭력적이어서 자살하는 사례가 부지기수였다. 상하이의 경우만 보아도 500여 명이 자살하였다고 전한다. 1952년 운동의 결과 간부의 약 5%가 처형되었다.

'5반 운동'은 1952년 1월부터 국가 간부와 기업이 유착하는 부패행위, 즉 도시상공업자의 부정을 척결하기 위한 운동으로, 그것은 뇌물수수, 탈세 및 누세, 국가 자재의 절취, 부실 공사, 국가 경제정보 누출에 대한 반대 투쟁이었다. 여기서 주목해야 할 점은 '3반'이 마오쩌둥에게 있어서는 '내부의 적'으로 규정된 반면, '5반'은 '외부의 것', 즉 상공업부르주아를 겨냥한 것이었다. 5반 운동의 기본 방식은 3반 운동과 대동소이하였다. 이 운동은 대체로 5월 중순에 끝났다. 상하이의 경우 4월까지 이 운동이 전개되면서 자본가 222명이 자살했다. 이로 보아 전국의 자살자 수는 상상하기 어렵지 않다.

그것은 겉으로는 기업과 상공업 부문의 악습과 병폐를 제거하는 데 목적이 있었다. 그러나 실질적으로는 자본가 계급에 대한 첫 번째의 대투쟁으로, 이를 통하여 한편으로는 민영 상공업을 국가의 통제 아래 두게 할 수 있었고, 다른 한편으로는 노동자 계급이 상공업 기업을 감독할 수 있게 되어 그들이 경제적으로 주도적 위치를 확고히 할 수 있었다. 결국, 그 목적은 경제의 부정부패를 숙정하는 것이 아니라, 사회

구조 및 사회계급을 개조하자는 것이었다.

토지개혁으로 공산당 정권이 농민의 지지를 받아 농촌에서의 정권 기반을 강화한 것이라면, 3반·5반 운동은 도시의 노동자·점원·소시민 계급의 지지를 얻어 도시에서의 공산당 정권 기반을 강화한 것이다. 3반과 5반 운동을 거치면서 정부는 다량의 민영 상공업 자산을 회수했다. 건국 초기 한국전쟁을 맞아 국가가 큰 지출을 해야 하는 상황에서 이들 운동은 국가의 재정적 곤란을 어느 정도 해결하는 역할도 했다.

1952년 말, 중국의 국가통일은 어느 정도 실현되었고, 중국 역사상 초유의 강대한 국가를 건설하였으며, 전쟁으로 파괴된 경제는 회복되어 1952년 농·공업 생산액과 주요 상품의 생산량은 모두 중일전쟁 이전(1936년) 수준을 넘어설 수 있게 회복되었다. 인민의 생활도 개선되어 1952년을 1949년과 비교했을 때 직원과 노동자의 임금은 70% 이상 올랐고, 농민의 수입은 30% 이상 증가하였다. 경제의 회복과 동시에 국민경제의 구조도 큰 변화가 일어났다. 국영 경제, 개인 자본주의 경제, 개체경제, 국가 자본주의경제, 합작사 경제 등도 모두 크게 발전하였다. 특히 국영 경제가 대단히 급속히 발전하였다. 사회적으로는 토지개혁을 완성하고, 혼인제도의 개혁과 3반·5반 운동 등을 통하여 반봉건적 유습과 적폐를 척결하였다.

이는 결과적으로 중국공산당 정권이 사회주의로 이행하기에 앞서 그 정치, 사회, 경제적 기반을 강화하는데 크게 기여했다. 전체 국가가 신민주주의를 완성하고, 사회주의로 이행하기 위한 튼튼한 기초를 다진 셈이다.

제 2 장

과도기의 총노선과 제1차 5개년계획

1. 과도기 총노선을 위한 중앙권력의 강화

'중국에서의 사회주의 건설'은 중국공산당이 창당 때부터 설정한 최종 목표다. 그러나 경제가 아주 낙후된 반(¥)식민지 반봉건 사회의 기반 위에서 사회주의를 건설하려면 반드시 먼저 신민주주의 혁명을 거친 후에야, 비로소 사회주의혁명으로 넘어갈 수 있다고 보았다.

1953년 10월 1일, 중화인민공화국 건국 4주년의 시점에 당과 정부는 <사회주의 과도기의 총노선>을 선포하고, '신민주주의 종결'을 선포했다. 그리고 중국은 이제 사회주의 개조 단계로 넘어가 그것을 단계적으로 추진하되, 그것을 완성하려면 15년이라는 긴 시간이 소요될 것이라고 보았다.

'과도기'란 중화인민공화국이 수립된 다음 사회주의 개조의 기본이 완성되는 시기까지를 말하며, '총노선'의 본질은 신정부 수립 초기의 신민주주의 사회를 전민소유·집단소유의 기초 아래 사회주의사회로 개조하는 것으로, 사회주의경제가 국가와 사회제도의 중요한 기반이 되도록 하는 것이다.

사회주의는 마르크스의 중심 원리로 현대 공업, 즉 자본주의 발전의 기초위에 건립되는 것이다. 그러므로 총노선의 중심 임무는 상당 기간 내에 기본적으로 국가 '공업화를 실현'하는 것임과 동시에, '농업·수공업과 자본주의적 상공업을 사회주의로 개조(합작화)'하는 것이다.

사회주의 공업화의 실현을 위하여 당 중앙은 1953년부터 제1차 5개년계획을 추진하기로 하고, 경제건설을 전체 국가정책에 있어서 가장 우선순위에 두었다.

1952년 소련 전문가의 지원으로 당과 정부는 과도기의 총노선과 총임무에 근거하여 국민경제발전 제1차 5개년계획을 수립하였다. 마오쩌둥은 '소련의 오늘은 바로 중국의 내일임'을 천명했다. 계획은 전통적인 소련식 경제모형, 즉 스탈린식 발전전략을 모방한 것이었다.

제1차 5개년계획의 목적은 세 가지로 요약된다. 첫째로 숙원이었던 자립적인 민족경제를 건설하는 것. 둘째 국가 안전보장의 기초로서 중공업 기반을 확립하고 동시에 하루 속히 서방의 공업국을 따라잡는 것. 셋째 생산력의 발전이라는 물질적 기초위에서 단계적으로 국민경제의 사회주의적 개조를 완성하는 것 등이었다.

그러면 왜 평균주의 실현을 이상으로 삼고 있는 마오쩌둥이 소련의 발전모형을 받아들였는가? 소련이 이러한 모형을 적용하게 된 동기는 중앙관리체제로 인한 사회경제적 비용을 감수하고서라도 노동과 자본의 총체적 동원을 통하여 급속한 경제성장과 산업의 구조적 변화를 가져와 서구와 버금가는 국력을 증대하고자 하는 데서 비롯되었다. 당시 신생 중국 역시 이러한 소련의 동기와 부합되는 조건에 처해 있었기 때문이다. 특히 소련의 기술과 경제 원조를 기대했기 때문에 마오쩌둥은 소련모형을 받아들인 것으로도 볼 수 있다.

이처럼 중국이 그 발전전략을 소련의 모형을 그대로 모방함에 따라 국가와 사회 체제 역시 소련의 모형을 답습했다. 말하자면, 당시의 중국은 본격적인 사회주의 개조와 조속한 생산력 발전을 위해 소련의 발전모형을 따라 정부의 관료조직을 고도로 중앙에 집중시키고, 경제계획은 경제 관련 부처를 통하여 통제·관리하며, 평등(紅, red)보다는 능률(專, expert)을 극대화할 수 있도록 관료조직을 전문화할 필요가 있었다.

소련과 똑같이 정부 경제체계의 사령탑으로 계획위원회를 신설함은 물론, 각 업종을 관장하는 기계제조공업부, 야금부, 화공부 등과 같은 부를 설치하였다. 그리고 각 중앙국과 대구(大區) 행정위원회의 주요 지도급 인사와 간부를 베이징으로 불러들이고 당과 국가의 중앙기구를 증설하여 통일적 지도를 강화한 것도 이러한 취지에서였다. 1952년 8월 덩샤오핑을 서남국에서 정무원 부총리로 발탁하고, 가오강·라오수스(饒漱石)·덩쯔후이(鄧子恢)·시중쉰(習仲勳) 등을 연이어 각각 동북국·화동국·중남국·서북국으로부터 베이징으로 불러들여 당과 국가기관의 중앙 지도직무를 맡게 한 것이 그 예다.

2. 중앙권력에 대한 가오강과 라오수스의 반당 음모

건국 당시 해방군이 대륙을 진압하는 과정에서 설치한 6대 군구와 그에 상응한 6대 행정구에 임시 지방정권 기관인 지역 군사관제위원회를 두어, 반혁명적 파괴 활동을 진압하고 국민당의 모든 공공기관을 접수하고 사회질서를 유지하였다. 이들 여섯 지구에는 중앙의 당·정·군과 연계된 직책이 있었다. 즉 공산당 서기, 군사관제위원회 주석, 군구 사령관 및 정치위원 등이 그것이다. 각 지역에서 국공내전을 승리로 이끈 군사 지도자들 14명이 그것을 겸직하고 있었다.

그중에서도 특히 5명이 막강한 지역 기반을 둔 실력자들이었다. 첫째로 들 수 있는 인물은 동북의 가오강이다. 그는 동북군정위원회 및 동북국 당·정·군의 최고지도자로 동북의 당·정·군을 전부 장악한 인물이었다. 다음은 펑더화이로 서북 제1야전군을 이끈 맹장으로 당 서기 겸 정부주석이자 군사령관이었다. 세 번째 인물은 화동의 당 서기이자 군대 정치위원 겸 정부 주석인 라오수스인 데, 그는 신4군의 노련한 조직가로서 화동지역에 막강한 권력을 갖고 있었다. 그리고 마지막으로 린뱌오(제4야전군 사령관)와 덩샤오핑(제2야전군 정치위원)이다. 두 사람은 각각 중남과 서남에서 막강한 기반을 구축하고 있었다. 그런데 흥미로운 일은 이들 지방에 막강한 기반을 둔 실력자들은 모두 훗날 마오쩌둥과 대립하는 과정에서 숙청의 쓴맛을 보게 된다. 이 시기 구축된 군구 및 야전군의 인맥은 그 이후 오랜 기간 중국 권력 엘리트 사회에 있어서 계파형성의 뿌리가 되었다.

권력의 중앙집중화 과정에서 가오강과 라오수스의 반당 음모 사건이 발생하였다. 당 중앙은 그들 두 사람에게 각각 신설된 국가계획위원회 주임직과 당 중앙조직부 부장직을 주어 중앙으로 끌어들였다.

당시의 정부조직법상 국가계획위원회는 정무원(국무원의 전신)과 동격의 위치로 정무원 산하 20개 부처 중 8개 주요 핵심 부처를 관장하는 정부 경제팀의 수장이었고, 당 조직부장은 예나 지금이나 당의 조직과 인사를 관장하는 막강한 기구로 실세가 아니면 맡을 수 없는 직위다. 하지만 가오강과 라오수스는 각각 동북과 화동의 특수성을 거론하면서 당 중앙의 권력 강화를 성토하고, 반당 음모를 꾸몄다.

가오강은 자신을 지방에서 중앙으로 끌어들인 것을 '호랑이를 산에서 내쫓는 것'에 비유하며, 당내 서열 3·4위인 류사오치(중앙정치국 부주석 겸 중앙서기처 부주석)와 정무원 총리 저우언라이를 흠집 내려는 데 주력하였다(서열 1위는 마오쩌둥이고, 2위는 주더). 라오수스도 '류사오치를 성토하고 당 중앙조직부 부부장인 안쯔원(安子文)을 타도(討劉倒安)'하는 역할을 함으로써 가오강의 탈권 음모 활동을 지지했다.

당시 정황으로 보아 가오강이 노린 것은 류사오치와 저우언라이를 뒤엎고 그 스스로가 당 중앙의 총서기 또는 제1부주석에 오르고 정무원 총리까지 맡겠다는 것이 분명했다.

덩샤오핑과 천윈으로부터 보고를 받은 마오쩌둥은 1953년 12월 24일 중앙정치국 회의에서 베이징에는 "2개의 사령부가 있다. 하나는 내가 이끄는 사령부이고, 또 하나는 다른 사람이 이끄는 지하 사령부다."라고 하면서 가오강·라오수스를 경고했다. <결의> 채택을 제의했던 마오쩌둥은 회의에 참석하지 않았고, 류사오치가 정치국의 위임을 받아 회의를 주재하고 정치국을 대표하여 회의에서 <당 7기 4중전회의 보고>를 하였다.

<보고>에서 류사오치는 가오강과 라오수스의 음모 활동에 대해, 이름을 거명하지는 않았지만 "만약 그들의 개인주의적 정서가 견결한 제지를 받지 않고, 그들이 바로 한 걸음 한 걸음 당내 지위를 계산하여 권력을 쟁탈하고 서로 결탁하여 소집단 활동으로 발전하는 것은 바로 적을 도와 당을 파괴하고 당을 분열시키는 죄악의 길을 가는 것."이라고 경고하였다.

류사오치에 이어 주더·저우언라이·천윈·덩샤오핑 등 4명이 발언을 통하여 가오강과 라오수스의 반당 분열 활동을 준엄하게 비판함과 동시에 그들의 반성을 촉구하고 착오를 바로 잡을 것을 요구하였다. 그러나 가오강은 회개하지 않고 오히려 자살(미수)로서 당에 대항

했다. 1954년 8월 17일 재차 수면제를 먹고 자살하였다.

1955년 3월 31일 당 전국대표대회에서 '종파주의 반대', '집단지도 체제의 실시'와 '할거주의 현상의 청소'라는 구호 아래 '가오·라오 반당연맹'을 숙청하기로 결의하였다.

가오강에 대한 공식적인 탄핵 이유는 당 중앙에 대한 '반당 행위' 및 동북 지역을 '독립왕국'으로 만들었다는 죄목 이외, 또 소련과의 내통 문제도 거론되었다. 라오수스의 죄목은 그가 화동 행정위원회 주석으로 있을 당시 당 중앙이 추진하던 3반·5반 운동을 극렬히 반대하고, 도시와 농촌에 있어서 자본가·지주·부농에게 투항하는 '우'경 정책을 폈다는 것이다. 그리고 중앙으로 자리를 옮긴 후에는 가오강의 권력 탈취 음모에 가담하여 가오강과 함께 당내에서 당 중앙(류사오치, 저우언라이)을 비방하는 음모 활동을 하였다는 것이다.

이들의 처단에는 동북의 '독재자' 가오강과 그의 내통자인 라오수스를 비난하는 것만이 아닌 고도의 정치적 함의가 담겨 있었다. 동북이라는 자산에다가 대소 관계의 무기를 갖고 있는 가오강에게 제1차 5개년계획의 최고책임자직(국가계획위원회 주임)을 맡긴 것은 마오쩌둥의 고도의 계략으로 볼 수 있다. 먼저 가오강에게 국가계획위원회 주임직을 주어 동북에서 빼냄으로써 대행정구의 폐지에 따르는 가오강의 불만과 반발을 무마할 수 있는 동시에, 동북의 거물인 가오강의 힘을 자를 수 있었다. 또한, 가오강을 이용해 제1차 5개년계획에 소련의 원조를 끌어들일 수 있다는 일거양득의 계책이기도 했다.

가오강은 비록 대행정구의 폐지로 자신의 독립왕국건설이 무산되긴 했으나, 소련(스탈린)이 권력의 배후로 작용하는 한 중앙권력도 장악할 수 있다는 한 가닥 기대를 걸고 중앙으로 진출하였다. 그러나 스탈린이 갑자기 사망했기 때문에 가오강은 권력 상실의 두려움 때문에 역공세를 폈을 가능성이 있다는 견해도 있다.

1955년 4월, 7기 5중전회는 <가오강·라오수스 반당연맹에 관한 결의>를 비준함으로써 이 사건을 마무리하였고, 또 당의 감찰권 강화를 위해, <당의 중앙과 지방의 감찰위원회 설립에 관한 결의>와 그 인선을 비준함으로써 당의 지방할거를 일소하고 중앙집권을 강화하는 방침을 확고히 했다. 이로써 당의 일원화 통치와 민주집중제는 더욱 강화되었다.

동 회의는 숙청된 가오강과 사망한 런비스를 대신하여, 이 사건 처리의 공로자인 린뱌오와 덩샤오핑을 중앙정치국 위원으로 보선하였다. 사실 가오강은 국공 내전 기간 동북에서 린뱌오의 협력자로 고락을 함께했고, 내전 말기에 린뱌오가 관내로 이동한 후 그 뒤를 이어 동북 당·정·군의 최고지도자가 된 인물이기 때문에 린뱌오와 가오강은 긴밀한 관계였다. 그래서 가오강은 중앙 진입 후 린뱌오의 지지를 먼저 얻으려 했다. 하지만 가오강 사건의 열쇠를 쥐고 있던 린뱌오는 마오쩌둥에게 결정적인 단서를 제공하였고, 이후 그 공적을 인정받아 린뱌오는 승승장구한 것으로 알려지고 있다. 얼마 뒤 정치국 상무위원에 오르고, 펑더화이 대신 국방부장직에도 발탁되는데, 그 길은 이때부터 열린 것이다.

3. 헌법제정과 국가체제의 정비

제1차 5개년계획 및 사회주의 국가건설을 뒷받침하기 위해, 당은 헌법을 제정하여 정치제도화의 기초를 마련하는 등 중앙집권적인 계획체제로 당·정·군을 제도화하고 정규화해 나갔다.

1954년 9월 15일, 제1기 전국인민대표대회 제1차 회의를 열고 <중화인민공화국헌법>을 제정했다. 이로써 공산당에 의한 과도기의 총노선을 국가에 의한 과도기의 총임무로 확정하였다. 헌법에 의해 조직된 국가기구의 골격은 <공동강령> 및 관련 법규에 규정된 것과 큰 차이가 없었다. 다만 정치협상회의가 인민대표대회로 대체된 점이 다를 뿐이었다. 정치협상회의는 그 때문에 헌법 규정에서 빠지고, 이후 통일전선조직으로서 존속하게 되었다. 최고 주권기구로는 서방 민주주의 국가의 국회격인 전국인민대표대회와 그 상무위원회를 두고, 국가를 대표하는 기구로는 국가 주석직을 신설하였으며, 최고 행정기구로서의 정무원은 국무원으로 개칭하였다. 동시에 정무원과 동격이었던 국가계획위원회(전 주임, 가오강)를 국무원의 관할 하에 둠으로써 국무원의 권한을 강화하였다. 최고사법기구로서 최고인민법원을 그대로 두고, 최고인민검찰소는 최고인민검찰원으로 이름을 바꾸었다. 최고군사자문기구로서 국방위원회를 신설하는 동시에 종래의 인민혁명군사위원회는 폐지했다.

1954년 제1기 전국인민대표대회에서 선출된 국가지도체제의 경우, <공동강령> 시기의 그것과 특별히 다른 점은 소위 통일전선적 연합정부의 색채가 사라진 점이다. 즉 국가 주석단(주석: 마오쩌둥, 부주석: 주더)이나 국무원(총리: 저우언라이, 부총리: 천윈·린뱌오·펑더화이·덩샤오핑 등 10명)에 비공산당원이 1명도 포함되지 않았다. 다만 자문기구인 국방위원회(주석: 마오쩌둥)에는 비당원 약간 명이 포함되었다. 물론 형식적인 국민대표기관인 전국인민대표대회(상무위원장: 류사오치)에는 민주당파 및 무당파 인사 약간 명이 포함되었는데, 이는 현재도 마찬가지다.

이즈음 군사제도도 제도화, 정규화하는 동시에 지방 군구의 힘을 약화시키는 방향으로 개조한다. 군대의 현대화는 원래 당 7기 2중전회에서 '공작의 중점을 도시로 이행'하기로 결의함에 따라 당의 공작방식, 조직공작, 간부 정책 등에서 '농촌 유격 스타일'을 배제하고 '정규화' 해야 한다고 한 주장과 맥을 같이 하는 것이었다. 말하자면 현대화, 정규화의 배경에는 전국적인 국가건설에 따라 홍군 시대의 낡은 체질을 개선하고, 현대전 특히 각 군, 각 병종의 합동작전 수행에 적응할 수 있는 체질을 만들지 않으면 안 된다는 것이었다. 한국전쟁의 참전 경험이 현대화, 정규화를 더욱 촉구하는 계기가 되었다.

1955년 2월, 해방구 이래의 6대 군구(동북, 화북, 서북, 화동, 중남, 서남)를 12대 군구로 개편하였다. 여기서 관심을 끄는 것은 6대 군구를 왜 12대 군구로 증편했는가의 문제이다. 그 주요 원인은 모두 정치상의 이유이지 군사 전략상의 이유가 아니었다. 마오쩌둥이 볼 때 첫째, 6대 군구를 그대로 유지할 경우 군구 사령관의 힘이 너무 막강하여 중앙정부에 부담 또는 위협이 될 수 있었다. 가오강·라오수스 사건이 그것을 입증해 주었다. 둘째, 1927년 창군 이래 혁명전쟁, 중일전쟁, 한국전쟁 등을 거치는 동안 목숨을 건 투쟁을 한 군사 지도자들에 대해 논공행상을 하기 위해서는 군구를 배가시켜 더 많은 직위를 만들지 않고는 그들의 욕구를 위무시킬 수 없었다. 당시 군사 고위지도자들에게 원수, 대장, 상장, 중장, 소장 등 장성 계급을 남발한 것도 이러한 이유 때문이었다.

4. 제1차 5개년계획 추진의 결과와 당내 이견 대립

제1차 5개년계획은 1953년 1월 1일부터 추진되었다. 이는 소련에서 1927~1932년 실시한 제1차 5개년계획과 매우 유사했다. 전국의 모든 에너지를 중공업 건설에 집중하는 전략이었다. 이 계획은 총 투자액의 90%를 공업에 투입하고, 나머지 10%는 전국 인구의 80%를 차지하는 농업에 투입하였으며, 공업 투자액의 88.8%는 중공업에, 나머지 11.2%는 소비재공업에 투입하였다. 중공업 건설의 핵심은 150개 대형 프로젝트로 기술적 측면에서 소련의 적극적 도움을 받았다.

그 결과 공업생산의 경우, 계획된 생산과 건설지표를 초과 달성하였다. 구체적으로 1953~1957년 기간의 공업 생산액의 연평균 성장률은 18%, 농업은 4.5% 성장하였다. 공업의 생산액은 초기의 계획을 173%로 초과하는 것이며, 1957년의 생산액은 1952년에 비하여 2.3배에 달하는 것이었다.

이처럼 제1차 5개년계획의 성과는 대체로 괄목할 만한 것이었다. 그러나 중국이 소련모형 발전전략을 추진하는 과정에서 몇 가지 모순과 문제점도 나타났다. 그것은 먼저, 공업화 우선 정책과 농업 생산성의 하락으로 말미암아 도·농간의 소득 격차가 확대된 것이다. 중공업 건설에 소요되는 자금을 농업 세수로 충당하다 보니 농민이 도시의 공업화 비용을 떠안게 되었기 때문이다. 또 중공업 건설을 우선으로 하다 보니 그것이 창출하는 고용자 수는 매우 한정적인 데다, 농촌에서 유입된 도시인구가 급증하였기 때문에 도시의 실업자 수가 급속히 증가하였다.

그리고 각급 정부 부처와 위원회, 성급 관리기관과 국유기업 내에, 대중과 함께 생활하던 농민 혁명가들이 도시 관료로 대체되어 그들은 책상에 앉아 문서로서 지시만 내렸다. 유격 전쟁을 통해 단련된 혁명 간부는 전문가와 기술관료로 대체되었다. 공산당이 여전히 그들의 사회주의 이상을 선전하고, 수많은 사람이 그러한 선전을 추호도 의심치 않았다 할지라도, 실제 상황은 공업화를 달성하는 데 빠르게 역량이 집중되었다. 이러한 목표를 달성하기 위해서는 능률 지상주의적 관념이 만연하였고, 그럼으로써 평등주의적 이데올로기는 새로운 계층제와 불평등으로 대체되었다. 그리고 중앙계획에 의한 경제 운영은 기업과 노동자의 자율성과 효율성을 억제하고, 의사결정의 과도한 집중화는 중앙정부 권력의 비대화를 가져와 새로운 관료주의가 재등장하는 등 병폐를 낳게 되었다.

그리하여 1955년 초 제1차 5개년계획의 추진 중에 마오쩌둥은 소련식 발전모형으로부터 멀어지기 시작했다. 외부에 노출되지는 않았지만, 당내에는 두 개의 진영이 형성되는데, 이것이 결국에는 10년 후에 문화대혁명의 도화선이 된다.

마오쩌둥과 그의 추종자들은 소련모형의 발전전략을 포기하고 농업과 공업, 중공업과 경공업이 병진하는 길로 갈 것을 주장한다. 이 경우 부족한 자금을 어떻게 해결할 것인가에 대해서, 마오쩌둥은 5억 농민을 동원하여 대규모의 운동을 전개하면 가능하다고 보았다.

반면, 이러한 마오쩌둥의 '유의지론(唯意志論)' 정책에 반대하는 입장에 선 사람들은 레닌주의자들로 류사오치를 대표로 한 다수의 정치국위원들이었다. 그들은 계속하여 소련모형 발전전략을 추진할 것을 주장하는 동시에, 제2차 5개년계획 기간에는 중국의 실정에 더욱 주목하여 농업 쪽으로 좀 더 투자할 것을 준비하고 있었다.

두 진영은 농업 집단화의 속도 문제를 놓고 의견이 대립했다. 공산당이 1953년에 과도기의 총노선을 제정할 때, 그것은 장기적인 발전전략으로 한 단계 또 한 단계를 거쳐 15년이 걸려야 완전 사회주의 개조(농업집단화)가 실현된다고 했다. 한 단계에서 다른 한 단계로 넘어가는 것은 자연스럽게 연결되어야 하며, 그 방법은 농민들이 집단화되면 더욱 효과적으로 토지를 경작할 수 있고, 농가 수입을 올릴 수 있다는 것을 스스로 깨닫도록 해야 하는 것이었다.

이는 당이 추구하는 노선이다. 하지만 1955년 중엽 마오쩌둥은 농업 집단화를 가속화 할 것을 요구했다. 그는 당내 다수의 동지들이 그것에 대하여 유약하다고 보았다. 하지만 그들은 30년대 초기 스탈린이 집단화를 강제로 밀어붙여 가져온 재난에 대해 직접 목격한 바 있다. 당시 1,000만 부농들이 피살되거나 시베리아로 유배되어 농업생산은 완전히 붕괴하였고, 그로 인해 인민들은 굶주림에 허덕였으며, 공업 역시 한 걸음도 앞으로 나가지 못했다.

마오쩌둥은 당내의 이러한 논쟁을 과거에 하지 않았던 방식으로 단호히 종결해 버린다. 1955년 7월 31일, 그는 정치국과 중앙위원회를 무시하고, 직접 성·시와 현급 당위 서기회의를 소집하고 <농업 집단화 문제에 대하여>라는 제목의 보고를 통하여 과도기 총노선의 구상을 훨씬 뛰어넘는 급격한 농업 집단화를 호소하였다. 점진적인 농업 집단화를 주장하는 사람들을 향해 연설의 서두에서부터 격렬하게 비난하는 투로 시작한 이 보고는 총노선에서 제시했던 장기적·점진적 사회주의 건설의 프로그램과는 근본적으로 판이한 것이었다. 그는 "중국농촌에 사회주의 대중운동의 새로운 높은 조류가 출현하였다."고 강조했다.

이는 농업 집단화 급진전의 시작이었다. 그것의 급격한 진전은 마오쩌둥의 낙관주의적 기대를 훨씬 상회하였다. 성급 지도자와 지구급 간부의 정치 열정과 빈농들의 이상은 상승작용을 하여 노도처럼 일어났다. 마오쩌둥은 '아주 빠른 파도'가 전국으로 파급되었다고 좋아했다. 1956년 중엽, 아직 1년도 채 안 된 시기에 집단화는 기본적으로 완성되었다. 수억의 농민은 48만 5,000개의 농장에 집중되었다.

농업 집단화 운동의 성취는 마오쩌둥으로 하여금 도시 사회주의운동의 추진을 부추겼다. 민족자본가 계급은 이미 5반 운동을 통하여 그 사기가 떨어져 있어, 그들 소유의 기업을 아주 염가로 국가에 넘기는 것에 대해 빠르게 설복당했다. 수공업과 서비스업의 사영기업은 도시 집단기업에 편입되었다. 1956년 말에 이르러 중국의 소유제 유형은 농촌의 집단소유제와 도시의 국가 소유제나 소규모의 집단소유제만이 존재했다. 마르크스의 사유재산제도를 소멸시키면 사회주의가 된다는 말대로라면, 중국은 1956년 말에 이미 사회주의국가가 완성된 셈이다.

사회주의의 과도는 7년도 채 안 된 시점에 완성(?)된 것이다. 마오쩌둥은 또 한 차례 자신의 정확성을 증명하고, 당내에 사상적으로 보수 성향을 지닌 사람들 및 유약한 사람들과의 논쟁에서 승리했다고 자만했다. 그는 이러한 승리에 편승하여 당의 새로운 노선, 즉 경제적, 정치적으로 소련모형으로부터 철저히 결별하는 길을 걷기 시작한다.

하지만 조급한 농업 집단화는 혼란과 생산의 정체를 초래했다. 1952년 농업증산 지수를 100으로 잡을 때 1953년은 103.1, 1954년 103.4, 1955년 107.6으로 증가했지만, 1956년은 1955년에 비해 그 속도가 하강하여 105가 되었고, 1957년은 103.6으로 하강했다. 1956년 이 위대한 주석 마오쩌둥은 타격을 받는다.

이처럼 제1차 5개년계획 이후 중국에서 사회주의 기본제도는 초보적으로 건립되었지만, 중국의 생산력 발전 수준은 아직도 아주 낙후된 상태였다. 따라서 중국 사회주의 정치·경제·사회문화를 어떻게 건설하고 발전시킬 것인가?가 새로운 당면 과제가 되었다.

5. 스탈린 격하 운동과 대명 대방

1950년대 중기 국제공산주의 운동에 대변화가 일어난다. 그 가운데 가장 중요한 사건은 1956년 2월에 개최된 소련공산당 제20차 대회다. 이 대회에서 흐루쇼프는 <스탈린의 죄상에 대한 비밀보고>를 통해 스탈린을 당 위에 군림한, 개인숭배의 권력 찬탈자로 묘사하였다. 이는 세계 사회주의 진영을 크게 뒤흔들어 놓았다. 중국공산당을 포함한 세계 각국의 마르크스 정당들로 하여금 맹목적인 신봉을 타파하고 사상을 해방하여 새로운 활로를 열게 해 주었다. 마오쩌둥도 이러한 충격에 어떻게 대응할까에 대해 고심하지 않을 수 없었다.

이때 내놓은 화두가 바로 마오쩌둥의 <10대 관계론>이다. 중국공산당 제8차 대회 직전인 1956년 2월~4월, 중앙정치국은 30여 개 경제 부처 책임자들과 여러 차례 좌담회를 열고, 사회주의 건설 중에 나타나는 여러 가지 문제를 토론했다. 마오쩌둥은 그들의 의견을 집약하여 4월 정치국 확대회의 석상에서 <10대 관계론>이라는 보고를 한다.

보고에서 논술한 10개 문제는 중국 경제건설의 경험과 소련 경험을 교훈으로 한 바탕 위에서 제기하였다. 소련은 중앙집권적 계획경제의 운영으로 농업·경공업을 경시하고 중공업을 강조하여 산업 발전의 불균형을 조성하였다. 그 교훈을 거울삼아 향후 중국의 경제계획은 적절히 조정하여 농업·경공업을 더욱 많이 발전시키고(중공업과 경공업·농업의 관계), 연해공업을 더욱 많이 발전시키고(연해공업과 내륙공업의 관계), 국방비의 비중을 최대한 낮추어 경제건설에 더욱 많이 투입해야 한다(국방건설과 경제건설의 관계)고 했다. 이러한 사상은 실제 중국 공업화의 진로 문제에 관한 것이었다. 보고에서는 또 국가·생산 단위와 생산자 개인의 관계, 중앙과 지방의 관계에서 개인과 지방의 자주권을 확대할 것 등 경제체제 개혁에 관한 문제에서 시작하여 한족과 소수민족, 당과 비당(非黨), 혁명과 반혁명, 시(是)와 비(非), 중국과 외국의 관계 등 정치에 속하는 문제를 상세히 설명하였다. 중국과 외국의 관계에 있어서 마오쩌둥은 '외국을 학습하자'는 구호로 "우리의 방침은 모든 민족, 모든 국가의 장점은 모두 배워야 하고, 정치・경제・과학・기술・문학・예술 방면 및 자본주의국가의 선진 과학기술과 기업관리 방법을 포괄한 모든 좋은 점은 모두 배워야 한다."고 역설하였다.

1956년 4월 28일, 정치국 확대회의에서 마오쩌둥은 <10대 관계론>의 토론과 관련한 이른바 지식인의 학술토론과 언론의 자유를 의미하는 백화제방(百花齊放)과 백가쟁명(百家爭鳴)의 방침을 내놓는다. '백화제방'은 문학과 예술 방면에서 모든 양식과 내용의 작품을 발표할 수 있게 하는 것이고, '백가쟁명'은 학술에 있어서 모든 이론과 학설을 자유롭게 논쟁할 수 있게 한 것으로서 대명 대방(大鳴大放), 명방운동(鳴放運動) 또는 쌍백운동(雙百運動)이라고도 한다. 그리고 1956년 5월 2일 국무원 회의에서 마오쩌둥은 백화제방 및 백가쟁명과 함께 공산당과 다른 민주당파 사이의 장기공존 상호감독을 역설한다.

그러면 사회주의 건설을 비약적으로 추구하던 이 시점에 마오쩌둥은 왜 '쌍백'의 방침을 제기했을까? 그것에는 다음과 같은 역사적 배경이 있었다.

첫째, 사회주의적 개조 후, 당과 국가의 절박했던 임무인 사회주의 건설을 위해서는 지금까지의 강압 일변도의 인민 민주 독재체제를 완화하여 사회 각계각층의 자발적인 참여와 그들의 지식을 광범하게 이용하는 길을 트여 줄 필요가 있었기 때문이었다. 노동자・농민 출신의 신지식층이 양성되어 있지 않은 당시 중국의 현실로 미루어 보건대, 구부르주아 지식인의 기술과 지식을 이용할 필요가 있었기 때문이었다. 1956년 1월 14~20일, 당 중앙의 '지식분자 문제'에 관한 토의를 위해 소집한 회의에서의 저우언라이 발언이 이를 입증해 준다. 저우언라이는 회의에서 보고를 통해 회의를 개최한 이유는 "지식분자 대열, 특히 고급지식분자 대열을 더욱더 확대하고자 하는 것은 사회주의 건설을 위해 필요하고 절박한 수요를 충족시키기 위한 것"이라고 말했다. 그리고 "지식분자의 힘을 최대한 동원하고 발휘하도록 하기 위해서는 당도 분파주의 태도를 고쳐야 할 것"이라고 했다. "그들 중 절대다수는 이미 국가 공작요원이 되어 사회주의를 위해 일하고 있고 이미 노동자 계급의 일부가 되었다."고 했다.

둘째, 단순히 사회주의 건설로의 동원 이상의 의미가 포함되어 있었다고도 보겠다. 즉 소련에 대한 전면적인 의존에서 하루빨리 벗어나고 싶은 희망이 내포되어 있었다. 마오쩌둥은 이미 1955년 12월에 "언제까지나 소련과 어깨를 나란히 할 필요는 없다."고 했다. 저우언라이도 위 연설에서 "무한정 소련의 전문가에 의존할 수 없다."고 강조했다. 그것은 스탈린 사망(1953년) 후 새로 집권할 흐루쇼프와의 관계가 순탄치 않을 것을 미리 간파한 당 지도부의 판단에서 연유했는지도 모른다.

이상은 중국이 당면한 과제를 풀기 위한 긍정적인 반응으로 볼 수 있다. 그러나 다른 한편으로 쌍백운동은 우파를 척결하기 위한 마오쩌둥의 고도의 정치적 원모가 깔려 있었다고 보기도 한다.

즉, 쌍백 방침을 제기한 또 다른 정치적 배경은 첫째, 1956년 2월 20일에 개최된 소련공산당 제20차 대회의 스탈린 격하 운동에 영향을 받아, 소련과 헝가리, 폴란드 등 동구권에 벌어진 일련의 자유화 사태의 충격파를 사전에 흡수하기 위한 방략이었던 것으로도 본다. 마오쩌둥에 의하면 스탈린과 동유럽 사태는 인민 내부에 자유로운 토론을 억압했기 때문에 생겼다는 것이다. 따라서 그런 모순을 해결하기 위해서는 인민들로 하여금 당을 비판하게 해야 한다고 마오쩌둥은 주장한 바 있다.

그런가 하면 스탈린 격하 운동에 뇌화부동하는 중국공산당내 우파의 숙청과 반대파를 비판하기 위한 사상적 준비와 정리였다고 볼 수도 있다. 이는 후술하는 바와 같이 뒤이어 우파에 대한 대대적인 숙청과 노선의 전환이 이어졌기 때문이다.

1956년 5월, 당 중앙선전부장 루딩이(陸定一)는 과학자, 문학 예술가들에게 <백화제방, 백가쟁명>이라는 제하의 연설을 통해 당의 방침을 설명했다. 이어서 당 8차 대회에서 류사오치도 이 방침을 언급, "학술과 예술의 문제를 당은 행정상의 명령으로 지도하지 않을 것이다. 자유스럽게 만나서 논의하고 자유로이 서로 경쟁하여 과학과 예술의 발전을 추진해야 한다."고 하였다. 이 방침은 관계자 사이에 커다란 반향을 불러일으켰다.

이와 같은 분위기가 조성되었는데도 불구하고 당외 지식인들이나 민주당파 인사들은 처음에는 쉽게 입을 열지 않으려 했다. 그들에게는 언론자유의 문을 열어놓는 것은 속임수로 보였고, 따라서 섣불리 이에 놀아나다가는 훗날 큰 화를 입게 되리라 생각했었다. 그러나 거듭되는 요청과 권고에 일단 입을 열기 시작하자 둑이 무너지듯 당과 정부에 대해 비판과 공격을 퍼붓기 시작했다. 이 쌍백운동을 일으킴에 있어 당시 마오쩌둥은 인민이 자신과 공산당에 대한 비판은 조금만 하고, 당내 관료주의에 대한 비판이 주종을 이룰 것이라고 기대했으나, 사태는 그러하지 않았다.

5월 중순부터 6월에 걸쳐 주로 중국민주동맹에 소속된 지식인들을 선두로 중국 내 태반의 청년·학생들, 노동자·농민들, 그리고 상공인들이 문자 그대로 '대명 대방' 하기 시작했다. 지식인들은 출판물을 통하여 마오쩌둥을 '살인 마왕', '인민 민주 독재는 무뢰한의 독재제도'라고 필주(筆誅)를 가했는가 하면, 우한에서는 노동자·농민이 가두시위를 통해 '염라대왕궁을 타도하라' '공산당원을 죽여 없애라'는 구호까지 나왔다. 학생들의 시위와 노동자·농민의 연합시위가 각지로 확대되면서 대중들은 이 운동을 점차 공산정권을 부정하고 공산당을 타도하는 방향으로 발전시켜 '타도 공산당! 소멸 공산당! 환영 국민당!' 등의 구호를 외쳤다. 마침내는 이른바 마오쩌둥이 겨냥한 당내 관료주의자들은 물론, 마오쩌둥에 대한 공격으로까지 확대되어 전 대륙에 거대한 반공 노도가 밀어닥치는 사태가 벌어졌다.

결과론적으로 볼 때 명방운동은 마오쩌둥이 자신에게 불리했던 국내외정세를 지식인을 이용해 탈피해보려는 책략이었으나 그것은 급기야 마오쩌둥 자신의 권위까지 위협하게 되었다.

6. 제8차 당 대회와 마오쩌둥의 권위 추락

1956년 9월, 국내외의 격동이 몰아치던 시기에 중국공산당 제8기 전국대표대회가 개최된다. 이는 건국 후 최초의 전당대회였다. 대회에서 채택된 결의문은 사회주의적 개조가 달성된 사실의 의의를 "우리나라 프롤레타리아계급과 부르주아지계급 사이의 모순이 기본적으로 해결되고, 수천 년 이어온 계급착취제도의 역사가 기본적으로 종결되고, 사회주의제도가 우리나라에서 이미 기본적으로 건설되었다."고 천명했다. 그리고 현재의 주요 모순은 '계급 간의 모순'이 아닌, '인민의 경제문화의 신속한 발전에 대한 욕구와 당면 경제문화가 인민의 욕구를 만족시키지 못하는 상황 간의 모순'이라고 했다. 그리하여 전국 인민의 주요임무는 '생산력을 발전'시키는 것에 주요 역량을 집중하여 국가 공업화를 실현하고 인민의 경제 문화적 욕구를 충족시키는 것'이라고 하였다. 8차 당 대회는 이처럼 '혁명에서 건설로의 전환'을 천명하는 대회였다.

대회에서는 경제, 정치, 문화와 외교 분야의 활동 방침을 확정하였다. 경제건설 부문에서는 국가의 재력과 물력의 실제 상황에 근거하여 반(反)보수와 반모진(反冒進: 일을 급진적으로 밀고 나가는 것에 반대), 즉 종합적인 균형 속에서 서서히 진전하는 방침을 견지했다. 관리체제 면에서는 지방의 관리 권한을 적절하게 확대해 주고 몇몇 관리체제를 조정할 것을 요구하였다. 대회에서는 천원이 제의한 '3개 주체, 3개 보충 사상'을 긍정적으로 수용하였다. 즉 국가와 집단 경영·계획생산 및 국가시장이 주체가 되고, 일정 범위 내에서 국가가 지도하는 개체 경영·자유 생산과 자유시장을 보충하는 사상이다. 정치 관계 면에서는 좀 더 국가의 민주 생활을 확대하고 건전한 사회주의 법제를 건립할 것과 공산당과 비당파 인사들이 장기 공존하는 통일전선과 다당 합작제를 견지할 것을 강조하였다. 과학문화 건설 분야에서는 백화제방, 백가쟁명을 과학과 문화예술을 발전시키는 지도방침으로 하여 사회주의적 민족의 신문화를 창조할 것을 요구했다. 대외정책 방면에 있어서는 주권과 영토 보전의 상호존중, 상호 불가침, 상호 내정 불간섭, 호혜 평등, 평화공존 등 5항 원칙을 기초로 한 외교원칙을 견지하였다.

이어 <당헌>의 개정이 있었다. <당헌>의 개정은 바로 혁명 승리 이후의 현안 사항이었다. 그런데 초안의 최종심의 단계에서 예기치 못한 난제에 부딪혔다. 스탈린 비판을 어떻게 수용하여 신 <당헌>에 반영시킬 것인가 하는 문제였다. 따라서 당은 개인숭배와 관료주의를 반대하고, 사회주의적 민주를 확대하는 것을 그 임무로 함으로써 난제를 해결하려 했다. 그리하여 마르크스 레닌주의와 함께 당의 지도이념이었던 '마오쩌둥 사상'을 삭제하기에 이른다. 즉, 신 <당헌>은 총강에서 "마르크스·레닌주의 이론과 중국혁명의 실천을 결부시켜 만든 사상이 마오쩌둥 사상이고, 이 사상은 중국공산당의 모든 업무의 지침"이라고 규정한 7기 <당헌>(1945년)의 총강 부분을, "중국공산당은 마르크스 레닌주의를 공산당의 행동 지침으로 한다."고 개정함으로써 마오쩌둥 사상을 <당헌>에서 완전히 지워버린 것이다. <당헌>은 또 총강에서 "당의 민주집중제에 따라 어떠한 조직도 모두 반드시 집단지도와 개인의 책임을 결합하는 원칙을 엄격히 준수하여야 하며, 어떠한 당원이나 당의 조직도 반드시 당의 위로부터 아래로의 감독과 아래로부터 위로의 감독을 받아야 한다."고 규정함으로써, 개인을 당이라는 집단 위에 올려놓는 행위를 용납하지 않게 하여 '마오쩌둥 우상화'를 배제하였다. 이는 1956년 2월 20일에 개최되었던 소련공산당 제20차 대회에서의 흐루쇼프의 스탈린 격하 운동에 영향을 받은 것이다.

1인 독재를 배제하는 집단지도체제의 원칙은 당 기구 개편에도 잘 반영되었다. 중앙조직의 경우 첫째, 중앙위원회의 폐회 기간에는 중앙정치국과 그 상무위원회가 중앙위원회의 직권을 행사하도록 명문화함으로써 이들이 실질적인 당의 최고정책 결정 기구가 되었다. 둘째, 중앙위원회 부주석제 및 중앙정치국 상무위원회의 신설과 중앙서기처의 기능 전환이 이루어졌다. 7기 <당헌>에서 폐지된 중앙정치국 상무위원회를 부활시키고 중앙정치국 상무위원회가 없었던 시기(1945~1956) 정치국 상무위원회에 버금가던 중앙서기처는 "중앙정치국과 그 상무위원회의 지도하에 중앙의 일상 업무를 처리한다."고 규정함으로써, 정책 결정 기구로서의 중앙정치국 상무위원회와 그 행정기구로서의 중앙서기처를 기능적으로 구분하였다. 신설 중앙서기처는 중앙정치국 상무위원들의 정책 참모로서 정책문서를 작성 보고하고 각종 중앙의 공작회의를 주관하는 등 주요 정책의 연구, 기획 및 조정 역할을 담당하였다.

이처럼 중앙위원회 부주석직을 신설하고, 중앙위원회 주석과 중앙서기처의 주석직 겸직을 폐지함과 동시에 중앙서기처에 총서기를 별도로 둠으로써 권력의 분산을 시도하였다. 8차 당 대회 이전까지 마오쩌둥은 당 중앙위원회 주석과 중앙서기처 주석, 그리고 중앙정치국 주석직을 겸임함으로써 당의 모든 권력이 마오쩌둥 1인에게 집중되어 있었다.

마오쩌둥 사상을 삭제한 것이나 권력의 분산을 통하여 마오쩌둥 1인 독재를 배제한 것은 한 마디로 마오쩌둥의 당내 지위의 약화라고 볼 수 있을 뿐만 아니라, 제1차 5개년계획을 추진해 왔던 류사오치·덩샤오핑 등 실무관료 엘리트들의 부상 때문으로 해석할 수도 있다. 왜냐하면, 1인 독재와 개인 우상화의 배제 및 집단지도체제의 강화는 류사오치의 정치보고와 덩샤오핑의 <당헌 개정에 관한 보고>에서도 언급된 점으로 보아 그렇게 해석할 수 있다. 그러나 이는 소련공산당 제20차 대회의 거대한 파도를 사전에 차단하기 위한 마오쩌둥의 양보라고 보는 것이 오히려 타당할지 모른다. 왜냐하면, 곧이어 전개되는 마오쩌둥의 이데올로기적 반전과 반우파 투쟁, 그리고 대약진운동 등으로 보아 마오쩌둥의 권력 약화라고 보기에는 어렵기 때문이다.

류사오치와 덩샤오핑은 국가 통치관에 있어 마오쩌둥과는 생각이 근본적으로 달랐다. 그들은 공산당을 의사결정 기관으로 보았고, 스탈린에 대한 흐루쇼프의 공격은 의사결정이 집단적으로 이루어져야 한다는 그들의 신념을 확인시켜 준 셈이다.

당의 조직과 기능의 변화에 따라 지도체제의 개편도 이루어졌다. 9

월 28일 8기 1중전회에서는 새로운 지도체제를 선임하였다. 중앙위원회 주석의 경우 마오쩌둥이 유임되었고, 신설된 중앙위원회 부주석에는 류사오치·저우언라이·주더·천원이 자리 잡았다. 그리고 중앙서기처 총서기에 덩샤오핑이 발탁되었다. 이상 6명의 지도자가 중앙정치국 상무위원회를 구성하였다.

여기서 눈에 띄는 점은 류사오치가 수석 부주석으로 선임되고, 덩샤오핑이 당 행정을 관장하는 중앙서기처의 총서기직을 겸임하게 된 것이다. 마오쩌둥이 당 주석직을 고수하긴 했지만, 중앙정치국 상무위원회를 신설하여 집단지도체제를 강화함으로써 마오쩌둥 1인 독재의 폭은 좁혀질 수밖에 없었다. 새로운 중앙서기처는 초특급 관료 기구화되어 류사오치·덩샤오핑 계통의 실무전문관료들에 의해 장악됨에 따라 마오쩌둥의 권력은 위축되는 상황에 있었다.

무엇보다도 8기 <당헌>에서 당의 지도체제를 집단지도체제로 전환하고, 마오쩌둥 사상을 삭제 한 점 및 개인숭배를 배척한 점 등은 마오쩌둥의 권위에 치명적인 손상을 가져온 것이다. 특히 1945년 7차 당 대회에서 "마르크스주의의 보편적 진리를 중국의 구체적인 혁명 현실에 결부시킨 것이 바로 마오쩌둥 사상"이라 하여, 그것을 앞장서서 <당헌>에 삽입시켰던 류사오치가 11년이 지난 지금에 와서는 누구보다 앞장서 이것을 삭제하였으니, 마오쩌둥의 류사오치에 대한 배신감은 극에 달했을 것이다. 8차 당 대회는 결국 마오쩌둥이 선택한 후계자인 류사오치와 마오쩌둥 사이에 이견이 교차한 전환점이었다고 보겠다.

이러한 정치 상황에서 당은 대회에서 확정한 방침에 따라 몇 가지 측면의 경제 관계와 경제계획의 편제를 조정하고, 전당의 정풍을 준비함과 함께 나날이 점증하는 인민 내부의 모순을 처리해 나갔다.

이 기간 자유시장은 한동안 활기를 띠었고, 개인 경영의 상공업자인 개체호(個體戶)는 확연히 증가하였다. 그 가운데 속칭 '지하 공장'이라 부르는 비교적 큰 개체호 수공업과 수공 공장도 나타났다. 1956년 마오쩌둥은 제의했다. "지하 공장은 그것이 지상의 것이 되도록 합법화해야 한다. 시장만 있고, 원료만 있으면 이러한 공장은 늘어나도 괜찮다. 자본주의를 소멸시킬 수 있고, 또 자본주의를 할 수도 있다." 마오쩌둥의 이러한 의견 개진은 기타 당 지도자들의 찬동을 얻었다. 류샤오치는 지하 공장이 인민에게 이익이 되면 사회주의를 보완하는 것이라고 보았다. 저우언라이는 주류는 사회주의로 하면서 조금 작은 자유를 주는 이러한 것이 사회주의의 발전을 도울 것이라고 했다. 이러한 몇 가지 경제를 활성화하는 새로운 사고의 방향은, 당 8차 대회에서 확인한 국가경영과 집체 경영을 주체로 하고 일정 수량의 개체 경영을 보충으로 하는 정책의 새로운 발전이었다. 그것은 일정 한도의 개인 자본주의 경영과 발전을 용인하는 것으로 그것이 국가 지도하에서 사회주의경제 주체의 보완 역할을 하게 하는 것이었다.

1956년 초, 당 중앙과 국무원의 경제담당 지도자들은 이미 경제건설 과정에서 무모하게 돌진하는, 이른바 '모진' 경향이 나타나고 있음을 간파하였다. 몇 개월간의 노력을 통하여 이러한 경향을 초보적으로는 어느 정도 억제할 수는 있었지만, 조급하게 성취하겠다는 사상 문제는 결코 해결하지 못했다. 따라서 1956년 경제업무에 대한 평가와 1957년 경제계획의 제정을 둘러싸고 당의 최고지도층 간에는 이견이 발생하였다. 그러나 그해 11월에 소집된 당 8기 2중전회에서 저우언라이는 1957년의 계획은 "중점 보증, 적당한 수축"의 방침을 견지해야 함을 주장하였고, 대다수 참석자의 찬동을 얻었다. 이러한 저우언라이의 주장에 근거하여 제정한 1957년의 계획은 신중국 출범 이후 현저한 성과를 거둔 년도 중의 한 해가 되었다.

8차 당 대회 이후, 또 농업 집단경제의 내부 관계에 대한 조정이 이루어졌다. 1956년부터 1957년 상반까지 저장·안후이·쓰촨 등지에서는 농가 단위 생산도급제(包産到戶) 등 유형의 책임생산제가 출현하였다. 이는 토지소유권은 집단에 있고, 경영권은 개인이 가지는 것으로 책임생산제 실시를 향한 창의적인 시도였다. 이밖에, 당의 8기 3중전회에서는 공업·상업·재정 관리체제의 개선에 관한 3개 규정 초안을 통과시키고 8차 당 대회의 요구에 따라 지방과 기업에 상당한 관리권을 위임하였다.

이상과 같이 경제계획과 경제 관계를 조정하는 것은 실제로 모두 인민 내부의 모순을 처리하는 것이고, 그것은 잘 진행되고 있었다. 그런데 1957년 2월 27일 최고국무회의에서 행한 마오쩌둥의 연설을 계기로 갑자기 정책의 방향이 뒤돌아 가고 만다.

마오쩌둥은 최고국무회의에서 <인민 내부의 모순을 올바로 처리하는 문제에 관하여>라는 연설 중, 원래 원고에 없던 한 구절을 덧붙였다. 계급투쟁의 존속에 주의를 환기하고 소유제에서의 사회주의적 개조는 일단 달성되었음에도, 이데올로기 면에서는 "사회주의와 자본주의 사이에 어느 쪽이 이기고 어느 쪽이 질 것인가 하는 문제는 아직도 완전히 해결되지 않았다."고 덧붙였다. 이는 "계급투쟁은 끝났다. 문제는 생산력 발전에 있다."는 불과 9개월 전 8차 당 대회의 노선에 대한 유턴(U tern)이었다.

왜 마오쩌둥은 이렇게 돌변했는가? 그것은 전술한 백화제방·백가쟁명 운동에 의한 공산당과 자신의 권위 추락과 집단지도체제에 의한 류사오치와 덩샤오핑 등 실무관료 엘리트들의 역할 우위를 자신의 권위 저하와 중국 사회주의의 위기로 받아들였기 때문이었다. 스스로 정세가 긴박하다고 감지한 마오쩌둥은 그때까지 "마르크스주의자는 어떠한 사람의 비판도 두려워하지 않는다."는 유연한 자세를 하루아침에 뒤바꾸어 '독초 뽑기 운동'이라는 이름의 '반우파 투쟁'을 개시한다.

인민재판식 반우파 투쟁

1957년 6월, 마오는 <힘을 결집하여 우파분자의 미친 듯한 공격에 반격을 가하자>는 지시를 내린다. 이에 ≪인민일보≫는 <이것은 무엇 때문인가?>라는 사설을 게재하는 동시에 대명 대방에 참여한 민주당파 인사, 지식인, 청년, 교수, 학생, 예술가들을 우파로 규정하고 이들을 숙청할 것을 명령한다. 전국적 규모의 대중적이며 폭풍우식의 반우파 투쟁이 전개되었다. 대명 대방 운동 기간에 반공 및 비공산주의적인 사상을 발표했거나 그런 언동을 한 사람들은 모두 체포 투옥되었다.

반우파 투쟁은 1958년 전반에 수습되는데, 이때까지 '우파분자'의

딱지가 붙은 사람은 전국에서 55만 2,877명에 달했다. 이리하여 '우파 분자'의 딱지가 붙은 사람들은 그 후 20여 년에 걸쳐 감시 아래 놓이게 되고 오랫동안 침묵을 강요받았다. 대명 대방 운동 초기 당외 인사들이 우려했던 바가 결코 기우가 아니었음을 증명하는 것이었다.

이상 대명 대방 운동 및 반우파 투쟁을 통해 알 수 있는 것은, 동구 공산권의 자유화 물결 및 소련의 스탈린 격하 운동이 중국 내에서도 수정주의가 출현할 수 있다는 급박감을 낳게 하였고, 이로 인한 '좌'경 관점의 체계화와 이론화가 '좌'경 사조의 급격한 팽창을 추동시키고 있었다는 것이다. 특히 마오쩌둥이 이들 사태로부터 찾아낸 가장 기본적인 교훈은 '동구 몇몇 국가의 기본문제는 계급투쟁을 완료하지 못한 점'에 있다고 본 것이다.

반우파 투쟁은 결국 중국혁명을 지배해 온 민족통일전선의 논리로부터 완전히 결별한 것을 의미하였고, 이후 대내적으로는 대약진정책, 대외적으로는 강경 외교정책으로 이어진다.

제 3 장

대약진운동과 급진 '좌'경정책

1. 대약진운동과 좌경 모험 지향

마오쩌둥은 제8차 당 대회 이후 자신의 권위 저하와 소련식 발전전략의 모순, 특히 혁명정신의 소진 및 실무전문관료 엘리트 그룹의 역할 우위에 위기를 느낀 나머지 옌안에서 경험한 농촌식 사회주의를 재생시키려 했다. 그러나 류사오치·덩샤오핑·천윈·펑더화이 등 당 지도층의 다수는 제1차 5개년계획의 정책을 고수하면서 '무모하게 돌진하는 것에 반대'(反모진론)하는 입장이었다.

그러한 가운데 마오쩌둥은 1958년 1월 광시 쫭족(廣西壯族) 자치구 수도 난닝(南寧)에서 중앙과 지방의 고위 당 지도자를 소집한다. 11일 회의 첫날부터 분위기는 심상찮았다. 당 중앙의 계획입안자들은 대부분이 "15년 안에 영국을 따라잡아야 한다."는 마오쩌둥의 무모한 돌진(모진)에 동의하지 않았기 때문이다. 그래서 마오쩌둥은 11일 동안이나 당의 계획, 개발, 재정을 책임지고 있는 간부들을 지나치게 조심스럽다고 다그치고 공격했다. 경제업무를 주관한 저우언라이와 천윈까지도 정치적 착오를 범했다는 비판을 받았다. 마오쩌둥의 비서 출신인 정치국 후보위원 천보다(陳伯達)도 불안에 떨었다. 그는 이 회의에서 "프롤레타리아와 부르주아지의 모순은 해결되었으며, 중국의 주요 모순은 경제·문화의 발전과 인민들의 요구 사이의 모순이다."라는 발언을 해 마오쩌둥으로부터 호된 질책을 받았기 때문이었다.

이상은 이미 1957년 가을, 당 8기 3중전회에서 마오쩌둥 자신이 제기한 문제를 다그치는 행동이었다. 마오쩌둥은 8기 3중전회에서 "프롤레타리아와 부르주아의 모순 및 사회주의와 자본주의 노선의 모순이 당면한 중국사회의 모순"이라고 단언하고, 심지어 중국 사회에는 "두 개의 착취계급과 두 개의 노동계급이 있다."고 강조한 바 있다. 전자는 지주·매판 계급 및 기타 반동 착취계급과 점차 사회주의로의 개조되고 있는 민족자본가와 지식인들이라 하고, 후자는 노동자와 농민 계급이라고 하면서 두 개의 계급에 대한 두 가지 노선의 투쟁이라는 의식을 부추기는 발언을 했다.

마오쩌둥은 이처럼 정책 노선을 생산력 발전에서 다시 계급투쟁으로 돌려놓기 위해 당 지도부에 압력을 가하고 있었다. 결국, 1958년 5월의 당 제8기 제2차 전국대표대회에서는 위 두 계급론을 정식으로 채택하고 '반모진론'을 비판하기에 이른다.

이는 1년 전 열린 8기 전국대표대회의 국내 주요 모순의 판단을 근본적으로 부정한 것이었다. 즉, 계급제도가 기본적으로 종결되고 당의 주요임무는 생산력 발전에 있다는 결의를 부정한 것이다. 동시에 1956년 당 중앙이 <지식분자 문제 회의>에서 내린 지식인의 속성에 관한 결론, 즉 "지식분자 중 절대다수는 이미 국가 공작요원이 되어 사회주의를 위해 일하고 있고 이미 노동자 계급의 일부가 되었다."고 한 판단도 뒤집었다. 그리고 1958년 3월 청두회의에서는 "정확한 개인을 숭

배하는 것은 필요하다."고 하여 8기 <당헌>에서 채택한 개인숭배 배
척 및 집단지도체제를 부정하였다.

마오쩌둥은 1957년 11월 소련을 방문하는 동안 '소련이 15년 안에
미국 따돌릴 것이라는 흐루쇼프의 호언장담'과 1957년 경제성장이 건
국 이래 최고조에 달한 당시의 상황에 고무되어 머리가 뜨거워지고
있었기 때문에 기타 당 지도자들의 의견에 귀 기울이지 않았다. 따라
서 마오쩌둥은 실무관료 엘리트들의 논쟁을 결국 계급투쟁으로 규정
짓고 자신에 반대하는 자를 '우파 보수주의자' 내지 수정주의자로 몰
아 '정풍운동'을 전개하는 한편, 그의 의도대로 평등주의, 이데올로기
(정치) 제일, 대중노선의 원칙을 내세운 대약진정책(사회주의건설의 총노
선, 인민공사 운동을 포함하여 삼면홍기 운동이라 함)을 추진한다.

대약진은 구체적 경제계획이라기보다는 정치적인 분위기나 사고방
식에 의하여 형성된 일련의 정치(대중) 운동이었다. 마오쩌둥은 사회주
의 경제건설과정에서 정치 운동을 통하여 불러일으킨 인민의 정신적
요인을 지나치게 과대평가하고 있었다. 그는 정치 운동만 잘하면 전국
적인 범위에서 훨씬 빠른 속도로, 훨씬 대규모로 경제건설을 추진할
가능성이 있다고 본 것이다. 1958년 5월 5일~23일, 당 8기 제2차 전국
대표대회는 대약진운동의 발판을 마련한 장이었다

대약진정책의 추진에 맞추어 마오쩌둥은 당의 인사보완도 단행하였
다. 1958년 5월 25일, 당 8기 5중전회를 소집하여 해방군 내 좌파 성향
의 리더인 린뱌오를 중앙위원회 부주석 겸 중앙정치국 상무위원으로
발탁하고, 커칭스(柯慶施)・리징촨(李井泉)・탄전린(譚震林)을 중앙정치국
위원으로 기용하는 등 마오쩌둥은 자파 인사를 지도부에 보완하였다.

대약진정책의 바탕이 된 원칙은 다음의 네 가지로 요약된다. 첫째,
경제사회 어느 한 부문도 낙오 없이 산업을 골고루 동시에 발전시켜

야 나가야 한다는 사회주의 건설의 총노선을 견지하고, 모든 인민을 인민공사에 편입시켜 평균주의에 의해 한솥밥을 먹게 한다. 둘째, 투자재원의 결핍을 인민의 보다 열성적인 노동과 창의력으로 대체하는 '대중동원노선'을 견지한다. 셋째, 투철한 이데올로기(紅)와 목표가 관료적 혹은 전문적인 것(專) 보다 중시되어야 한다는 '정치 제일주의(政治卦帥)'를 강조한다. 넷째, 중앙집중적인 관료체제의 폐해를 보완하고 대중의 자발성과 열성을 축출해 내기 위한 '지방분권주의' 실시 등이다. 이처럼 대약진이야말로 마오쩌둥이 늘 강조해 왔던 평등주의, 대중운동 및 계속혁명을 가장 잘 실현할 수 있는 전형적인 마오쩌둥식 발전모형이었다. 이는 당 8기 전국대표대회의 노선, 즉 '생산력의 발전'을 완전 부정하고, '좌'경 모험사상을 지향하는 것이었다.

대약진정책의 실행단위는 인민공사로서 1958년 8월, 베이다이허(北戴河)에서 열린 당 중앙정치국 확대회의 결의(<농촌에 있어 인민공사 건립에 관한 결의>) 이후 그 설립이 급진전되었다.

당의 공식적인 정의에 따르면 "인민공사는 농업·공업·상업·교육 및 군대를 통합시키는 사회구조의 기본단위이며 동시에 사회세력의 기본조직"이다, 즉 노·농·상·학·병(工農商學兵)의 일체이며 '1대 2공'(一大二公), '정사합일'(政社合一, 행정과 경영의 일체화)의 조직으로 요약된다. 이 정의를 중심으로 인민공사의 특징을 요약하면 다음과 같다.

첫째, 1대 2공의 '1대'란 무엇보다도 인민공사의 조직(4,000호 이상)과 경영범위가 고급농업합작사(100-200호)에 비해 평균 30배 이상 확대하는 양적 변화를 의미한다. 어떤 경우는 1만 호 이상의 대규모 인민공사도 있고, 또 어떤 경우는 현을 단위로 한 현 연합(縣聯) 인민공사도 있었다. 그리고 경영범위에 있어 농업합작사의 경우 농업 분야를 위주로 한 데 비해, 인민공사는 농업·임업·목축·어업·부업 부문까지 포괄한 노·농·상·학·병의 5위 1체의 기층사회조직이었다.

둘째, '2공'이란 생산수단의 소유에 있어 공유화 정도를 농업합작사보다 높여 자본주의적 최후 잔여를 없애고 공산주의를 실행하기 위한 과도적 조건을 창조하는 질적 변화를 의미한다. 원래의 농업합작사는 일종의 소(小)집단조직으로서 사원에게 자신의 자류지(自留地)·가금·가축·부업 등의 소유가 허용되었다. 그러나 인민공사 제도하에서는 모든 생산원료는 인민공사에 귀속되고, 모든 사유제는 폐지되었다. 사원의 자류지·가축·가금·부업은 물론 농촌에 있던 국영상점 및 은행과 기타 기업까지 모두 인민공사의 관리에 맡겨졌다. 따라서 인민공사 내에는 '1평2조'(一平二調)가 되었다. '평'은 소비 물자나 식량을 일률적으로 분배하는 절대 평등주의, '조'는 생산용 자재와 필요한 인력을 무상으로 징발하는 것을 의미한다. 그 결과 경제상의 공산풍(共産風), 즉 일을 잘하든 못하든 대우는 똑같다는 무차별 균등 보수 제도의 폐단이 불게 되었다.

셋째, 인민공사는 앞에서 언급한 바와 같이 농업합작사와는 달리 농업뿐만 아니라 공업·상업·교육·사회복지·보건위생·민병을 포함하는 다양한 기능을 수행하는 자급적 조직이며, 지방정부와 같은 정사합일(政社合一)의 조직이었다.

넷째, 노동조직과 생활방식에서도 조직의 군사화, 행동의 전투화, 생활의 집단화를 실시하였다. 이를 '3화'라고 부른다. 군사화란 인민공사의 전 사원을 군사 조직으로 편성하고, 전투화란 노동력을 통일적으로 지휘하는 것이며, 집단화란 공용식당·탁아소·유치원·양로원과 집단적인 후생 복지사업을 말한다.

1958년 8월 <결의> 공포 후, 전국적으로 인민공사 운동이 급속히 전개되어 9월 말에 이르러 전국에 23만 4,000개가 조직되고, 참가 농가 호수는 전체 농가의 90.4%를 점하였다. 각 인민공사의 평균 호수는 4,797호였다. <결의> 후 최초 1개월 동안에 전국 농촌은 기본적으로 인민공사화 되었다. 11월에 들어서는 전국 74만 개의 농업합작사가 26만 5,000여 개의 인민공사로 개조되었다. 참가한 농가 호수는 전국 농가 호수의 99.1%에 이르렀다. 이처럼 <결의> 공포 후 불과 3개여 월 만에 전국적으로 인민공사가 급속히 진전되었다.

총노선, 대약진, 인민공사 만세를 부르짖는 인민 대중들

인민공사의 초기 단계에는 공동 취사가 실시되어 부녀자들을 부엌에서 해방시켜 생산활동에 투입하였다. 이러한 현상의 극단적인 상태는 부부를 각각 독립된 남·여 공동합숙소에서 떨어져 생활하게 하고 어린이는 공동탁아소에서 살게 했다. 이리하여 중국 농민은 역사상 전

례 없는 규모로 철저히 조직되었으며, 국가의 계획에 따라 그리고 대
중운동방식으로 농업증산과 재래식 제강(土法製鋼)을 위하여 대대적으
로 동원되었다.

1958년 9월에 철강 생산운동에 참가한 사람은 약 5,000만, 10월에는
6,000만, 1958년 말에는 9,000만 명에 달했다. 재래식 용광로는 8월에
는 18만 기, 9월에는 60만 기, 10월 이후에는 수를 헤아릴 수 없을 정
도로 증가하였다. 마오쩌둥에 의하면 "모든 생산활동은 인간 활동에서
집중적으로 체현되는 것이므로, 대중에게 긴밀히 의거하고 인간의 주
관적 능동성을 충분히 발휘하도록 하면 못 이룰 것이 없다."는 것이었다.

같은 논리가 도시에도 적용되었다. 주요 대기업에서도 대중운동 방
식에 의한 증산이 강조되고 기업 간부가 생산노동에 직접 참가하였다.
반면 노동자도 관리업무에 참여하였으며, '불합리한 규칙과 제도의 개
혁'이 권장되었다.

1958년 4월, 당 중앙은 <잔존의 사영공업·개체공업과 소상인에 대
한 사회주의적 개조의 계속과 강화에 관한 지시>를 공포하였다. 이
지시에 근거하여 급속한 사회주의 개조와 상공업 관리체계의 고도 집
중화가 이루어졌다. 소수 조직적 집단 생산에 부적합한 특종 수공업품
을 제외한 모든 개체수공업자는 수공업 합작사에 편입되었고, 집단 상
공업은 국영기업에 편입되거나 국영기업으로 전환되었다. 이렇게 하
여 1958년에서 1959년까지 2년 동안 전국 수공업 합작사의 500여 만
의 사원 중 86.7%가 국영 상공업으로 넘어갔다. 이러한 잔존 사유재산
제도에 대한 개조를 통하여 중국 상공업의 경영형식·구매형식 및 분
배 방법이 더욱 단일화되고 고도로 집중화되었다. 따라서 상업은 기본
적으로 제1차 5개년계획 시기의 다양한 경제 성분(국영과 사영의 혼재)
및 유통구조와 경영이 대약진기에 들어 단일의 경제 성분(국영 경제) 및

유통구조와 경영방식으로 변모했다.

국내의 이러한 급진정책은 대외정책에도 반영되어 강경 외교 노선으로 치달았다. 1959년 7월 이라크 혁명을 둘러싼 중동 위기나, 거의 같은 시기의 타이완해협 위기를 맞아 강경한 반미공세 내지는 '제국주의와 정면 대결'에 의한 단기 결전의 입장을 견지했으며, 1959년 가을에는 인도와 국경전쟁을 일으켰다. 중국의 강경 외교 자세와 당시 소련 지도자들과는 다른 마오쩌둥의 '세계인식'은 중소분열로 반전되어, 1959년 6월에는 소련과 체결한 〈중소 군사협정〉(1957년)을 일방적으로 파기하였다. 이에 소련은 중국에 대한 핵무기와 미사일의 샘플과 기술재료 제공을 거부하게 된다.

따라서 중소 대립은 절정에 달했고, 소련은 경제 원조를 중단하고 중국에 파견한 기술자를 모두 소환했다. 구체적으로 1960년 7월 16일 소련은 중국 정부와 사전 상의 없이 일방적으로 중국에서 활동하고 있는 소련 전문가 1,390명을 소환하기로 하고, 7월 25일 1개월 이내에 철수한다는 통지를 중국 정부에 전달하였다. 또한, 이후 파견키로 하였던 909명 역시 파견을 중지한다고 통보하였다.

2. 루산회의와 노선대립

대대적인 재래식 철강제련과 인민공사 운동으로 상징되는 '대약진'의 열풍은 1958년 9~10월에 최고조에 달했다. 그러나 대약진운동의 창도자요 추진자적 역할을 한 마오쩌둥은 1958년 후반기에 접어들면서 운동의 발전과정에 심각한 문제가 발생하고 있음을 감지했다. 1958년 후반부터 1959년 상반기까지 당 중앙은 정저우(鄭州), 우창 등지에서 여러 차례 회의를 소집하여 '좌'적 오류의 시정을 시도했다. 예컨대, 전당이 집단소유제 공사를 너무 성급히 전민 소유제 공사로 개조하지 말 것과 상품의 생산과 교환제도를 너무 빨리 없애지 말 것, 생활필수품의 개인 소유권을 폐지하지 말 것 등을 촉구했다. 연이어 평균주의를 반대하고 노동에 따른 분배와 등가교환의 원칙을 견지할 것도 요구하였다.

특히 1958년 11월 28일~12월 10일 사이에 우창에서 열린 당 8기 6중전회는 마오쩌둥의 '삼면홍기' 모진정책이 당 내외의 거센 반발을 불러일으키는 가운데 열렸다. 이 회의는 당내의 삼면홍기 반대 세력이 실제로 반마오쩌둥 투쟁을 표면화한 실마리였다. 회의에서는 마오쩌둥으로 하여금 차기에 국가 주석의 직무를 포기하도록 압력을 가하는 한편, 도시 인민공사 운동을 완만히 추진하고 농촌 인민공사 운동의 과열을 교정토록 결의함으로써 당내의 불안을 완화하였다.

이러한 가운데 1959년 4월, 제2기 전국인민대표대회가 열렸다. 이 대회에서 당 8기 6중전회의 요청에 따라 마오쩌둥은 국가 주석직을 류사오치에게 내놓는다. 그리고 전국인민대표대회 상무위원장은 류사오치에서 주더로 교체되었다. 국무원 총리는 저우언라이가 유임되고, 부총리는 녜룽전·보이보(薄一波)·탄전린·루딩이·뤄루이칭·시중쉰 등이 보완되었다. 국무원 구성에서는 비교적 실무적 색깔을 띤 기술관료들로 구성되었다. 그러나 당 중앙위원회와 중앙군사위원회의 주석직은 마오쩌둥이 그대로 유지했다.

대약진정책에 대한 시정을 시도하고 국가지도체제를 개편하기는 했지만, 일부 사업에 국한되었을 뿐, 운동의 지도 사상에는 미치지 못했다. 그리하여 마오쩌둥의 '좌'적 사상에 의해 무리하게 추진된 대약진정책은 당 지도부를 격렬한 노선대립의 장으로 끌어들인다.

1959년 7월, 장시 성 루산(廬山)에서 당 중앙정치국 확대회의가 열렸다. 참석자는 당 중앙 책임자들, 각 성·시·자치구의 책임자와 국무원 공업교통 및 재정무역 부문의 책임자들이었다. 이때 천윈과 덩샤오핑은 신병으로 불참했고, 린뱌오도 나중에 합류하였다. 원래 회의의 목적은 대약진운동의 '좌'적 착오를 시정하는데 있었다. 그러나 참석자 중 적지 않는 자들은 대약진과정의 오류와 결점에 대해 변명하려 하고, 심지어는 '좌'경에 대한 시정이 지나쳤다고 하기도 했다. 마오쩌둥에 의해 발탁된 신임 정치국 위원인 리징환과 커칭스, 우한 시 당 위원회 서기 왕런중(王任重) 등은 대약진운동을 칭송하기까지 했다.

반면 대약진을 비판하는 간부들도 있었다. 대체로 두 유형이었다. 하나는 국가경제위원회 주임인 보이보나 국가계획위원회 주임인 리푸춘 같은 경제계획 입안자들이었다. 그들은 생산목표를 설정하고 그 목표를 제대로 달성할 수 있도록 계획을 입안하는 자리에 있는 사람들이다. 보이보는 대약진운동 초기에 비현실적인 생산목표 설정을 거부했다. 그리고 문제점에 대해 솔직하고도 설득력 있는 보고서를 올려도 마오쩌둥이 자신의 비판을 받아들이지 않아 포기 상태에 있었다. 리푸춘 역시 마찬가지 입장이었다. 다른 한 부류의 비판자들은 지방에서 벌어지고 있는 혼란 상태를 직접 목격한 후차오무(胡喬木)·천보다와 같은 마오쩌둥의 정치 비서 출신들이었다. 그들의 임무는 마오쩌둥에게 진실을 보고하는 것이었다. 그러나 진실을 주장하면서 마오쩌둥을 비판하는 사람은 정말로 드물었다.

루산회의 8일째 되는 7월 10일, 마오쩌둥은 각 지역의 당 고위 간부를 소집한 회의에서 "오직 이데올로기의 통일만이 당의 문제를 해결할 수 있다."는 연설을 했다. 그리고 대약진정책과 '15년 안에 영국을 따라잡을 수 있다'는 계획에 관해 언급하면서 이 계획의 전체적인 방향은 옳다고 역설했다. "지난해의 성과는 대단했습니다. 물론 실패는 있었습니다만, 그것은 대수롭지 않습니다. 열 손가락 중 아홉은 성공했고, 실패는 겨우 하나에 불과합니다."

마오쩌둥은 또한 중국이 공산주의 사회로 진입하고 있다고 생각하는 이상주의를 경고했다. 발전 중인 현 단계에서 인민공사는 농촌의 합작사 조직, 즉 공산주의 체제가 아닌 고도의 합작조직으로 분류되어야 한다고 하면서 다음과 같이 강조했다. 모든 인민이 "인민공사를 그런 식으로 받아들인다면 심각한 문제는 전혀 없을 것이다. 인민공사에 비현실적인 높은 기대를 걸고 있어 문제가 발생한다. 지금은 기대치를 낮추어야 한다. 국가에서는 용광로를 건설하기 위해 인민폐 20여억 위안을 퍼부었지만, 그것은 그곳에서 일하는 인민들이 강철을 만드는 새로운 기술을 습득하게 하였고, 그 돈은 새로운 기술을 획득하는데 반드시 들어가야 할 수업료였다."

회의는 분명 일상 업무 추진 중의 '좌'경적 착오를 수정하기 위해 소집되었음에도 마오쩌둥은 오히려 '큰 틀은 옳다'는 논조로 참석자들의 반론의 기회를 봉쇄해 버렸다.

이때 정치국 위원 겸 국방부장 펑더화이는 잘못된 것을 감싸고 도는 상황에 대해 매우 우려하였다. 그는 '좌'적 지도 사상 문제가 시정되지 않는다면 반드시 국민경제의 발전 속도에 나쁜 영향을 미칠 것이라 여겼다. 회의가 폐회된 12일 오전 그는 마오쩌둥을 만나려 했으나 마침 마오쩌둥이 휴식 중이었던 터라 편지를 써서 자신의 의견을 서술하고 마오쩌둥의 이해와 지지를 희망하였다. 그의 편지의 내용은 한마디로 말한다면, 1958년 대약진과 인민공사 운동을 신중히 결산할 것을 요구하는 것이었다. 편지는 13일~14일 양일간에 걸쳐 써서 마오쩌둥에게 전달되었다. 편지는 아래와 같이 갑·을 두 부분으로 나누어져 있었다.

편지의 첫 부분은 1958년의 대약진의 성과는 의심할 여지가 없다고 하면서 기본적으로 '더 빠르고 훌륭하게 더 절약하게'라는 총노선은 정확했다고 했다. 그리고 농촌의 인민공사 운동은 농민을 빈곤으로부터 탈피시키고 사회주의로부터 공산주의로 가는 정확한 접근이었다고 하면서 공사화 과정 중에 발생한 식량 공급 부족은 일련의 회의를 통하여 기본적으로 바로 잡혔다고 했다. 또한, 뒤뜰 용광로 사업에서는 얻은 점과 잃은 점이 있다고 했다. 20억 위안을 학비로 퍼부어 얻은 것은 용광로를 가동하기 위한 천연자원을 찾는 과정에서 전국적인 지질 검사를 하게 된 것과 수많은 인민이 용광로를 운전하면서 새로운 공업 기술을 습득하고, 간부들이 운동 과정에서 단련된 것이라 하였다. 반면 잃은 것은 천연자원과 노동력을 낭비한 것이라고 했다.

그리고 편지의 후반부에서는 대약진의 경험적 교훈을 어떻게 결산할 것인가에 대해서 썼다. 여기서 펑더화이는 현시점 우리의 건설 공작 중 당면한 주요 모순은 비례 실조(균형의 상실)로 인하여 야기된 도농 간·계층 간의 긴장이며, 그것은 정치적 문제라고 했다. 그 원인은 여러 가지가 있겠으나, 대약진운동이 급진적인 '좌'적 분위기를 조장했기 때문이라고 했다. 따라서 사상 방법과 공작 기풍상 주의해야 할 점은 첫째, 과장 풍조로 각 지역·각 부문에서 신뢰할 수 없는 실적을 발표하여 당의 위신을 추락시키고 있는 것과, 두 번째로는 소자본가의 지나친 열광 때문에 사람들이 한걸음에 공산주의로 비약하려는 '좌'적 착오를 범하고 있다는 것이라 하였다. 그는 또한 '좌'적 현상이 이미 널리 편재해 있어 오랜 기간 형성되어온 대중노선과 실사구시의 정신이 머리에서 사라졌다고 하고, 이는 일반적으로 '우'경 보수 사상을 제거하는 것 이상으로 어렵다고 지적하였다. 그의 편지는 당은 명백히

옳고 그름을 가려 사상을 높은
수준으로 끌어올려야 하며, 일반
개인의 책임은 추궁해서는 아니
된다고 하는 청원으로 결론을 내
렸다.

국방부장 펑더화이와 마오쩌둥

펑더화이는 특정 개인을 비난
하지 않았다. 그렇게 하는 것은
당의 결속력이나 앞으로의 정책
을 추진하는데 있어서 결코 좋은 일이 아니라고 생각했기 때문이다.
그의 의견은 정확했고 의견을 개진한 방식 또한 당의 조직원칙에 부
합하는 것이었다. 그러나 그의 편지는 마오쩌둥을 크게 자극했다.

7월 16일 마오쩌둥은 정치국 상무위원회를 소집했다. 류사오치, 저
우언라이, 주더 그리고 뒤늦게 합류한 천윈이 참석했다. 마오쩌둥은
노기등등하여 당 지도자들에게 "지금까지는 당의 외부에 존재하는 우
파분자들이 대약진운동을 비판했는데, 이제는 당내의 몇몇 인사들도
대약진운동이 득보다 실이 많았다고 비판한다."고 말하고, 펑더화이가
그 대표적인 인물이라면서 증거물로 편지를 내보였다. 7월 16일 마오
쩌둥이 '펑 동지의 의견서'라는 제목을 붙여 인쇄하여 내놓은 이 편지
를 정치국 상무위원회에 이어, 그 중요성을 감안하여 6개 구역으로 나
눈 소조에도 배포하였다.

마오쩌둥의 권위에 눌려 펑더화이에 동조하는 사람은 거의 없었다.
그런데, 7월 19일 소조 회의에서 해방군 총참모장 겸 정치국 후보위원
황커청, 후난 성 당위 제1서기 겸 후보 중앙위원인 저우샤오저우(周小
舟)는 펑더화이의 편지에 대해 지지를 표명하였다.

황커청은 펑더화이와 가까운 사이로 군의 과학화, 현대화를 지지해

온 합리적인 군사 지도자다. 사실 펑더화이는 1959년 5월 동구 방문을 마치고 6월 중순에 베이징으로 돌아왔다. 귀국 다음 날 부재중의 책임자였던 황커청 총참모장에게 보고를 받던 중 대약진운동의 심각성을 더욱 절감하게 된 것이었다. 펑더화이는 여독에 지쳐 황커청에게 루산 회의의 출석을 부탁하려 했으나 황커청의 권유로 직접 참석한 것이다.

저우샤오저우는 1958년 12월 우창 회의 직후 펑더화이를 따라 마오쩌둥과 펑더화이의 고향인 후난 성 샹탄 현의 농촌지역을 시찰하면서 대약진과 인민공사 운동의 참상을 목격한 사람이다. 펑더화이가 대약진에 대해 회의를 하게 된 것도 바로 이때였다. 그는 이때 농민들의 호소에 충격을 받았다. 식량도 부족한 상태에서 간부들이 무리한 노동을 강요하기 때문에 자궁하수나 월경불순의 부인병이 적지 않고 솥이나 쇠 밥그릇을 부수어 제철 원료로 공출하는 예, 가옥이나 수목을 파괴하여 제철용 화력으로 이용하는 예 등을 직접 목격하였다. 저우샤오저우는 펑더화이가 루산에 도착하자마자 찾아와 인민공사 운동에 대한 불만을 터뜨렸다. 지난 1958년의 식량 생산량은 가짜 수치라고 했고, 이는 상급 기관이 압력을 가했기 때문에 하층 간부가 조작한 '허위보고'라고 했다.

두 사람은 펑더화이의 편지 내용 중 일부 표현은 다소 거친 점이 있으나 그 정신이 좋다고 편지의 의도를 칭찬했다. 마오쩌둥의 정치 비서인 리루이(李銳) 역시 펑더화이의 의견에 동조할 정도로 펑더화이의 편지는 막힌 곳을 속 시원히 뚫어 주는 내용이었다.

7월 21일 화동조(華東組) 회의에서는 정치국 후보위원 겸 외교부 부부장 장원톈이 펑더화이에 동조하면서 마오쩌둥의 지도력과 대약진에 대하여 비판을 가했다. 장원톈은 마오쩌둥을 향해 자신은 항상 당이 대중에게 귀를 기울여야 하고 실사구시를 해야 한다고 했으나 정작 실천과정에서는 자기가 한 말을 지키지 않고 있다고 비판하고, 우리가 목숨을 잃는 한이 있더라도 잘못된 점이 있다면 마오쩌둥을 바로잡아야 한다고 했다.

마오의 반격이 시작되었다. 7월 23일 마오쩌둥은 중앙정치국 확대회의를 다시 소집했다. 그는 회의에서 장문의 격렬한 담화를 통하여 펑더화이 등이 지적한 의견에 대해 아래와 같이 조목조목 논박한다.

"지금 당 안팎의 사람들이 우리를 공격하는데 모두 합류했습니다. 그러나 당의 외곽에 있는 몇몇은 우파분자들이며, 지금 우리 당의 안에 있는 몇몇도 그들과 마찬가지로 우파분자들입니다. 나는 당내의 동지 여러분께 충고 한마디를 하겠습니다. 여러분은 지금 어느 길로 가고 있는지를 확실히 알아야 합니다. 여러분은 위기의 순간에서 동요되면 아니 됩니다. 우리 동지들 가운데, 일부는 폭풍우에 휩쓸려 냉정을 잃은 채 동요하고 있습니다. 그들은 우파분자는 아니지만, 우파분자에 매우 근접해 있습니다. 30km 지점 가까이에 접근해 있는데, 그건 아주 위험한 거리입니다."

특히 마오쩌둥은 펑더화이가 소자본가의 열광성에 관해 언급한 점과 대약진운동에서 얻은 것 보다 잃은 것이 더 많다고 한 주장에 중점을 두어 공박했다. 마오쩌둥은 "5억 농민의 대다수가 아주 적극적으로 취사장을 만들고 대규모 합작을 하고 있으며, 그들은 빈곤 탈피를 위하여 더 많이 더 빨리 일하려 하고 있는데, 이것이 당신이 말하는 소자본가의 열광인가? 확대되고 있는 대중운동에 찬물을 끼얹는 것 아닌가!"

비례 실조로 여러 면에서 물자 부족 현상을 가져오고 있다는 것에 대해서도 마오쩌둥은 반박했다. "일정 기간 돼지고기가 부족하고 채소가 부족하고 여인들의 머리핀도 없고 비누도 없는 것을 비례의 실조라 하는데, 시장에 물자가 부족하고 식량이 부족하고 농업·공업·상업·교통도 힘에 부치며, 심지어 인심에 이르기까지 긴장하는 등, 내가 보기에는 부치지 않은 곳이 없는데 무엇이 균형의 상실인가."

이밖에 마오의 이 연설에서 주의를 끄는 두 가지 대목이 있다. 하나는 "다른 사람이 나를 범하지 않으면 나는 다른 사람을 범하지 않는다. 만약 다른 사람이 나를 범하면 나는 반드시 그 사람을 범한다."는 원칙을 마오쩌둥은 고수한다는 것이고, 다른 하나는 "만약 해방군이 나와 함께 가지 아니하면 나는 바로 농촌으로 뛰어들어 다른 조직을 만들 것"이라고 했다. 이 두 가지 점은 마오쩌둥이 국방부장인 펑더화이의 편지는 바로 그를 범한 것으로 보고 그는 이미 반격의 결심을 표명한 것이다. 승부수를 던진 것이다.

마오쩌둥의 23일 연설로 인하여 루산회의의 분위기는 급랭했다. 이후 펑더화이를 비판하는 소리가 합창되기 시작했다. 동시에 펑더화이에 동조했던 황커청, 저우샤오저우, 장원톈에게도 격렬한 비판이 가해졌다. 이로 인해 루산회의는 회의의 주제가 '좌'를 시정하는 것으로부터 반'우'로 급선회하여 펑더화이를 비판하는 장으로 바뀌게 되었다.

7월 31일과 8월 1일 중앙정치국 상무위원회가 긴급하게 소집되었다. 여기서 마오쩌둥은 펑더화이의 세계관은 마르크스주의가 아니고 경험주의·주관 유심주의적 경험주의라고 했다. 그리고 펑더화이는 31년 이래 노선착오가 있을 때마다 착오를 범했고 펑더화이와 자신의 관계는 3은 협조적이었고, 7은 비협조적이었다고 했다.

회의에서는 펑더화이의 편지는 '우'경 기회주의의 강령이라고 결론짓고, 펑더화이·황커청·장원톈·저우샤오저우는 '반당 집단'을 결성하여 계획적이고 조직적이고 유목적적인 활동을 통하여 창끝을 당 중앙과 마오 주석과 총노선을 겨냥했다고 입을 모았다.

특히 늦게 합류한 린뱌오는 그의 가장 강력한 군내 라이벌이요 실력자인 펑더화이에게 기회를 놓치지 않고 포문을 연다. "펑더화이는 아주 큰 개인적 야심과 개인적 욕망을 품고 위대한 한 영웅이 되려고 혁명에 뛰어든 사람이다. 마오 주석은 진정한 대영웅이다. 펑더화이도 마오쩌둥은 영웅이라고 생각하고 있다. 두 영웅은 병립하지 못한다. 그래서 펑더화이는 마오 주석을 반대하게 되어있다. 이는 하나의 규율이다."

3. 펑더화이의 실각과 린뱌오의 부상

1959년 8월 2일, 마오쩌둥의 지시에 따라 당 8기 8중전회가 루산에서 소집되었다. 마오쩌둥은 두 가지 문제를 토론의 주제로 제의했다. 하나는 지표 조정의 문제였고, 다른 하나는 노선문제였다.

마오쩌둥은 두 번째 문제인 노선문제를 제기하면서 "현재 몇몇 동지들이 작년 당 제8기 제2차 대회에서 정한 노선에 문제가 있다고 의심하는 것이 도대체 옳은 일인가. 잘못된 일인가?"라 하면서 포문을 열었다. 그리고는 이에 대해 "실적은 아주 많다. 문제는 적지 않다. 전도는 밝다."고 세 마디로 자신 있게 요약했다. "현재로 보아 '문제는 적지 않다'고 말하는 것은 '우'경 기회주의가 당을 향해 광분하여 공격하는 문제가 적지 않다는 것이다. 다른 것은 문제가 아니다." "우리는 9개월의 '좌'경을 범했는데, 현재 기본적으로 이는 문제가 아니다. 루산회의는 반'좌'의 문제가 아니고 반'우'의 문제다. 왜냐하면 '우'경 기회주의가 당을 향해 당의 지도기관을 향해 광분하여 공격하기 때문이다." "결론을 노선의 착오, 지도기관의 착오로 끌고 가고 있다."

마오쩌둥이 당 중앙위원회에서 행한 연설은 뒤이어 열릴 크고 작은 회의 분위기를 미리 압도하는 것이었다. '반당 집단'의 분열 책동을 비판하도록 참가자들에게 요구함으로써 마오쩌둥은 펑더화이를 적으로 몰았고. 어떤 회의나 의견교환에서도 그를 구제할 수 없도록 해 놓았다. 전체 회의에서 린뱌오를 비롯한 커칭스, 리징촨, 그리고 후베이의 왕런중, 광둥의 타오주(陶鑄), 공안부장 뤄루이칭 등은 펑더화이와 그들의 지지자들을 맹렬히 공격했다. 그런 와중에 마오쩌둥은 참가자들을 향해 "당신들은 나와 펑더화이 둘 중 누구를 택하겠소. 만약 당신들이 펑(더화이)을 택한다면 나는 다시 징강산으로 올라가 혁명을 할 것이오."라고 초강수로 압박을 가했다. 내심으로는 펑더화이를 지지하는 사람이 적지 않았지만, 분위기를 장악한 마오쩌둥의 권위에 어떻게 펑더화이를 옹호할 방법이 없었다.

8월 7일 소조 회의에서 펑더화이가 말한 몇 마디는 이 회의 분위기를 아주 잘 설명해 준다. "내가 마오쩌둥을 끌어내리려 한 야심가라고 내가 말하는 것을 당신들이 듣기를 원하지만 나는 그렇게 말할 수 없다." 그는 또 "변호사의 변호 없이 당신들은 나에 대해 법정에서처럼 심판하고 있다. 이러한 분위기에서는 객관적으로 사실을 밝히고 시비를 가리기 매우 어렵다."

8월 16일 중앙위원회 마지막 날, 전체회의에서 드디어 <펑더화이를 두목으로 하는 반당 집단의 착오에 관한 결의>를 통과시킨다. 펑더화이·황커청·장원톈·저우샤오저우 순으로, 그들의 국방부장·해방군 총참모장·외교부 제1부부장·후난 성 당위 제1서기직을 박탈했다. 그리고 국방부 부부장 샤오커(蕭克), 해방군 총정치부 주임 탄정(譚政), 총후근부장 홍쉐즈(洪學智), 선양 군구 사령관 덩화(鄧華) 등 군의 수뇌들은 모든 보직으로부터 해제되었다. 이는 '가오강·라오수스 사건'

이후 발생한 두 번째의 대숙청이었다.

반면, 펑더화이를 공격하고 마오쩌둥의 편을 들었던 린뱌오를 국방부장 겸 당 중앙군사위원회 제1부주석에 임명하여 일상적인 군사 업무를 총괄케 했다. 그리고 공안부장인 뤄루이칭을 총참모장에 임명하고, 셰푸즈를 뤄루이칭의 후임 공안부장에 임명하였다. 펑더화이의 군권이 린뱌오에게 넘어간 것이다. 이때부터 린뱌오가 정식으로 군권을 전면적으로 이어받고 후계자의 지위를 구축하기 시작하였다. 마오-린 동맹이 형성된 것이다. 이 때문에 그 후 마오쩌둥이 순조롭게 군대의 지지를 받아 문화대혁명을 발동할 수 있었다.

군사정책에 있어 린뱌오는 마오쩌둥 사상에 입각한 혁명화, 즉 이데올로기에 치중한 창군 방침에 역점을 둔 데 반해 펑더화이는 군의 지도방침을 군 고유의 전문적인 군사훈련에 중점을 두고, 군대 내에서의 당 조직 활동·인민 대중에 대한 정치사상 공작·생산 참가를 경시했다. 사실 펑더화이는 항미원조군 총사령관으로서 한국전의 쓰라린 경험과 소련군의 장비 현대화에 감명을 받아 "'전문화된' 군대, 현대화 정규화된 군을 건설해야 한다."는 것을 누구보다도 강력히 강조하고 또 적극적으로 추진해 온 순수 무골 출신이다. 인민해방군 총참모장 황커청과 총정치부 주임 탄정도 마찬가지였다. 대약진운동에 군의 동원을 일상화시킴으로써 군의 훈련 시간은 많이 빼앗겼고, 이로 인해 군의 현대화·전문화에 큰 지장을 초래하는 상황이었기 때문에 이들의 주장은 충분한 이유가 있었다. 하지만 마오쩌둥이 볼 때는 이것은 분명 자신의 혁명노선을 이탈한 것이다.

펑더화이의 해임 이후 반'우'경 투쟁이 거당적으로 행해졌다. 펑더화이가 관장하고 있던 중앙 국방기관 및 실무 엘리트들이 주로 포진하고 있던 중앙 직속 기관의 경우, 1959년까지 당원의 3%가 중점 비판대상, 4.4%가 방조 비판대상이 되었다. 사(司)·국장급 이상 당원 간부를 보면 9.3%가 적발·비판되었다. 전 군에서 '우'경 기회주의 멍에를 쓴 사람은 모두 1만 7,000명에 달했다. 이러한 반'우'경 분위기 속에서 1960년 7월에는 전국 190개 대도시에서 1,064개의 인민공사가 건립되고 5,500백 만 명이 이에 참가했다. 오히려 더욱 '좌'경적 이데올로기를 강화하는 쪽으로 나아갔다.

제 4 장

조정정책과 노선대립

1. 대약진운동의 실패와 조정정책

대약진정책은 중국의 방대한 노동력을 이용, 인해 전술적인 사회주의 건설 방법을 취하면 낙후된 중국 사회도 생산력을 비약적으로 발전시킬 수 있다고 믿고 시작한 것이었다. 그리하여 "보다 많이, 보다 빨리, 보다 훌륭히, 보다 경제적으로 사회주의를 건설하자."는 구호를 내걸고, 15년 이내에 공업 생산액에서 영국을 추월한다는 높은 목표를 내 세웠다.

그러나 대약진운동은 현실을 넘어선 무리한 계획의 추진, 소련의 원조 중단, 1958~1960년의 자연재해 등의 원인으로 좌절되었다. 하지만 보다 근본적인 원인은 당내의 지지를 받지 못한 비현실적인 정책 노선을 마오쩌둥이 억지로 밀어붙였기 때문이었다. 당시 마오쩌둥은 사회주의혁명에 대한 대중의 열의와 창의성에 대해 낭만적인 믿음을 가지고 '대중노선'의 방식으로 '기술혁명'과 '문화혁명'을 아울러 일으키면 사회주의 건설은 급속히 달성되리라고 기대했다. 그러나 마오쩌둥의 이러한 낙관적 기대는 허황한 꿈에 그치고 말았다.

사실 대약진운동의 표상인 인민공사 운동은 시작에서부터 그 급진성에 의해 중대한 문제점을 드러내기 시작했다. 첫째, 사유재산제 잔재의 일소 차원에서 텃밭·가옥·가축·개인 예금 등 소소한 개인의 재산까지도 집단소유 인민공사에 편입시킴으로써 농민의 불만을 고조시켰고, 둘째, 인민공사 조직의 군사화·행동의 전투화·생활의 전투화라는 3대 원칙에 따라 농민들이 생활의 보금자리인 가정을 파괴당함으로써 농민들의 생산 의욕은 크게 저하되었다. 그로 인하여 심각한 식량난에 빠져들었다. 곡물 생산량의 감소는 기아의 공포를 초래하였다. 이 시기 아사자 수를 보면 1958년 77만, 1959년 252만, 1960년 967만, 1961년 227만으로 총 1,523만 명이나 되었다. 식량의 부족으로 가축의 사육도 크게 줄었다.

공업관리 측면에서도 책임생산제의 폐지, 생산관리의 혼란으로 경제효율이 크게 낮아져 생산성도 큰 폭으로 떨어졌다. 전문인에 의한 관리가 아닌 대대적인 대중운동 방식에 의해 소사로(小沙爐 : 벽돌로 쌓은 자가제의 소형 용광로)에서 생산된 강철과 무쇠는 불합격품이 높아 인력과 물력 및 재력의 낭비만 가져왔다. 그리고 상업 관리 부문에서도 맹목적인 하방은 지방 할거주의를 초래하여 경제적 혼란을 조장하였고, 무정부주의적 경영은 평균주의적 공산풍을 가일층 심화시켰다.

대약진운동의 마지막 해인 1960년의 중국경제는 그 참상이 최악에 달했다. 따라서 1960년 중반 이후, 이제 정책의 전환은 피할 수 없게 되었다. 그리하여 1960년 11월 15일~23일, 국가계획위원회가 베이징에서 소집한 전국 계획회의를 전후하여 저우언라이와 리푸춘이 "국민경제를 조정하고, 공고히 하고, 충실히 하고, 제고하자."는 조정, 공고, 충실, 제고의 '8자 방침'을 제기하였다. 1961년 1월, 당 8기 9중전회에서 이 방침을 확정하여 전국에 공포했다. 그리고 국민경제에 대한 조정은 농업에서부터 시작하였다. 1960년 겨울 당 중앙은 <5풍 문제의 철저한 시정에 관한 지시> 등의 문건을 공포하여 대약진 이래의 '공산풍', '과장풍', '명령풍', '간부의 특권풍', '비전문적인 눈먼 지휘풍'을 시정하자고 했다.

8기 9중전회 이후 마오쩌둥, 류사오치, 저우언라이, 주더, 덩샤오핑, 천윈 등은 직접 사회 기층에 내려가 조사 활동을 벌였다. 1961년 초부터 1962년 가을까지 이 조사를 바탕으로 농업, 상업, 수공업, 과학기술, 교육 등 분야에 관한 문건을 작성하여 '8자 방침'에 따라 구체적인 정책을 집행하도록 하달했다. 그러나 국민경제 조정에 대한 인식의 통일이 제대로 되지 않는 상태였기 때문에 그 진전, 특히 공업 부문의 진전이 여의치 않았다.

그리하여 1962년 1월 11일~2월 7일, 당 중앙은 현 단위를 포함한 당 중앙, 중앙국, 성, 지구의 5계층 7,118명의 당 지도자들을 참가시키는 확대 공작회의, 통칭 '7천인 대회'를 소집하였다. 회의의 주목적은 대약진 이후 당 공작의 경험적 교훈을 총괄하는 것이었다.

류사오치는 대회에서 보고를 통해 대약진 이후의 정책의 결함과 오류로 빚어진 사회·경제적 문제점을 다음과 같이 요약하였다.

① 지나치게 높은 공업생산계획지표, 과대한 기본건설 투자로 국민경제 각 부문에 심각한 균형의 상실을 가져왔다.
② 농촌공작에 있어 집단소유제와 전민 소유제의 경계를 분명히 하지 아니하고 밀어붙이는 데만 급급하였으며, 노동에 따른 분배와 등가교환의 원칙에 반하는 등 집단소유제 내부 관계의 급격한 변화로 공산풍과 평균주의의 오류를 발생시켰고, 수공업과 상업 부문에서 집단소유제를 전민 소유제로 무리하게 추

진하였다.

③ 중앙의 지방에 대한 지나친 권력 하방으로 심각한 권력의 분산
주의 경향이 조장되었다.

④ 농업의 증산 속도를 과신하여 건설사업을 지나치게 서두름으
로써 도시인구와 직원·노동자 수가 급증하여, 도시에서는 이
들에 대한 공급(식량·주택 등)이 부족하고, 농촌에서는 농업
생산(노동력 부족)의 곤란이 초래되었다.

류사오치는 보고에서 정책 집행의 결점과 오류를 지적하는데 그치
지 않고, 그 원인도 언급했다. 건설업무의 경험 부족도 하나의 원인이
겠지만, 더 중요한 것은 당내 다수의 동지가 대중노선과 민주집중제의
원칙을 무시하는 업무태도에 더 큰 문제가 있었다고 했다. 누구라고
굳이 이름을 들지 않더라도 이는 누구를 향한 비난인지는 자명한 일
이었다. 그리고 3년 동안의 심각한 곤란과 오류는 천재(天災)의 영향도
있었지만, 주관적인 면에서 당의 정책 및 태도에도 문제가 있었다고
하고, 3할은 천재에 기인하지만, 7할은 인화(人禍)라고 했다.

마오쩌둥은 이 회의에서 선도적으로 자신의 착오를 시인하고 자아
비판을 했다. 마오쩌둥은 "일반적으로 중앙이 범한 오류는 직접적으로
는 내가 책임을 져야 하고, 간접적으로도 내게 책임이 있다. 나는 당
중앙위원회 주석이기 때문에." 라고 자아비판을 했다. 저우언라이를
비롯한 국무원의 책임자들도 마오쩌둥에 이어 교대로 직책에 합당한
자아비판을 했다. 따라서 7천인 대회는 나름대로 정책 집행과정에서
나타난 '좌'적 실수를 알고 시정하는데 적극적인 역할을 했다.

그러나 린뱌오만은 이 대회의 연설에서 "이러한 어려움은 바로 마
오 주석의 지시, 마오 주석의 경고와 마오 주석의 사상에 따르지 않고

일을 했기 때문"이라고 말했다. 또 "우리의 정책이 잘 집행된 경우는 마오 주석의 사상이 순조로이 관철되었을 때이며, 마오 주석의 사상이 방해받지 않을 때였다. 마오 주석의 의견이 존중되지 못하거나 혹은 큰 방해를 받을 때 바로 이러한 문제가 발생했다."고 했다.

여하튼 인민공사 운동의 실패가 움직일 수 없는 사실로 굳어져 있던 이 시기 인민공사 실패의 사후수습은 역시 제2인자로 당정의 일선을 지도하고 있던 류사오치에게 일임될 수밖에 없었다. 그것은 결과적으로 류사오치와 덩샤오핑이 실질적인 주도권을 장악하게 되는 계기가 되었다. 류사오치와 덩샤오핑은 인민공사 실패의 사후수습을 사실상 펑더화이가 주장했던 방향으로 진행해 갔다.

그러나 7천인 대회가 '삼면홍기'를 긍정하는 전제하에서 '좌'를 시정하는 것이었기 때문에, 그 시정이 철저하게 이루어질 수 없었다. 특히 지도 이데올로기에 있어서 '좌'적 트렌드는 건드릴 수 없는 현실이었다. 때문에 마오쩌둥을 비롯한 린뱌오 등 그 추종자들과 류사오치·덩샤오핑을 필두로 하는 실무전문관료들과의 이념상의 갈등은 좁혀질 수 없었다.

물론 류사오치와 덩샤오핑 등 실무관료 엘리트 그룹도 마오쩌둥과 마찬가지로 공산주의를 신봉하고 있었다. 그러나 그들은 그 방법과 수단에 있어서 이데올로기 제일주의를 주장하지 않고, 보다 경제문제를 먼저 고려하여야 한다고 믿고 있었다. 따라서 그들은 생산성(능률)과 전문성을 중시하고 있었고, 마오쩌둥의 혁명정신과 평균주의에 대해서는 부정적이거나 유보적 자세를 견지하고 있었다. 특히 마오쩌둥은 개인의 물질적 자극은 집단화의 기본정신에 부합되지 않을 뿐만 아니라, 사유재산은 집단경제의 화근이 된다고 믿었던데 반해 류사오치는 물질적 자극은 생산증가에 불가결한 요소가 된다고 보았다.

7천인 대회 이후 류샤오치와 덩샤오핑의 지지 아래 당 중앙은 점차 정치 운동의 힘을 줄이고 생산력 증대에 힘을 쏟았다. 즉 전면적인 조정이 진일보되었다. 조정과정 중에 몇몇 경제 제도의 개혁이 모색되었다. 1962년 7월, 전국의 약 20%의 농촌이 각종 형식의 농가책임생산제를 실시하여 좋은 성과를 내고 농민과 기층 간부들로부터 환영을 받았다. 덩쯔후이는 조사, 연구를 통해 고급청부형식의 농가 생산청부제(聯産包戶)를 건의하여 중앙 지도자들의 주목을 받기도 했다. 공업·교통 부문에서도 류사오치의 제의에 따라 중국연초공사 등 대기업을 시범으로 경제규율에 따른 경제 운영의 경험을 쌓게 하는 조치를 취하였다.

경제에 대한 조정을 추진하는 동시에 당 중앙은 정치, 사상, 문화면의 조정에도 주의를 기울였다. 국가 관리체제의 경우 '8자 방침'에 따라 당 중앙은 다시 권력의 집중통일을 강조, 1958년 이래 지방으로 하방, 분산되었던 기업과 사업 단위를 중앙부문의 관리로 회수하기에 이른다. 그것은 대약진기에 하방(放)했던 국가 행정관리체제의 권력을 중앙으로 다시 집중(收)시키는 조치였다. 그리고 반'우'경운동 중에 잘못 비판받은 대다수 사람에게 우파분자의 누명을 벗겨주고 명예를 회복시켜주었다. 또 지식인 및 문예 정책에 있어서도 지식인들이 적극적으로 사회활동에 참여하도록 하는 한편, 학술 문제와 정치 문제의 경계를 엄격히 구분하는 등 당의 쌍백 방침을 진일보시켰다.

2. 조정정책의 성공과 류사오치의 재신임

조정정책의 결과, 중국경제는 1962년부터 서서히 회복되기 시작하여 1965년 말에 이르러서는 마침내 조정의 임무를 성공적으로 마치게 되었다.

첫째, 농업과 공업의 생산이 역사상 최고의 수준에 올랐다. 1965년 전국 농·공업 총생산액은 1957년에 비하여 80% 증가하였다. 그 중, 농업 총생산액은 1957년에 비해 55%, 공업총 생산액은 99% 증가하였다.

둘째, 농업과 공업, 경공업과 중공업 간의 균형을 이루었다. 1960년 공업과 농업의 비율은 78.2 : 21.8(약 4 : 1)이었으나, 1965년에는 그 비율이 62.7 : 37.3(약 2 : 1)로 바뀌었다. 경공업과 중공업 총생산액의 비율도 1960년에 33.4 : 66.6이었던 것이 1965년 51.6 : 48.4로 바뀌었다.

셋째, 소비와 적립의 관계가 정상화되었다. 그리고 재정수지가 균형을 이루어 시장(물가)이 안정되고 인민 생활도 현저하게 호전되었다.

경제건설의 성과는 문화교육과 과학기술 분야의 발전도 촉진하였다. 1965년 전국 대학생 수는 67만 4,000명으로 1957년에 비해 23만 3,000명이 증가하였다. 과학연구기관은 1955년 전국적으로 800여 곳이 있었는데, 1965년 말에는 1,741개로 증가하였다. 과학기술에 종사하는 사람 수도 1957년의 120만 명에서 1963년에는 230만 명으로 증가하였다. 과학기술에 대한 착오를 바로 잡고 제도를 개혁하여 정상적인 활동을 할 수 있게 되자 지식인 및 과학기술 인재들이 적극성과 창의성을 발휘하게 되어 과학기술 활동도 현저한 성과를 거두게 되었다. 1964년 10월에는 원자탄의 시험 발사에 성공하였다.

그리하여 1964년 12월 제3기 전국인민대표대회에서 저우언라이는 "중국의 국민경제가 곧 새로운 발전 단계로 진입할 것이므로, 전 인민은 점차 중국을 하나의 현대적 농업, 현대적 공업, 현대적 국방과 현대화된 과학기술의 사회주의 강국으로 건설하기 위해 노력해야 한다."고 선포했다. 이것이 바로 최초로 제창한 '4개 현대화'다. 그리고 제3기

왼쪽부터 국가 주석 류사오치, 당 주석 마오쩌둥,
국무원 총리 저우언라이

전국인민대표대회에서 류사오치 중심의 국가지도체제는 재신임을 받게 된다. 국가 주석에 류사오치가 유임되고, 전국인민대표대회 상무위원회 위원장에는 주더, 국무원 총리에는 저우언라이가 유임되었다. 부총리는 천윈·린뱌오·덩샤오핑 등이 선임되었다.

류사오치(국가 주석)와 덩샤오핑(부총리 겸 당 중앙서기처 총서기)에 의해 주도된 조정정책은 당 중앙의 고위 지도층, 즉 펑전·천윈·루딩이·보이보·천윈·타오주·후차오무·양상쿤 등 부총리급 실무 엘리트들의 강력한 지지를 배경으로 추진되었다. 그러나 결코 간과해서는 아니 될 것은 이러한 조정정책은 이미 앞에서도 언급한 바와 같은 이데올로기 우위의 마오쩌둥 사상을 굳게 지키고 대약진운동을 강력히 지지한 국방부장 린뱌오의 급진적인 강경 노선과 평행선을 긋고 있는 상황에서 추진된 사실이라는 것이다. 다시 말하면 류사오치가 조정정책을 추진하면서 주도권을 장악해 가고 있는 동안, 국방부장 린뱌오를 주축으로 한 인민해방군에서는 군의 정치공작 및 생산 참가를 강조하는 이른바 홍(紅)의 노선을 확장하는 '노선의 이중구조' 속에 있었다.

그 결과 마오쩌둥과 린뱌오 사이에 제휴 관계가 형성되었다. 따라서 공산당 내에는 류사오치와 덩샤오핑을 주축으로 하는 실무 당권파(當權派, 專)와 마오쩌둥·린뱌오를 중심으로 하는 급진 노선(紅) 간에 잠재적 대립의 평행선이 그어지게 되었다. 물론 이는 대약진 시대부터 드러나게 된 노선대립으로, 정권 초기 의기투합으로 합심했던 '옌안 엘리트 대연합'의 붕괴로 이어진다.

요컨대, 마오쩌둥의 후퇴로 조정정책은 대약진의 착오를 바로 잡고 사회주의 현대화 건설의 물질적 기초를 다질 수 있었다고는 하나, 그 것은 마오쩌둥의 전략적인 일시적 후퇴에 불과했을 뿐이며, 마오쩌둥 으로서는 조정정책의 성공을 결코 탐탁하게만 받아들이려는 자세는 아니었다. 사실 마오쩌둥의 관점에서는 류사오치와 덩샤오핑 등 실무 전문관료 엘리트의 주도하에 추진된 조정정책의 결과 다소 경제가 회 복되었다고 하나, 이는 능률과 전문가 우위의 풍조를 낳아 새로운 불 평등과 관료주의를 조장한 것으로, 자신이 추구하는 이상주의와는 거 리가 먼 것이었다.

그뿐만 아니라, 조정정책의 성공으로 인하여 마오쩌둥은 실권자의 위치에서 점점 더 멀어져가고 있었고, 그의 정책은 물론 그의 영도력 까지 훼손당하기에 이른다. 따라서 조정정책의 성공은 정치적으로 마 오쩌둥에게 새로운 탈출구를 찾게 되는 원인을 좀 더 일찍 제공해 준다.

3. 사회주의 교육운동의 전개와 홍(紅)과 전(專)의 암투

7천인 대회를 전후하여 당내에서는 경제 추세에 대한 인식과 그에 따른 정책 조치의 선택에 있어 서로 다른 시각과 주장이 존재하고 있 었다. 경제 추세에 대한 평가에서 마오쩌둥은 가장 어려운 위기는 이 미 지나갔다고 생각한 데 반해, 류사오치·덩샤오핑·펑전 등은 1962 년의 대폭적인 재정적자와 심각한 상품 수급의 불균형을 지적하면서 여전히 비상시기에 놓여 있다고 보았다. 그리고 농가 단위의 생산도급 제, 반'우'경 운동 등을 통해 잘못 처분된 당원과 간부의 명예 회복 작업등에 대해서도 서로 다른 인식을 하고 있었다.

마오쩌둥·린뱌오·캉성 등 급진파들은 대약진 후 류사오치나 천원 등의 대응에 대해 '어두운 사회와 부패한 정치 풍조인 흑암풍(黑暗風)' 을 불러일으키는 것이라 여겼고, 덩쯔후이 등이 제시한 농가 단위 생산도급제는 '개인 경영의 풍조인 단간풍(單干風)'을 일으키는 것으로 자본주의의 길을 걷는, 이른바 주자(走資)라 생각했다. 그리고 펑더화이의 제소행위에 대한 재평가는 '결정된 판결을 뒤엎는 풍조, 즉 번안풍(飜案風)'이라고 판단했다.

그리하여 류사오치와 덩샤오핑 등 실무관료 엘리트들이 주축이 되어 추진한 조정정책의 성과와 그를 계기로 사회·문화·교육 등 여러 분야에서 파생한 새로운 풍조의 대두는 마오쩌둥으로서는 봉건 관료주의의 복고, 자본주의의 부활, 당내에 나타난 수정주의의 징후 등으로밖에 볼 수 없었던 것이었다. 심각한 위기의식에 빠져있던 마오쩌둥은 마침내 그러한 풍조와 기풍을 일소하는 대규모의 정풍운동, 즉 계급투쟁을 전개할 결심을 굳힌다. 그러한 결심에는 린뱌오를 주역으로 하는 군의 마오쩌둥 사상 철저화 운동이 크게 작용하였다.

이미 린뱌오는 마오쩌둥 사상에 따라 군의 사상을 혁명화하는 운동을 전개하고, 1960년 10월 20일에는 "모든 군부대는 사상운동을 강화해야 한다."는 결의를 당 중앙군사위원회가 채택하도록 한 바 있다. 이에 류사오치와 덩샤오핑 등 실무 당권파는 지방에서의 권한을 장악하기 위하여 당 중앙의 간부들을 지방으로 파견하는 한편, 가오강와 라오수스 사건으로 폐지된 6개의 지구국을 1960년 7월 베이다이허 중앙위원회 공작회의에서 부활시킨다. 이는 류사오치와 덩샤오핑이 중추를 장악한 당 중앙의 지도체제를 강화하고, 전술한 조정정책을 철저히 추진해 가기 위해서였다.

마오쩌둥이 사회주의교육운동의 필요성을 강조한 것은 1962년 8월 베이다이허에서 소집한 당 중앙 공작회의와 9월에 개최된 당 8기 10 중전회에서다. 마오쩌둥은 이 회의에서 "역사적으로 사회주의로 가는 단계에서는 계급투쟁이 있게 마련이다. 이러한 투쟁 과정에서는 자본주의와 사회주의 간의 노선투쟁이 있다. 그리고 사회주의화 과정에서는 자본주의 노선으로 선회할 위험성이 있다. 따라서 사회주의교육을 철저히 하여 계급투쟁에 대해 정확히 이해시켜서 이러한 위험에 대처할 필요성이 요구된다."라고 역설하였다. 이는 노선투쟁, 즉 류사오치와 덩샤오핑 등을 '자본주의의 길을 걷고 있는 무리', 이른바 주자파(走資派)로 간주하여 이들과의 투쟁을 암시하는 것이었다. 그리고 8기 10 중전회에서 대약진문제를 제기했던 황커청과 탄정을 당 중앙서기처 서기에서 해임하고 친마오쩌둥의 루딩이와 캉성, 뤄루이칭을 새로운 서기로 보완했다.

그러나 마오쩌둥이 본격적인 정풍운동으로서 사회주의교육운동, 즉 계급투쟁·생산투쟁·과학실험의 '3대 혁명운동'을 전개할 것을 지시한 것은 1963년 5월이었고, 5월 20일 당 중앙위원회에서 결정된 <당면한 농촌공작에 있어서의 약간의 문제에 관한 결정>(통칭 <전 10조>)에서 3대 혁명운동이 바로 인간이 올바른 사상을 갖게 하는 근원이라 강조하고, 사회주의사회에서도 아직 계급모순 및 계급투쟁이 존재한다는 테제를 재확인했다. 그리고 당시 중국 사회에서 벌어지고 있는 각종 부조리와 부패, 즉 탐오·절도·투기·암거래·고리대금·임금착취·지주 부농 반혁명분자 파괴분자와의 결탁 등 각종 비리를 모두 류사오치와 덩샤오핑이 주축이 되어 추진한 조정정책의 후과로 치부하였다. 이를 타개하기 위해서는 빈농 및 하층 중농을 기반으로 하는 대중운동과 대중투쟁의 운동이 일어나야 하는데, 그것이 바로 3대 혁명운동이라고 했다. 이는 바로 건국 초기 국민당 잔재를 청소하고 정권의 공고화를 위해 추진했던 3반, 5반 운동의 부활이었다.

그러나 1963년 9월, 류사오치·덩샤오핑 등은 당 중앙위원회에서 <농촌 사회주의운동에 있어서 약간의 구체적 정책에 관한 규정>(통칭 <후 10조>)을 제정하여 이는 <전 10조>의 철저화를 위한 시행세칙이라고 천명하고서는, <전 10조>에 많은 단서를 달아 <전 10조>의 강조점을 반감 내지 뒤바꾸어 놓았다. 그것은 사회주의교육운동의 전개 속도를 완만히 하고 그것이 과격하게 치닫지 않도록 하기 위한 완충막이었다.

예를 들면 "대중들 간 사회주의교육을 실시하는 과정에서, 결함이나 과오를 범한 자가 있으면 그에 대해서는 단결─비판─단결의 방법으로 교육하여야 하고, 대회를 열어서 투쟁하는 것은 허용되지 않으며 멋대로 반동으로 몰아붙이는 행동은 금한다."는 제3조의 규정은, 사회주의교육운동을 혁명적 계급투쟁을 전제로 하는 초법적인 대중운동으로 확대해 나가려고 했던 마오쩌둥의 의도에 찬물을 끼얹는 것이었다. 그것은 사회주의교육운동을 어디까지나 법률의 테두리 안에서 적법 운동으로 온건하게 진행하자는 의도에서 연유한 것이었다. 그 결과 사회주의교육운동은 마오쩌둥의 본래의 의도와는 딴판으로 흘러갈 형세에 놓이게 되었다.

이는 결국 당 지도부 내부에 평행선을 그으며 맞닿아 있던 두 노선 세력 간의 암투를 더욱 심화시키는 계기가 되었다. 사실 마오쩌둥은 사회주의교육운동을 전개하면서부터 린뱌오와의 교감을 통해 군대의 뒷받침을 확보해 두고 있었다. 린뱌오는 이미 3개월 전인 1963년 2월 27일 인민해방군 정치공작회의를 소집, 군이 마오쩌둥의 군사·혁명 사상에 입각하여 현대 수정주의를 배격하는 정치공작을 더욱 강화할 것을 다짐하는 등 '이데올로기 제일', '홍'노선의 고양을 역설하였다. 특히 린뱌오는 <인민해방군 정치공작조례>의 제정을 통하여 군대에 있어서 전투력은 무기보다 인간적 요소, 군의 공작에서는 사령부 공작보다 정치공작, 정치공작 중에는 실천적 공작보다 사상공작, 사상공작 가운데서는 개념적 사상보다 살아있는 사상이 제일임을 부르짖었다. 나아가 1965년 린뱌오는 마오쩌둥 사상의 중요성을 재확인했을 뿐만 아니라, 인민해방군 내의 모든 계급장과 훈장을 없애는 극단적 평등주의 방안을 도입함으로써 인민해방군을 더욱 급진적으로 개조시켰다.

인민해방군을 중심으로 하는 그와 같은 움직임은 류사오치의 조정정책에 대한 불안과 불만은 물론, 1963년 이후 중소 관계의 악화로 수정주의 세력의 발흥을 차단해야겠다는 마오쩌둥의 의중 및 요구와 밀접한 관계에 있었음은 의심의 여지가 없다. 1961년 전후 류사오치는 조정정책을 강력히 추진하기 위해 흐루쇼프에 대해 다소 유화적인 태도를 취한 것은 사실이다. 그 때문에 마오쩌둥은 류사오치의 조정정책의 성공은 바로 수정주의의 침투와 태동이라 보았고, 이에 제동을 걸기 위해서는 린뱌오와 군에 대한 그의 영향력을 배경으로 삼고 그것을 이용하려 할 수밖에 없었을 것이다. 또한, 그러기 위해서 마오쩌둥은 그의 개인적 영향력을 구사해서 린뱌오와 인민해방군을 두둔하는 일련의 조치를 취하였다는 해석도 가능하다. 마오쩌둥이 '인민해방군으로부터 배워라'는 구호를 내세운 것도 그 때문이었다. 린뱌오 또한 자신의 세력을 공고히 하고 더욱 확대하기 위해 마오쩌둥에게 적극적으로 협조하였을 것이다.

이처럼 류사오치와 덩샤오핑 등 당권파와 마오쩌둥과 린뱌오 등 급진 군권파 간의 대립은 정책의 대결을 넘어 권력투쟁으로 확전되고 있었다. 1965년 1월 14일 마오쩌둥은 전국공작회의에서 제정한 <농촌

사회주의교육운동에서 제기된 몇 가지 문제>(통칭 <23조>)를 통하여 "이번 운동의 중점은 당내에서 자본주의의 길을 걷는 주자파, 이른바 당권파임"을 분명히 했다. 또한 "당내 주자파를 지지하는 사람은 하부에도 있고, 상부에도 있다."고 했다. 그렇게 함으로써 운동의 중점을 계급투쟁에 맞추고 창끝을 집중적으로 당권파 당 지도부를 겨냥했다.

제 5 장

현대 중국의 암흑시대 ― 문화대혁명

1. 문혁 초기 마오-린 연합으로 당권파 타도

1) 문화대혁명은 왜 일어났는가?

1966년 국민경제의 조정이 기본적으로 완성되고 제3차 5개년계획을 시작하려는 바로 그때, 이데올로기 영역의 비판 운동이 증폭되어 마침내 그 창끝이 당권파를 겨누는 정치 운동으로 발전하였다. 이 한 판의 운동은 장장 10년에 걸쳐 중국 역사상 전대미문의 대재앙을 가져온 문화대혁명이다.

문혁은 왜 일어났는가? 이데올로기적 측면에서 보면, 그것은 자본주의의 부활을 방지하여 당의 순결성을 지키고, 중국식 사회주의 노선의 건설을 목표로 발동하였다. 마오쩌둥은 조정정책을 분수령으로 중국 공산당 초창기의 대중과 평균주의에 대한 신뢰와 농민유격전의 경험으로 조성된 혁명정신이 점차 소진되어 가는 등, 당과 국가의 정치 상황에 대한 착오가 이미 아주 심각한 정도에 도달했다고 평가하고, 당 중앙에는 수정주의가 출현하고 당과 국가는 자본주의 부활의 위험에 처해 있다고 생각했다. 그리고 과거 수년간 전개한 농촌에서의 '4청' 운동, 도시에서의 '5반' 운동과 이데올로기 영역의 비판 운동도 모두 문제를 제대로 해결하지 못했다고 보았다. 따라서 오직 단호한 조치로 공개적이고 전면적으로 밑으로부터의 대중운동을 발동해야 만이 당과 국가 속의 음침한 면을 폭로하여, 주자파가 찬탈한 권력을 탈환할 수 있다고 생각했다. 이것이 문혁 발동의 표면상의 원인이었다.

현실적으로는 조정정책의 결과, 류사오치와 덩샤오핑이 정치·경제 업무에 있어서 최전면에 나서게 되었으며, 이를 계기로 그들은 당 내외에서 점차 실질적인 주도권을 장악하게 되었다. 반면, 마오쩌둥 자신은 정치의 제1선에서 물러난 만큼 위기의식과 불만은 점점 증폭되었으며, 이것이 결국 대란을 불러일으킨 현실적인 이유다.

나아가 대외적으로 당시 중소관계는 흐루쇼프 등장 이후 야기된 중소논쟁의 격화, 기술원조의 중단 등으로 화해할 수 없는 상태로 치닫고 있었기 때문에 그만큼 '현대 수정주의'를 타도하고 '계급투쟁'을 견지해야만 한다는 마오쩌둥의 신념은 당면한 적인 실무 당권파 타도와도 연결되어 있었다. 흐루쇼프의 수정주의 노선은 마오쩌둥이 제기한 수정주의 길을 걷는 이른바 당권파 모델과 거의 일치하였기 때문이다.

요컨대, 문화대혁명은 표면상으로는 수정주의를 방지하고 중국이 자본주의로 변질하는 것을 막는 것이 목적이었지만, 현실적으로는 이데올로기 제일, 평균주의, 계속혁명(계급투쟁)을 강조하는 마오쩌둥과 그 이념의 추종자이며 정치적 야심이 누구보다 강했던 군대 내 극좌 린뱌오 세력이 연합하여, 조정정책 이후 다수파로 권력을 확장하고 있던 류사오치·덩샤오핑·펑전 등 실용주의 노선을 지향하는 전문관료 엘리트 집단을 타도하기 위해 일으킨 정치투쟁의 산물이었다.

그러면 이른바 프롤레타리아 문화대혁명은 어디에서부터 시작되었는가? 그것은 문예 영역에서 시작되었다. 직접적인 도화선은 야오원위안(姚文元)이 쓴 글 <신편 역사극 해서파관(海瑞罷官)을 평한다>로 거슬러 올라간다. 야오원위안은 당시 상하이의 ≪해방일보≫ 편집위원 겸 문예부 주임이었다. 그가 쓴 글은 1965년 11월 10일자 상하이의 일간지 ≪문회보(文匯報)≫에 게재되었고, ≪해방일보≫에는 이틀 뒤에 실렸다. 이것이 그 후 10년간 중국을 휩쓴 문화대혁명의 봉화였다.

≪해서파관≫은 베이징의 부시장이자 명대(明代) 역사의 전문가인 우한(吳唅)이 1960년에 쓴 경극(京劇) 각본의 제목이다. 황제가 백성을 돌보지 않는 것을 직언했기 때문에 노여움을 사서 파면된 명나라 가정제(嘉靖帝, 1507~1566) 시대의 고관, 해서를 주제로 쓴 글이다. 우한이 해서에 대해 글을 쓰게 된 동기는 1959년 4월 상하이에서 후난의 지방 극(상극湘劇)을 본 마오쩌둥이 해서가 황제의 악정을 간하는 장면에 감명을 받고, 그의 비서인 후차오무에게 해서를 선전하도록 지시했고, 명을 받은 후차오무는 우한에게 글을 의뢰했기 때문이다.

우한은 그해 4월 ≪인민일보≫에 첫 번째 글 <해서, 황제를 비난하다>를 발표한다. 여기서 그는 해서가 비록 황제에게 충성했지만, 백성들이 반란을 일으킬 수밖에 없을 정도로 굶주리는 동안 명 왕조가 국고를 낭비하고 있음을 비판했던 사실에 초점을 맞추었다. 이어 우한은 두 번째 글 <해서를 논한다>를 1959년 9월 ≪인민일보≫에 발표했다. 그는 해서를 처벌의 위험에도 겁먹지 않는 용기 있는 인물로 칭송했다. 반면 해서가 섬겼던 황제는 무모하게 불사에 집착하고 편견이 많고 비판을 수용할 줄 모르는 인물로 묘사했다. 그리고 황제를 보위한 대부분의 관리들은 무엇인가 잘못되어 있다는 것을 알면서도 감히 그것에 반대하지 못하는 유형의 인간으로 묘사했다.

당시 루산회의에서 마오쩌둥이 펑더화이의 직언을 꺾어버리고 오히려 그 직위를 해임한 즈음이라 마오쩌둥은 해서 정신을 제창하고는 있었지만, 황제에게 간언한 해서를 높이 평가하게 되면 펑더화이를 변호하고 있다는 오해를 받을 수 있었다. 그리하여 후차오무는 우한의 글에 해서와 펑더화이는 같지 않다는 의미를 담은 "해서는 우파가 아니다."라는 내용 한 구절을 덧붙여 발표했다.

그래서 그랬었는지는 몰라도 이 두 글에 대해서 발표 당시는 물론, 그 뒤에도 아무런 문제가 제기되지 않았다. 1959년 하반기에 우한은 베이징 경극단의 명배우 마롄량(馬連良)의 부탁을 받아 역사극 ≪해서파관≫의 각본을 썼다. ≪해서파관≫은 1961년 1월 베이징에서 처음으로 공연되었다. 그리고 같은 해 여름 출판되었다. 이처럼 우한의 '해서'에 관한 글은 모두 백성 위에 군림하는 지도자들을 비판하고 풍자하는 수많은 작품의 큰 흐름 가운데 하나였으며, 글을 쓰게 된 직접적인 배경도 마오쩌둥의 지시에 의한 것이었다.

그런데, 화살은 전혀 뜻하지 않은 곳에서 날아왔다. 그것을 비판해야 한다고 강력히 주장한 것은 마오쩌둥의 아내 장칭이었다. 1962년의 일이었다. 캉성도 마오쩌둥에게 ≪해서파관≫과 루산회의는 관련이 있으며, 펑더화이 문제와 관련이 있다고 고자질했다. 1965년 2월, 장칭은 비밀리에 상하이로 내려가 상하이 시 당 위원회 선전부장인 장춘차오(張春橋)와 협의하여 ≪해방일보≫의 편집위원인 야오원위안으로 하여금 ≪해서파관≫을 비판하는 글, <신편 역사극 ≪해서파관≫을 평한다>를 쓰게 하였다.

이 글은 "황제에게 간언한 봉건시대의 관리를 미화해서 묘사하는 것은 우파에 의한 자본주의 부활의 음모"라고 단정 지은 것이다. 그리고 ≪해서파관≫을 비판하는 것은 학술적인 문제일 뿐만 아니라, '펑더화이의 번안(펑더화이 사건을 뒤엎는 것)'을 반격하는 것이라고 했다.

또한, 이 글에서는 아무런 근거도 없이 경극 ≪해서파관≫ 중의 "땅을 돌려주자." "억울하게 덮어쓴 누명을 재심리해 명백히 진상을 밝혀주다."라는 문구와 이른바 1961년의 '단간풍'과 '번안풍(펑더화이에 대한 판결을 뒤엎는 것 같은 풍조)'을 연결하여 "이 두 부분은 바로 당시 부르주아지가 프롤레타리아독재 및 사회주의혁명에 반대하는 투쟁의 타깃이다. ≪해서파관≫은 바로 이러한 계급투쟁의 한 형식의 반영이다. 한 포기의 독초다."라고 주장했다.

1965년 11월 10일 상하이의 ≪문회보≫와 12일자 ≪해방일보≫에 야오원위안의 <신편 역사극 ≪해서파관≫을 평한다>는 글이 게재되었다.

베이징 시장이며 동 당위 제1서기인 펑전(당 중앙정치국 위원, 중앙서기처 상무서기 겸임)은 부시장인 우한이 5년 전에 쓴 글을 비평하면서, 자신에게 한 마디 연락도 없이 그것도 상하이에서 발표된 사실에 기분이 나빴다. 당 중앙선전부장 루딩이 역시 마찬가지 심정이었다.

펑전은 우한이 쓴 ≪해서파관≫은 문제가 되는 글이 아니라고 생각하고 있었고, 중앙지의 사설도 아닌 일개 지방지에 게재된 논문을 중앙의 언론에 전재하는 것은 바람직하지 않다고 생각, 다른 신문에 전재되는 것을 억제하고 있었다. 그러나 저우언라이의 설득으로 11월 28일, 당 중앙선전부와 베이징 시 당위 책임자 연석회의를 소집하여 베이징의 각 신문에 야오원위안의 논문을 전재하는 결정을 내리게 된다.

그러나 펑전은 "야오원위안의 논문에 어떤 사연이 있든지 간에 진리 앞에서는 누구나 평등하다고 말하고, 전재할 경우는 각 신문의 편집자 주를 달아 문제를 정치투쟁이 아니라, 학술토론의 방향으로 이끌도록 지시했다. 야오원위안의 글이 발표된 19일 만에야 겨우 베이징 시 당위 기관지인 ≪베이징일보≫와 당 중앙군사위원회 기관지인 ≪해 방군보≫, 그리고 중국공산당 기관지인 ≪인민일보≫에 전재되었다. ≪베이징일보≫는 베이징시 당 위원회(제1서기 펑전)의 지도 아래에 있 었고, ≪인민일보≫는 당 중앙선전부장 루딩이의 지도하에 있었다. 이 때 상하이에 머물고 있던 마오쩌둥의 불만은 대단했고, "베이징 시 당 위원회는 소위 바늘이 들어갈 틈도 없고, 물 한 방울 스며들 틈이 없 는 독립왕국"이라는 것을 실감했다고 했다.

≪인민일보≫는 1965년 11월 30일 야오원위안의 글을 전재했다. 동 시에 펑전은 덩퉈(鄧拓)로 하여금 양성(陽生)이라는 필명으로 ≪해서파 관≫으로부터 도덕 계승론까지>라는 한 편의 논문을 써서 우한으로 하여금 자아비판의 글을 쓰게 하였고, 그것을 12월 12일과 27일 두 차 례에 걸쳐 ≪베이징일보≫에 발표시켜 ≪해서파관≫에 대한 정치적 비판을 학술토론의 장으로 끌어들임으로써 우한을 보호하려 했다. 그 러나 국방부장 린뱌오가 장악하고 있는 해방군의 기관지인 ≪해방군 보≫만은 ≪해서파관≫을 반당 반사회주의의 독초라고 독설을 퍼부었다.

그 후 베이징과 지방의 여러 신문은 서로 다른 각도에서 ≪해서파 관≫을 비판하는 글을 해석해서 발표하기도 하고, 몇몇은 야오원위안 의 글을 반박하는 기사를 싣기도 했다. 그러나 마오쩌둥은 야오원위안 의 글에 대해 지지하는 입장을 분명히 하고 글이 발표된 다음 달인 12 월 21일, 머물고 있던 항저우에서 그의 정치 비서 천보다 등에게 말했 다. 우한이 쓴 글의 급소가 되는 문제는 '파관'에 있고, 그것은 캉성의 발명품이라 하면서 "가정제는 해서의 관직을 파면했고, 1959년 우리는 펑더화이의 관직을 파면했다. 펑더화이 역시 해서였던 것이다."라고 했다.

그러나 펑전은 급소가 '파관'이라는 문제에 끝까지 동의하지 않았다. 그는 마오쩌둥에게 조사 결과에 의하면, "우한과 펑더화이는 관계가 없고, ≪해서파관≫과 루산회의도 관계가 없다"고 했다. 그러자 마오쩌둥은 우한의 문제는 2개월 이후에 재론하기로 했다.

이와 같은 상황에서 당 중앙은 하나의 명확한 지도방침을 결정하지 않을 수 없었다. 1966년이 시작되면서 성향이 매우 다른 두 집단이 ≪해서파관≫ 사건과 관련된 문제를 논의하기 위해 각각 베이징과 상하이에서 만났다.

하나는 펑전이 조장으로 조직을 이끄는 '문화혁명 5인 소조'로 당 중앙이 문예계의 비혁명적 풍조를 바로잡기 위하여 1964에 조직한 것이다. 소조 구성원으로는 국무원 부총리·문화부장 겸 당 중앙선전부장인 루딩이, 당 중앙 이론 소조 조장 캉성, 당 중앙선전부 부부장 저우양(周揚), 신화사 및 인민일보사 사장 우렁시(吳冷西)였다. 2월 3일 펑전은 '5인 소조' 확대회의를 소집하였다. 회의에는 위 5인 이외에 중앙선전부 부부장 쉬리췬(許立群)과 후성(胡繩)도 참석했다. 펑전은 "이미 우한과 펑더화이는 무관한 것이 판명되었으므로 루산회의를 거론할 필요도, ≪해서파관≫의 정치문제를 말할 필요도 없다."고 했다. 그리고 "궈모뤄와 같은 원로지식인들이 바짝 긴장하고 있다. 학술비판은 과거로 화살을 돌리지 말고 신중해야 한다. 좌파 역시 정풍해야 하고, 학벌을 논하지 말아야 한다."고 했다. 하지만 캉성은 회의에서 완전히 상반된 발언을 했다.

펑전은 캉성의 반대를 고려하지 않고 토론된 의견에 근거하여 <문화혁명 5인 소조의 작금의 학술토론에 관한 보고 요강>(약칭 <2월 요강>)을 작성했다. 요지는 계속 실사구시를 견지함으로써 '우한 사건'을 계급투쟁의 요소가 개입된 정치적 사건이 아닌 학문적인 논쟁으로 한

정시켜 이 사건의 파장을 축소하려 한 것이었다.

　<2월 요강>의 초안은 류사오치의 주도하에 베이징에 있는 중앙정치국 상무위원들의 동의를 거친 후 우한에 머무르고 있던 마오쩌둥에게 보고되었다. 이때 마오쩌둥은 반대하는 표시를 하지 않았다. 오직 "우한이 당과 사회주의에 반대하지 않았다고?"를 반복했고, '좌파'도 정풍해야 한다는 대목에서는 이 문제는 3년 이후에 다시 말하자고 했다. 그래서 2월 12일 중앙서기처 총서기 덩샤오핑은 이를 당 중앙의 문건으로 전당에 하달했다.

　다른 한 집단은 장칭과 린뱌오가 결탁하여 조직한 것으로 그해 2월 2일~20일까지 상하이에서 소집된 '부대 문예공작 좌담회'였다. 참석자는 린뱌오의 지시에 따라 참석한 인민해방군 총정치부 부주임 류즈젠(劉志堅), 문화부장 셰당중(謝鏜忠), 부부장 천야딩(陳亞丁), 선전부장 리만춘(李曼村)이었다. 회의는 비군직자인 장칭이 군직자들을 모아놓고 주재하는 회의였다. 이 회의 <요록>은 장춘차오와 천보다가 수정을 가했고, 마오쩌둥은 연달아 세 차례나 수정을 가했다. 이 <2월 요록>은 4월 10일 당 중앙 문건의 형식으로 전당에 하달되었다. <요록>의 주요 내용은 "건국 이래 문예계는 기본적으로 마오쩌둥의 문예 노선을 집행하지 않았으며, 마오쩌둥 사상과 상충하는 반당·반사회주의 검은 노선에 의해 정치가 독점되었다고 하고, 문화 전선에서 한바탕의 사회주의 대혁명을 결연하게 추진하고 반당·반사회주의 검은 노선을 철저히 물리쳐야 할 것"을 호소하는 것이었다. <요록>은 장칭과 린뱌오의 음모에 의해 만들어진 것이지만, 바로 문화영역에서 계급투쟁, 즉 문화대혁명을 일으키려는 마오쩌둥의 결심을 반영한 것이었다.

　거의 같은 시기에 토론하고 만든 두 그룹의 두 개의 문건은 완전히 상충하는 것이었다. 마오쩌둥이 손을 들어 준 것은 당연히 장칭이 주도하여 만든 <2월 요록>이었다. 펑전 등이 만든 <2월 요강>은 물론 아니었다. 1966년 3월 말, 상하이 시자오(西郊)에 있는 한 별장에서 캉 성과 만난 마오쩌둥은 펑전의 <2월 요강>은 "계급 구분을 애매하게 하고, 시비를 가리지 못하여 잘못되어 있다."고 비판하고, "펑전이 지 도하는 베이징 시 당위도 '문혁 5인 소조'도 해산해야 한다."고 목청을 높였다.

2) 류사오치와 덩샤오핑 추종 당권파 제거

1965년 11월 10일 야오원위안의 <신편 사극 ≪해서파관≫을 평한 다>는 글을 발표하던 날, 당 중앙서기처 후보 서기이자 당 중앙판공 청 주임인 양상쿤을 중앙의 직무로부터 해임했다. 중앙판공청은 예나 지금이나 당 중앙의 기밀 및 문서 처리 등 비서업무를 담당하는 당 중 앙의 직속 기구로 그 업무는 중앙서기처와 연계되어 있다. 이는 바로 당 중앙의 일상을 관장하던 류사오치나 중앙서기처 총서기 덩샤오핑 에게는 손발을 자르는 것이나 다름없는 일이었다. 그의 죄목은 "중앙 을 속이고 개인적으로 사무실에 도청기를 설치했으며, 다량의 기밀 문 건과 문서를 제멋대로 다른 사람에게 제공해 베껴 쓰도록 했다."는 것 이었다.

그해 11월 30일, 린뱌오는 인민해방군 내 그의 라이벌인 중앙군사위 원회 비서장이자 해방군 총참모장 뤄루이칭(중앙서기처 서기, 국무원 부총 리 겸임)을 '이데올로기 제일'을 반대하고 군권을 탈취하려 했다고 밀 고한다. 1964~1965년 당시 미국이 월남전에 깊숙이 개입함으로써 중·월 변경이 중국에 언제 위협을 가할지 모르는 상황에서 상호 대립적인 두 논문이 발표되었다. 하나는 1965년 5월 9일 뤄루이칭이 발표한 <반파시즘 전쟁의 역사적 경험>으로 소련과의 제휴를 통한 적극적 방어 전략을 주장한 것이었고, 다른 하나는 9월 3일 린뱌오의 <인민전쟁 만세>였다. 린뱌오의 논문은 아시아·아프리카·라틴아메리카를 중심으로 전 세계적 규모로 미국을 포위하고, 국내적으로는 민병을 강화하고 자력갱생을 강조하는 글이었다. 린뱌오는 어디까지나 대소 대결의 자세를 버리지 않고 제3세계의 연대를 강조한 점에 비해 뤄루이칭은 소련을 주축으로 하는 반미 통일전선의 결성을 주장한 점에서 양자는 차이가 있었다. 뤄루이칭의 주장은 국가 주석인 류사오치나 7년 전에 마오쩌둥에 의해 국방부장직으로부터 파면당한 펑더화이의 노선에 가깝고, 정치사상을 강조하는 마오쩌둥·린뱌오의 군사 노선과는 상충하는 것이었다. 그것이 불씨였다.

결국, 1965년 12월 8일~15, 마오쩌둥은 상하이에서 당 중앙정치국 상무위원회 확대회의를 소집하고, 뤄루이칭을 상하이로 소환하여 격리조사 후 당·정·군의 모든 직위로부터 해제하였다. 이유는 "이데올로기 제일주의에 반대했다. 군의 지도권을 찬탈했다."는 것이었다. 1966년 5월 16일, 뤄루이칭은 모든 직위에서 파면되었다.

마오쩌둥과 린뱌오가 가장 두려워했던 것은 막강한 군권을 움켜쥐고 있는 뤄루이칭이 류사오치 및 펑전 등 당권파와 제휴하는 것이었다. 그래서 뤄루이칭을 심사한 보고서 말미에는 "펑전은 뤄루이칭의 오류를 비호하고 지지하는 태도를 취했고, 사실상 뤄루이칭 편에 서서 마오 주석과 린뱌오 동지에 반대하는 입장에 섰다."는 구절을 넣었다.

이어서 베이징 시 당위 서기 펑전과 당 중앙선전부장 루딩이가 그 직으로부터 파면당한다. 그들의 직위로 보아 그의 죄목은 명약관화한 것이었다. 그것은 '우한 사건'을 신속히 중앙지에 전재하고 전국적으로 선전하지 않은 것이다. 그리고 적극적으로 계급성을 강조하면서 정치혁명으로 몰고 가지 않고 학술영역에 국한하여 사건을 축소하려 했다는 것이 명목적인 죄목이라면, 국가 주석 류사오치나 서기처 총서기 덩샤오핑이 그 배후에 있다는 것이 실질적인 죄목이었을 것이다.

양상쿤, 뤄루이칭, 루딩이, 펑전은 모두 류사오치 및 덩샤오핑과 함께 조정정책을 이끈 간부들이다. 이들은 당무 기요, 군사 업무, 선전, 수도 행정이라는 중책을 맡은 명망이 높은 전문관료 엘리트들이었다. 류사오치와 덩샤오핑 라인 당권파의 손발을 자르는 작업의 다음 순서는 바로 몸체를 향한 공격이었다.

1966년 5월, 중앙정치국 확대회의가 베이징에서 열렸다. 먼저, 회의에서는 양상쿤·펑전·뤄루이칭·루딩이에 대해 '반당 음모집단'으로 규정하여 비판을 가했다. 대신 타오주를 중앙서기처 상무서기와 중앙선전부장으로, 예젠잉을 중앙서기처 서기 겸 중앙군사위원회 비서장으로 임명하고, 리쉐펑(李雪峰)을 베이징 시 당위 제1서기에 앉혔다. 이어 베이징 시 당위·위수구·공안국도 대대적인 물갈이를 하였다. 이로써 마오쩌둥은 '물 샐 틈도 없고 바늘 들어갈 틈도 없는' 보루로 여겨졌던 베이징을 완전히 장악하게 된 것이다.

그리고 이 회의에서는 또 천보다·캉성·장칭·장춘차오·야오원위안·관펑(關鋒) 등이 기초하고 마오쩌둥이 수정한 <5·16통지>를 통과시켰다. <5·16통지>는 문화대혁명의 강령적 문건이었다. 이 <통지>에 의해 펑전이 이끌던 '문혁 5인 소조' 및 그 사무(辦事)기구를 폐지하고, '중앙문혁소조'를 신설하여 중앙정치국 상무위원회 산하에 두어 문화대혁명을 지도하도록 하였다. 동시에 이 소조가 작성한 <2월 요강>도 폐기되었다. 그때까지 문혁 5인 소조는 중앙서기처 총서기 덩샤오핑의 지도하에 있었다.

같은 달 28일, 당 중앙은 천보다를 중앙문혁소조 조장, 캉성을 고문 (타오주는 8월 2일에 임명), 장칭·왕런중·류즈젠·장춘차오를 부조장, 왕리(王力)·관펑·치번위(戚本禹)·야오원위안 등 극좌파를 조원으로 임명하였다. 당 중앙위원회(제1부주석: 류사오치)와 중앙서기처(총서기: 덩 샤오핑)의 기능은 사실상 정지된 상태가 되었고, 이때부터 중앙문혁소 조가 마오쩌둥의 직접 지시를 받는 당의 가장 힘 있는 조직이 되었다.

〈5·16통지〉는 "투쟁의 목적은 우한과 그 외의 반당·반사회주의 자본가 계급의 대표 인물들을 비판하고 이들의 학술 권위를 보호하고 있는 당내의 당권파와 투쟁하는 것"이라고 했다. 그리고 마지막으로 "당·정·군과 각 문화계에 잠입한 자본가 계급의 대표 분자는 반혁 명 수정주의 분자로 시기가 무르익어 프롤레타리아독재를 부르주아독 재로 변화시키려 한다. 그들과의 투쟁은 죽느냐 사느냐의 투쟁이다. 흐루쇼프 같은 인물이 우리 옆에서 잠자고 있다." 이렇게 투쟁의 대상 을 공공연히 암시했다. 흐루쇼프와 동류로 인식될 수 있는 당내 인물 은 바로 류사오치였다.

3) 〈5·16통지〉와 탈권 개시

〈5·16통지〉가 하달된 다음 문화대혁명은 전국적인 정치 운동으로 확대되기 시작하였다. 5월 25일, 베이징대학에서 녜위안쯔(聶元梓) 조교 등 철학과의 소장 극좌 교원들의 주동으로 문화대혁명에 대한 대학 당국의 미온적인 태도에 비판의 불을 붙였다. 대자보를 통해 베이징대 학 당위가 문혁의 확산을 억누른다고도 비판했다. 베이징대학 당위는 당 조직 체계로 보아 베이징 시 당위에 예속되어 있어서 펑전과 베이징대학 총장 겸 당위 서기 루핑(陸平)은 상하관계로 굳게 결속되어 있었다. 이러한 결속을 깨부수기 위한 작업이 진행된 것이다. 뤄루이칭 제거 후, 린뱌오의 막강한 38군을 베이징에 진주시켰다. 칭화대학에도 혁명의 불은 번져갔다. 베이징의 대학가는 긴장감이 고조되고 있었다.

5월 말에는 중앙문혁소조 조장 천보다가 공작조를 거느리고 중앙선전부가 지배하는 인민일보사를 탈권했다. ≪인민일보≫는 6월 1일, 천보다의 지시에 따라 <모든 잡귀를 소탕하라>는 사설로 '4구'(구사상, 구문화, 구풍속, 구습관)의 타파를 주창하고 이것을 프롤레타리아 '문화대혁명'이라 불렀다. 그리고 베이징대학의 대자보를 보도하면서 문혁이 대학에서 가정 먼저 불붙기 시작했다고 했다.

1949년 공산정권 수립 이후 소외된 젊은이들의 욕구불만은 예측할 수 없는 정점을 향해 치닫고 있었다. 부모가 국민당, 지주 또는 구정권의 자본주의적 성향과 관계가 있었다는 이유로 공산당에 의해 정치적 진출이 좌절된 학생들의 분노는 더욱더 타올랐다. 여기다 혁명 과정 중 농촌으로 강제 하방된 도시의 청년들, 수년 동안 끊임없는 감시하의 혁명적 희생, 금욕 그리고 국가에 대한 절대적인 복종의 삶을 요구받아온 젊은이들은 무력한 자신을 뒤돌아보고 분노하면서 현실 탈출의 돌파구를 찾고 있었다. 자연히 그들의 타도 대상은 그들의 갑갑한 삶에 책임을 져야 할 사람들이었다. 그들은 새로운 계층주의를 혐오하고, 순수 평등주의를 지향하고 있었다. 따라서 그들이 보기에는 아직도 마오쩌둥은 그들에게 희망과 자유의 메시지를 전해주는 카리스마적 존재였다. 대약진운동의 실패는 마오쩌둥의 무모한 정책 때문이라는 것이 세세히 알려진 적이 없었고, 설령 알려진다 해도 당권파 관료주의와 소련의 탓으로 돌려졌기 때문에 젊은이들은 마오쩌둥 주의의 진상을 알 리가 없었다.

따라서 신중국 성립 이후의 발전상이 오히려 젊은이들의 적이 되었다. 평등보다 능률을, 억압보다 자유와 평화를 추구한 관료와 지식인들은 오히려 타도의 대상이었다. 그리하여 수천 명의 지식인과 그 밖의 사람들이 젊은이들에게 맞아 죽거나 자살하는 소동이 벌어졌다. <5·16통지>가 있은 3일째 되던 날인 1966년 5월 18일 새벽, ≪인민일보≫ 사장 출신이며 ≪전선≫ 잡지의 주간 덩퉈(鄧拓)의 자살을 시발로 마오쩌둥의 비서 출신 지식인 톈자잉(田家英), 현대 중국을 대표하는 문인 라오스(老舍) 등 수많은 인재가 죽거나 몸서리나는 수모와 박해를 당했다. 그리고 걷잡을 수 없는 파괴행위가 자행되었다. 전국은 말 그대로 폭력이 난무하는 혼란과 무질서 상태였다.

이에 당권파를 대표하는 류사오치와 덩샤오핑은 소동을 진정시키기 위하여 '공작조'를 급조하여 대학에 보냈지만, 교원과 학생들 가운데 더 많은 급진주의자들이 당원에게 반항하기 시작하여 오히려 맞불을 놓은 결과가 되고 말았다. 소동은 베이징의 고등학교에까지 급속히 확대되었고, 학생 그룹은 극좌 문혁소조가 만들어 준 완장을 차고 '홍위병'이라는 새로운 혁명의 전위부대가 되었다. 1966년 6월부터 문혁이 전국적으로 신속히 확전되자 각종 학교와 문화 부문의 당 조직과 행정지도기구는 심한 타격을 받고 제 구실을 할 수 없는 혼란의 국면을 맞았다.

따라서 류사오치와 덩샤오핑은 전국 각지의 교육 및 문화기관에 공작조를 파견하는 조치를 계속하지 않을 수 없었다. 류사오치와 덩샤오핑 등이 공작조를 파견한 목적은 혼란을 막고, 문화대혁명을 당 차원에서 지도하기 위한 것이었다. 그러나 장칭과 캉성은 공작조의 활동에 대해 크게 반발하는 입장이었다. 공작조가 혁명 열기에 찬물을 퍼붓는다는 것이었다. 이리하여 공작조와 조반 학생의 대립이 다음 단계 권력투쟁의 초점이 되었다. 즉 당 지도층도 조반파(극좌 소수파)와 당권파(온건 다수파)로 나누어져 격렬한 투쟁을 전개한다. 혼란보다는 질서를 유지하면서 생산과 혁명을 병행하는 것이 바람직하다고 본 것이 당권파의 생각이었다면, 조반파는 모든 분야에 계급투쟁의 열기를 확산시키는 것이 무엇보다도 우선이라는 관점이었다.

문혁의 혼란이 전국적으로 확산되어 가고 있을 때 당 중앙은 1966년 8월 1일~12일까지 베이징에서 8기 11중전회를 소집하였다. 이때 마오쩌둥은 공작조가 대중의 운동을 저지하였다고 공작조를 질책하였다. 즉 공작조는 방향과 노선의 착오를 범하였다고 지적하고, 공작조를 파견한 편을 가리켜 실질적으로 부르주아계급의 입장에서 프롤레타리아계급 혁명을 반대하였다고 질책하였다. 조반파의 손을 들어 준 것이다.

4) 홍위병 동원으로 류사오치와 덩샤오핑 타도

당 8기 11중전회 개회 중인 8월 5일, 중앙정치국 상무회의 확대회의가 열렸다. 회의에서 마오쩌둥은 <사령부를 포격하라─나의 대자보>라는 글을 발표하여 문혁의 방향을 서서히 류사오치와 덩샤오핑에 대한 비판으로 좁혀갔다. '사령부'는 누가 봐도 알 수 있었다. 류사오치와 덩샤오핑을 겨냥한 선언이었다. 따라서 회의는 8일 <프롤레타리아 대혁명에 관한 결의>(16개조)를 통과시켜 문혁의 성격과 이념을 자본주의 노선을 걷는 주자파 및 당권파의 타도와 상부구조의 개혁이라고 확정하였다.

이어 8월 12일 마오쩌둥은 당 중앙의 지도체제를 대대적으로 개조한다. 주요 인사의 특징을 보면, 먼저 류사오치에게 50일간의 운동에 대해 잘못 대처한 책임을 물어 당 중앙위원회 부주석에서 해임하였다. 그리고 권력 서열도 2위에서 8위로 밀쳐냈다. 린뱌오가 류사오치를 대신해서 제2인자가 되었다. 정치국 상무위원 7인을 11인으로 확대 개편하는 한편, 중앙문혁소조의 중심세력인 캉성과 천보다를 정치국 후보위원에서 두 단계 높은 정치국 상무위원으로 끌어 올렸다. 신임 중앙문혁소조 고문 타오주도 당 서열 4위 정치국 상무위원이 되었다.

회의에서는 중앙위원회 부주석을 선출하지 않았고, 원래 부주석이던 류사오치·저우언라이·주더·천윈의 부주석 명은 당의 문건이나 신문 잡지 등에서 사라졌다. 다만 린뱌오만을 부주석(서열 2위)이라 불렀다. 이때부터 린뱌오는 마오쩌둥의 후계자로 주목되었다. 정치국 상무위원의 서열 역시 바뀌었는데, 마오쩌둥, 린뱌오, 저우언라이, 타오주, 천보다, 덩샤오핑(1967 해임), 캉성, 류사오치, 주더, 리푸춘, 천윈 순으로 바뀌었다. 린뱌오와 덩샤오핑은 득표수가 같았지만, 서열 2위와 6위로 자리매김하게 되었다. 서열은 선거 결과와는 무관하게 마오쩌둥이 일방적으로 결정했다.

류사오치는 국가 주석직을 유지하기는 했지만, 당 서열 8위로 밀려났고, 정치국 상무위원의 구성에 있어서도 이제 판도가 바뀌었다. 중앙문혁소조 성원이 3명(천보다·타오주·캉성)이나 진입했고, 여기다 마오쩌둥과 린뱌오를 합하면 이들이 가장 큰 세력이 되었다. 저우언라이는 항상 중립을 유지해 온 인물이고, 주더는 연로하여 은퇴한 사람이나 마찬가지인 것을 고려한다면, 실무엘리트 세력은 류사오치·덩샤오핑·리푸춘·천윈 4명으로 이제 소수파가 되었다.

또한, 중앙정치국 위원의 경우 펑더화이와 펑전을 파면하는 대신, 쉬샹첸·녜룽전·예젠잉 등 군 원로(10대 원수 중 3명)들을 기용하였다.

예젠잉·쉬샹첸·녜룽전 원수의 기용은 아마도 지금까지의 경험으로 보아 마오쩌둥이 이들을 이용하여 린뱌오의 군대 세력의 독주를 견제해 보겠다는 의도가 작용했으리라고 볼 수 있다.

새로 구성된 당의 최고 지도체제를 볼 때, 이는 마오(毛)·린(林)과 문혁소조의 연대하에 당과 군의 노련한 간부들과의 타협을 통해 류사오치·덩샤오핑·펑전 등 실무관료 엘리트들의 위상을 격하시키는 인사였다.

당 8기 11중전회를 통해, 그때까지 다양한 형태로 존재해 왔던 마오쩌둥의 1인 독재 및 개인숭배에 대한 저항이나 반대는 기본적으로 배제되고 문화대혁명은 합법적인 근거를 얻게 되었다. 이 인사를 계기로 1959년 이래 유지되어 온 류사오치·덩샤오핑 등 실무관료 엘리트들의 제1선 배치는 막을 내리고, 마오쩌둥이 제2선에서 전면으로 재등장하게 된다.

당 지도체제의 개편으로 전열을 가다듬은 마오쩌둥과 린뱌오는 홍위병이라는 이름의 청소년을 동원하여 류사오치·덩샤오핑 등 당권파에 대한 인신 박해를 가하기 시작한다.

홍위병이 가두로 쏟아져 나온 2개월 후인 1966년 10월 9일~28일, 중앙공작회의가 베이징에서 소집되었다. 8기 11중전회에 참가하지 않았던 성·시·자치구 단위의 서기들에게 문혁의 목적을 설명하는 것이 이 회의의 목적이었다. 16일 중앙문혁소조 조장인 천보다는 <프롤레타리아 문화대혁명에 있어서 2개의 노선>이라는 제목의 연설을 한다. 2개 노선 가운데, 하나는 마오 주석의 '프롤레타리아 문화대혁명 노선'이고, 다른 하나는 마오 주석의 노선에 반대하는 류사오치·덩샤오핑의 '부르주아지 반동 노선'이라고 했다. 천보다는 '대중운동의 지지 여부'를 기준으로 두 노선을 갈라놓았다. 그럼으로써 타도의 대상은 국가 주석 겸 당 정치국 상무위원인 류사오치와 당 중앙서기처 총서기 겸 중앙정치국 상무위원인 덩샤오핑이라고 처음으로 이름을 밝혀 공격을 시작한 것이다. 마오쩌둥은 이미 부르주아 반동 노선의 '사령부를 포격하라'고 하여 당내에 타도해야 할 적이 있다고는 했으나 구체적으로 그 이름을 거명한 적은 없었다. 그러나 이제 천보다의 입을 통해 타도의 대상이 확인되었다.

이어 23일 류사오치와 덩샤오핑은 회의에서 자아비판을 추궁당했다. 류사오치의 자아비판은 6월 1일 이후 50수 일간의 '노선의 오류', '방향의 오류'가 중심이었다. 즉 "문혁 중 반동적 부르주아계급의 입장에 있었다."는 것이었다. 이에 덧붙여 "이번의 오류는 우연이 아니고, 역사상에서 범한 원칙의 오류, 노선의 오류와 관계가 있다."고 했다. 말하자면 1946년의 신민주주의적 단계에서부터 1962년의 '우'경적 오류, 그리고 형식적으로는 '좌'였지만 실질적으로는 '우'였던 1964년의 오류까지 연결된 사상 전반에 대한 자아비판이었다. 이에 비하여 덩샤오핑은 공작조의 파견, 부르주아 반동 노선의 입장에 있었다는 내용의 자아비판이었다.

중앙공작회의 이후 류사오치·덩샤오핑 타도의 표어는 공공연히 베이징의 가두에 나붙게 되었다. 이어 인민해방군의 살아있는 신화인 허룽·주더·펑더화이 등 군의 원로들에 대한 인신공격도 시작되었다.

1966년 12월부터 캉성과 장칭, 셰푸즈 등 극좌 지도자들의 직접적인 지휘하에 류사오치의 처 왕광메이(王光美)를 타도하기 위한 '왕광메이 특별안건 소조'를 만들고, 여러 가지 방법을 동원하여 왕광메이를 미국 스파이로 몰았다. 그리고는 류사오치조차도 미국의 전략적 스파이로 몰아붙이려 했다. 특히 1967년 3월에는 '류사오치 특별안건 소조'를 만들어 더욱 세차게 류사오치를 모함하는 공작을 전개했다.

　중앙문혁소조의 치번위는 1967년 4월 1일 ≪인민일보≫의 <애국주의인가, 매국주의인가?>라는 글에서, 류사오치에게 '제국주의·봉건주의 반동 부르주아 대변인', '제국주의 매판', '제국주의와 봉건주의 반혁명 선전의 추종자'라는 죄명을 덮어씌우고, 류사오치를 '가짜 혁명가'·'반혁명가'이며, '우리 곁에서 잠자고 있는 흐루쇼프'라고 비난했다.

　1967년 7월, 장칭·캉성·천보다 등에 의해 '류사오치에 대한 비판 투쟁'대회를 열고 류사오치의 가산을 몰수했다. 이때부터 류사오치는 행동의 자유를 박탈당했다. 7월~8월 캉성·셰푸즈·치번위 등은 젊은 홍위병 수만 명을 선동, 소위 '류사오치 비판 전선'을 조직하고 당 중앙이 있는 중남해를 겹겹이 포위함으로써 국무원과 대대적인 충돌이 발생했다.

　베이징에서 발생한 이러한 당과 국가의 최고 지도기관에 대한 포위와 충돌은 당과 국가 지도자들을 비판하는 운동으로 신속하게 전국으로 번졌다. 대비판의 공격은 갈수록 확대되고 악랄해졌다.

　투쟁은 대자보와 표어전에서 진짜 총기와 실탄을 사용하는 무력투쟁으로 발전되었고, 무기도 원시적인 곤봉과 창검에서 현대적인 총기와 대포까지 동원되었다. 간부에 대한 인신 박해도 '고깔모자'를 씌우고 머리를 앞을 향해 쑥 빼내고 손을 뒤로 뻗치게 하는 모양의, '제트기'를 태우는 방식에서부터 신체적 학대, 인격적 모독을 하는 것에 이르기까지 서슴지 않았다. 그러나 혁명파가 동원한 홍위병 활동은 강력한 지휘체계를 갖추지 못한 채, 무질서한 파상적 폭동으로 일관했다. 그리고 내부적으로 급진적 대중조직(홍위병)과 보수적 대중조직 간의 폭력과 충돌이 난무하는 등 파쟁까지 만연되어 정치, 사회적 혼란은 극에 달했다.

문화대혁명과 홍위병의 난동

5) 홍위병의 난동과 해방군의 개입

홍위병의 파상적 난동으로 사회가 대혼란에 빠지자 마오쩌둥은 군의 동원을 결심한다. 1966년 후반까지만 해도 군은 홍위병에 대한 후위 지원만을 하였으나, 결국 1966년 12월 1일 당과 정부는 공동명의로 "혁명 교사와 홍위병에 대한 정치·군사교육을 군 장교가 직접 담당할 것과 '해방군의 빛나는 전통과 모범적 기풍'을 그들에게 심어주는 학습이나 방문 등에 필요한 모든 편의를 군이 책임지고 지원할 것" 등을 내용으로 하는 특별지시를 군에 하달하기에 이르렀다. 이때부터 군은 종래 수행해 오던 3지(三支 : 支左좌파지원, 支工공업지원, 支農농업지원), 양군(兩軍 : 軍訓군사정치훈련, 軍管군사관리) 정도의 예방기능에서 진압기능으로 전환을 준비하기 시작하였다.

특히 '난징사태'를 계기로 마오쩌둥은 1967년 1월 17일 린뱌오에게 군의 적극적인 개입을 지시하는 비밀 명령을 하달하였다. 1967년 1월 난징에서 류사오치 측의 '노동자 적위대'와 친마오쩌둥 홍위병과의 유혈 충돌로 550명의 사상자가 발생하고 5,000명이 체포되는 폭력 사태가 발생하였다. 이후에도 양파 간의 충돌은 계속되었다. 그 대표적인 충돌이 1967년 7월 20일에 발생한 이른바 '우한 7·20사건'이다. 7·20사건은 군인과 인민들이 극좌의 잘못을 저지하는 투쟁이었다.

마오쩌둥은 다음과 같은 지시를 내렸다. "해방군을 파견하여 좌파인 대중을 지지하여야 한다. 앞으로 모든 진정한 혁명 좌파가 군대의 지원을 요청할 때는 반드시 이에 응해야 한다. …군대가 반드시 개입해야 한다."

이와 같은 마오쩌둥의 명령에 따라 당 중앙, 국무원, 중앙군사위원회, 중앙문혁소조는 1967년 1월 23일 문혁에 군의 개입을 지지하는 결의안을 공포하였다. 이에 따라 해방군은 문혁의 진압에 직접 참여하게 되었고, 당·정은 모두 군에 의해 접수되었다. 심지어 공안부장 셰푸즈는 1967년 8월 7일, 경찰·검찰·사법기구가 당권파를 필사적으로 보호하고 혁명 대중을 진압한다는 구실로 그 기능을 해제하였다.

이처럼 마오쩌둥은 린뱌오를 우두머리로 한 인민해방군을 탈권 운동에 직접 개입시킴으로써 명실공히 당 기구에 대한 전면적인 탈권에 성공했다. 그러나 마오쩌둥의 입장에서 보면, 공산당 기능의 완전마비를 초래하면서까지의 문혁의 달성은 진정한 의미에서의 성공이라 할 수 없었다. 특히 모든 것에 당의 우위를 주창해온 마오쩌둥에게 있어서 당 조직의 괴멸은 자기모순이 아닐 수 없었다.

따라서 마오쩌둥으로서는 파괴된 공산당의 재건이 가장 시급한 과제였다. 그래서 마오쩌둥은 1967년 1월 상하이에서 파괴된 당 조직 및 마비된 행정기능을 복원시키기 위하여 하나의 임시 권력 기구로서 혁명위원회를 조직할 것을 선언한다. 1967년 1월 28일 타이위안(太原) 시 혁명위원회의 발족을 시작으로 전국의 29개 성·시·자치구에 혁명위원회를 건립하고, 이후 기층 당정기관은 물론 중앙, 국무원 각 부와 위원회, 기업 사업단위, 농촌인민공사에도 모두 혁명위원회를 건립하였다.

혁명위원회는 당권파가 장악하고 있던 각급 당 위원회와 인민대표대회 등 당·정 기구를 해제하고, 이에 대신하여 건립한 권력 기구다. 대다수 혁명위원회는 인민해방군 지좌 대원이 주동이 된 주비소조의 지도하에 각 조반파 조직 대표, 해방군 대표, 당·정 지도 간부로 조직되었다. 이것을 '3결합'이라 하였다. 그러나 혁명위원회 구성원의 대부분은 군부 세력이 장악하였다.

6) 2월 역류사건과 린뱌오의 군권 탈취

류사오치와 덩샤오핑 등 당권파를 타도하는 탈권 운동의 와중에 군주류 내부에서도 문혁에 대응하는 방법을 놓고 암투가 벌어지고 있었다. 그것은 1967년 초의 이른바 '2월 역류사건'과 1968년 봄의 '군권탈취사건'이다.

문혁 발발 당시의 당 중앙군사위원회 상무 지도체제는 다음과 같았다. 당 중앙군사위원회 주석은 마오쩌둥(77세)이었고, 부주석은 린뱌오(59세)·허룽(70세)·녜룽전(67세)이었다. 주더·류보청·천이·덩샤오핑·쉬샹첸·예젠잉·뤄루이칭·탄정 등은 상무위원이었다. 주더는 당시 이미 80세로 거의 은퇴상태였다.

이들 중 문혁 추진파는 주석인 마오쩌둥과 최연소 부주석 린뱌오

두 사람뿐이었다. 절대적으로 소수파였다. 그럼에도 불구하고, 1966년 10월 5일 린뱌오의 지시에 따라 중앙군사위원회 총정치부는 <군사학교의 프롤레타리아 문화대혁명에 대한 긴급 지시>를 하달, 군사학교에서도 <프롤레타리아 대혁명에 관한 결의>(<16개조>)에 기초하여 문혁을 추진하라는 명령을 발했다. 하지만 쉬샹첸을 비롯한 군부 주류세력인 예젠잉·녜룽전·천이 등은 군의 안정과 질서유지를 앞세워 군 본연의 자세를 유지할 것을 강조하고, 혁명에 휩쓸리지 못하도록 하였다.

이에 린뱌오는 군부대 내에서의 문혁 추진은 군 원로로서 명성이 높은 주더·허룽·천이·쉬샹첸·예젠잉 등 군 원로들의 저항 때문에 여의치 않다고 판단했고, 그것은 '전군 문혁소조'의 조장인 류즈젠과 군 원로들이 결탁하여 문혁의 군내 침투를 방해하고 있기 때문이라고 보았다. 따라서 린뱌오는 이들 원로들을 하나하나 제거하는 것만이 마오쩌둥의 신임을 얻고 자신의 권력 쟁취에 장애를 없애는 길이라 생각하였다.

1967년 1월 4일 장칭은 군사학교의 조반파들 앞에서 "군부 내에서 부르주아 반동 노선을 견지하고 있는 것이 류즈젠의 전군 문혁소조다."라고 비판하고, 전군 문혁소조의 개조를 주장했다. 며칠 뒤 열린 중앙군사위원회 확대회의에서 린뱌오도 "류즈젠은 사실상 부르주아 반동 노선을 걷는 군부 내 대리인이다. 그는 비좌파를 지지하고, 좌파를 공격했다."고 규탄했다.

1967년 1월 11일 전군 문혁소조가 개조되었다. 조장 쉬샹첸, 고문 장칭, 부조장 샤오화(蕭華) 해방군 총정치부 주임, 양청우 해방군 총참모장 대리 등 7인으로 새 진용을 갖췄다.

1월 19일 베이징의 징시빈관(京西賓館)에서 열린 중앙군사위원회 확대회의에서부터 이들 군부 내 두 세력은 격돌한다. 문혁을 이용하여 군사위원회에서의 경쟁자를 일소하고 지반을 공고히 하고자 한 린뱌오는 이 회의에서 군대 내의 "한 줌밖에 안 되는 당권파를 타도해야 한다."면서 '네 가지 대민주'-대명, 대방, 대자보, 대변론을 전면적으로 전개할 것을 제의했다. 대명(大鳴), 대방(大放)이란 마음대로 부르짖고 의견을 제시하는 것, 즉 홍위병식 의견교환을 의미한다. 장칭도 적극적으로 그렇게 되어야 한다고 했다.

그러나 예젠잉은 "군대에는 규율이 있다. 지휘에 따르고, 보조를 맞추어야 승리를 보장할 수 있다."고 맞섰다. 다른 군 원로들도 "군대가 혼란하면 대란이 오게 된다."고 반박했다. 말하자면 중앙군사위원회 내의 비(非)린뱌오 계열은 군대에서의 문혁 운동에 대해 강한 거부감을 나타냈다. 천이·예젠잉·쉬샹첸·녜룽전 등 군 원로들은 야전군에서는 '대민주'를 예외로 해야 하며, 군사학교에서는 대민주는 행해도 좋지만, 경험 교류는 금지해야 한다는 등 군이 문혁에 말려드는 것을 적극적으로 저지하였다. 전군 문혁소조 조장인 쉬샹첸은 75세의 고령임에도 불구하고 "군대는 반드시 안정을 유지해야 한다."고 준엄하게 군 본연의 자세를 강조하고, 이를 위해 조반파를 설득하기도 하고 논쟁을 벌이며 언성을 높이기도 했다. 이로 인해 쉬샹첸은 훗날 '부르주아지계급 반동 노선의 대리인', '쉬샹첸을 폭격하라', '쉬샹첸을 불태워라', '쉬샹첸을 비판하라'는 구호가 적힌 전단의 세례를 받게 된다.

린뱌오의 군내 강력한 라이벌이었던 허룽도 박해를 받는다. 그는 저우언라이의 보호와 마오쩌둥의 양해에도 아랑곳없이 혁명의 생애를 마감한다. 허룽은 군사위원회 부주석 중 린뱌오 다음의 서열에 있었다. 주더·저우언라이 등과 함께 1927년 난창폭동을 주도한 창군 멤버로 인망이 높은 용장이다. 그러나 린뱌오에게 있어 허룽은 늘 버거운 존재였고, 권력 탈취의 장애물이었다. 저우언라이의 보호로 허룽은 아내와 함께 베이징 위수지구의 지하 시설에 몸을 숨겼으나 1969년 6월 9일 모진 박해 끝에 일생을 마감하였다.

이와 동시에 펑더화이·타오주 등도 린뱌오와 장칭의 목표물이 되었다. 펑더화이는 비록 루산회의 이후 실각상태에 있었으나 아직도 군 내의 신망과 그 영향력은 잠재해있었다. 펑더화이는 린뱌오와 장칭의 사주로 '반혁명 수정주의 분자', '대군벌'로 몰려 계속되는 공개 집회에서 모진 고문과 구타를 당하여 늑골과 폐부에 중상을 입고 1974년 11월 29일 억울하게 숨을 거두었다. 타오주는 당 8기 11중전회에서 중앙정치국 상무위원 겸 중앙문혁소조 고문에 발탁된 지 불과 5개월 만에 '제4호의 주자파'로 서열까지 매겨져 타도되었다. 문혁으로 발탁된 그도 문혁파에 의해 제거되는 불운을 맞게 되었다.

이 외에도 문혁파들은 인민해방군 창설의 대부이며, 마오쩌둥과 어깨를 나란히 신중국 건설의 대들보 역할을 한 주더까지도 대군벌로 몰아 타도할 것을 요구했다.

이러한 상황에서 1967년 2월, 군 원로들이 문혁의 존폐까지 거론하면서 대중운동의 부당성을 제기하는데, 이것이 이른바 문혁파가 말하는 '2월 역류' 사건이다. 마오쩌둥이 문혁을 공식적으로 발동한 지 9개월 만의 일이다.

2월 14일 당·정의 최고기관들이 집결해 있는 중난하이(中南海) 화이런탕(懷仁堂)에서 저우언라이의 주재로 정치국 예비회의가 열렸다. 8기 11중전회의 이후 정치국 회의에는 중앙문혁소조 멤버가 열석하는 것이 관례가 되어, 이들도 참석했다. 이 회의에서 외교부장 천이를 비롯한 예젠잉, 쉬샹첸, 녜룽전 등 군사위원회 부주석들은 다음 네 가지 문제를 제기했다. 대중운동을 당이 지도할 필요가 있는가, 없는가? 그렇게 많은 노간부를 차례로 타도하는 방침은 정확한가? 군대는 안정되어야 하는가, 그렇지 않아도 되는가? 이를 기초로 문혁을 계속 추진해야 하는가, 신속히 종결해야 하는가? 특히 이 회의에서 녜룽전은 문혁의 계속 추진 여부를 정치국에서 다시 논의하여 결정짓자고 했고, 농업 담당 부총리 탄전린은 자리에서 일어나 사직을 불사하겠다는 말까지 서슴없이 내뱉었다.

보고를 받은 마오쩌둥은 처음에는 침묵으로 일관했다. 하지만 장춘차오가 읽어 주는 회의록 가운데 탄전린이 "문혁을 이런 식의 대중운동으로 밀고 나가면 사직도 불사하겠다."는 대목에서 화가 머리끝까지 치밀었다. 마오쩌둥은 2월 25일부터 3월 18일까지 7회에 걸쳐 '정치생활회의'를 소집하여 군사위원회 부주석 및 노간부들을 격렬히 비판했다. 이후 중앙정치국은 사실상 그 활동이 정지되고 중앙문혁소조가 그 기능을 대신했다. 2월, 군 원로들이 문혁의 흐름을 역류시키려는 행동을 했다는 뜻을 담아 장칭 등은 이 화이런탕 회의를 '2월 역류'라 명명했다.

2월 회의 결과는 1959년 여름 루산회의 때와 유사한 상황을 재발시켰다. 즉 2월 역류는 문혁을 더욱 급진화 시키는 결과를 초래하였다. 이러한 징후는 곳곳에서 나타났다. 지금껏 류사오치와 덩샤오핑에 대하여 '중국의 흐루쇼프', '당내 제2호 자본주의 길을 걷는 당권파'라는 글귀를 사용한 정도였지만, 이제는 류사오치와 덩샤오핑에 대한 비판을 홍위병의 대자보와 소자보를 넘어 당의 공보 출판물을 통하여 공개적으로 비난하기 시작했다.

나아가 1967년 봄부터 인민들은 정부 고급 간부들을 혹독하게 비판했다. 탄전린이 가장 심한 비난을 받았고, 다음은 10대 원수 가운데 한 사람이며 외교부장인 천이, 그리고 문혁지도소조의 최종목표는 역시 저우언라이였다. 급진파들은 저우언라이는 2월 역류의 막후 지지자이며, 탄전린·천이 등 비문혁파 엘리트들을 보호하는 배후자라고 보았기 때문이다.

이에 그치지 않고 1968년 3월 린뱌오와 장칭은 군권을 찬탈하기 위해 해방군 총참모장 대리 겸 중앙군사위원회 비서장 양청우와 공군 정치위원 위리진(余立金), 베이징 위수지구 사령관 푸충비(傳崇碧) 등이 '공군의 권력을 탈취하려는 음모를 꾸미고 중앙 문혁에 무장으로 대항하려 했다'고 모함하면서 그들의 군권을 탈취한다. 그리고 린뱌오는 자파인 광저우 군구 사령관 황용성(黃永勝)을 해방군 총참모장으로 끌어들이고, 부총참모장인 원위청(溫玉成)을 베이징 위수지구 사령관으로 겸직 발령하였다.

그해 3월 25일 중앙군사위원회 판공소조도 개조했다. 중앙군사위원회 판공소조는 중앙군사위원회의 일상 업무를 맡는 기구로서 1967년 8월 설립된 것이다. 조장은 황용성(전임 양청우)으로 교체되었고, 부조장 우파셴(吳法憲: 공군 사령관), 예췬(葉群: 린뱌오의 처)·리쭤펑(李作鵬: 해군사령관)·추후이쭤(邱會作: 총후근부장) 등을 조원으로 재편하였다. 모두 린뱌오 계열이다. 얼마 후 마오쩌둥의 지시에 따라 이 판공소조가 군사위원회 상임위원회의 기능을 대신하게 되었다. 중앙군사위원회 및 베이징 군구는 바로 린뱌오의 수중에 들어갔다.

문혁 중 가장 혼란스러웠던 이 권력 탈취 단계에서 당의 지방과 기층조직은 파괴되고 생산 질서는 심각하게 손상되었으며 사회생활은 극히 혼란 상태로 빠져들었다. 전면적인 권력 탈취는 중국 인민들에게 참혹한 대가를 안겨주었다. 농공업의 총생산액을 지수 상으로 보면 1967년은 전 해에 비하여 9.6% 떨어졌고, 1968년은 다시 전 해에 비해 4.2% 떨어졌다. 이밖에 정치·사상 등 측면에서 입은 인민의 생명과 정신적 손실은 이루 계산할 수 없는 상황이었다. 따라서 모든 인민은 동란을 혐오하고 사회 안정과 생산력의 발전을 희망하였다. 마오쩌둥 역시 정치국면이 단결, 안정되길 바랐다.

그리하여 마오쩌둥은 국면전환을 위해 당 9기 전국대표대회를 개최하기로 하고, 먼저 1968년 10월 13일, 베이징에서 당 8기 12중전회를 소집한다. 마오쩌둥은 이 대회에서 먼저 류사오치를 영원히 당적으로부터 출당 제명하고, 당 내외의 모든 직위를 삭탈한다.

왜 당 9차 대회를 앞두고 다시 류사오치의 죄상을 거론하였는가? 그를 철저히 타도하고 탈권을 견고히 하기 위해서는 공식적이고 조직적 절차를 거쳐야 했기 때문이며, 이보다 더 중요한 이유는 국가나 당의 기성 조직으로부터 권력을 빼앗는 탈권 투쟁의 과정에서 그 주도권을 놓고 중앙문혁소조와 해방군 간, 급진과 보수적 대중조직 간에 나타난 갈등과 충돌을 '류사오치 타도'라는 대목표로 결집함으로써 혼란을 수습하려는 의도였다고 보겠다. 8기 12중전회에 출석할 수 없는 중앙위원 수는 전체의 71%나 되었다. 출석자는 법적인 과반수에 못 미쳤다. 얼마나 많은 중앙위원이 주자파, 반동분자, 외국과 내통한 자 등으로 몰려 억류되어 있었는가를 짐작할 수 있다.

10월 13일 개회식에서 마오쩌둥은 연설을 통해 "이번 프롤레타리아 문화대혁명은 프롤레타리아독재를 공고히 하고, 자본주의의 부활을 방지하고 사회주의를 건설하는 데 있어서 정말로 필요한 것이고 매우 시급한 것"이라고 했다.

장칭과 린뱌오 세력은 문혁 평가에 대한 분임조 토론에서 2월 역류의 참가자인 천이·예젠잉·리푸춘·리셴녠·쉬샹첸·녜룽전 등 군원로들과 이른바 '일관된 우경'으로 지목된 주더·천윈·덩쯔후이 등을 향해 조직적으로 공격을 퍼부었다. 린뱌오는 회의에서 2월 역류는 '11중전회 이후 발생한 가장 심각한 반당사건'이었으며 '자본주의의 예행 연습'이었다고 공언했다. 장칭과 캉성 및 셰푸즈 등도 '반마오 주석', '옌안정풍의 부정', '왕밍 노선으로의 복귀를 위한 번안', '군대를 혼란케 한 자' 등의 죄명을 원로 동지들에게 강압하고, 그들이 자백하도록 했다.

하지만 중앙문혁소조가 덩샤오핑을 중앙위원회에서 쫓아내고 류사오치와 한 묶음으로 영원히 당에서 제명하고자 했으나 마오쩌둥은 이를 동의하지 않았다. 마오쩌둥은 덩샤오핑의 능력만은 인정하고 있었고, 류사오치와 분리하여 취급하는 것이 권력투쟁 상 유리하다고 생각했기 때문이다. 하지만 덩샤오핑은 1969년 10월, 주더, 천윈, 타오주, 왕전(王震), 뤄루이칭, 장원톈, 왕자샹 등 혁명동지들과 함께 각각 귀양지인 장시, 광둥, 안후이, 장쑤, 윈난 등지로 분산 감금된다. 덩샤오핑은 장시로 유배되었다. 이것이 바로 덩샤오핑의 일생 3락3기 중 두 번째 추락이다.

마오쩌둥이 프롤레타리아 문화대혁명을 발동하고, 자신의 대자보 〈사령부를 포격하라－나의 대자보〉를 천하에 포효한 지 2년 2개월 만에 드디어 '류사오치 사령부'는 괴멸되었다. 그것은 마오가 대약진 정책의 실패를 책임지고 국가 주석을 류사오치에게 넘겨준 후, '제2선'으로 물러난 지 9년여가 지난 시점이었다.

류사오치는 당으로부터 영구제명을 받고 1년이 지난 1969년 10월 17일, 2년 3개월의 감금 생활을 뒤로하고 베이징에서 허난 성 카이펑(開封)으로 옮겨졌다. 그곳에 군용기로 실려 왔을 때 류사오치는 벌거벗긴 채 군용 담요에 싸여서 들것에 실려 있었다. 카이펑 시 당위가 관리하는 콘크리트 창고 안에 감금된 류사오치는 폐렴이 재발하여 고열과 구토가 멈추지 않았다. 1개월이 채 지나지 않은 11월 12일 오전 6시 45분 한 많은 혁명의 생애를 마감했다. 당시 그의 나이 71세였다.

흥미로운 것은 류사오치가 최후를 마감한 지 19년이 지난 1988년, 그의 아들 류위안(劉源)이 부친이 최후를 마감한 바로 그곳 허난 성의 부성장이 되었다는 사실이다.

최고인민법원의 1980년 9월 이전의 통계에 의하면 류사오치 사건에 연좌되어 반혁명 판결을 받은 건수는 무려 2만 6,000여 명에 달했고, 화를 당한 사람은 2만 8,000여 명에 이르렀다.

마오쩌둥과 류사오치는 체질적으로 차이가 있는 인물이다. 마오쩌둥은 온몸에서 혁명의 열정이 불타고 있는 호기(虎氣)에 찬 이상주의자라면, 류사오치는 조용하면서 냉정하고 치밀한 현실주의자였다. 따라서 마오쩌둥이 홍구(공산군 점령지역)에서 농민운동 등 대중동원을 선동하는 혁명가로 성공한 사람이었다면, 류사오치는 소련 유학을 거쳐 백구(국민당 점령 도시지역)에서 지하 노동운동을 주도한 조직가로서 그 능력을 인정받았다. '조직의 류사오치'라고 불리었듯이 당 조직에 확고한 기반을 쌓았는데, 그것이 또한 마오쩌둥의 경계심을 불러일으켜 비참한 최후를 맞게 된 것이다.

2. 문혁 중기 린뱌오의 부침(浮沈)

1) 린뱌오, 마오의 후계자로 부각

문혁 중기 중국의 가장 큰 사건은 린뱌오의 부침(浮沈)이다. 린뱌오는 9차 당 대회에서 마오쩌둥의 후계자로 공식화되었지만, 권력투쟁에서 밀려 결국 추락하고 만다.

마오쩌둥은 1969년 4월 1일부터 4월 14일까지 당 제9기 전국대표대

회를 소집하였다. 당 8기 11중전회가 문혁의 서막이었다면, 9기 당 대
회는 문혁의 승리를 의미하는 장이었다.

대회에서는 린뱌오가 당 중앙을 대표하여 정치보고를 하고, <당
헌>개정을 주재하였다. 정치보고는 프롤레타리아독재하의 '계속혁명
론'과 '계급투쟁론'이 그 핵심이었다. 즉 문화대혁명의 준비와 과정을
설명하고, 문혁의 성과와 경험을 전면적으로 긍정하는 전제하에 "투쟁
과 비판, 개혁을 열심히 추진할 것과 상부구조의 사회주의혁명을 끝까
지 추진해 가자."는 것을 임무로 내세웠다. 또 정치보고는 중국공산당
사는 "바로 마오쩌둥의 마르크스 레닌주의 노선이며, 당내 '우'적ㆍ
'좌'적 기회주의와의 투쟁의 역사로 결론"짓고, 류사오치를 중국에 자
본주의를 부활시키려는 망상을 가진 주자파의 두목이었다고 규정하였다.

그러나 이 정치보고는 린뱌오가 보고한 후 2주가 지난 4월 14일에
서야 제2차 전체회의에서 통과되었으며, 그 후 또 2주가 지난 4월 27
일 《신화사》를 통해 그 전문이 발표되었다. 9기 전국대표대회 정치
보고가 이렇게 늦게 통과되고 전문의 발표가 이처럼 지연된 이유는
린뱌오의 보고내용이 전체회의에서 많은 논란을 불러일으켰고, 특히
문혁을 성공리에 마무리 짓고 개막된 제9기 전국대표대회가 또 다른
권력투쟁을 잉태하고 있었기 때문이라고 볼 수 있다. 즉, 주요 적대 대
상인 류사오치와 그의 추종자들이 권력의 무대에서 사라지자 마오쩌
둥의 심중에는 린뱌오가 새로운 주적으로 와 닿았기 때문이었다. 비록
반류사오치ㆍ덩샤오핑 운동인 문혁이 성공했다고는 하지만, 그 혁명
과정에서 린뱌오가 이끄는 군대 세력의 과대한 팽창을 가져와, 이는
결국 당권에 대한 새로운 도전자로 등장하였기 때문에 마오쩌둥으로
서는 린뱌오를 어떻게 요리하느냐가 최대의 과제가 아닐 수 없었다.
당시 각 계파 간에 권력관계를 놓고 얼마나 첨예하게 상호 대립, 견제

하고 있었는가는 아래에 예시하는 린뱌오의 정치보고 내용 중 정치 부문을 보면 알 수 있다.

첫째, 린뱌오는 문혁의 과정을 설명하는 데 있어서 오직 군대의 공적만 찬양했을 뿐, 장칭을 중심으로 한 문혁파의 공적은 프롤레타리아라는 집단적 명사로 대신했다. 그의 이러한 의도는 장칭 집단의 부각을 견제하고, 문혁의 공적을 완전히 군대의 것으로 돌리려는 것이었다.

둘째, 린뱌오는 그의 보고에서 중앙문혁소조나 홍위병의 공적을 강조하지 않았다. 특히 상하이에서 처음으로 홍위병들이 탈권에 성공한 예를, 노동자 계급이 탈권을 성공시켰다고 보고했다. 중앙문혁소조는 실질적으로 문혁의 사령탑 역할을 했고, 류사오치 일파에 대한 탈권도 중앙문혁소조 지휘하의 홍위병이 결정적인 역할을 했다. 그럼에도 이들의 공적을 무시해버린 것은 바로 중앙문혁소조를 장악하고 있던 세력이 장칭 집단이었기 때문이다.

셋째, 군대의 중요성을 강조했다. 보고에서 린뱌오는 "마오 주석께서 여러 차례 지적했듯이 마르크스주의의 관점에서 볼 때 국가의 주요 성분은 군대이다."라고 했고, 또 "인민의 무장투쟁을 이탈해서는 오늘날의 중국공산당도 중화인민공화국도 존재할 수 없다."고 강조했다. 이는 바로 군대의 위상을 높여 찬양함으로써 린뱌오 자신의 위상을 격상시키려는 의도였다고 보겠다.

이상 정치보고의 몇 가지 예로 볼 때, 린뱌오가 노린 것은 장칭 집단의 부각을 의도적으로 막고, 군이 당을 지휘하고 군이 정치를 통제하겠다는 내심을 노골적으로 표현한 것이라 하겠다. 이로써 이른바 넓은 의미의 문혁 연합세력은 공동의 적인 류사오치와 덩샤오핑이 무너짐으로써 서서히 내부적으로 모순이 발생하기 시작한 것이다.

개정된 <당헌> 역시 '프롤레타리아 독재하의 계속혁명론'을 인정하고 사회주의 단계에도 "시종일관 계급과 계급모순, 계급투쟁이 존재한다."고 하고, 문화대혁명은 '프롤레타리아가 부르주아지와 일체의 착취계급에 반대하는 사회주의적 조건하에서의 정치대혁명'이라 규정하였다. 또 당의 성격을 규정함에 있어 '중국공산당은 중국 노동자 계급의 선진부대이고, 중국 노동자 계급으로 조직된 최고 형식'이라고 한 7기 및 8기 <당헌>과는 달리 '중국공산당은 프롤레타리아의 정당이다'로 개정했다.

왼쪽부터 저우언라이, 마오쩌둥, 린뱌오

그리고 당의 지도 사상 문제에 있어서 마오쩌둥 사상을 다시 마르크스 레닌주의와 동격으로 올려놓은 점이다. 류사오치 등에 의해 제8기 <당헌>에서 삭제되었던 마오쩌둥 사상을 다시 살려 "마오쩌둥 사상을 중국공산당의 최고 지도노선으로 하고 마오쩌둥을 당의 최고 통수자로 한다."고 규정하는 한편, "린뱌오 동지는 마오쩌둥 동지의 친밀한 전우이며 후계자다."라고 명시하였다. 그럼으로써 8기 <당헌>에서 강조된 마르크스 레닌주의의 이론적 기초 및 민주집중제와 집단지도 체제의 원칙은 파괴되고, 마오쩌둥의 개인 우상화가 다시 부각되었으며, 린뱌오가 마오쩌둥의 후계자라는 것이 공식적으로 확인되었다.

당 기구의 개편도 이루어졌다. 주석과 부주석을 당·정·군의 일상 업무를 통수하는 실질적인 최고의 실권자로 규정하였다. 반면 당원의 권리에 관한 절을 삭제하고, 중앙감찰위원회를 폐지하였다. 그리고 <당헌> 제6조에서 "당의 최고지도기관은 전국대표대회와 그것이 선출하는 중앙위원회다."라고만 규정하고 전국대표대회의 직권은 언급하지 않음으로써 당의 집권화를 더욱 강화하였다. 그리고 8기 <당헌>까지 존재하던 중앙서기처를 폐지하고 대신 '정간(精干)기구'를 설치하였다. 즉, 1969년 개정 <당헌>에서는 1956년 <당헌>에서 상무위원회라는 집단지도체제에 의하여 각기 기능적으로 분담된 업무를 중앙서기처 서기가 집행하던 것을, 중앙위원회 주석과 부주석이 당·정·군의 일상 업무를 직접 장악할 수 있도록 명문화함으로써 주석은 물론 부주석의 권한을 강화한 것으로 볼 수 있다. 당 9기 1중전회에서 린뱌오를 부주석으로 선출한 점과 마오쩌둥의 후계자로 명문화한 점 등을 고려해 보면, 이는 집단보다는 개인, 공식적인 당 기구의 기능보다는 인물을 중요시하겠다는 의지의 반영이었다고 보겠다.

당 제9기 전국대표대회는 린뱌오와 장칭 집단의 지위를 강화시켜 주는 대회였다. 대회장에 마련된 주석단의 좌석 배열을 보면 이를 잘 증명해 준다. 마오쩌둥이 중앙에 자리 잡고, 왼쪽에는 린뱌오와 캉성·장칭을 필두로 하는 새로운 문혁의 구성원들이 배석하였으며, 오른쪽에는 저우언라이를 대표로 하는 이른바 '정부'의 구성원들이 배석, 그 대조가 선명하고 의미심장하였다.

4월 28일 9기 1중전회에서 다음과 같이 당 지도체제가 개편되었다. 먼저, 당 대표인 중앙위원회 주석은 마오쩌둥이 유임되고, 부주석은 린뱌오가 유임되어 마오쩌둥의 후계자로 지목되었다. 그리고 중앙정치국 상무위원의 경우 마오쩌둥·린뱌오·천보다·저우언라이·캉성 등 5인만 유임되고, 반면 주더는 상무위원에서 중앙정치국 위원으로 강등되었으며, 타오주·덩샤오핑·리푸춘·천윈은 숙청되거나 실각했다.

중앙정치국 위원의 경우, 예췬·장칭·쉬스유(許世友)·천시롄(陳錫聯)·리쭤펑·우파셴·장춘차오·추후이쭤·야오원위안·황융성·셰푸즈 등 문혁 공로자들이 대거 기용되었다. 반면 탈락자들은 모두 문혁에 비협조적이거나 반대했던 사람들이다. 정치국 후보위원에는 문혁에 적극성을 보였던 지덩구이(紀登奎)·리더성(李德生)·왕둥싱(汪東興) 등이 발탁되었다.

이들 중, 해방군 총참모장 황융성 상장, 선양 군구 사령관 천시롄 대장, 총후근부장 추후이쭤 상장, 난징 군구 사령관 쉬스유 상장, 해군정치위원 리쭤펑 제독, 공군사령관 우파셴 중장, 공안군 사령관 셰푸즈 상장, 그리고 후보위원인 리더성 소장(안후이 군구 사령관), 마오쩌둥 경호부대 8341부대장 왕둥싱 소장 등은 모두 현역 군인이다. 그리고 현역군 군사 고위 지도자인 천시롄·황융성·셰푸즈는 린뱌오와 동향 후베이 출신이다.

이처럼 현역 군 장성들의 정치국 진출이 현저히 증가한 것은 문혁 중 타 집단에 비해 군의 공헌이 훨씬 컸음을 반영한 것이라고 볼 수 있다.

9기 중앙정치국 위원의 계파별 성분을 보면, 린뱌오의 처인 예췬을 비롯하여 육·해·공군을 망라한 해방군 총참모장 황융성, 부총참모장 겸 해군사령관 리쭤펑, 공군사령관 우파셴, 부총참모장 겸 총후근부장 추후이줘 등은 모두 제4야전군에서 린뱌오의 부하로 생사를 함께했던 전우들이다. 한편 공안부장 셰푸즈, 상무위원 캉성, 그리고 4인방의 일원인 장춘차오·야오원위안은 장칭 집단의 주요 멤버다. 난징군구 사령관 쉬스유 상장은 마오쩌둥이 신임한 현역 장성이었고, 천시롄과 리더성은 원래 제2야전군에서 덩샤오핑과 맥을 같이 한 인물이나, 문혁에 동조했다.

결국, 제9기 중앙정치국은 문혁에서 공을 세운 군 간부와 조반파 세력에 의해 확실하게 장악되었다. 그러나 자세히 분석해 보면 린뱌오 중심의 군부 세력의 우세다. 특히 5명의 부주석(류사오치·저우언라이·주더·천윈) 중 린뱌오만이 그 자리를 유지, 후계자로까지 지목되었다는 점은 린뱌오의 대승리라고 보겠다. 그러나 저우언라이를 비롯하여 정치국 위원에 유임된 당과 군의 원로 그룹(둥비우·류보청·주더·리셴녠·예젠잉 등)은 문혁 때에는 비록 잠복 중이었지만, 기회가 오면 언제든지 규합할 수 있는 노련함과 잠재력을 가지고 있었음은 간과할 수 없는 일이다. 이는 얼마 후 일어난 린뱌오 축출사건이 증명하였다.

2) 린뱌오의 토사구팽

문혁 후 군부의 정치적 영향력의 급부상은 마오쩌둥의 소위 '당이 군을 지도한다(以黨領軍)'는 당·군 관계의 원칙에 정면으로 배치되는 것이었고, 마오쩌둥의 병약은 권력의 중추를 흔들리게 하여, 지도층 내부의 권력투쟁은 더욱 격화되고 있었다. 그 결과 발생한 것이 1971년 9월의 소위 '린뱌오 사건'이다.

9차 당 대회에서 이미 린뱌오는 후계자로서의 위치를 <당헌>상 공식화한 상태였으며, 황융성·우파셴·예췬·리쭤펑·추후이쭤 등을 비롯한 린뱌오의 추종 세력들은 모두 중앙정치국, 혹은 중앙위원회에 포진하고 있는 상황이었다. 린뱌오의 세력은 최고조에 달했다.

9기 1중전회를 통해 정권의 한 축을 이룬 장칭 집단도 문혁 초기만 해도 린뱌오의 보호를 필요로 할 정도에 머물러 있었으나, 이제는 그 세력이 린뱌오의 맞수가 되어있었다. 그뿐만 아니라 린뱌오 등이 장칭 집단의 세력 확장이 자신들을 압도할 수도 있다고 의식할 정도였기 때문에 린뱌오의 '후계자' 지위도 충분히 가변적일 수 있는 상황이었다.

이러한 상황에 덧붙여 특히 린뱌오 일파의 마오쩌둥의 원모(遠謀)에 대한 의구심은 조기에 후계를 계승해야겠다는 조바심을 불러일으키는 데 중요 작용을 했을 것으로 보인다. 지난 몇십 년간의 역사를 돌이켜 보건대 1954년의 가오강, 1959년의 펑더화이, 1966년의 류사오치 등은 하나같이 마오쩌둥에 의해 추켜 올려진 사람은 없고, 마지막에는 모두 그에 의하여 정치적 사형을 당하지 않는 사람이 없다. 이러한 사실을 누구보다 잘 아는 린뱌오 일파는 먼저 선수를 치지 않으면 당할 것이라는 생각을 했을 것이다.

린뱌오의 지도권 탈취를 위한 음모는 2단계에 걸쳐 진행되었다. 9차 당 대회 이후 9기 2중전회에 이르는 기간 동안 린뱌오 집단이 취한 이른바 제1단계 후계계승의 음모 활동은 주로 평화적 이행 방법이었다. 그들은 조직적으로 군부 집단의 우세에 의지하여 제4기 전국인민대표 대회와 헌법 개정의 시기를 이용, 린뱌오를 국가 주석에 앉히고, 다시 당 9기 2중전회에서 당 중앙의 주석직을 쟁취하여 당과 국가의 최고 권력을 장악하려 한 것이다. 이는 장칭 집단의 견제와 마오쩌둥의 저지로 음모로 그쳤다.

결국, 린뱌오는 제2단계 무장 쿠데타를 획책한다. 린뱌오가 획책한 무장 쿠데타 음모는 다음과 같다. 당 9기 2중전회에서 좌절에 부딪힌 린뱌오는 1971년 2월 그의 아들 린리궈(林立果: 공군사령부 판공실 부주임 겸 작전부장)를 시켜 상하이에서 무장 쿠데타의 핵심역량인 '연합함대'를 조직하게 한다.

1971년 3월 21일~24일, 린리궈와 연합함대의 주요 맴버인 공군사령부 판공실 부주임 저우위츠(周宇馳)・공군사령부 판공실 처장 겸 린리궈의 비서 위신예(于新野), 공군 4군 7341부대(마오쩌둥 경호 부대명은 8341부대) 정치부 비서처 부처장 리웨이신(李偉信) 등은 무장 쿠데타 계획을 수립하고 이 계획을 '571공정기요'라고 명명하였다.

당시 린뱌오 일파의 계획은 ① 남방 순시 중인 마오쩌둥을 상하이에서 살해하고 린뱌오가 당과 국가의 권력을 장악하는 방안, ② 광저우에 별도의 중앙(정부)을 건립하여 소련과 손을 잡고 남북이 협공하는 방안, ③ 외국으로 탈출하는 방안 등 세 가지였다. 9월 7일 린리궈는 연합함대에 1급 전쟁 준비에 돌입한다는 명령을 하달했고, 8일에는 린뱌오가 직접 린리궈와 저우위츠에게 명령대로 행동하라는 지령을 내려 본격적인 마오쩌둥의 암살 행동에 들어갔다. 린리궈는 마오쩌둥이 탑승한 기차가 쑤저우 근처의 쉬팡(碩放) 역 부근을 지날 무렵, 철교를 폭파하고 지상과 공중에서의 공격을 준비하였다. 그러나 이를 사전에 감지한 마오쩌둥은 9월 8일 밤 이미 항저우를 떠나 북상하고 있었기 때문에 첫째 방안은 실패로 끝났다.

마오쩌둥 암살 음모 실패 후 린뱌오는 12일 베이징에서 연합함대를 지휘하여 비행기를 준비하게 하고 황용성, 우파셴, 리쭤펑, 추후이쭤 등 핵심 요원만을 데리고 광저우로 가 새로운 중앙을 세우려는 제2안을 채택하였다. 그러나 12일 밤 8시경 린뱌오와 예췬 그리고 린리궈가 탄 256전용기가 산하이관(山海關) 공군비행장을 이륙하기 직전 저우언라이에게 알려져 광저우행 도피는 좌절되었다.

따라서 그들은 제2 방안을 포기하고 9월 13일 0시 23분 비행기를 타고 해외 도피를 결행하였다. 그런데 비행기는 13일 02시 30분경 몽골 운델한(溫都爾汗)을 지나다 추락하여 린뱌오와 예췬 그리고 린리궈 등 탑승자 전원은 사망하였다.

린뱌오는 가오강·라오수스 반당 사건에 동조하지 않은 대가로 중앙정치국 위원에 보선되었고, 루산회의에서 펑더화이의 반대편에 선 덕에 국방부장을 쟁취하고, 군대 내 문혁의 주도 세력이 되어 류사오치·덩샤오핑 등 실무관료 엘리트와 군 원로들을 내쫓은 공로로 한때 마오의 후계로까지 지목되었었다. 하지만 그 역시 결국은 토사구팽당하는 신세가 되고 말았다.

3. 문혁 후기 비림비공 운동과 '좌'/'우'경 논쟁

1) 저우언라이와 4인방 간의 '좌'/'우'경 논쟁

린뱌오의 쿠데타 음모를 일망타진한 후 그해 10월, 당 중앙은 린뱌오 사건 조사를 위한 '특별 안건조'를 조직하는 한편, 전국적으로 린뱌오를 비판하는 '비림(批林) 정풍운동'을 전개하여 문혁의 극좌적 방법을 바로 잡고, 원로 간부들을 보호하는 데 총력을 기울였다. 저우언라이는 먼저 1971년 11월 문혁에 의해 추방당하거나 숙청당한 원로 간부들과 지식인들을 복권하는 일에 착수했다.

1972년 1월 10일, 마오쩌둥은 친히 문혁 때 비판을 받은 원로 동지인 천이의 조문회에 참석했다. 저우언라이는 기회를 놓치지 않고 간부의 해방을 전면적으로 추진했다. 그중 중국 정단에 가장 큰 파문을 끼친 것은 후술하는 덩샤오핑의 복권이었다. 이러한 간부해방은 비록 간부 문제의 근본을 해결하는 방법은 못되었지만, 확실히 장칭 집단의 간부에 대한 박해를 어느 정도는 억제하고 줄여나갈 수 있게 하였다.

저우언라이는 문혁 초기 파괴되었던 당·정 조직과 대중조직을 복원하는 한편, 군사 관제를 약화시켜 나갔다. 마오쩌둥은 당 중앙이 당의 일원화 지도를 더욱 강화할 것을 강조하는 한편, 1962년 7천인 대회에서 자신이 천명한 "노·농·상·학(學)·병(兵)·정·당 등 7개 부문은 당이 모든 것을 지도한다."는 것을 반복하여 선전하였다. 1972년 8월, 당 중앙과 중앙군사위원회는 <'3지 양군'의 약간의 문제에 관한 결정(초안)>을 발표하고, 당의 일원화 지도를 강화하기 위하여 군사관제를 실시하는 지방과 단위는 당 위원회를 건립한 후에 군관을 즉각 철폐할 것을 지시하였다.

각급 혁명위원회와 당 조직의 건립, 복구와 동시에 문혁 초기에 파괴된 노동조합·공청단·부녀조직 등 대중조직의 정돈과 복원에도 착수하였다.

또한, 저우언라이는 국민경제를 회복, 발전시키기 위하여 공업관리의 혼란 상태를 정돈하고 생산 건설상에 팽배하였던 극좌 사조와 부정적 풍조를 바로 잡았다. 기업 관리적 측면에서도 직책 책임제 및 경제원칙의 중시에 관한 여러 조치를 지시하여 파괴된 각종 규정을 복원하고, 기본건설의 대대적인 규모 축소·직원과 노동자 수 조정 등의 조치를 통하여 직원과 노동자 수·임금액·식량 매출량 문제 등을 해결하였다.

농업 부문에서도 농촌 인민공사의 분배 문제에 관해서는 반드시 노동에 따른 분배의 원칙을 견지할 것을 거듭 지시하고, 농업이 전면적으로 발전하려면 당의 정책이 허락하는 다종경영과 가정 부업을 자본주의로 간주하여 비판해서는 안 된다."고 강조하는 등 평균주의적 극좌 사조에 제동을 걸었다. 그 결과 1973년의 전민 소유제 기업의 노동 생산성은 전년도 보다 3.3% 증가하였으며, 농업과 공업의 생산액은 각각 8.4%와 9.5% 증가하였다.

외교관계에서도 획기적 진전이 있었다. 문화대혁명 전반기 5년 동안은 모든 대외관계가 정체와 후퇴를 거듭하고 있었다. 9기 당 대회 이후 마오쩌둥과 저우언라이의 결정에 근거하여 정부는 일련의 조치를 통하여 대외관계를 개선하고 발전시켰다. 특히 미국과 일본, 유럽 등 서방국가와의 관계를 개선, 발전시켰다. 저우언라이는 문화교육, 과학기술 방면에 대해서도 극좌 사조를 비판하여 발전시켜 나갔다.

이처럼 저우언라이에 의해 주도된 조정정책과 비림 정풍운동의 전개는 '좌'경 오류의 위험성에 관한 인식을 제고시켰고, '좌'경적 경향의 열광적인 열기를 가라앉혀 냉정을 되찾게 했다.

하지만 비림 정풍운동에 대한 장칭 등 4인방 세력의 태도는 양면성을 띠고 있었다. 한편으로는 자신들이 린뱌오 집단에 대항하여 그들을 내쫓는 일에 있어서 중요한 역할을 하였다고 주장하면서, 다른 한편으로는 비림 운동이 자신들에게 불똥이 튈까 봐 우려하는 태도였다. 따라서 저우언라이가 추진하고자 하는 정책이 실현되지 못하도록 방해하였다. 결국, 린뱌오라는 공동의 적을 제거한 후, 저우언라이와 장칭 집단 간에는 다시 노선대립의 양상을 띠기 시작했다. 첨예하게 부각된 의견대립은 비림 정풍운동의 방향 문제였다. 저우언라이는 극좌 사상에 대해 분명하게 비판하는 입장이었다. 하지만 상하이에 있던 야오원위안과 장춘차오는 저우언라이가 이끄는 홍보물이 문혁을 부정하고 있다고 비판하였다. 1972년 11월 28일 당 중앙 대외연락부와 외교부는

<대외공작회의 소집 지시에 관한 보고>에서 린뱌오 반당 집단이 선동한 극좌 사조와 무정부주의를 철저히 비판하는 것을 중요 의제로 삼을 것을 제의했다. 저우언라이가 이에 동의하는 지시를 내리자 장칭과 장춘차오는 이를 강력히 반대하였다. 그들은 "비림은 극좌와 무정부주의에 대한 비판이 아니라, 매국적 극우인 린뱌오를 비판하는 것"이라고 강조하였다.

1973년 새해 아침, 《인민일보》와 《홍기》 및 《해방군보》는 마오쩌둥의 제의에 따라 신년사를 통해, 비림 정풍운동의 중점은 린뱌오의 반혁명 수정주의 노선인 극우를 비판하는 데 있어야 한다고 강조했다. 이는 문혁까지 비판해서는 아니 된다는 마오쩌둥의 입장을 그대로 반영한 것이었다. 마오쩌둥은 당시 당의 임무는 여전히 '극우'를 반대하는 것이지, '극좌'를 반대하는 것은 아니라는 것이었다. 따라서 극좌에 대한 비판은 금기가 되었고, 지도 사상은 여전히 '좌'경으로 흘러, 4인방은 그 역할을 강화해 나갈 수 있었다.

린뱌오 사건 후, 당은 몇 가지 중대한 조직 문제를 해결할 필요가 있었다. 그 가운데 가장 절박한 것은, 린뱌오를 마오쩌둥의 후계자로 점지하고 있는 <당헌>을 개정하는 일과 새로운 지도체제를 개편하는 일이었다. 1973년 8월 24일부터 28일까지 5일간의 회기로 베이징에서 중국공산당 제10기 전국대표대회가 열렸다.

이 대회는 통상 5년마다 소집되는 것과는 달리 4년 4개월 만에 소집되었고, 그 회기 역시 짧았으며, 비밀리에 진행되었다. 이 대회에서는 저우언라이의 정치보고와 왕훙원(王洪文)의 <당헌 개정에 관한 보고> 및 10기 중앙위원회 선거가 있었다.

저우언라이는 보고에서, 이후 당의 임무에 관해 '우리나라는 경제적으로 빈곤한 발전도상국가'라고 전제하면서, 국민경제 발전계획을 초과 달성하여 중국의 사회주의경계를 더욱 발전시킬 것을 촉구하는 등 9기 당 대회보다는 경제건설 문제를 더욱 중시하고 있음을 보여주었다. 그러나 대회에서는 여전히 전당에 계급투쟁을 잘 견지해 "프롤레타리아 독재하의 계속혁명을 견지하고, 문화대혁명의 성과를 공고히 하고 발전시켜 나가자."고 호소하였다.

새로운 <당헌>에서는 당연히 "린뱌오 동지는 마오쩌둥 동지의 친밀한 전우이며, 후계자이다."라는 등 1969년의 <당헌> 총강 중 린뱌오 관련 내용 전부를 삭제하였다. 대신 마오쩌둥 사후의 권력승계를 겨냥하여 노·중·청 '3결합의 원칙'을 명문화하였다. 이는 개인의 우상화를 강조하고, 특정 인물(린뱌오)에 대한 신임을 부여한 1969년 <당헌>에서 집단지도체제(1956년의 <당헌>)로의 복귀를 의미하였다. 마오쩌둥은 자신의 후계자 선정이 초래했던 위기를 극복함에 있어서, 특정 인물에 대한 신임 보다 서로 견제와 균형이 가능한 집단 간의 권력 분배가 오히려 권력을 유지에 있어서 더욱 유익한 조치라고 파악했기 때문일 것이다. 이 외에, 당의 성격, 지도 사상, 기본 강령 등은 9기 <당헌>의 노선을 그대로 답습하였다. 즉 '극좌' 방침에는 변함이 없었다.

이어 1973년 8월 30일 소집된 10기 1중전회는 당 지도체제를 재편하였다. 당 대표인 중앙위원회 주석에는 마오쩌둥이 당선되었다. 부주석에는 린뱌오를 대신해 저우언라이와 4인방의 왕훙원, 마오쩌둥과 장칭의 측근인 캉성, 그리고 군 원로인 예젠잉 원수와 문혁에 협조적이었던 현역 군 장성 리더성 등을 나란히 포진시켰다. 정치국 상무위원의 경우 린뱌오와 천보다가 숙청되고, 마오쩌둥·저우언라이·캉성(이상 유임)·왕훙원·예젠잉·주더·리더성·장춘차오·둥비우로 구성하였다. 중앙정치국 위원의 경우, 9기 때 린뱌오 계열로 분류되던 황융성·우파셴·예췬·리줘펑·추후이줘 등과 린뱌오의 국가 주석 직 야심에 방조했던 천보다 등은 자살하거나 모조리 숙청되었다.

주목을 끄는 인사는 상하이 급진노동자조직의 지도자였던 왕훙원이 37세의 젊은 나이로 중앙위원회 부주석(당서열 3위) 겸 정치국 상무위원에 파격적으로 발탁된 점이다. 그리고 새로 정치국 위원에 선임된 왕둥싱·지덩구이·우더(吳德)·천시롄 등은 마오쩌둥이 친히 점지한 인사들로, 훗날(1980년 2월, 11기 5중전회에서) 화궈펑과 운명을 같이 하는 '신4인방'이 된다.

10차 당 대회 인사의 전반적인 특색은 린뱌오의 제거로 생긴 권력의 공백에 저우언라이(온건좌파)와 장칭(강경좌파)의 세력이 각축을 벌이는 형세를 보이는 가운데, 화궈펑을 주축으로 하는 친마오쩌둥 신진세력의 부상이다.

따라서 중국의 정세는 급진적인 강경 좌파 세력이 주도하는 대중동원 전략과 저우언라이를 수반으로 하는 당·정 관료집단의 경제발전 전략 간의 각축장으로 좁혀졌다. 마오쩌둥은 여기서 또 어느 한 집단에 힘을 실어 주지 않고, 두 집단의 중간에 서서 두 집단 간의 조화와 견제를 모색하고 있었다. 강경 좌파를 이용해서는 혁명의 열기를 유지하게 하는 한편, 관료 그룹에게는 질서유지와 경제발전의 업무를 담당하도록 하였다.

저우언라이는 총리로서 중앙의 일상 행정을 주관하면서, 중국의 국내 및 국제문제에서 온건 노선을 견지했다. 국내적으로는 문혁 중 피폐할 데로 피폐해진 경제를 회생시키기 위해서 정치적 대타협과 경험 있는 관료들의 복권을 추진했다. 국제적으로는 미국과도 닉슨 정부와 관계 개선을 암중모색하는 등 대결국면에서 벗어나 전쟁보다는 국내의 혁명이 더 중요하다는 태도를 보이기 시작했다. 반면, 강경 좌파 세

력은 극좌파의 과오 때문에 희생된 자들의 명예 회복을 정당화하는
것은, 자신들 역시 린뱌오 일파와 한 묶음으로 몰려 비판받는 것으로
인식될 것으로 간주하여 이에 동의하지 않으려 했다.

그러나 당의 공식 정책은 린뱌오 노선에 반대했다는 이유로 숙청당
한 모든 간부를 복권하고 그 지위를 회복시키는 것이었다. 이유는 문
혁으로 파괴된 당정 업무를 복원하고, 경제발전을 위해서는 그들의 경
험과 능력이 필요했기 때문이다. 따라서 저우언라이는 중요한 행사 때
마다 계속 당·정 경험이 풍부한 원로 간부들을 다시 기용하였다.

덩샤오핑은 1973년 3월 부총리에 복귀(1975년 제4기 전인대에서 공식
임명)되고, 후술하는 1975년 1월 10기 2중전회에서는 당 중앙위원회 부
주석 겸 정치국 상무위원에 복귀된다. 이밖에, 저우언라이는 장기간
혁명 투쟁을 함께한 원로 간부들과 지식인들을 명예 회복하고, 문혁
전의 원위치로 복귀시켜 주었다. 그러나 10차 당 대회 이후 추진된 대
대적인 정부 기구의 간소화는 간부 수의 감소를 촉진하였고, 이 때문
에 명예 회복된 구간부들과 문혁 때 충원된 신간부들 간의 경쟁은 더
욱 치열해졌다. 전자는 자신들의 업무 수행능력과 경험을 앞세웠고,
후자는 자신들의 혁명적 열정을 강조했다. 당·정·군 원로들의 복귀
는 강경 좌파의 측에서 보면, 원로 간부들이 자신들을 쫓아낼 기회만
노리는 집단으로 보일 수밖에 없었다.

2) 비림비공 운동을 통한 저우언라이 공격

왕훙원은 일약 당 부주석이 되어 당 중앙의 일상 업무를 주관하는
위치에 올랐으나, 명망이 낮고 경험도 갖추지 못하여 그 임무를 감당

하기에는 역부족이었다. 따라서 실제로 당 중앙은 물론 정부의 일상 업무를 주관하는 자는 여전히 저우언라이 총리였다. 따라서 저우언라이는 4인방 세력이 권력을 확장해 가는 과정에서 그들의 최대 장애물로 간주되었고, 그로 인해 그들이 타도하려는 주요 표적이 되었다. 특히 저우언라이가 문혁의 피해자이며 경험과 능력을 겸비한 간부들과 지식인들을 명예 회복시키고, 문혁 전의 원위치로 복귀시켜 주는 정책은 4인방 세력으로서는 큰 위협이 아닐 수 없었다.

여기다 저우언라이는 인민 대중으로부터 문혁의 '좌'경적인 오류를 수정하려는 것에 대해 광범위한 지지를 얻고 있었다. 이는 마오쩌둥으로 하여금 '수정주의의 부활'에 대한 착각과 우려를 자아내게 하였다. 따라서 자신 이외의 누구에게도 힘의 독주를 허용하지 않으려 했던 마오쩌둥과 4인방 집단 간에는 저우언라이를 더 방임해서는 아니 되겠다는데, 의기가 투합할 수밖에 없었다.

1973년 7월 마오쩌둥은 왕훙원 및 장춘차오와의 대화 중 "린뱌오의 사상적 기원은 유가에서 나왔고, 린뱌오는 국민당과 같이 유가를 존경하고 법가를 반대했다."는 말을 했다. 또 마오쩌둥은 이즈음 외국 손님과 대화 중, 다음과 같이 말했다. "진시황은 중국 봉건사회의 제일 유명한 황제이고 나 또한 진시황이다. 린뱌오는 내가 진시황이라고 비난했다. 중국은 유사 이래 두 개의 파로 나누어져 있는데, 하나는 진시황이 훌륭하다고 말하는 사람들이고, 다른 한 파는 진시황을 나쁘다고 비판하는 사람들이다. 나는 진시황에 찬성하고 공자에 반대한다." 이 것이 바로 이른바 '비림비공(批林批孔)' 운동의 시발이다. 위 대화 내용을 단순히 본다면 그것은 마오쩌둥의 린뱌오와 공자에 대한 선명한 태도 표명에 불과하였다. 그러나 그 대화가 의도하는 바는 다른 곳에 있었다.

당시의 당 선전매체에서는 "비림비공 운동은 우리 당과 린뱌오 사이의 반공(反孔) 혹은 존공(尊孔)을 둘러싼 투쟁이고, 실제로 사회주의 시기의 전진과 후퇴, 혁명과 반혁명의 두 계급과 두 노선 간의 투쟁이기 때문에, '비림비공'을 심화시킬 때만이 프롤레타리아 문화대혁명의 필요성을 한 걸음 더 인식시킬 수 있고, 프롤레타리아 문화대혁명의 위대한 성과를 공고히 하고 발전시킬 수 있다."고 했다. 즉 당시 마오쩌둥이 비림비공 운동을 전개하고자 의도한 바는 문화대혁명의 이론과 실천을 진일보시켜 긍정하기 위한 것이었고, 대중의 문화대혁명에 대한 회의와 배척과 반대를 억압하고 문혁의 '좌'경 방침을 계속해 나가기 위한 것이었다. 말하자면 마오쩌둥은 비림비공을 제기함으로써 극좌 세력에게 힘을 실어 주는 계기를 마련한 것이다.

따라서 4인방은 이를 계기로 비림비공 운동을 확대해석하고 이를 선전하는데 사력을 다하는 한편, 대대적인 운동을 전개한다. 그러나 장칭 등이 조종한 비림비공 운동의 주요 내용은 린뱌오의 각종 죄상을 철저히 비판하려는 것도 아니었고, 과학적인 태도에 근거해 중국 봉건사상의 기초가 된 유가 사상을 비판하려고 하는 것이라고도 말할 수 없었다. 그들은 단지 2천여 년 전에 공자가 말한 '극기복례(克己復禮: 사리사욕을 극복하고 예로 돌아감)'와 '흥멸국 계절세 거일민(興滅國繼絶世擧逸民: 멸망된 나라를 부흥시키고, 자손이 없는 집안을 다시 일으켜 세워 끊어진 대를 잇게 해 주며, 초야에 묻혀있는 인재를 등용하자)' 등의 어구를 악용하여 이른바 '수정주의 역류', '자본주의 부활'을 반사시켜 비판하려 했다. 그러나 당시 이미 린뱌오 집단은 그 잔재가 기본적으로 숙청된 상황이었기 때문에 4인방 집단이 '반부활(反復活)'을 내세워 노린 주적은 린뱌오의 잔재가 아니라, '해방 간부'의 복귀로 대표되는 보수주의에 대한 경고였다. 즉 4인방이 전개한 비림비공 운동의 정치적 목적은 곧

'비공'을 이용하여 '좌'경 오류의 수정을 주장하는 저우언라이와 그 정책 실행과정에서 복권된 많은 원로 간부들을 공격하고, 그들을 몰아붙임으로써 자신들의 권력 탈취에 방해가 되는 장애물을 제거하려는 데 있었다.

이처럼 비림비공 운동은 10차 당 대회 이후 마오쩌둥의 수정주의에 대한 경계와 4인방 일파의 권력 쟁취에 대한 야욕이 투합하여 전개되었지만, 1974년 초부터는 직접 저우언라이를 공격하는 데 초점이 맞추어져 갔다. 하지만, 저우언라이의 입원으로 그것은 실속이 없게 되었다. 신체적 이유든 정치적 이유든 간에 1974년 5월 저우언라이는 건강을 이유로 입원했다.

3) 덩샤오핑의 복귀와 4인방과의 권력투쟁

1975년 1월, 당 중앙은 10기 2중전회를 소집하고 이어서 12년 동안 개최되지 못했던 제4기 전국인민대표대회를 소집하였다. 이 두 차례에 걸친 회의에서 마오쩌둥은 권력을 재분배하였다. 덩샤오핑을 당 중앙위원회 부주석 겸 정치국 상무위원, 국무원 부총리에 복귀시키는 한편 인민해방군 총참모장에 임명한다. 이것이 덩샤오핑 인생 '3락 3기' 중 두 번째 회생이다.

그리고 친덩샤오핑 계열 실무엘리트인 위추리와 구무(谷牧)를 부총리에 재기용하고, 리셴녠을 연임시키는 동시에 군 원로이며 문혁 때 박해를 받은 왕전을 부총리로 기용하였다. 4인방 세력인 장춘차오는 국무원 부총리 겸 인민해방군 총정치부 주임에 기용되었다. 새로 국무원 부총리를 맡은 화궈펑에게 공안부장을 겸임케 하는 한편, 천시롄ㆍ

지덩구이·천융궈이(陳永貴)·우궈이셴(吳桂賢) 등 친마오쩌둥 화궈펑 계열 문혁 수혜자 그룹을 대거 부총리로 기용하였다. 국무원 총리 저우언라이는 유사시 덩샤오핑에게 총리직을 대행케 했다. 동시에 비교적 계파색이 옅은 예젠잉을 국방부장에 임명하였다.

1974년 12월 마오쩌둥과 덩샤오핑의 재회

이와 같은 권력의 재분배에 4인방 급진세력은 비록 불만족했지만, 마오쩌둥은 오히려 이들을 과도시기 지도의 중심으로 삼아 급진파가 순리적으로 후계자가 되는 것을 희망하고 있었다. 그러나 그해 하반기부터 덩샤오핑·저우언라이와 급진파 세력 간에는 정책상 많은 이견이 노출되었다.

당 10기 2중전회의 폐회 이후 2월, 4인방 집단 급진파는 곧바로 '프롤레타리아독재이론의 학습을 강화'하는 운동을 발동하였다. 하지만 덩샤오핑은 저우언라이의 지지하에 의식적으로 이러한 '이론학습'의 중요성을 깎아내림으로써 그것이 사회 및 경제에 미칠 수 있는 영향을 감소시키려 했다. 제4기 전국인민대표대회에서 저우언라이는 <정부보고>를 통하여 미래 중국경제의 발전을 단기계획과 장기계획으로 나눌 것을 제의하고, 그 제1단계의 10년 안에 독립적이고 비교적 완벽한 공업체계와 국민경제 체계를 건설할 것. 제2단계의 본 세기 안에 '농업, 공업, 국방과 과학기술의 현대화'를 전면적으로 실현할 것을 촉구했다.

이처럼 4인방 집단이 '프롤레타리아독재이론의 학습 운동'을 강화하자 저우언라이와 덩샤오핑은 4개 현대화 계획을 정책 방향으로 설정하여 이에 맞섰다. 저우언라이의 건강이 악화하자 덩샤오핑이 저우언라이가 주관하던 많은 업무를 대행하였고, 덩샤오핑으로서는 어떻게 하면 경제발전을 가속화 하여 '4개 현대화'의 목표를 달성할 것이냐가 가장 긴박한 과제였다.

덩샤오핑은 마오쩌둥이 과거 몇 차례에 걸쳐 강조한 바 있는 '안정단결'과 '국민경제 발전'이라는 두 가지 항목의 지시와 마오쩌둥의 또하나의 지시인 '독재이론 학습'을 수평의 관계에 놓고, 이 "세 가지 중요 지시는 상호 연계되어 모순될 수 없는 통일적인 것이며, 어느 하나를 빠뜨릴 수도 어느 하나만 독자적으로 부각시킬 수도 없다. 우리는 반드시 이 3항 중요 지시를 강(綱)으로 하고, 프롤레타리아 문화대혁명 이래의 풍부한 경험을 종합하여 각 항(項) 공작의 구체적인 정책을 제정하여야 한다."고 선언하였다. 이 3항 지시는 마오쩌둥이 각기 다른 시점에 당시의 특수 상황에서 발표한 지시다. 덩샤오핑이 하필이면 이때 '3항 지시를 강(綱)으로 하자'는 구호를 제기한 것은 분명히 의도적으로 '프롤레타리아 독재이론 학습'의 중요성을 깎아내리기 위한 것이었다. 그러나 마오쩌둥으로서는 오직 계급투쟁만이 강이고, 기타 항은 모두 목(目)으로 보았다.

이어 덩샤오핑은 화궈펑 및 리셴녠과 함께 경제건설·과학연구 관련 3개 문건 제정을 주재하였다. 즉, <전당 전국의 각 항 공작의 총강>(총강론), <공업발전 가속화에 관한 약간의 문제>(공업20조), 과학원 공작회보 제강>(과학원 제강)을 제정하여 계속 '3항 지시를 강으로 하자'는 논법을 제기하였다.

덩샤오핑의 이러한 일련의 조치들은 즉각 마오쩌둥의 노여움을 촉발하였다. 왜냐하면 '3항 지시를 강으로 하는' 강령은 마오쩌둥이 볼 때 사회에 존재하는 계급과 계급투쟁을 말살하려는 것으로, 자신이 제창한바, '사회주의사회의 역사적 단계에는 계속혁명을 요한다'는 기본노선을 부정하는 것이기 때문이었다. 그리고 덩샤오핑이 <총강론>을 제기할 때 거리낌 없이 4인방 급진파에 대한 공격도 병행했기 때문이었다. <총강론>에서 덩샤오핑은 급진파는 '마르크스주의에 반하는 계급의 적'이라고 질책하고, 그들은 "당의 훌륭한 간부와 선진 모범 인물을 물러나게 하였으며, 장기적으로 소위 이 파와 저 파의 투쟁, 조반파와 보수파의 투쟁, 신간부와 노간부의 투쟁, '유가'와 '법가'의 투쟁을 부추겼다."고 했다. 이는 마오쩌둥으로 하여금 자신의 사후에 진행될지도 모르는 '기존 결정을 뒤엎는 번안' 또는 '자본주의 부활'에 대한 의심을 품게 만들었다. 그리하여 마오쩌둥은 1976년 원단 ≪인민일보≫의 사설을 통하여 "안정단결은 계급투쟁을 하지 말자는 것이 아니고, 계급투쟁이 강(綱)이며, 기타 항은 목(目)이다."라고 발표할 것을 지시하였다. 이로써 마오쩌둥은 덩샤오핑과 함께할 수 없는 모순이 존재함을 공식적으로 표출하였다.

당시 중국과학원 책임자 후야오방(胡耀邦), 중국과학원 책임자로서 철도부장 완리(萬里), 교육부장 저우룽신(周榮鑫), 국방과학위원회 주임 장아이핑(張愛萍) 등은 철저히 덩샤오핑의 '전면 정돈'의 지시를 관철하

고 있었다. 따라서 대중들은 이들 4명을 덩샤오핑의 네 버팀목(干將)이
라 불렀다.

1976년 1월 8일 저우언라이가 사망했다. 저우언라이는 생명이 다할
때까지 중국의 현대화에 강한 집착을 보이며, 실사구시에 입각하여 강
력한 개혁정책을 추진하고 있던 덩샤오핑을 지지하였다. 저우언라이
의 사망으로 결국 개혁의 버팀목이 무너진 것이다. 사망 당시 저우언
라이의 나이는 77세였다. 저우언라이의 사망 소식을 접한 마오쩌둥의
감은 눈에서는 뜨거운 눈물이 뺨을 적셨다. 그러나 아무 말이 없었다.
추도회에 마오의 모습은 보이지 않았다. 중국공산당 초창기부터 50여
년에 걸친 마오의 변함없었던 혁명동지 저우언라이는 이렇게 마오의
환송을 받지 못하고 외로이 사라졌다. 권력 무상, 말 그대로였다. 그러
나 인민 대중의 흐느낌은 전 대륙을 적셨다. 1976년 1월 15일 저우언
라이는 그의 유언대로 한 줌의 재로 변하여 붉은 대지 위에 뿌려졌다.

덩샤오핑은 저우언라이 추도대회에서 추도사를 낭독한 후에는 공식
석상에서 그의 얼굴을 볼 수 없었다. 그리고 2월 2일, 마오쩌둥은 당
중앙의 이름으로 제1부총리인 덩샤오핑을 제치고 화궈펑을 대리 총리
로 임명하였다. 그것은 저우언라이 생전의 구상과는 전혀 다른 것이었다.

저우언라이가 사망한 그해 청명일(4월 6일), 톈안먼광장에서 거행된
저우언라이 추모제에 2백만의 시민들이 운집했다. 그리고는 극좌 세
력의 실정을 규탄하고 4인방을 반대하는 시위를 벌여 마오쩌둥 정권
에 위협을 가했다. 이에 극좌파는 덩샤오핑을 톈안먼사건의 배후 조종
자로 지목했고, 4월 7일 소집된 중앙정치국 회의에서 마오쩌둥은 결국
덩샤오핑을 그 배후로 인정하고, 친히 덩샤오핑의 당 내외의 모든 직
위를 해제하는 의안을 제출했다. 동시에 화궈펑이 저우언라이를 이어
당 제1부주석 겸 국무원 총리를 승계하는 안을 받아들이도록 하였다.

그리고 정치국 위원 겸 베이징 군구 사령관인 천시롄에게 중앙군사위원회의 일상 업무를 넘겼다.

당시 화궈펑 세력은 문혁 급진파와 온건 개혁파 간의 틈새에서 권력투쟁의 향방을 탐지하는 묘한 입장에 있는 신진 친마오쩌둥 계열이었으므로, 이이제이(以夷制夷) 전략으로 권력을 유지하고 있던 마오쩌둥에게는 가장 이용하기 좋은 세력이었다.

덩샤오핑은 광저우로 도피, 광저우 군구 사령관 쉬스유의 보호를 받고 은신하는 신세가 되었다. 이것이 덩샤오핑의 일생 3락3기 중 세 번째 추락이다. 당시 광둥 성 당위 제1서기는 웨이궈칭(韋國淸) 장군이었다.

4) 마오쩌둥의 사망과 4인방 세력의 일망타진

1976년 6월 15일, 당 중앙은 마오쩌둥이 건강상의 이유로 더는 외빈을 맞을 수 없음을 선포하였다. 이에 앞서 중국의 많은 지도자급 혁명 원로들이 연달아 사망하였다. 먼저 1975년 4월 2일 당대 공산당의 최고 법률가인 둥비우가 세상을 떴고, 다음 급진파의 이론가인 캉성이 그해 12월 16일 사망하였다. 1976년 1월 저우언라이 총리가 사망하고, 7월 7일 홍군의 창설자인 주더가 90세의 고령으로 돌연히 병사하였다. 이들 원로들은 마오쩌둥 사후 과도시기에 권력의 균형추 역할을 할 인물들이었다. 그러나 마오쩌둥보다 이들의 사망이 먼저 있었던 것은 결국 마오쩌둥 사후 급진파와 그 밖의 지도층 간의 권력투쟁을 중재하고, 정치적 안정과 타협을 시도할 공간을 잃은 것이나 다름없었다.

1976년 9월 9일 마오쩌둥은 혁명의 일생을 마감하였다. 당시 그의 나이 83세였다. 1935년 '쭌이회의'에서 군권을 장악하여 중국공산당의

마오의 시신 뒤 장칭과 화궈펑
(왼편에서 세 번째와 네 번째)

실질적인 지도자가 된 후 41
년만이었다. 그래서 중국에서
는 마오쩌둥 경호부대의 이름
이기도 한 '8341'이 신비로운
숫자로 회자되고 있다. 83세
에 사망하고 41년간 집권했다
는 의미의 이 숫자는 쭌이회
의 직후에 그 경호부대명으로
명명하였다니 신비적이지 아닐 수 없다.

마오쩌둥은 자신을 중국 최초의 황제로 통일국가를 건립한 진시황
과 비교하곤 했다. 진시황과 마찬가지로 중국을 하나로 통일하였고,
하나의 강력한 중앙집권적 절대주의 국가를 건립하였으며, 그 목적을
달성하기 위해서는 가공할 권력과 폭력도 두려워하지 않았다.

중국 관방은 마오에 대한 평가를 그의 일생을 두 부분으로 나누어
평가하고 있다. 1934~1935년의 장정으로부터 1956년 당 대회 때까지
와, 그리고 1957년부터 1976년 사망 때까지로 나눈다. 첫째 부분은 인
민들에게 좋은 이미지로 남아있는, 그에게 있어서는 찬란한 시기다.
옌안 시기의 위대한 혁명가, 이론가, 항일전쟁의 영웅, 장제스를 물리
친 전략가, 신중국의 건국자 등의 이미지다. 둘째 부분은 잃어버린 20
년이다. 1957년의 반우파 투쟁, 대약진의 재난, 문혁(1966-1976)의 혼란
과 재앙으로 각인된 그의 이미지다.

"마오 주석이 1956년에 죽었더라면 그의 업적은 불멸로 남았을 것
이다. 만약 1966년에 죽었더라면 과오는 있지만, 여전히 위대한 인
물이었을 것이다. 하지만 그는 1976년에 죽었다. 뭐라고 말할 수 있

겠는가.”

마오와 중국공산당의 충실한 직계, 천원이 남긴 말이다.

1981년 당 중앙위원회는 <당내 약간의 역사문제에 대한 결의>에서 마오쩌둥을 평가하기를, “공적이 먼저고, 착오가 다음”이라고 했다. 훗날 덩샤오핑도 이탈리아의 한 여기자와의 대담 중 마오의 ‘공적은 7, 착오는 3이’라고 평가했다. 마오쩌둥의 스탈린에 대한 평가와 똑같았다.

혁명전쟁 시기 마오를 취재했던 에드가 스노우(Edgar Snow)는 그가 쓴 ≪중국의 붉은 별(Red Star over China)≫에서 마오를 ‘불세출의 영웅’이라 칭했다. 반면, 대약진과 문혁의 고난을 겪었던 장융(張戎)은 남편 존 할리데이(Jon Halliday)와 함께 쓴 ≪마오(Mao: The Unknown Story)≫에서 그를 ‘희대의 악마’라 평가 절하했다.

여하튼, 그는 중국에서 외세를 몰아내고, 최대의 통일 대국을 건설한 위대한 혁명가였다. 마오쩌둥의 사망은 중국 정치사는 물론, 세계사에 있어 하나의 큰 획을 그었다. 더구나 권력투쟁 측면에서 볼 때 마오쩌둥의 사망이야말로 극좌 4인방으로서는 하나의 중대한 타격, 바로 그것이었다. 마오쩌둥 생전, 그들 극좌 4인방 세력은 마오쩌둥과의 긴밀한 관계를 이용하여 각종 <지시>를 발포할 수 있었고, 마오쩌둥의 권위와 지지로 이들 <지시>는 공개적인 도전을 받지 않을 수 있었다. 그러나 극좌 세력은 결코 마오쩌둥의 카리스마도 승계하지 못한 상태에서 마오쩌둥의 사망으로 인하여 그들이 가지고 있던 우세적 지위는 위기에 처하였다. 그리고 그들의 상대와 비교해서 급진파의 권력 기초는 아주 박약하였다.

디트머(Lowell Dittmer)의 말을 빌려 관료 경력의 관점에서 보면, 4인방 급진파의 배경은 좁고 얕았다. 소위 '좁다'는 것은 그들의 캐리어 경험(career experience)이 모두 고도로 전문화된 문화와 선전 부문에 국한된 것을 의미하며, '얕다'는 것은 그들이 모두 헬리콥터식으로 승진하여 겨우 하급 관료의 지지만 얻을 수 있었을 뿐, 그들의 지지자는 당·정 관료층에도 군대 내에도 취약했다는 뜻이다. 더욱 심각한 것은 그들과 군대 기반과의 관계는 적대적이었다. 결국, 4인방 세력은 권력에 대한 야망은 컸지만, 실제 권력 기초는 약했기 때문에 더욱 조급할 수밖에 없었을 것이다.

마오쩌둥 사망 후, 한 달도 채 못 미친 1976년 10월 6일 4인방은 체포된다. 이른바 '10월 정변'이 일어났다.

마오쩌둥은 그의 죽음이 임박하자 "자네가 맡으면 마음이 놓이네(你辦事, 我放心)"라는 한 마디 유언으로 화궈펑을 후계자로 지목했다.

마오쩌둥이 사망할 무렵 중앙정치국은 3개의 집단에 의해 공유되고 있었다. 즉 4인방 문혁 극

마오쩌둥과 화궈펑

좌파(장칭, 왕홍원, 장춘차오, 야오원위안)와 화궈펑을 필두로 한 문혁 수혜자 집단(왕둥싱, 천시롄, 지덩구이, 우더, 천융구이), 그리고 예젠잉 중심의 문혁 생존자 군 원로집단(류보청, 리셴녠)이 하나의 세력을 형성하고 있었다. 이들 세 집단 모두 마오쩌둥의 추종자로서 마오쩌둥의 대변자라는 데는 이의가 있을 수 없었다.

4인방 집단과 화궈펑 중심의 신당권파는 문혁 수혜자들로 마오쩌둥 생존 시만 해도 공동의 운명체였다. 하지만 마오쩌둥이 사라진 후, 권

력승계를 두고 4인방 집단과 화궈평 집단 간에는 불꽃 튀는 대립과 충돌이 일어난다. 같은 문혁 지지파이지만 그 공로로 보나 성향으로 보나 훨씬 강경한 입장에 있던 4인방 집단이 볼 때는 화궈평의 고공 출세는 눈엣가시와 같았다.

화궈평으로서는 마오쩌둥이 사망할 당시 당 중앙위원회 제1부주석 및 국무원 총리 등 지도적 지위에 있었지만, 4인방이 언제 공격해 올지 모르는 위협을 느끼고 있었다.

이러한 상황에서 국방부장으로서 군 원로 및 문혁 피해 세력의 지지를 받고 있던 예젠잉은 리셴녠을 시켜 화궈평의 마음을 움직이고, 중난하이의 무장력을 장악하고 있던 왕둥싱(8341 마오쩌둥 경호부대 사령관)을 설득하여 10월 정변의 지지를 끌어낸다. 마오쩌둥의 최측근 왕둥싱이 4인방에 등을 돌려 예젠잉에 동조한 것은 4인방으로서는 결정적인 패인이었다. 왕둥싱은 마오쩌둥에게는 충성스러운 부하였지만, 중난하이 내 안방의 권력을 놓고 오랫동안 장칭과 암투를 벌여왔던 인물이다.

이밖에 덩샤오핑 계열 제2야전군 출신이었지만, 문혁에 동조하였던 리더성 장군조차도 그가 맡고 있던 인민해방군 총정치부 주임 자리를 장춘차오에게 넘겨주고 베이징 군구 사령관직에서 선양 군구 사령관으로 좌천된 후이니, 베이징의 군과 공안의 그 누구도 4인방의 편에 있지 않았다.

이처럼 반4인방 연합세력이 의기투합하고 있을 즈음, 위와 같이 4인방 세력은 베이징 군구 사령관을 교체하고, 베이징 교외 장갑부대 사단장도 교체했다. 그리고 언제라도 부대를 움직여서 동남과 서북 두 방향으로부터 베이징을 협공할 수 있도록 9월 말부터 만반의 준비를 하고 있었다. 또 마오쩌둥의 조카이며, 4인방과 친밀한 선양 군구 정치위원 마오위안신(毛遠信)은, 그의 추종자인 부사령관 쑨위궈(孫玉國)에게 야영 훈련을 가장하여 장갑 사단을 이끌고 베이징으로 진격할 것을 지시하였다. 이에 국방부장 예젠잉은 군사위원회의 동의 없이 병력 이동을 명하는 것은 위법이라고 하여 이를 저지하고 있는 상황이었다.

이처럼 마오쩌둥 사후 채 한 달이 되기 전, 중국 권부의 지하 채널은 긴박하게 가동되고 있었다. 생사를 건 모험 그대로였다. 드디어 10월 6일 저녁 8시 예젠잉, 화궈펑 및 왕둥싱은 계획대로 중난하이 화이런탕에서 중앙정치국 상무위원회 확대회의를 소집하였다. 이들은 회의에 참석하기 위해 들어오는 장춘차오·왕훙원·야오원위안을 차례로 체포하고, 중난하이에 있는 장칭의 처소에도 요원을 보내 이 사실을 알려 4인방을 일거에 분쇄하였다. 동시에 경뱌오(耿飇, 당 중앙대외연락부장)는 화궈펑과 예젠잉의 명을 받아 국영 텔레비전 방송국을 접수하고, 베이징 군구 부정치위원 츠하오톈(遲浩田) 장군이 인민일보사를 접수함으로써 당의 입을 완전 장악하였다. 말 그대로 무혈 혁명으로 문혁 10년 동란의 종말을 고하였다.

4. 화궈펑의 유훈 정치 및 지도층의 분열과 연합

4인방 집단의 축출로 생긴 중국 정치 권력의 공백에는, 정치국의 경우 아래와 같은 3개 세력이 권력을 분점하는 형세가 되었다. 첫째 그룹은 화궈펑을 중심으로 한 신진 당권파로 마오쩌둥 추종 세력이었다. 그들은 선양 군구 사령관 리더성, 베이징 군구 사령관 천시롄, 마오쩌둥 경호 8341부대 사령관 왕둥싱 등 수도 중심의 군부 세력과 우더, 지덩구이, 천융구이, 니즈푸(倪志福) 등을 축으로 뭉쳐진 이른바 범시파

(凡是派) 집단이다.

둘째 세력은 국방부장 예젠잉을 중심으로 뭉쳐진 군부의 지도자 그룹이었다. 제2야전군(정치위원: 덩샤오핑) 사령관 출신인 류보청, 리셴녠, 장팅파(張廷發), 쉬샹첸, 겅뱌오, 녜룽전 등과 정치국 후보위원인 사이푸딩(賽福鼎) 등 주로 장정 세대 군 원로급들이다. 이들은 문혁 때 겨우 명맥을 유지했거나 피해를 본 인물들이다.

셋째 세력은 덩샤오핑 중심의 당·정·군 실무 전문 엘리트 그룹으로 개혁을 지지하는 세력이었다. 당 10기 3중전회에서 덩샤오핑의 복권을 적극적으로 지지했던 웨이궈칭·쉬스유 장군과 우란푸(烏蘭夫)·팡이(方毅)·위추리·펑충(彭沖), 그리고 정치국 후보위원인 자오쯔양(趙紫陽)과 천무화(陳慕華) 등을 들 수 있다. 이들 그룹은 대부분 류사오치의 후광을 받았거나 저우언라이의 비호와 덩샤오핑 밑에서 국무원의 업무에 종사하던 실무관료들로 문혁 피해자였거나, 아니면 문혁에 가담했으나 린뱌오 및 장칭과는 대립적인 관계에 있었던 인물들이다.

이들 세 계파 간의 세력 관계를 보면 화궈펑과 덩샤오핑 일파가 대립하는 가운데 예젠잉 등 군부가 견제와 조정 역할을 하면서 일시적 타협을 통하여 상호 간의 정치적 지위를 유지하고 있는 형세였다. 그러나 둘째 세력은 첫째 세력보다는 셋째 세력과 혁명 과정을 통하여 더 끈끈한 인맥을 공유하고 있는 편이었다.

세 세력은 모두 문혁으로 이지러진 정치·경제·사회·문화 등 모든 부문의 재건을 위해 사회주의를 현대화해야 한다는 데는 공감하면서도 그 이념적 바탕과 정책추진의 방법에 있어서는 의견이 엇갈리는 상태였다.

화궈펑과 덩샤오핑은 문혁의 수혜자(受惠者)와 수해자(受害者)인 것 외에도 근본적으로 많은 차이점이 있었다. 화궈펑 중심의 문혁 수혜 세력은 마오쩌둥 무과오론(無過誤論)[1]을 주장하면서 '좌'적 사상을 견지하려 한 반면, 덩샤오핑 중심의 문혁 피해 세력(개혁파)은 '실천이 진리를 검증하는 유일한 기준'이라는 '실천론'적 입장에서 마오쩌둥의 공과(功過)를 올바르게 판별하여 평가하여야 한다는 노선을 견지했다.

인사면에 있어서도 전자는 4인방 세력에 대한 타격 범위를 줄여 문혁파를 수용하는 방향으로 추진하였다. 하지만 덩샤오핑은 문혁에 대한 부정적인 태도를 취함과 함께 4인방 세력의 전면적인 숙청을 주장하였다.

정책면에 있어서도 화궈펑은 과거 마오쩌둥식 대약진 정책을 모방한 신약진정책을 무리하게 추구하였고, 후자는 '실사구시(實事求是)[2]'의 정신에 입각하여 모든 정책을 현대화의 방향으로 조정할 것을 촉구하였다. 문화대혁명 때 권좌에 오른 세력들이 전자에, 대약진정책(1957~1960) 실패 후 조정기 동안(1960~1965) 경제위기를 극복하는데 실무를 맡았던 그룹이 후자의 편에 있었던 것은 결코 우연이 아니었다. 마오쩌둥의 유훈 정치를 정통으로 생각하고 있던 화궈펑으로서는 신약진정책은 이념상 피할 수 없는 선택이었다.

그리하여 4인방 체포 후, 1년도 못 되어서 '반4인방'의 정치연맹은 급격히 화궈펑을 옹호하는 '범시 옹화파'(擁華派)와 덩샤오핑을 옹호하는 '실무 옹덩파'(擁鄧派)로 분열되어 갔다. 이들은 태생적으로 상생할 수 없는 집단으로 서로를 인정하려 들지 않았다. 하지만, 일단 4인방 세력을 제거한 상태에서 그들 연합세력은 우선 정치를 안정시키고 권

---

1) '양개범시(兩個凡是)'라고도 하는데, 즉 마오 주석의 '정책'과 '지시', 두 가지 모두가 옳았다는 의미임.
2) 실사구시: 원뜻은 ≪漢書≫ <河間獻王傳篇>의 "연구를 할 때는 반드시 충분한 사실의 근거를 찾아서 그러한 사실에 근거하여 진실된 결론을 도출하여야 한다."는 것에서 유래하였다.

력을 재분배할 필요가 있었다.

예젠잉은 1977년 7월에 소집된 당 10기 3중전회에서 중재를 통하여 당은 화궈펑에 대한 중앙위원회 주석 및 중앙군사위원회 주석직 선임(1976년 10월 7일 정치국 확대회의의 결정)을 추인하고, 덩샤오핑에게는 이를 받아들이도록 함과 동시에, 화궈펑에게는 덩샤오핑의 이전의 모든 직위, 즉 당 중앙정치국 상무위원, 중앙위원회 부주석, 중앙군사위원회 부주석, 국무원 부총리, 해방군 총참모장 등의 직으로 복귀하는 데 동의하도록 했다.

여하간 화궈펑은 이제 마오쩌둥의 유훈에 의해 당을 대표하는 중앙위원회 주석 및 국무원 총리, 중앙군사위원회 주석이 되어 형식상으로는 당·정·군을 장악할 수 있게 되었다.

1977년 8월, 화궈펑은 당 11기 전국대표대회를 소집하였다. 먼저, <당헌>을 수정하여 당의 정책 노선을 확정하고, 당 조직의 정비와 당 중앙의 지도체제를 개조하였다. 4개 현대화를 당의 당면임무로 결정한 점을 제외하고는 정책 노선의 경우 마오쩌둥 생전과 변함이 없었다.

그러나 동 대회는 <당헌>을 개정하여 '집단지도체제'를 강화하였다. 개정 <당헌> 제11조는 "당의 각급 위원회는 집단지도와 개인의 책임분담을 결합한 원칙에 따라 운영한다. 일체의 중요 문제는 집단의 정치 경험과 지혜에 의거하여 집단이 결정하여야 하며, 동시에 개인으로 하여금 그들의 역할을 발휘하도록 해야 한다."고 규정하였다. 이 규정은 겉으로는 집단지도체제로 포장했지만, 현실적으로는 당 주석인 화궈펑의 독주를 사전에 방지하겠다는 의도로 볼 수 있다. 당 중앙 기구의 경우도 당권 강화와 문혁 세력의 척결을 위한 표현으로 문혁 중 폐지되었던 중앙기율검사위원회를 복원, 강화하기로 하였다.

지도체제도 개편하였다. 먼저, 당 중앙위원회 주석단의 경우, 대폭적인 교체가 있었다. 화궈펑이 중앙위원회 주석으로 선출된 데 이어 예젠잉·덩샤오핑·리셴녠·왕둥싱 등 4인방 제거의 공로 세력들이 골고루 부주석에 선임되었다. 반면, 4인방의 일원인 왕훙원은 숙청되었다. 군 원로인 예젠잉만이 유임된 것이다. 정치국 상무위원은 중앙위원회 주석과 부주석이 겸임하였다. 그리고 중앙정치국의 경우, 위원 23명 중 13명이 유임되고, 10명이 교체되었다.

당 중앙군사위원회 경우, 주석직은 당 주석인 화궈펑이 겸직하고, 부주석은 예젠잉 원수(국방부장 겸임), 덩샤오핑(해방군 총참모장 겸임), 류보청 원수, 쉬샹첸 원수, 녜룽전 원수로 채워졌다.

특이한 것은 왕훙원·장춘차오·장칭·야오원위안 등 4인방이 축출되고, 그 공백에 덩샤오핑 및 예젠잉 계열 군 원로세력이 대거 진입한 반면, 화궈펑 계열은 현상을 유지하는 선이었다. 결국, 11차 당 대회는 문혁 좌파(4인방 세력)의 전멸과 문혁 우파(화궈펑)가 현상을 유지하는 선에서 문혁 피해 세력인 덩샤오핑 그룹과 중도적인 예젠잉 세력이 권력을 회복한 대회였다.

이처럼 제11차 당 대회를 통해 계파 간에 정치 권력을 재분배하고 <당헌>을 개정하여 집단지도체제를 도입하는 등 타협을 모색했다. 하지만 그들 세력, 특히 화궈펑과 덩샤오핑을 대표로 하는 양대 세력은 정책 노선으로 보나 인맥 구조로 보나 같은 배를 탈 수 없는 처지에 있었다.

덩샤오핑은 이미 1977년 7월, 복권되자마자 바로 세 확장에 전력을 투구했다. 먼저 그는 지지자들을 요직에 안배하는 작업부터 착수했다. 그중 가장 중요한 인사는 1977년 10월, 후야오방을 중앙당교 부교장에 발탁한 일이다. 당시 중앙당교 교장은 화궈펑이었고 제1부교장은 범시파의 왕둥싱이었다. 후야오방의 부교장 기용은 화궈펑과 왕둥싱을 견제하기 위한 방략이었다. 또 12월에는 당 중앙조직부장에 범시파의 궈위펑(郭玉峰)을 밀어내고 후야오방을 발탁하였다. 후야오방은 공청단 중앙의 지도자로 덩샤오핑과 함께 두 번이나 숙청을 당했던 인물이다. 중국공산당 조직에 있어서 중앙당교는 고급 간부를 배양하거나 재교육시키는 당의 최고 훈련기관이며, 중앙조직부는 당의 조직관리 및 고급 간부의 인사 전반을 관장하는 당의 막강한 실무 권력 기구이기 때문에 그것의 접수는 대단히 주요한 의미가 있다.

특히 복권되어 인민해방군 총참모장직을 되찾은 덩샤오핑은 군내 세력 확보를 위해 곧 자신의 측근 문혁 피해자들을 군 요직에 배치하였다. 광둥 도피 때 도움을 받았던 웨이궈칭 장군을 인민해방군 총정치부 주임에 임명하여 군의 선전도구를 장악하고, 린뱌오에 대항하다 파면된 전 국방부 부부장 겸 총참모장 뤄루이칭 대장을 중앙군사위원회 비서장에 기용했다. 그리고 조선지원군 사령관(펑더화이 후임)과 해방군 부총참모장 및 베이징 군구 사령관을 역임하고, 문혁 때 박해를 받은 제2야전군(정치위원: 덩샤오핑) 출신 양융(楊勇) 상장(3성 장군)을 부총참모장에 복직시키는 등 재빠르게 그 세력을 확장해 갔다.

이밖에, 덩샤오핑은 4인방 세력의 청소에 공세의 고삐를 당기고, 문혁파 잔여 세력에 대한 전면적인 타격을 가하는가 하면, 다른 한편으로는 후야오방을 통해 문혁 피해자들의 명예를 회복시키고, 그들의 복직을 알선하는 작업을 대대적으로 추진하였

화궈펑과 덩샤오핑

다. 후야오방은 문혁 피해자들에 대한 명예 회복 작업과 지방 지도자들을 정돈하는 일을 동시에 추진하여 지방의 각급 간부들에 대한 대대적인 물갈이를 단행했다. 척결된 간부들의 절반 이상은 문혁 기간 중 급조된 신간부 또는 '양개범시'를 지지하는 노간부들이었다. 이처럼 덩샤오핑은 인사교체를 통해 문혁 피해 원로 간부들을 우군으로 끌어들이는 한편, 적대 세력을 과감히 척결하였다.

그리고는 후야오방의 주도하에 1978년 5월 ≪광명일보≫에 <실천은 진리를 검증하는 유일한 표준>이라는 평론을 발표케 하여 화궈펑의 양개범시 방침에 칼날을 들이대었다. 이 글은 네 개 부분으로 구성되었다.

첫째, 진리를 검증하는 것은 오직 사회 실천일 뿐이다.
둘째, 이론과 실천의 통일은 마르크스주의의 기본 원칙이다.
셋째, 혁명지도자는 실천을 통하여 진리를 검증하는 본보기가 되어야 한다.
넷째, 어떠한 이론도 모두 계속하여 실천의 검증을 받아야 한다.

이는 바로 마오쩌둥의 결정과 지시가 모두 옳았다고 한 '양개범시' 방침에 대한 비판임과 동시에, 비록 마오쩌둥의 결정과 지시라 할지라도 실천을 통하여 검증되어야 함을 강조한 것이다. 이 한 편의 글은 바로 현대 중국의 제1차 '사상해방선언서'라 할 수 있을 정도로 전 중국 인민의 사상해방을 고무시키는 메시지였다. 사상해방과 민주화는 현실적으로 1949년 이래 정치적으로 억울하게 누명을 쓰고 희생당한 사건을 바로 잡을 것을 요구하여 수많은 지식인과 청년 대중의 지지를 받았으며, 사상언론 면에서는 공개적으로 언론·출판·파업의 자유와 헌법상의 권리 보장을 요구하는 계기가 되었다. 또 정치적으로는 덩샤오핑 등 개혁파의 등장을 앞당겼다.

이처럼 친덩샤오핑 문혁 피해자 집단이 화궈펑 등 신당권파에 대한 공격의 고삐를 당기고 있는 가운데, 비교적 중립적인 입장에 서있던 예젠잉 중심의 군부는 마침내 덩샤오핑의 입장을 지지하는 태도를 취했다. 11개 대군구 중 베이징과 신장 군구를 제외한 9개 대군구의 사령관과 정치위원들도 덩샤오핑의 정책을 지지하고 나섰다. 또 1978년 6월 ≪해방군보≫는 <마르크스주의의 하나의 기본이 되는 원칙>이라는 제하에 "실천은 혁명이론으로서 인도되어야 하며 이론의 지도가 없는 실천은 맹목적인 실천이다. 마르크스 레닌주의·마오쩌둥 사상은 우리가 활동하는 데 있어서 없어서는 아니 될 지침이다. 그러나 마르크스 레닌주의·마오쩌둥 사상 그 자체는 실천에 의해 증명되어야 한다."고 주장함으로써 덩샤오핑의 '실사구시' 이론에 동조하였다.

예젠잉은 1978년 12월 당 11기 3중전회에서 다음의 발언을 했다.

> "마오쩌둥은 중국공산당의 혁명 투쟁 중 많은 과오를 범했다. … 마오쩌둥 사후에도 우리 당의 공작은 성공적으로 수행되고 있다. 이 것은 마오쩌둥 없이도 우리의 공작을 완수할 수 있다는 것을 증명하는 것이다."

군의 버팀목으로 4인방 체포의 1등 공신인 예젠잉의 이러한 발언은 마오쩌둥 추종 세력의 영향력을 약화시킬 수밖에 없었다.

이처럼 덩샤오핑은 '실천은 진리를 검증하는 유일한 표준'이라는 명제를 내걸고 마오쩌둥 사상을 우회적으로 비판하기 시작하였으며, 대부분의 군부 지도자들로부터 지지를 얻어내는 데 성공했다. 아이러니하게도 모든 것은 실천에 의해 증명된다는 마오쩌둥의 <실천론>을 근거로 마오쩌둥이 추진한 정책을 비판함으로써 마오쩌둥의 유훈에 의해 지명된 화궈펑 체제를 뒤흔든 것이다.

제 3 부

개혁개방 시대의
중국공산당(1978~2021)

제 1 장

덩샤오핑의 정권 장악과 노선의 대전환

1. 11기 3중전회와 노선의 전환

1978년 12월 18일부터 22일까지 역사적인 당 11기 3중전회가 베이징에서 개최되었다. 이에 앞서 11월 10일~12월 13일, 3중전회의 준비 단계인 중앙공작회의가 열렸다. 이 회의는 본래 경제공작에 관한 토론을 하기 위한 장이었으나, 중앙정치국은 덩샤오핑의 건의에 따라 당 공작의 중점을 전환하는 문제를 토론하는 장으로 바뀌었다. 문혁이 남긴 잘못된 문제를 해결하고 억울하게 희생된 자들의 명예를 회복시키는 문제로 토론의 주제가 넘어갔고, 자연스럽게 화궈펑의 양개범시와 그 집권 2년을 비판하는 쪽으로 초점이 맞추어졌다.

12월 13일 덩샤오핑은 폐회식에서 <사상을 해방하고, 실사구시, 일치단결하여 미래를 바라보자>는 연설을 한다. 그는 강조하여 말했다.

　　"먼저 사상을 해방하는 일이다. 사상을 해방해야 만이 우리는 비로소 마르크스 레닌주의·마오쩌둥 사상을 지도로 하여 과거의 잘못된 잔존 문제와 새로 나타난 일련의 문제를 정확하게 해결할 수 있다. 하나의 당·국가·민족이 교조적인 틀에 박혀 사상이 경화되고 맹신이 성행하면, 그것은 앞으로 나갈 수 없고 그것의 생기는 멈추고 당과 국가는 망하고 만다."

그리고 그는 "다시 개혁하지 않으면 우리의 현대화 사업과 사회주의 사업은 바로 매장될 것이다."라고 의미심장한 어조로 당에 경고했다. 이 연설은 중국공산당이 어디로 향해야 할 것인가에 대한 중대한 고비에서 중국의 새로운 세기를 열게 한 선언서나 다름없었다. 이 연설은 바로 당 11기 3중전회에 제의한 기본 지도 사상이다.

11기 3중전회의 중점 의제는 오랫동안 미해결상태에 놓여있던 문혁 및 그 이전의 '좌'적 착오를 바로잡고, 당의 공작의 중점을 '사회주의 현대화 건설'로 전환한 것이었다. 이 회의를 통해 당 노선의 혁명적인 전환을 가져왔다.

후술하는 1981년 6월 당 11기 6중전회는 <건국 이래 당의 약간의 역사문제에 관한 결의>를 통하여 11기 3중전회의 역사적 의의를 다음과 같이 총결하였다.

첫째, 당의 정확한 사상노선을 새롭게 확립하였다. 회의는 마오쩌둥의 결정과 정책이 모두 옳다는 '양개범시'를 비판하는 한편, 오직 전 당과 전 인민은 마르크스주의와 마오쩌둥 사상의 지도하에 사상을 해방하고, 새로운 상황·새로운 문제를 연구하여 모든 것은 실제로부터 출발하여 이론을 실제와 결부하는, 이른바 '실사구시'의 원칙을 견지하면 '4개 현대화'의 방침을 정확하게 실현하고, '생산력 발전'에 부적합한 '생산 관계'와 '상부구조'를 정확하게 개혁할 수 있을 것이라 함으로써, 문혁 및 그 이전의 '좌'적 착오를 바로잡고, 당의 정확한 사상

노선의 기초를 확립하였다.

둘째, 당의 정확한 정치노선을 복원하고 확립하였다. 그동안 공산당의 기본임무는 정치 노선상 사회주의 현대화건설을 중심으로 하느냐? 계급투쟁을 중심으로 하느냐?가 논쟁의 핵이었다. 그러나 3중전회에서는 '계급투쟁'을 중심으로 하는 정치노선을 종식시키고, 정치노선의 중점을 '사회주의 현대화건설'로 바꾸어 놓았다. 그리고 이미 11기 당 대회에서 제의한 '4개 현대화'의 실현을 금후 전당의 장기적인 중심 임무로 재천명하고, 11기 당 대회와 제5기 전국인민대표대회까지 답습해 오던 소위 '프롤레타리아 독재하의 계속혁명 견지'를 폐기하였다.

셋째, 국민경제의 극심한 불균형을 해소하고, 농업을 신속히 발전시켜 나갈 것을 촉구하였다. 정치 · 사회의 안정 유지와 객관적 경제규율에 따른 경제 운영, 이 두 가지 조건이 바로 국민경제 발전의 기본전제임을 확인했다. 농업 생산성의 발전을 위해서는 농민의 적극성을 끌어낼 수 있는 소유제, 경영 방법, 시장 등 인센티브의 구비가 관건이라고 보고 이의 개혁을 주장하였다.

넷째, 사회주의 민주제도와 법제를 강조하였다. 민주집중제의 원칙에 근거하여 문혁 때 파괴된 국가의 각급 기구를 복원하고 인민의 민주적 권리를 법제에 의해 보장할 것을 강조하였다. 무정부적 질서 파괴행위를 배척하고 법제에 의한 정치 및 사회적 안정을 강조하였다. 그리고 그동안 자행되었던 과오를 법적 근거에 의해 시정하고, 중요 간부의 공로와 과오, 시비를 바로 잡도록 하였다.

다섯째, 당의 정확한 조직노선을 새롭게 확립하였다. 문혁으로 당의 정상적인 기제가 완전히 파괴되었고, 특히 당 중앙의 집단지도체제는 개인숭배 체제로 변질되었다. 따라서 본 회의에서는 당이 '민주집중제'와 '집단지도체제'의 원칙을 견지할 것을 결의하고 당규와 <당헌>을 건전하게, 당의 기율을 엄하게 하며, 개인적 카리스마와 개인숭배는 배척할 것을 결의하였다. 모든 당직자는 당의 기율을 준수하고 이유 여하를 불문하고 당규에 따라 상벌을 받도록 했다. 그럼으로써 당과 국가 기제의 정상적인 운영을 위한 기초를 마련하게 되었다.

당 11기 3중전회는 중국공산당사에 있어서 '돌아갈 수 없는(no return)' 노선의 획기적인 전환을 가져온 대회였다. 중국의 모순을 생산 관계의 '불평등'이 아닌 '생산력의 저발전'에서 찾았고, 따라서 국가발전의 목표를 '계급투쟁'에서 '현대화 건설'(1개 중심)로 옮겨 놓은 것이다. 그리고 정치적 안정의 기조 위에 경제규율에 따른 경제운용(2개 기본점)을 천명함으로써 이른바, 중국 특색 사회주의의 틀을 마련한 것이다.

하지만 갑작스러운 노선의 전환으로 사상의 혼란이 야기되기도 했다. 말하자면 한편으로는 아직도 '좌'경 사상의 굴레를 벗어나지 못하여 3중전회 이래 당의 노선 및 정책을 이해하지 못하거나 심지어 이에 저촉되는 생각을 하고 있는가 하면, 다른 한편으로는 '자유민주', '사상해방'의 명분으로 공산당의 지도를 부정하거나, 사회주의제도를 반대하고 자본주의의 길을 주장하는 자들도 있었다.

이러한 사상의 혼란을 막고 안정을 위해 당 중앙을 대표하여 덩샤오핑은 1979년 3월 이론공작 학습토론회(務虛會)를 열고 다음과 같이 역설하였다. "중국은 4개 현대화를 실현하는 데 있어서, 반드시 사회주의 노선을 견지하여야 하고 무산계급독재를 견지해야 하고, 공산당의 지도를 견지해야 하고, 마르크스 레닌 마오쩌둥 사상을 견지해야 한다. 이 '4항 기본원칙'은 4개 현대화를 실현하는 근본 전제이다." 그는 또 "한편으로는 4인방이 뿌려놓은 극좌 사조의 해독을 계속하여 숙청하여야 하고, 다른 한편으로는 4항 기본원칙에 의심을 품거나 반대하는 사조와 견결히 투쟁하여야 한다."고 강조했다.

이 한편의 연설은 중국공산당이 실시하는 개혁개방은 시작부터가 명확히 사회주의 방향으로 간다는 것을 표명한 것이다. 이는 부르주아지계급 자유화 사조에 대한 강력한 저지인 동시에 당의 11기 3중전회 노선에 대한 진일보한 천명이었다. 이로부터 '4항 기본원칙'은 '경제건설'을 중심으로 한 '개혁개방'과 함께 11기 3중전회 노선의 기본 내용이 된다. 이른바 1개 중심 2개 기본점이다.

덩샤오핑의 이 연설을 근거로 각지에서는 4항 기본원칙 견지에 대한 교육을 펼치고, 부르주아지계급 자유화 사조를 반대하였다. 동시에 중앙 및 각 군부대에서 지방에 이르기까지 진리의 표준을 토론하는 보강을 진행하여 사상해방을 진일보 추동함으로써 11기 3중전회 노선의 정확한 관철을 보증하였다. 이러한 과정에서 현대 중국의 마르크스주의, 즉 덩샤오핑 이론은 진일보되어 갔다.

3중전회는 또 '우'경 분자로 비판·처분된 자들의 판결을 번복하고, 1976년 톈안먼사건에 관한 문건 및 펑더화이·타오주·보이보·양상쿤 등을 처벌한 사건을 취소하는 결정을 내렸다.

11기 3중전회에서 결국 화궈펑의 양개범시 노선은 덩샤오핑의 정치노선과 사상노선에 의해 와해되었다. 하지만, 화궈펑과 그의 지지 세력은 여전히 당내의 직위를 유지하고 있었기 때문에 화궈펑의 노선과 영향력이 완전히 무너진 것은 아니었다. 그리하여 덩샤오핑은 중앙정치국 위원과 중앙위원을 증원하는 방법을 통하여 그의 지지자들을 당의 핵심부에 끌어들임으로써 화궈펑 세력을 제압하는 한편, "개인은 집단에 복종하고, 하급은 상급에 복종하며, 전체는 중앙에 복종한다."는 당의 조직원칙, 즉 집단지도체제를 강조하고, 화궈펑(당 주석) 개인은 그 집단지도자 중의 한 사람뿐임을 선언함으로써 화궈펑의 위세를 꺾는 전략을 구사했다.

당시 당 중앙에 증보된 대표적인 문혁 피해 '해방 간부' 출신은 중앙정치국 상무위원 겸 중앙위원회 부주석에 복귀한 천윈, 중앙정치국 위원에 발탁된 저우언라이의 미망인 덩잉차오·후야오방·왕전이다. 그리고 황커청 등 9명이 중앙위원에 증보되었다. 복원한 중앙기율검사위원회 제1서기에 천윈을, 제2서기 및 제3서기에 덩잉차오와 후야오방을 각각 겸임하게 하였다. 1978년 12월 25일 중앙정치국 회의를 열고 당 중앙에 비서장과 부비서장직을 두고 당 중앙의 일상 업무를 맡기기로 결의하였다. 후야오방을 그 비서장에 임명(당 중앙선전부장 겸임)하고 종래의 당 중앙판공청 주임 왕둥싱을 부비서장에 임명하였다.

이때 비록 화궈펑이 당 중앙위원회 주석 자리에 있었지만, 결국 11기 3중전회를 계기로 지도 사상 및 인적 구성으로 볼 때 덩샤오핑을 중심으로 한 제2세대 지도층이 이미 중앙 집단지도체제의 핵심이 되어 있었다. 이는 1979년 9월에 열린 11기 4중전회에서 재입증된다. 이 회의에서 덩샤오핑 계열의 펑전과 자오쯔양이 정치국 위원에 증보되었다. 그리고 중앙위원 중 문혁 때 박해받은 자들이 무려 97명이나 증보되었다.

화궈펑의 양개범시 노선을 와해시킨 이후 덩샤오핑과 군부 원로 연합세력은 현대화의 실현을 위한 '경제건설'을 국가발전목표로 삼고 개혁개방정책을 추진하되, '4항 기본원칙'을 견지할 것을 강조했다. 구체적으로는 경제발전전략의 원형을 1950년대 말 대약진정책의 실패에 대한 대안으로 제시되었던 조정정책에서 찾고 있었다.

2. 경제조정과 개혁개방의 시작

11기 3중전회 당시, 국민경제에는 여러 가지 심각한 불균형과 경제 업무에 있어 목표 달성에만 급급한 현상이 난무하고 있었다. 이에 당 중앙은 1979년 4월 공작회의를 소집하고 '조정·개혁·정돈·제고'의 '8자 방침'을 제정하여 국민경제에 대한 조정정책을 추진한다. 국민경제를 조정하는 과정은, 실제 중국 특색의 사회주의 현대화건설의 노선을 탐색하는 과정인 동시에 개혁개방을 추동하는 과정이었다.

공작회의에서 덩샤오핑은 '중국 실정에 맞는 중국식의 현대화 노선'을 강조하고, "중국을 현대화하려면 적어도 두 가지 중요한 문제에 주의를 기울여야 한다."고 했다. "하나는 기초가 약한 것이고, 다른 하나는 인구는 많고 경지는 적은 것"이라고 했다. 천윈은 말하기를 "우리가 4개 현대화를 하려면, 실사구시를 논의해야 하는데, 먼저 '실사'를 분명히 해야 한다. 이 하나의 문제를 확실히 하지 않고서는 무슨 일이든 잘할 수가 없다."고 하면서, 그는 중국의 실정을 이렇게 분석하였다. "중국의 사회경제적 주요 특징은 농촌인구가 100분의 80을 점하여 인구는 과다한 데 비해, 경지면적은 적다. 우리는 이러한 상황에서 4개 현대화를 한다는 것을 똑똑히 알아야 한다."

당은 조정 중에 이전 몇 년 동안 저지른 경제정책의 잘못을 단호히 바로잡고, 장기적인 '좌'적 착오의 영향을 깨끗이 청산하는 한편, 건국 이래 경제건설의 경험적 교훈을 총괄하여 경제건설은 반드시 중국의 실정에서 출발하여 경제규율과 자연 규율에 부합하여야 할 것을 강조하였다. 또 반드시 자신의 능력·순서·근거와 이유·실제의 효과를 따져 생산의 발전을 인민 생활의 개선과 밀접히 연계시킬 것과 동시에, 독립 자주·자력갱생을 견지하는 기초위에서 대외경제합작과 기술교류를 적극적으로 추진해야 한다고 했다.

경제조정은 먼저 농업을 증강하여 농업과 공업의 관계를 바로잡는 것에 초점을 맞추었다. 당 중앙의 제의에 근거하여 국무원은 농산물 수매가격의 인상, 정부 매상의 식량 초과 징수 불허, 농산물과 공산품의 가격차 축소 등 일련의 농업을 발전시키는 정책을 추진하였다. 이들 시책은 농민의 적극성을 고무하여 농업 발전을 촉진하고, 농촌 체제개혁의 출로를 열어 주었다. 조정의 결과 1981년부터 주요 경제의 불균형은 점차 합리적으로 조정되어 장기적으로 존재하던 과다한 적립률, 농업과 경공업의 심각한 낙후 현상은 변화의 조짐이 보였다.

경제 조정정책은 경제의 균형을 합리적으로 조정하는 것 이외에도, 경제건설 지도 사상의 '좌'적 착오를 바로 잡는데 더욱 중점을 두었다. 전당은 '좌'적 지도 사상과 경제체제 내에서의 폐단에 대한 인식을 더욱 분명히 일깨우는 데 힘썼다. 이러한 기반 위에서 국무원은 새로운 경제발전의 방침을 제시하고, 장기적으로 '좌'적 지도 사상의 지도하에 존재하는 구태의연한 방법을 확실하게 바꾸어 나가도록 하였다.

조정정책은 이상과 같은 경제체제의 조정과 함께 농촌과 도시 기업의 개혁에도 발걸음을 내디뎠다. 개혁은 먼저 농촌의 개혁에서 시작되었고, 성공을 거둔다. 그것은 갑자기 이루어진 것처럼 보이지만, 실제적으로는 20여 년간 계속 '좌'적 경향의 타파를 추구해온 농촌정책의 결과였다. 식량의 기본적인 수요를 해결하기 위하여 농민들은 일찍이 1957년, 1959년, 1962년에 이미 자발적으로 작업조 단위의 생산도급제(包産到組)와 농가 단위의 생산도급제를 암암리에 시행한 바 있다. 당시에는 이러한 생산방식을 '자본주의의 부활'로 인식하였기 때문에 이러한 자발적인 생산형식의 시도는 매번 억압받고, 좌절당했다. 1978년 여름과 가을 사이 안후이 성은 1백년에 한번 오기 어려운 큰 한발을 맞았는데, 성 당위 제1서기 완리(萬里)는 토지를 농민에게 빌려주되, 정부가 농민으로부터 식량을 일괄적으로 수매하는 제도는 폐지하였다. 이 하나의 조치는 농민의 적극성을 유발, 그 큰 한발을 이겨내고, 일부 농민의 농가 단위 생산도급에 불을 지폈다.

이와 비슷한 시기인 1978년 가을, 쓰촨 성 당위 제1서기 자오쯔양은 농업 부문에 있어서 사회 안정과 경제회복의 방침을 정하고, 농민의 자류지를 총 경지면적의 100분의 15 전후까지 확대하고 농민이 작업조 단위 생산도급의 형식으로 토지를 경작할 것을 권장했다. 이는 중국 농업경제체제개혁 최초의 실험이었다. 그리고 자오쯔양은 각 부문에 있어서 농민의 부담은 줄이고, 반면 농민의 수입은 더욱 증대되도록 정책 방향을 틀어갔다. 그러기 위해서는 모든 농민이 각자 능력을 다하여 일하도록 해야 하는데, 그 방법으로 노동에 따른 분배 원칙을 철저히 지키고, 확실한 생산책임제와 엄격한 상벌제도를 만들어 할당 관리 근무평정을 분명히 하도록 하였다. 그렇게 함으로써 간부와 생산대 구성원들이 물질적 인센티브에 관심을 기울여 성과를 올릴 수 있게 하는 동시에, 평균주의를 단호하게 극복할 수 있었다. 1979년 봄과 여름 쓰촨의 농촌에서는 농가 단위의 생산도급제를 전면적으로 실시하였다. 그 결과 문화대혁명으로 인하여 기아의 땅으로 전락한 쓰촨을 '천부지국(天富之國)'의 땅으로 되돌려놓았고, "양식을 먹으려면 쯔양을 찾아라(要吃粮找紫陽)."라는 노래가 전국에 유행하게 되었다. 츠량(吃粮: 양식을 먹으려면)과 쯔양(紫陽)의 중국어 발음이 비슷한 데서 연유한 말이다.

안후이와 쓰촨의 영향으로 기타 지역에서도 농촌 전면 생산책임제(聯産承包責任制)를 실시하기 시작하였다. 1980년 쓰촨 광한(廣漢) 현의 한 인민공사에서 인민공사 명패를 내리고 향 인민정부의 명패를 바꾸

어 걸었다. 전국에서 가장 먼저 인민공사를 폐지한 곳이 되었다. 1980
년 4월 자오쯔양이 국무원 총리에 발탁되면서부터 이러한 농촌개혁은
전국적으로 확대되었다. 1980년 9월, 당 중앙은 농업생산책임제를 강
화하는 문건을 하달하여 먼저 수년간 농촌의 가정 단위 생산도급제
등을 개인 경영(分田單干) 및 자본주의와 동등하게 보는 관념을 깨라고
홍보함과 동시에, 생산대의 지도하에서 도급제를 실시하면 사회주의
궤도를 이탈하지 않을 것이며 자본주의로 복귀하는 위험도 없을 것이
라고 했다. 이후 '좌'적 농촌경제의 상징인 인민공사는 사라져 가고,
대신, 당 중앙의 지도하에 가정 단위의 생산도급제와 가정 단위의 경
영도급제가 전국적으로 확대되었다. 물론, 초기에는 일부 지방이나 기
득권 세력의 저항이 없진 않았지만, 지방의 지도자와 간부들에게 선택
의 시간을 주었고, 그 장점이 컸었기에 이러한 농촌개혁은 마찰이나
불필요한 부작용을 크게 줄일 수 있었다.

다른 한편, 도시공업개혁의 경우, 그것은 기업의 자율권 확대에서부
터 시작하였다. 도시공업부문의 개혁에 있어서도 자오쯔양은 쓰촨을
뒤집어 놓았다. 1978년 10월 자오쯔양이 처음으로 시행하였다. 그는
공업과 기업관리의 개혁은 우리 앞에 놓인 중요 과제라고 역설하면서
개혁의 주요 내용은 중앙·지방·각 부문과 기업 등 여러 방면이 적
극성을 발휘하도록, 특히 기업에게 더 많은 자율성을 줄 것을 주장했
다. 국가의 통일적인 계획하에 계획경제와 시장경제를 연계시켜 단계
적으로 생산량에 따라 판매량을 결정하는(以産定銷) 제도로부터 수요에
따라 생산을 결정하는(以需定産) 제도로 바꿔가야 하며, 가치규율을 통
하여 가격·대출·세수 등의 경제적 수단이 작동하도록 하여야 한다
고 하고, 노동에 따른 분배와 물질적 인센티브의 원칙을 관철하도록
하였다. 또한, 행정기구를 감축하고 전문 공사와 연합공사를 설립하여

행정의 간여를 줄여나가는 한편, 공장장 책임제를 강화하여 각종 경제조직이 자율성을 발휘하도록 할 것을 촉구했다. 자오쯔양이 총리가 된 후 이를 더욱 과감하게 추진, 1981년 8월 말에는 전국의 현급 이상 국영기업의 65%가 책임 경영제를 실시하였고, 어떤 성·시의 경우 그것이 80% 이상에 달했다.

농촌과 도시공업개혁의 추진에 따라 대외경제부문에서도 대변혁이 일어났다. 경제특구의 설립은 대외개방을 위한 새로운 출로를 열었다. 1979년 4월, 당 중앙공작회의 기간 중, 광둥 성 관계자들은 홍콩·마카오 부근의 선전(深圳)·주하이(珠海)와 화교의 본향인 산터우(汕頭)에 수출가공구를 설립해 줄 것을 건의했다. 덩샤오핑은 즉각 이를 받아들였고, 당 중앙공작회의는 토론을 거쳐 선전·주하이·산터우·샤먼(廈門)의 일정 지역에 화교와 홍콩 및 마카오 상인들이 투자할 수 있는 특구를 지정하기로 결의하였다. 2개월 후, 당 중앙과 국무원은 광둥·푸젠 두 성에 대한 대외 경제활동에 더욱 많은 자율권을 주고, 대외무역을 확대하는 동시에 선전·주하이의 일부 지역에 수출특구를 시험적으로 운영하기로 하였다. 1980년 '수출특구'를 '경제특구'로 이름을 바꾸고, 선전·주하이·산터우·샤먼에 경제특구를 설치하기로 하였다. 불과 4년 후에 이들 특구는 낙후된 자그마한 보잘것없는 변두리 어촌에서 외국자본과 선진기술을 끌어들이는 현대 상공업도시로 변모하였다. 이러한 경제개혁의 결과, 1978년부터 1982년까지 농공업 총생산액은 매년 평균 7.3% 증가하였다.

당 중앙은 또 실사구시의 입장에서 몇 가지 역사적인 미결의 문제도 처리하였다. 1979년 1월, 오랜 기간 법을 지키며 살아온 지주·부농 및 반혁명분자·불량분자에 대해, 과거 자본주의자·수정주의자로 몰아 억지로 덮어씌운 '모자(누명)'를 모두 벗겨 줄 것을 선포하였다.

지주·부농가정 출신의 자녀들도 본인의 성분과 가정 출신에 구애받지 않고 차별 없이 누구나 공사 사원이 될 수 있음을 아울러 선포하였다. 이 하나의 결정으로 적어도 2,000만의 사람들이 정치적으로 해방을 맞았다.

3. 화궈펑 잔재의 청소와 개혁개방체제 구축

1980년 2월의 당 11기 5중전회에서 1981년 6월 6중전회에 이르는 기간 동안, 덩샤오핑은 격렬한 공세를 통하여 이데올로기, 제도개혁과 인사교체 등 세 가지 측면에서 화궈펑의 역량을 꺾어놓았다. 그리고 개혁개방체제의 기틀을 잡아갔다.

먼저, 이데올로기에 있어서 덩샤오핑은 마오쩌둥이 직접 결정한 류사오치 사건을 바로잡고, 류사오치의 명예를 회복시켰다. 그것은 한편으로는 류사오치의 정치적 지위와 그 노선의 복원을 의미하는 것이었지만, 다른 한편으로는 화궈펑이 지지하는 마오쩌둥 옹호론을 비판하는 것이었다.

하지만 예젠잉 원수와 친덩샤오핑 계열로 알려진 쉬스유 상장, 그리고 육해공군의 주요 지도자들도 마오쩌둥의 착오는 인정하면서도 마오쩌둥 사상이 부정되거나 공개적으로 비판되는 것에는 반대하였다. 이처럼 마오쩌둥 개인과 마오쩌둥 사상을 분리하여 마오쩌둥의 과오는 인정하면서도 마오쩌둥 사상만은 옹호하는 이중적인 태도를 견지한 이유는, 마오쩌둥 비판을 통해 과거 노선으로부터 정책 전환의 정당성을 확보하면 되는 것이지, 결코 중국의 혁명 과정에서 형성된 '마오쩌둥 사상'을 부정함으로써 중국공산당의 정통성이 훼손되어 사상적 혼란이 초래되어서는 아니 된다는 점에 기인한 것이었다.

특히 군 간부 중의 다수는 자의든 타의든 문혁에 관여했던 자들로서 문혁 수혜자일 수도 있기에 덩샤오핑 일파가 문혁을 전면 부정할 경우, 그들의 역할을 모독하는 것이기 때문에 조심스러울 수밖에 없었다.

따라서 덩샤오핑은 마오쩌둥을 평가하는 태도에 있어서 군의 입장을 받아들여 '전반적인 부정'으로부터 '부분적인 부정'으로 조정하기에 이른다. 즉 '착오 제1, 공로 제2'에서 '공로 제1, 착오 제2'로 조정하였다. 이러한 조정은 덩샤오핑이 이데올로기 투쟁의 우세를 놓쳤기 때문에 취한 태도라기보다는 반대로 중간 세력을 흡수하여 전체적인 통합의 상처를 줄이기 위해 취한 책략이었다. 이미 쇠락한 반대파의 숨통을 완벽히 틀어막아 지나친 반감을 불러일으킬 필요가 없었기 때문이다. 따라서 마오쩌둥 개인과 문혁은 부정되었지만, 마오쩌둥 사상은 현재까지도 <당헌>상 '4항 기본원칙 견지'에 포함되어 통치 이데올로기로 건재하고 있다.

다음, 지도체제개혁 및 정치생활면에 있어 당은 중앙서기처를 복원하고 <당내 정치 생활에 관한 약간의 준칙>을 제정하였다. 중앙서기처는 덩샤오핑이 그 총서기로 조직을 장악하고 있다는 이유로 문혁 중 폐지되었던 중앙위원회 산하 최고 당 행정기구였다. 그리고 간부제도개혁에 있어서 '간부 4화'－혁명화·연소화·지식화·전문화의 기준을 수립하였다.

인사에 있어서는 계속하여 화궈펑 계열을 제거하고, 자파 인사를 기용하는 방식으로 기반을 다져갔다. 당 11기 5중전회에서 덩샤오핑은 마오쩌둥의 추종자이며 화궈펑의 지지자인 왕둥싱·우더·천시롄·지덩구이 등 이른바 '소4인방'을 정치국 위원은 물론 일체의 직무로부터 축출하였다. 반면, 이 회의에서 덩샤오핑의 심복인 후야오방과 자오쯔양을 정치국 상무위원에 발탁하였다. 복원된 중앙서기처 총서기에 후야오방을 선임하고, 당의 집단지도체제를 강화하였다.

따라서 11기 5중전회에서 화궈펑은 4명의 자파 지도자를 잃었으며, 당무의 실질적인 집행기관인 중앙서기처에도 한 사람의 자파 세력을 끼워 넣지 못했다. 결국, 당의 주석이긴 했으나 화궈펑은 일상의 당무에 대한 어떠한 실질적인 영향력도 행사하지 못하게 된 것이다.

나아가 1980년 8월 18일, 중앙정치국 확대회의에서 덩샤오핑은 <당과 국가 지도제도의 개혁>에 관한 중요 연설을 통하여 "우리의 과거에 발생한 각종 잘못은, 물론 어떤 몇몇 지도자의 사상·태도와 관련이 있지만, 조직과 공작의 제도적 문제가 더욱 중요하다."고 강조하였다. 그리고 그는 "당과 국가 지도의 제도적 측면의 주요 폐단은 관료주의·권력의 과도집중, 가부장제, 간부 지도직무의 종신제와 갖가지 특권 등이며, 그 핵심은 권력의 과도집중."이라고 했다. 이러한 폐단에 대하여 계획적이고 단계적으로 그리고 또 철저하게 개혁을 추진해야만이 인민이 우리 당과 사회주의를 신임할 것이라고 역설했다. 이 한 편의 연설은 당과 국가 지도제도를 개혁하기 위한 정치제도 개혁의 방향을 뚜렷이 제시한 것이다.

이에 따라 1980년 8월에 개최된 제5기 전인대 제3차 회의에서 덩샤오핑은 정치제도의 개혁을 통하여 당·정 지도체제를 분리하고, 당 주석인 화궈펑에게 그가 겸직하고 있는 국무원 총리에서 사임할 것을 요구하였다. 동시에 덩샤오핑 본인과 리셴녠·천윈·쉬샹첸·왕전·왕런충과 천융구이도 겸직하고 있던 부총리직을 사임하였다. 반면, 덩샤오핑 계열의 핵심 인물인 자오쯔양을 국무원 총리로 발탁하고, 자파 인사인 장아이핑·황화(黃華)·류징런(劉靜仁) 등을 부총리로 기용했다. 화궈펑과 천융구이가 국무원에서 물러남으로써 국무원에서의 화궈펑 세력은 말끔히 제거되었다.

다른 한편, 1982년 말에는 후야오방의 주도로 문혁 때 박해를 받은 약 300여만 간부들의 명예를 회복시켜 주는 동시에 린뱌오·4인방과 투쟁하다 참살당한 공산당원과 인민 대중들도 깨끗이 명예를 회복시켜 주었다. 그럼으로써 1982년 말에는 전국적으로 무고한 오심 사건에 대한 교정은 기본적으로 종결되었다. 이를 통해 당은 대규모 경제건설을 추진하기 위한 핵심 인적 에너지를 준비할 수 있었다.

덩샤오핑이 화궈펑과 그 추종 세력을 무력화시킬 수 있었던 이유는 실용적 이데올로기 제시, 반문혁파와의 제휴, 선전도구의 장악 등 여러 가지가 있지만, 단순한 정치공학적인 측면에서 본다면 군부 세력과의 타협 및 공생을 통해 화궈펑 일파를 고립시켜 간 것이다.

덩샤오핑이 군 원로들의 협력을 얻을 수 있었던 것은 두 가지로 요약할 수 있다. 첫째, 화궈펑은 군대 내 확실히 신뢰할 만한 자파 인맥이 거의 전무한 상태였지만, 덩샤오핑은 이와 반대로 혁명전쟁을 통하여 형성된 두터운 군(제2야전군) 인맥이 있었다. 둘째, 덩샤오핑은 군의 직업화와 전문화의 필요성을 절감하고, 권력을 장악하는 과정에서 그것을 실천함으로써 군의 현대화를 지지하는 간부층의 신뢰를 얻었다.

화궈펑과 덩샤오핑 간 권력투쟁의 특징은 린뱌오나 4인방 제거 때와는 달리 당 대회를 통해 평화적으로 집단 간의 갈등을 해소함으로써 위기 상황이 존재하지 않았고, 또한 화궈펑 계열에 대한 신체적 물리적 제재도 가하지 않았다. 덩샤오핑의 개혁노선은 기능집단인 경제각료, 지식인, 특히 정치안정과 경제발전에 호의적인 군부의 지지를 받았고, 농촌개혁에 대한 농민의 지지, 지방에 대한 경제자율권 부여로 지방 당·정 지도자들의 지지를 받아 폭넓은 세력 기반을 구축하였다. 반면에 오직 마오쩌둥의 유훈에 따라 선출된 후계자라는 정통성

이외에는 권력 기반이나 정치 경륜이 얕은 화궈펑의 범시파는 덩샤오
핑의 집요한 도전에 압도당할 수밖에 없었다.

당 11기 6중전회는 화궈펑의 운명이 결정되는 회의였다. 이 회의에
서 당은 전술한 바와 같이 마오쩌둥의 공과(功過)에 대한 평가를 중심
으로 신중국 건립 32년간의 경험적 교훈을 총결하는 <건국이래 당의
약간의 역사문제에 관한 결의>를 확정하였으며, 다른 한편 당 중앙의
지도체제를 과감히 개편하였다. 회의는 화궈펑의 당 중앙위원회 주석
과 중앙군사위원회 주석직 사임을 승인하고, 동시에 화궈펑이 내놓은
당 주석은 후야오방이 승계했다. 이로써 화궈펑은 공식적으로 당 서열
1위에서 밀려난 것이다. 이는 1980년 11월에 소집된 중앙정치국 회의
에서 이미 결의된 사실이다.

중앙군사위원회 주석직은 덩샤오핑이 직접 맡았다. "권력은 총검으
로부터 나온다."는 마오쩌둥의 말을 차치하고서라도 덩샤오핑은 군권
을 장악함으로써 명실상부한 최고 실권자가 되었다. 그리고 자오쯔양
국무원 총리를 당 부주석에 기용하고, 반면 화궈펑을 당 중앙 부주석
으로 끌어내렸다. 이밖에 6중전회에서 문혁 피해자인 시중쉰(현 총서기
시진핑習近平의 부친)을 중앙위원회 서기처 서기에 기용하였다. 동시에
이 시기를 전후하여 덩샤오핑은 이미 11개 1급 군구를 포함한 성급 군
구의 수뇌부를 자파 세력으로 교체했다. 이로써 4인방과 연합했거나
화궈펑을 지지하는 군의 실세는 거의 사라졌다.

따라서 11기 6중전회 이후부터 사실상 중앙 권력구조는 '덩샤오핑-
후야오방-자오쯔양'을 축으로 한 새로운 지도층이 당과 군과 행정을
장악하였다.

후야오방은 1915년 후난 성 출신으로 14세 때 징강산으로 들어가
'꼬마 홍군(小紅鬼)'이 된 후, 장정에 참가하여 청년 간부로 성장하면서

마오쩌둥과 덩샤오핑 등 지도
자들의 총애를 받았다. 1950년
대 초중반은 중국 신민주주의
청년단(공청단 전신) 중앙서기처
서기 등 청년단 고위 간부로
활약하다가 문혁 중 박해를 받

왼쪽부터 자오쯔양, 덩샤오핑, 후야오방

았고, 덩샤오핑이 복권되자 중
국과학원의 실질적인 책임자가 되어 과학계의 정돈에 앞장섰다. 4인
방 체포 후 중앙당교 부교장, 당 중앙조직부장 등을 거치며 덩샤오핑
의 오른팔 역할을 했다. 덩샤오핑이 후야오방을 총서기로 발탁한 배경
에는 크게 세 가지 이유 때문으로 볼 수 있다.

첫째, 덩샤오핑과 후야오방 간에 장기간에 걸쳐 맺어진 인간관계를
들 수 있다. 후야오방은 항일전쟁 초기 덩샤오핑이 군대의 총정치부
부주임으로 활동할 당시 그 직속인 총정치부 조직부장으로 근무했으
며, 국공 내전기에는 자신의 부대가 제2야전군에 편입되자 다시 정치
위원인 덩샤오핑 밑에서 일했다. 그 후 덩샤오핑의 고향이며 덩의 관
할(서남군정위원회)하에 있던 쓰촨 성의 행정지도자가 되었다. 1952년에
는 덩샤오핑(중앙서기처 총서기)의 후광으로 공청단 중앙서기처 서기로
임명되어 이후 14년간 공청단 공작을 담당하면서 뛰어난 조직력을 발
휘하여 덩의 두터운 신임을 얻었다.

둘째는 후야오방이 그동안 구축한 공청단 인맥이 필요했기 때문이
었다. 후야오방에게 맡겨진 최초의 역할은 문혁 당시 실각된 간부들의
복권과 복직을 알선하는 일이었다. 그러나 노간부나 구간부들만으로
는 문혁파 세력과의 대결이 어려웠고, 현대화 추진의 동력이 될 수 없
었기 때문에, 덩샤오핑은 이에 대응할 수 있는 새로운 중·청년 간부

집단으로서 후야오방의 공청단 인맥이 필요했던 것이다. 후치리(胡啓立)·우쉐첸(吳學謙)·왕자오궈(王兆國)·리루이환(李瑞環) 등 제3세대 청년 간부들은 공청단 계통의 지도급 엘리트였고, 훗날 중국 최고 지도부의 반열에 오르게 된다.

마지막으로, 후야오방의 군부 내 지지기반이 약하기 때문에 역린의 우려는 없었기 때문이다. 후야오방 역시 혁명전쟁 시기에는 군에서 정치장교로 활동한 적이 있지만, 1952년 군직을 떠난 후 30여 년간 한 번도 군과 직접 관계되는 일을 한 적이 없었다. 물론, 이러한 군부 내 세력 기반의 취약은 훗날 후야오방이 낙마하는 가장 중요한 원인 중의 하나가 된다.

제2장

후야오방의 개혁 돌파정책과 보수파의 반격

1. 덩샤오핑-후야오방-자오쯔양 중심의 지도체제 강화

1982년 9월 1일~11일 베이징에서 당 제12기 전국대표대회가 개최되었다. 당 부주석인 덩샤오핑은 개막 연설에서 이번 대회는 1945년 이래, 가장 중요한 대회라고 전제하고, 1980년대 국가목표로 '사회주의 현대화', '조국 통일', '반패권주의'를 들었다. 그것의 건설을 위해서는 전 인민이 개혁개방과 현대화건설의 기치 아래 하나로 단결할 것을 호소했다. 그리고 이들 국가목표의 달성을 위해 당·정·군·경제의 기구 및 체제의 개편, 간부의 혁명화·연소화·지식화·전문화, 사회주의 문화의 확립, 당풍의 쇄신과 진작을 강조했다.

한편 당 주석 후야오방은 <전면적으로 사회주의 현대화의 새 지평을 열자>는 제하의 정치보고를 통하여 "새로운 경제현대화 시대가 개막되었으며, 중국은 최근 수년 동안 마오쩌둥이 남긴 개인숭배와 독선주의를 하나하나 극적으로 변화시켜왔으며, 10년간의 문화혁명에 의한 사회적 혼란을 종식시켰다."고 선언했다. 특히 '계급투쟁'을 낡은 노선이라고 맹렬히 비판하고, 중국에서 계급투쟁은 더는 주요 모순이 아님을 강조하였다. 또 "11차 당 대회는 지난 1966년 마오쩌둥이 발동한 문혁에 종지부를 찍는 데는 긍정적인 역할을 했지만, 화궈펑이 마오쩌둥의 잘못된 이론과 정책을 옹호하고 개혁을 반대함으로써 부정적인 영향을 끼쳤다."고 지적했다. 이로써 화궈펑 세력의 잘못을 비판함과 동시에 화궈펑 세력의 종언을 선언했다. 그는 또 공업·농업·국방과 과학기술의 현대화를 실현하여 중국을 고도의 문명·고도의 민주적 사회주의국가를 건설할 것을 역설하면서, 1981년부터 20세기 말까지 경제건설의 목표는 부단히 경제의 효율성을 제고시킨다는 전제하에 전국 농공업 총생산액을 4배가 되도록 하고 인민의 물질생활을 샤오캉(小康: 전 인민의 의식주가 해결되는) 수준에 도달하도록 하는 것이라 했다. 이 목표를 실현하기 위한 전략으로는, 앞 10년은 주로 기초를 잘 다지고 역량을 축적하여 환경을 조성하며, 뒤 10년은 새로운 경제부흥의 시기로 진입하여야 할 것이라 했다.

1982년 당 12기 <당헌>의 특징은 '사회주의 민주화'와 '체제개혁'의 기본정신을 반영한 것으로 개혁파의 정책 의지를 표현한 것이었다. 그것은 첫째, 9기, 10기, 11기 <당헌>이 중국공산당을 '프롤레타리아정당'이며, '프롤레타리아계급 조직의 최고 형식'이라고 규정하여 계급정당으로서의 당의 성격을 강조한 데 반해, 12기 <당헌>은 당의 성격을 "노동자 계급의 선봉대인 동시에 중국의 각 민족과 인민의 이익을 충실히 대표한다."고 규정함으로써, 계급의 이익과 함께 전체 인민의 이익을 동시에 추구함을 명문화하였다.

둘째, 1956년 8기 <당헌>과 같이 마르크스 레닌주의는 물론 마오쩌둥 사상을 공산당의 행동 지침으로 삼는다고 규정하긴 했으나, 마오쩌둥 사상에 대해 재해석을 했다. 즉 "마오쩌둥 동지를 주요 대표로 한 중국공산당인은 마르크스 레닌주의의 보편적 원리와 중국혁명의 구체적 실천을 결부시켜 마오쩌둥 사상을 만들었다. 마오쩌둥 사상은 마르크스 레닌주의를 중국에서 운영 발전시킨 것으로, 실천을 통해 입증된 중국혁명과 건설에 관한 정확한 이론 원칙과 경험의 총괄이며, 중국공산당의 집단적 지혜의 결정이다."라고 규정함으로써 지도자로서의 '마오쩌둥'과 중국공산당의 지도이념으로서의 '마오쩌둥 사상'을 분리하였다. 그리고 당의 사상노선으로서 '실사구시'를 강조하였다. 이처럼 덩샤오핑 중심의 개혁파는 마오쩌둥과 마오쩌둥 사상을 분리하여 마오쩌둥의 착오는 비판했으나, 마오쩌둥 사상을 부정하지는 않았다.

셋째, 9기, 10기, 11기 <당헌>에서 강조되었던 마오쩌둥의 '계속혁명론'과 '계급투쟁론'을 삭제하고, 중국의 주요 모순을 나날이 증가하는 인민의 물질문명에 대한 수요와 사회생산 간의 모순, 즉 생산력의 저발전에서 찾는 한편, 당의 공작의 중점을 사회주의 현대화와 경제건설의 추진에 두었다.

넷째, 12기 <당헌>은 4항 기본원칙-사회주의 노선, 인민 민주 독재, 공산당의 지도, 마르크스 레닌주의 및 마오쩌둥 사상의 견지를 재확인하고 공산당이 지도 핵심이라는 점을 명확히 하였다. 그러나 10기 <당헌>의 '당의 일원화 지도'와 11기 <당헌>의 '당의 절대 지도' 규정은 삭제하였다. 그리고 당의 지도는 주로 정치·사상·조직의 지도에 한정하고, 입법·행정·사법 등 다른 부문의 활동에 대해서는 자율성을 보장해주어야 한다고 하고, 당은 헌법과 법률의 범위 내에서 활동할 것을 규정하였다. 이처럼 당·정 분리와 법치 정신을 강조한 것이 주요한 특징 중의 하나다.

다섯째, 12기 <당헌>은 1956년의 8기 <당헌>과 마찬가지로 집단 지도체제에 의한 당내 민주주의를 강조하고 개인숭배와 개인 독재를 배격하였다. 그리고 각급 간부들의 '종신제'를 부정하였다.

이러한 <당헌>의 기본정신에 따라 당 기구 및 지도층의 개편이 있었다. 그 주요 골자를 요약하면 다음과 같다. 첫째, 제7기 당 대회 (1945.6)에서 채택한 중앙위원회 주석과 부주석제를 폐지하고, 중앙위원회 총서기제를 복원하였다(중앙서기처 총서기제는 폐지). 중앙위원회 주석제를 폐지한 것은 과거 문혁의 발생이 어느 특정인(마오쩌둥)에게 권력이 과도하게 집중된 결과에서 연유한 점을 고려하여 개인숭배의 가능성을 배제하려는데 주목적이 있었다. 새 <당헌>에 의한 총서기는 과거 당 주석과는 달리 단지 중앙정치국 및 그 상무위원회 구성의 일원으로 그 회의를 소집하고, 그들의 집단지도체제에서 그 업무를 주재하는 책임이 있을 뿐이다. 형식상으로 총서기와 기타 정치국 상무위원과의 지위는 평등하다.

둘째, 당 중앙고문위원회를 신설하여 정책 건의와 정책의 자문역을 맡게 하였다. 이는 형식적으로는 간부의 노화 현상을 해소하면서 원로간부들의 경험을 충분히 활용하겠다는 목적으로 신설된 원로원의 성격을 띤 당 기구다. 그러나 실질적으로는 원로들을 간부 4화 정책에 따라 제2선으로 물러서게 함으로써 야기되는 그들의 불만을 최소화하기 위해 만든 임시방편적인 기구였다. 노간부들의 역량이 쇠진된 1992년 당 14기 대회에서 이 기구가 폐지된 것은 이를 입증해 준다.

셋째, 당 중앙군사위원회의 존재를 강화하였다. <당헌> 제21조는 "당의 중앙군사위원회 구성은 중앙위원회에 의해 결정되며, 중앙군사위원회 주석은 반드시 중앙정치국 상무위원회 위원 중에서 선출하여야 한다."고 규정하였다. 이는 덩샤오핑의 중앙군사위원회 주석직을 합리화하기 위한 의도적 조치라고 볼 수 있겠다. 당의 최고지도권을 갖는 당 대표(중앙위원회 총서기)가 최고 군사지도권을 갖는 것이 관례이지만, 당시 덩샤오핑은 그러한 직위에 있지 않았기 때문이다.

대회에서 새로 당선된 중앙위원회 위원과 후보위원 39명 다수가 '간부 4화'의 기준에 의해 발탁된 중·청년 간부였다. 그들 대부분은 후야오방에 의해 발탁된 공청단 출신, 이른바 '제3세대' 간부였다. 2002년 당 총서기가 된 후진타오 역시 당시 후보 중앙위원의 명단에 포함된 공청단 출신 청년 간부였다. 당시 후진타오는 39세로 '제4세대'에 속했다.

12기 1중전회에서는 위와 같은 <당헌>의 취지에 따라 다음과 같이 지도부를 개편하였다. 먼저, 당 중앙위원회 총서기는 후야오방이 선임되었다. 중앙정치국 상무위원에는 당 총서기 후야오방, 예젠잉(전인대 상무위원장 1978-82), 덩샤오핑(중앙군사위원회 주석), 자오쯔양(국무원 총리), 그리고 천원(중앙기율검사위원회 제1서기)과 리셴녠(국가 주석 내정)이 유임되어 직무 분담의 원칙에 따라 각각 주요 국가 지도직무(괄호 내의 직위)를 겸직하였다. 화궈펑의 이름은 사라졌다.

중앙군사위원회의 주석에는 덩샤오핑, 부주석에는 예젠잉·쉬샹첸·녜룽전 등 군 원로들이 유임되었으며, 상무부주석에 양상쿤이 발탁되었다. 실질적인 군사 업무는 양상쿤이 총괄하였다.

신설된 중앙고문위원회는 덩샤오핑이 그 주임직을 맡고, 보이보·쉬스유·탄전린·리웨이한 등 원로들이 자리를 옮겼다. 그리고 중앙기율검사위원회는 천원이 그 제1서기에 유임되었다.

12기 1중전회 중앙정치국 인사의 계파별 세력 분포를 보면, 4인방 타도 후 당권파 세력이었던 화궈펑 계열은 모두 말끔히 청소되었다. 예젠잉 계열, 군 원로도 류보청이 퇴임하고 쑤전화가 사망했으며 경뱌오의 탈락으로 8명에서 5명(예젠잉, 리셴녠, 장팅파, 쉬샹첸, 녜룽전)으로 줄었다. 반면, 덩샤오핑 계열은 크게 늘어났다. 신임 정치국 위원인 완리·양상쿤과 친지웨이(秦基偉, 후보) 및 중앙서기처의 후치리·차오스 (喬石)·하오젠슈(郝建秀) 등은 개혁정책을 적극적으로 지지하는 청년 간부들이었다.

이상과 같이 덩샤오핑이 이끄는 개혁파는 12차 당 대회에서 화궈펑 세력을 완전히 제거하고 당내 실권을 장악하는 데는 성공했다. 그러나 위 정치국 위원의 계파적 성분에서 본 바와 같이 개혁파가 당과 국가의 지배권을 완전히 장악한 것은 아니다.

중앙정치국 상무위원 중 3명(덩샤오핑과 후야오방, 자오쯔양)은 덩샤오핑 계열이었지만, 나머지 3명은 보수적 색채가 강한 천윈·국가 주석으로 내정된 리셴녠·군부를 대표하는 예젠잉이었으며, 정치국 위원 중에도 그들과 뜻을 같이하는 쉬샹첸·녜룽전·장팅파 등 군부 출신 원로들이 건재하고 있었다.

사실 노간부들은 비록 화궈펑의 '양개범시'에는 반대했지만, 마오쩌둥을 반대하는 자는 광범치 않았다. 이는 덩샤오핑의 마오쩌둥 평가와 반'좌'경 사상을 가로막는 장애였다. 당시 노간부의 상당수는 지도체제의 개혁과 간부 종신제의 폐지를 반대했다.

간부 종신제를 폐지할 경우, 노간부들은 모두 물러나야 했다. 원로 간부들에게 있어서 종신직을 부여하는 과거 관례에 비추어 볼 때, 생존시 권력을 내놓는 것은 실제 불명예로 받아들여졌다. 덩샤오핑이 고령의 원로 간부들에게 전문성이 있고 개혁적인 젊은 세대에 권력을 양보케 설득하는 일은 매우 어려웠고, 저항 또한 클 수밖에 없었다. 따라서 예외 규정을 마련했다. 즉 <노간부 퇴직제도 건립에 관한 결정>을 제정하여 "…이미 퇴직 연령에 도달했더라도 조직의 비준을 거치면 일정 기간 퇴·휴직을 하지 아니하고 지도 업무를 계속할 수 있다."는 규정이다. 이 예외 규정으로 노간부들의 간부제도(연령) 개혁안에 대한 저항을 줄였을 뿐만 아니라, 덩샤오핑 자파 세력 역시 조직의 비준을 거쳐 유임을 계속할 수 있었다. 즉 당과 국가 지도자 중 퇴·휴직 연령의 경계선을 조금 초과하였다 할지라도 원로 혁명가의 경우, 그들의 풍부한 경험과 능력과 덕망 및 신체조건을 고려하여 현재는 물론, 금후 일정 기간 당과 국가의 중추적 지위에 남아있게 한 것이다.

이는 1980년대 후기 노인 정치의 출현을 가져오게 한 가장 큰 원인이다. 노간부 퇴직제도에 대한 이러한 개혁안은 당시 덩샤오핑 등 개혁파와 예젠잉, 리셴녠 등 혁명원로들 사이에서 자신들의 이익과 권력에 근거하여 벌어진 투쟁과 협상의 산물이었다.

2. <82헌법>의 제정과 국가체제의 정비

새로운 <당헌>의 정신에 따라 1982년 12월 헌법을 개정하였다. 1982년의 헌법은 개정의 차원을 넘은 제정 헌법이나 다름없었다. 1954년의 헌법정신을 살려 '사회주의 민주정신'을 신장하기 위한 규범적, 제도적 개혁 의지를 반영하였다.

첫째, 1982년 헌법은 공산당의 지도를 포함한 이른바 '4항 기본원칙'의 견지를 재확인하면서도, 공산당의 지도권은 헌법을 초월할 수 없도록 하여 당의 절대 지도와 일원화 지도에 헌법적인 제한을 가하였다.

둘째, 제도적 차원에서 문혁 중 폐지되었던 국가기구를 복원하고, 권력의 집중을 방지하기 위한 제도적 장치로서 국가기구의 권한을 재조정하였다. 따라서 류사오치 숙청 후 폐지했던 국가 주석제를 복원하고 국가 중앙군사위원회를 신설하여 인민해방군의 지도권을 당으로부터 국가로 이관하였다. 그리고 전국인민대표대회의 위상 제고를 위해 그 상무위원회의 권한을 강화하였다.

셋째, 주요 간부의 임기제와 '2회 이상 계속 연임 불가' 조항을 신설하였다.

그리고 새 헌법에서는 시장경제를 발전시키기 위한 초석으로서 사회주의 소유제의 완화를 명시하였다. 즉 새 헌법은 공유제를 견지하고 국영 경제를 확고히 보장하면서도 법률이 허용하는 범위에서 사회주의경제를 보완하기 위하여 사영 경제를 허용한다고 규정하였다. 이는 '계획경제를 주로 하고 시장경제를 보조로 하는 원칙'을 경제체제 개혁의 목표로 확정함으로써 사회주의경제와 시장제도의 불상용(不相容)이라는 사회주의경제의 전통적 관념을 깨게 된 당 12차 대회의 정신과 맥을 같이 하는 것이었다.

1983년 6월, 제6기 전국인민대표대회는 새 헌법에 따라 신임 국가 주석과 부주석에 각각 리셴녠과 우란푸를 선출하고, 전인대 상무위원장에는 1960년대 초 덩샤오핑과 함께 조정정책을 추진했던 펑전이 선출되었다. 예젠잉은 물러났다. 국무원의 경우 총리는 자오쯔양이 그대로 유임되었으며, 부총리는 1982년 5월에 임명된 완리·야오이린(姚依林)을 유임시키고, 리펑(李鵬)·톈지윈(田紀雲)을 새로 기용하였다. 국방부장 역시 예젠잉 계열의 겅뱌오(1981.3~1982.9)로부터 장아이핑으로 교체함으로써 국가 및 군정 지도체제에도 덩샤오핑에 대한 도전의 싹을 잘라 버렸다. 장아이핑은 덩샤오핑과 동향 쓰촨 출신으로 덩샤오핑이 두 번째 복권되었을 때 후야오방과 함께 그의 '네 버팀목 가운데한 사람이었다.

이처럼 덩샤오핑 계열은 당 12대와 제6기 전국인민대표대회에서 당과 국가 및 군대 체계에서의 우위를 확고히 다져갔다. 덩샤오핑은 한편으로는 후야오방으로 하여금 '제3세대' 육성계획을 수립하여 중·청년 간부를 체계적으로 발탁하게 하고, 다른 한편으로는 숙당 공작을 통하여 반대파의 정치무대 복귀를 철저히 차단하였다.

1983년 6월, 총서기 후야오방은 당 중앙공작회의에 '제3세대' 육성에 관한 정책을 제의하고, 동년 9월 당 중앙은 '간부 4화'의 단계적인 계획을 하달하였다. 제1단계는 현재 진행 중인 기구개혁을 통해 전국 각급·각 부문별 '지도급 간부 4화'의 기초를 다지고, 제2단계는 1985년 말 이전까지 기본적으로 '신·노 간부 교체'를 실현하며, 제3단계는 1990년 말 이전에 전국 각급·부문별 지도급 간부의 4화를 실현하여 비교적 완벽한 제도를 건립하고 지도 간부의 합리적 구조를 유지한다는 내용이었다.

1983년 11월 후야오방은 일본 도쿄 방문 때, 기자들에게 다음과 같이 말했다. "우리는 현재 '제3세대'를 육성하고 있다. 덩샤오핑 등과 같은 70세 이상을 1세대라 부르고, 나와 자오쯔양으로 대표되는 사람들을 2세대라 하며, 몇몇 45세 내지 갓 50세가 된 간부층을 제3세대라 부른다. 우리는 내년에 1,000명의 제3세대를 선발하여 중앙의 1급, 성과 시의 1급 및 지구의 1급 지도급 간부로 보낼 것이다."

다른 한편, 1983년 10월 11일과 12일, 12기 2중전회를 소집하여 <중공 중앙 숙당에 관한 결정>을 통과시키고 반대 세력의 숙정 공작에 들어간다. 숙정 작업은 같은 해 겨울부터 전면적으로 시작하여 3년간 추진한다고 선포하고, 중앙 숙당공작지도위원회를 구성했다. 그 주임에는 후야오방이 직접 맡았다.

공포된 당 중앙의 자료에 의하면, 숙당의 이유를 당원의 사상 불순, 부정한 작태·기율의 해이 및 조직 불순이라고 하였으나, 실제 목적은 정치적으로 덩샤오핑이 장악한 당 중앙과 정책 노선을 달리하는 자를 숙청하기 위한 것이었다. 여기서 말하는 당 중앙과 정책 노선을 달리하는 자는 '좌'적으로 마오쩌둥의 문혁 교조주의를 견지하는 입장을 의미하며, '우'적으로 덩샤오핑의 이른바 '부르주아지 자유화'를 더욱 과도하게 요구하고 공산당의 지도를 반대하는 입장을 의미하였다. 말하자면 개혁에 장애가 되는 구세력과 급진적인 진보 세력을 청소하는 데 숙당의 목적이 있었다.

그러나 실제 주요 숙당 대상은 다음과 같은 부류였다. 하나는 문혁기에 입당한 1,800만여 명 당원으로 전체 당원의 40%에 해당하는 숫자였다. 그들은 문혁의 아픔을 느끼지 못한 기득권층으로 화궈펑이 그 대표였다. 다른 하나의 부류는 문혁기에 박해를 받지 않았던 자들은 아니지만, 그들의 보수적인 사상이 쉽게 바뀌기 어려운 기득권자들로 주로 군대 간부층이 그 근간이었다. 예젠잉이 그들의 상징이었고, 마오쩌둥이 바로 그들의 기치였다. 이 부류의 인사들 가운데 개혁에 대해 완강히 저항하는 자는 극소수였고, 심기가 불편해도 감히 내놓고 반대하지는 못하였지만, 기회가 오면 언제든지 부화뇌동하여 정권에 위협을 가할 수 있는 인사들이 다수였다. 이른바 '중간파' 인사들이었다. 그래서 대규모 숙당을 결정했고, 그들의 저항 또한 만만치 않았다. 특히 군대 내 기득권층의 저항이 컸었다.

3. 전면적인 경제체제의 개혁

이상과 같이 당과 국가의 지도체제를 정돈하는 한편, 당 12기의 지도방침과 <82헌법> 정신에 따라 1982년 이후 경제체제의 개혁을 전면적으로 추진한다. 먼저 농촌의 경우, 신속하게 농가 단위 전면생산

책임제를 전국적으로 확산시켜 농업생산은 장기적인 정체의 늪에서 벗어나 대량으로 증산되었고, 농민의 수입 또한 대폭 증가하여 여러 가지 고급 상품이 일반 농촌가정으로 팔려 갔다. 농가 단위 농업생산 책임제의 기초 위에서 1983년 10월, 당 중앙은 인민공사를 폐지하고 향·진 정부에 기층 정권을 재건함과 동시에 대중적 성격의 자치조직으로 촌민위원회를 건립하도록 하였다. 1985년 봄에는 농촌 각지에서 이러한 당의 결정이 모두 마무리되었다.

농촌경제가 전업화·상품화·사회화의 방향으로 진척됨에 따라 대량의 잉여 노동력은 점차 농토로부터 공업과 가공업 종사로 옮겨가, 새로운 산업으로서의 향진기업을 등장케 하였고, 이에 따라 대량의 신형 중소도시가 출현하였다. 1987년에 이르러서는 향진기업 종사자 수가 8,805만에 달했고, 생산액도 4,764억 위안이나 되어 처음으로 농업생산액을 초과했다. 이는 중국 농촌경제의 획기적인 변화였다.

농촌개혁의 고무하에 도시경제체제개혁의 시범 지역이 점차 확대되고, 전면적인 개혁을 요구하는 목소리가 날이 갈수록 강렬해졌다. 여기에 대외개방의 확대로 세계적 차원에서 일고 있는 신기술혁명이 중국경제발전에 대한 일종의 새로운 기회와 도전으로 다가왔다.

이러한 상황에서 1984년 10월 20일, 당 중앙은 12기 3중전회를 소집하고, <경제체제개혁에 관한 결정>을 결의하였다. <결정>에서는 신속히 도시를 중점으로 한 전체 경제체제 개혁의 필요성과 긴박성을 천명하고, 개혁의 성격·기본임무와 기본방침을 규정하였다. 개혁은 사회주의제도의 자기 완결로, 개혁의 기본임무는 중국 특색의, 생기와 활력이 충만한 사회주의 경제체제를 건립하는 것이었다.

이 기본임무를 중심에 두고, <결정>은 다음과 같이 구체적 임무를 명시하였다. "기업의 활력 증강을 개혁의 중심 고리로 하여, 자발적

가치규율에 따라 사회주의 상품경제를 발전시키고, 합리적인 가격체계를 건립하여 경제의 지렛대 역할을 하도록 한다. 정·기(정부와 기업)의 분리로 노동에 따른 분배의 원칙을 성실히 관철하고, 다종의 경제형식을 적극적으로 발전시키며, 대내외적으로 경제기술교류를 한층 더 확대하고, 새로운 인재를 발굴하여 사회주의 경제관리의 대간부 대열에 흡수, 당의 지도를 강화하여 개혁의 순리적 진행을 보증한다."

<결정>은 또 계획경제와 상품경제가 상호 모순된다는 사회주의경제의 전통적 관념을 타파하고, 중국 사회주의경제는 공유제의 기초 위에서의 계획적 상품경제임을 확인하였으며, 상품경제의 발전은 사회경제발전의 과정에 있어서 거치지 않고 뛰어넘을 수 있는 단계가 아니고, 중국의 현대화를 실현하는 필요조건임을 천명하였다. 요컨대, '계획적 상품경제론'이란 종래의 '계획경제를 주(主)로 하고 시장기능을 종(從)'으로 한다는 관념을 역전시켜, '시장조절을 주로 하고 계획경제를 종'으로 한다는 것이라 말할 수 있을 정도로 상품경제의 위치를 강조한 것이다. 이는 당의 마르크스주의 정치경제학에 대한 새로운 발전으로 중국 특색의 사회주의 건설을 위해 제공된 새로운 이론적 지침이며, 전면적인 경제체제 개혁을 추진하는 강령적 문건이 되었다. 당 12기 정신을 진일보시킨 것이다.

이후, 경제체제 개혁의 중점은 농촌에서 도시로 바뀌었다. 사회주의 계획적 상품경제발전의 요구에 따라 국가의 경제에 대한 계획관리 권한은 단계적으로 하방되고 지령성 계획은 축소하는 한편, 지도성 계획은 확대되었다. 1987년에 이르러서는 생산영역 가운데, 국가 지령성 계획의 공산품은 개혁 전의 120종에서 60종으로 감소하고, 유통영역 가운데 국가가 계획관리하는 상품은 개혁 전의 188종에서 23종으로 줄어들었다. 국가 거시조정의 범위와 방식이 조정 및 개선되어 몇몇

소수의 상품과 계획 이외의 상품은 모두 시장이 조정하였다. 가격, 세수, 금융 등은 거시조정으로써의 그 역할이 나날이 증대되어 상품경제의 발전을 촉진하였다.

정·기 분리 및 소유권과 경영권을 적절히 분리하는 원칙에 따라, 국영기업은 일률적으로 수입·지출하는 통수통지(統收統支) 경영방식을 바꾸고 생산경영의 자율권을 한층 더 확대하였다. 1987년에 이르러서는 전국에 약 80%의 국영기업이 각종 형식의 책임경영제를 실시하였고, 기업 내부에도 공장장 책임제를 주요 내용으로 하는 개혁을 추진하여 기업의 자율 개조와 발전 능력을 증대시켰다.

공유제를 주체로 한다는 전제하에서 다종경제를 함께 발전시킨다는 방침의 철저한 집행은 단일의 소유제 구조를 크게 변화시켰다. 국유경제의 주도적 지위는 계속 강화되고 집체 경제도 발전하면서, 특별히 중외합자·중외합작·외국상사 독자 기업과 개체경제·사영 경제 등 비공유제적 성격의 경제는 국가의 지원과 유도하에 괄목할만한 발전을 가져왔다. 1987년에 이르러서는 비공유경제가 전국 공업 총생산액에서 차지하는 비중이 1978년의 거의 0%에서 5.6%로 상승하였고, 전국 중소도시의 개체 상공업 등 각종 업종(자영업) 종사자는 15만에서 569만으로 증가하였다. 소유제 구조의 이러한 변화는 인민 생활의 질적 향상 및 취업의 제고 등에 적극적인 작용을 하였다.

이와 동시에 농촌개혁도 계속 강화되어갔다. 1985년부터 국가는 식량·면화 등 중요 소수의 농산물에 대해서는 국가계획에 의해 계약 수매하는 새로운 정책을 시행하고, 계약 수매 이외의 생산품은 자유롭게 시장에 내다 팔거나 협상 가격으로 국가에 팔 수 있게 하였다. 그 외의 여러 가지 농산물은 시장에서 자유로이 거래할 수 있게 하였다. 그 이상 국가는 지령성 계획을 하달하지 않았다. 이로써 30여 년간 실시되어온 일괄구매 계약구매(統購派購) 제도가 계약구매와 시장구매를 병행하는 '쌍궤제(双軌制)'로 바뀌었다. 이러한 개혁적 조치는 농촌경제를 계획적 상품경제의 궤도로 진입하게 하여 전통 농업을 한 차원 높게 전업화, 상품화, 현대화의 방향으로 발전하게 하였다.

농촌과 도시개혁의 전면적인 추진과 동시에, 대외개방도 점차 연해 지역으로부터 내륙으로 확대되었다. 4개 경제특구 건설 후, 각종 시행 착오를 거치면서 개방의 확대를 위한 여러 가지 경험을 축적하였다. 1984년 2월, 덩샤오핑이 선전·주하이·샤먼 등 3개 경제특구와 상하이 바오산(寶山) 철강공장을 시찰하고 경제특구 정책과 특구 건설의 성과를 인정하는 글을 남겼다.

"특구는 기술의 창구, 관리의 창구, 지식의 창구이며, 또 대외정책의 창구이기도 하다."

이는 바로 특구 건설의 지도 사상을 한층 더 명확하게 밝힌 것이다. 그해 5월, 당 중앙과 국무원은 다롄(大連)·친황다오·톈진·옌타이(煙臺)·칭다오·롄윈캉(連雲港)·난퉁(南通)·상하이·닝보(寧波)·원저우(溫州)·푸저우·광저우·잔장(湛江)·베이하이(北海) 등 14개 연해 항구도시를 개방하기로 결정하였다. 그리고 이들 도시에 경제기술개발구를 설립하여 외자 이용과 선진기술 도입의 발걸음을 재촉하였다. 1985년부터 계속하여 또 양쯔강 삼각주·주강(珠江) 삼각주·푸젠 동남지구와 환보하이(環渤海) 지구를 경제개방구로 지정하고, 하이난을 성으로 승격시키는 동시에 경제특구로 지정하였다. 이들 지역은 외국인 투자자를 위하여 특혜를 제공하고, 국외의 자금·기술·관리 경험과 본토의 장점을 충분히 이용하여 중외합자·중외합작과 외국상사 독자기업을 설립하여 대외무역을 확대하고 경제발전을 가속화 하였다.

개혁개방의 전면적인 진척에 따라 당 중앙은 외교정책에도 극적인 변화를 촉구한다. 새로운 시대적 요청과 국제정세의 변화에 따라 개혁 개방과 현대화에 걸맞은 외부적 환경의 조성이 불가피하였기 때문이다. 가장 중요한 변화는 다음 두 가지다.

먼저, 4인방 척결 후, 특히 11기 3중전회 이후, 당은 전쟁과 평화 문제에 대하여 새로운 인식을 하게 된다. 즉 과거 전쟁 불가피론의 관점으로부터 경제건설을 진일보시키기 위한 환경조성을 우선시하는 정책으로 전환하게 된다. 1980년대 진입 후, 덩샤오핑은 거듭하여 강조하였다. "비록 전쟁의 위험은 아직도 존재하긴 하지만, 전쟁의 억제 역량이 흡족할 만큼 증대되어, 세계 평화를 희구하는 세력이 전쟁을 원하는 세력을 앞서고 있어 비교적 장기간 내에 대규모적인 세계전쟁의 발생 가능성은 없다. 그래서 세계 평화유지는 희망적이다." 1983년 그는 평화와 발전은 이 시대, 세계의 양대 중요 논단이라 하고, 반패권주의와 세계 평화유지를 견지하여 중국 사회주의 현대화건설을 위한 비교적 장기간의 국제적인 평화 환경과 양호한 주변 환경을 조성할 것을 강조하였다.

이러한 국제정세의 분석과 판단에 따라 국방건설의 지도 사상에도 전략적 전환을 가져온다. 그것은 국가 현대화건설이라는 대세에 복종하고 복무한다는 전제하에 단계적으로 국방건설의 현대화를 실현하자는 것이었다. 1985년 6월, 중국 정부는 100만 감군계획을 선포하고, 이와 함께 인민해방군의 체제개혁과 혁명화·현대화·정규화 건설을 모두 신속히 추진하였다.

다음, 대외정책과 책략에 있어서 과거 소련 동구 등 사회주의국가 일변도 전략에서 독립 자주적이고 다변적인 평화 외교정책으로 전환하였다. 즉 당은 이념과 사회제도가 다를지라도 자주독립·완전 평등·상호존중·상호 내정 불간섭 등 '4항 원칙'을 통하여 많은 국가 정당 또는 사회조직들과 관계를 회복하고 발전시켜 나가기로 하였다. 이러한 전략적 방침에 따라 중국은 국가독립과 주권을 확고히 유지 옹호함과 동시에, 적극적으로 쌍방 및 다변적인 외교활동을 전개하고 각종 국제조직에 광범하게 참여하여, 대외교류와 협력을 증진하고 세계의 수많은 국가와의 관계를 개선하고 발전시켜 나갔다.

4. 개혁의 부작용과 보/혁간의 대립

개혁개방 이후 중국은 눈부시게 발전했다. 중국의 경제는 1984년과 1985년 각각 15.2%와 13.5%나 성장했다. 하지만 그 부작용도 컸다. 특히 외국자본과 기술의 도입을 위하여 건설한 선전과 주하이 등의 경제특구는 경제발전을 크게 선도한 바도 있지만, 보수성향의 지도자들이 볼 때는 그 부작용도 컸었다.

특구에는 바로 서구식 간판과 영어 광고판이 즐비하게 되었고, 젊은 여성의 비키니 스타일 포스터가 출현하기에 이르렀다. 중산복(中山服)을 대신하여 양복이 보급되었고, 여성들은 화장을 하고 파마를 하였으며, 마침내는 매춘부가 되살아나고 마약까지 들어오게 되었다. 이러한 움직임은 중국 전역에 순식간에 번져갔다.

중일전쟁에서 목숨을 걸었고, 국공내전을 승리로 이끈 혁명원로들에게 있어서는 자신들의 피땀 어린 역사와 공적이 불명예와 상처를 입었다고 생각했다. 그들은 서구의 풍속과 문화를 정신오염으로 보고 이를 철저히 청소하지 않으면 자신들이 이룩한 공산주의 혁명에 큰 오점을 남기게 된다고 생각하고 이를 적극적으로 배격하기에 이른다. 그중에서도 특히 정치국 상무위원 천원을 비롯한 전인대 상무위원장 펑전과 중앙정치국 위원 겸 중앙당교 교장 왕전, 당 중앙고문위원회 부주임 보이보, 중앙정치국 위원 후차오무, 그리고 당 중앙선전부장 덩리췬(鄧力群) 등이 강경하였다. 덩샤오핑도 그들의 입장에 어느 정도 동감하였다. 1983년 가을 덩샤오핑은 <사상전선 강화공작>에 관한 연설을 통해 '정신오염' 문제를 제기하고, 중국 이론계 및 문학예술계에 온존하는 심각한 정신오염 현상에 대해 우려를 표했다.

덩샤오핑의 '정신오염'에 대한 문제 제기 후, 가장 먼저 공격을 퍼부은 사람은 펑전이었다. 그는 한 당외 인사 좌담회에서 정신오염은 아주 심각한 문제라고 강조하면서 그것은 당과 국가 및 민족전선의 운명을 결정하는 문제와 밀접히 관련이 있는 것이라고 했다. 이러한 지도층의 정신오염에 대한 문제 제기는 전국적인 여론을 형성하였으며, 덩샤오핑의 연설문은 11월 초에 전당의 학습 필독서로 배포되었다.

그리하여 후야오방에 의해 주도된 급진적인 자유와 민주적 사조, 이른바 '우'경화는 비판을 면키 어려웠다. 따라서 정신오염 청소의 대상은 점차 포함되지 않는 것이 없을 정도로 늘어났다. 여성들의 서양식 머리 스타일이며 댄스를 포함해 심지어 사병이 가지고 있는 약혼녀의 사진까지도 오염의 일종으로 간주하여 청소의 대상이 되었다.

청소의 범위가 계속하여 확대되자 사회 전역에 불안과 공포의 분위기가 만연했고, 급기야는 개혁개방정책에 대한 회의를 불러일으켰다. 정신오염청소 운동의 확대가 개혁정책에 대한 부정적인 영향을 가져오자 후야오방은 이를 중지시키려 했고, 덩샤오핑의 조정하에 당은 부득불 방침을 바꾸지 않을 수 없었다. 당 선전부장이며 보수파의 선봉장인 덩리췬은 형사범은 정신오염에 포함되지 않고 정신오염의 결과라 했다. 또 농촌에 대해서는 정신오염 문제를 거론하지 않겠으며, 외국으로부터 도입한 선진 과학기술 및 과학기술 전선은 정신오염의 대상이 아님을 선언했다. 이는 각계의 개혁개방에 대한 회의, 공포와 저항의 목소리를 위무하고자 한 선언이었다.

덩샤오핑도 1984년 정초 선전경제특구를 방문하여 특구의 정당성을 강조했다. 이는 보수파가 반(反)정신오염 운동의 공격대상으로 경제정책까지 거론하면서 '오염을 창출하는' 경제특구를 비판한 데 대한 한계 설정이었다. 덩샤오핑은 정신오염 문제를 반대하는 측면에서는 보수파와 같은 입장을 견지했지만, 경제정책까지 파급되는 데는 보수파와 입장을 달리하고 있었다. 즉 이데올로기적 측면에서의 오염은 철저히 반대하되, 경제정책에 대해서만은 오염청소의 대상에 포함시켜서는 안된다는 것이었다. 이후 반정신오염 운동은 점차 식어갔다.

회고컨대, 중국의 정치 운동은 그 배후에 언제나 첨예한 권력투쟁이 있었다. 이번의 반정신오염 운동 역시 예외는 아니었다. 투쟁의 최종 목표는 후야오방을 비롯한 개혁파와 그들의 개혁개방정책을 반대하는 것이었다. 그러나 이 운동은 민심을 따라잡지 못했고, 정치·경제적으로 많은 부작용과 충격을 가져와 오히려 후야오방에게 반격의 기회를 주고 말았다. 운동이 일어난 1개월 후 후야오방, 자오쯔양과 완리는 바로 연명으로 덩샤오핑에게 반정신오염 운동에 대한 의견을 쓴 편지를 보냈다. 당 내외의 저항하에서 중앙정치국은 1983년 11월 중순 긴급 확대회의를 소집했다. 후야오방과 자오쯔양은 이 자리에서 '정신오염청소 운동'의 확대에 반대하는 발언을 했다. 이 운동에 대한 저항이 가중되는 가운데 전개된 개혁파와 보수파 간의 투쟁은 결국 개혁을 열망하는 민심의 지지를 얻은 후야오방의 승리로 일단락 지어졌다.

자오쯔양 총리와 후야오방 총서기

　이처럼 민심의 지지로 승리한 후야오방과 자오쯔양은 개혁개방정책
을 강력히 추진하는 한편, 그들의 세력권을 부단히 확대해 갔다. 이미
앞에서 언급한 바와 같이 당은 1984년 10월, 12기 3중전회를 소집하여
중국의 사회주의경제는 '공유제에 기초한 계획적 상품경제'이며 모든
경제활동은 가치규율에 기초하여 운용되어야 한다는 사실을 명확히
하였다.

　나아가 후야오방은 자신이 키워 온 공청단과 중앙당교, 그리고 과학
원에서 맺었던 인맥을 활용하여 그 정치기반을 견고히 하고 있었다.
특히 후야오방은 1984∼1985년 당내에서 그의 기반이 가장 취약했던
이데올로기 부문인 중앙선전부와 인민일보사의 책임자를 자파 세력으
로 교체함으로써 그 영향력을 확대해 갔다. 중앙선전부장은 보수성향
의 덩리췬으로 부터 주허우쩌(朱厚澤)로 교체하고, 인민일보사 사장은

친촨(秦川)에서 첸리런(錢李仁)으로 바꾸었다. 이밖에 후야오방은 당의 통전부장을 자파인 옌밍푸(閻明復)로 교체했다. 중앙판공청 주임에 공청단 출신 왕자오궈를 앉혔으며, 대외연락부장에 저우량(朱良), 조직부 부부장에 웨이젠싱(尉健行)을 부부장에서 승진시켰다. 그리고 조직부장 차오스를 중앙서기처 서기로 승진시켜 법정계통을 관장케 하고, 후야오방 자신은 직접 중앙서기처를 장악함으로써 그 권력 기반을 튼튼히 하였다. 이처럼 후야오방은 1982년 '반정신오염'운동 때 보수파에 의해 '우'경분자로 몰려 밀려났던 많은 실무부서에 다시 자파 세력 인사로 되돌려 놓았다.

이처럼 후야오방의 급속한 권력 확대에 대한 반대 세력의 불만은 고조될 수밖에 없었다. 이른바 보수파라 명명되는 그들은 12기 3중전회 이후 그 불만이 더욱 고조되어 덩샤오핑·후야오방·자오쯔양 식의 개혁에 반대하는 소리를 높이기 시작했다. 보수파의 목표는 무엇보다도 후야오방 체제의 급진적 개혁정책, 즉 정치적 '우'경화를 직접 겨냥하는 것이었다.

특히 총서기 후야오방이 1985년 7월, 보수파의 이론가인 덩리췬을 이데올로기 부문의 핵인 당 중앙선전부장직에서 물러나게 하고, 자파 세력인 주허우쩌로 교체한 것은 보/혁간의 갈등에 기름을 부은 격이었다.

5. 군 원로들의 2선 퇴진과 불만 고조

1985년 9월 16~24일, 중국공산당은 12기 4중전회와 전국대표회의 및 5중전회 등 3개의 중요한 회의를 연달아 소집하였다. 4중전회는 전국대표회의를 소집하기 위한 준비 회의였으며, 전국대표회의는 새로

운 인사의 단행과 <7차 5개년계획>을 통과시키는 회의였다. 5중전회
는 새로 구성된 중앙위원회의 기초 위에서 중앙정치국과 그 상무위원
회 및 중앙군사위원회 등 당의 최고 지도부를 선임하는 회의였다. 사
실상 이번의 전국대표회의는 비정기적인 회의였다.

9월 16일에 소집된 12기 4중전회에서 가장 이목을 끈 것은 중앙정
치국 상무위원 예젠잉을 포함한 왕전·웨이궈칭·우란푸·덩잉차
오·리더성·쑹런충(宋任窮)·장팅파(張廷發)·녜룽전·쉬샹첸 등 10명
의 중앙정치국 위원과 64명의 중앙위원 및 36명의 중앙고문위원회 위
원, 황커청 등 31명의 중앙기율검사위원회 위원 등 군 출신 원로 간부
들이 집단적으로 사의를 표한 일이다.

9월 18~23일에 개최된 전국대표회의에서는 이들 노간부를 대신해
중앙위원 56명과 후보 중앙위원 35명, 중앙고문위원회 위원 56명, 중
앙기율검사위원회 위원 31명을 선임했다. 이어 다음날인 9월 24일에
열린 12기 5중전회에서는 새로운 중앙정치국 위원과 중앙서기처의 서
기를 선임하고, 중앙고문위원회와 중앙기율검사위원회의 신임 위원들
의 선임을 비준하였다.

12기 5중전회 인사의 가장 큰 특징은 전례에 없는 대폭적인 인사교
체였다. 정치국의 경우, 예젠잉(88세)을 비롯한 70~80대의 군 원로 10
명을 대거 퇴진시킨 대신, 톈지윈(56세, 부총리)·차오스(61세, 조직부장)
·리펑(57세, 부총리)·우쉐첸(64세, 외교부장)·후치리(56세, 서기처 서기)·야
오이린(68세, 부총리) 등 비교적 젊고 전문지식을 갖춘 제3세대 테크노
크라트로 교체한 점이다. 따라서 정치국 위원의 평균연령은 72.0세에
서 67.4세로 낮아졌다. 새로 선임된 중앙정치국 위원 6명 중에는 군인
이 1명도 포함되지 않았다.

이상과 같이 1985년 9월, 전국대표회의 전후, 후야오방은 '간부 4화

(특히 연소화, 전문화)' 정책을 내세워 원로들을 퇴출하는 한편, 젊고 전문지식을 갖춘 개혁 세력을 대거 발탁하였다. 이 일로 인해 후야오방은 직접 그의 지위를 위협받지는 않았지만, 많은 정적을 만들어 버렸다.

물론 개혁파의 입장에서 볼 때는 개혁개방정책을 지속적이고도 강력하게 추진하기 위해서는 개혁에 장애가 되는 인사구조를 과감히 척결하지 않을 수 없었다. 개혁 그 자체가 바로 정권 존립 정당성의 근거였고, 그것을 강력히 추진하기 위해서는 그것에 걸맞은 인사구조가 요청되었기 때문이다. 하지만 인사개혁에 대한 원로 간부들, 특히 퇴출당한 군 원로들의 불만 표출은 필연적일 수밖에 없었다. 여기다 개혁개방의 가속화와 정치적 개혁까지 범위를 확대하는 급진적인 개혁에 대해 위협을 느끼는 보수파의 반응은 격렬할 수밖에 없었다.

9월 23일, 당 전국대표회의에서 천윈은 개혁의 속도가 너무 빠르고, 개혁의 부작용으로 나타난 황금만능주의 및 새로운 부정의 야기를 비판했다. 또 개혁의 성과에 대한 과대한 선전도 꼬집었다. 다음날 기율검사위원회 6차 회의에서도 "현재 당과 사회적 기풍에 있어서 아직도 심각한 문제가 존재한다."고 신랄하게 비판하고, "반드시 사상면에 있어서 정신문명을 경시하는 현상을 바로잡아야 하며, 자본주의의 썩어빠진 사상과 기풍의 침투를 엄중히 주의해야 한다."고 했다.

천윈의 이러한 비판은 바로 개혁개방으로 야기된 문제점과 부작용을 대변하는 것이었다. 실제로 경제개혁으로 당풍은 이전과 같지 않아 기율이 서지 않았고, 치안은 악화되었으며, 관료의 부패는 만연하고 물가는 상승하였다. 때문에, 개혁파는 비록 당 전국대표회의를 통해 조직에 우세를 견지할 수는 있었으나 경제정책에 대한 보수파의 비판을 피하기 어려운 처지가 되었다. 보수파의 공격과 인민들의 불만, 이 이중의 압력에 개혁파는 개혁의 속도를 늦추는 정책으로 숨을 고르게 된다. 이른바 '신8자 방침'―공고・소화・보충・개선으로 후퇴하게 된다.

6. 민주화 운동의 역풍과 후야오방의 실각

개혁정책과 사상의 자유화를 놓고 보/혁 세력이 격돌하고 있는 가운데, 1986년 9월, 12기 6중전회가 열렸다. 이 회의의 본래 의제는 '정치체제의 개혁'과 '정신문명 건설'이라는 두 가지 문제에 관한 것이었다. 회의에서 '부르주아지 자유화 반대'라는 문구를 <사회주의 정신문명 건설 지도방침에 관한 결의>에 삽입하느냐의 여부를 놓고 격론이 벌어졌다. 천원을 중심으로 한 후차오무와 덩리췬 등 보수세력은 '정치체제의 개혁'을 극력 저지하고, '부르주아지 자유화 반대'에 관한 문구를 반드시 <결의>에 삽입하여야 한다고 주장한 반면, 후야오방과 완리 등 개혁파는 이에 반대하는 입장이었다. 특히 개혁파는 '부르주아지 자유화 반대'에 관한 정확한 개념 정의가 없으므로 그것을 <결의>에 삽입하는 것은 좋지 않다고 했다.

논쟁이 그치지 않자 덩샤오핑은 정치체제개혁 문제의 처리는 일단 유보하고, <사회주의 정신문명 건설 지도방침에 관한 결의>만 통과시키기로 하였다. 일단 보수파의 손을 들어 <결의>에 '부르주아지 자유화 반대'라는 문구를 삽입하는 한편, '사회주의 초급단계론'을 언급하면서 좌파의 교조주의도 반대한다고 했다. 그리고 1986년에 공포한 제2호, 제3호 문건을 근거로 덩샤오핑의 <부르주아지의 자유화에 반대한다>는 당시의 담화를 당 중앙에 넘겼다.

이처럼 12기 6중전회에서 정치체제개혁 문제의 처리가 덩샤오핑의 중재로 유보되긴 했으나, 정치개혁에 관한 문제는 1986년 봄부터 제기되었던 문제다. 덩샤오핑은 1986년 4월, 전국 성장 회의에서 정치체제 개혁의 구상을 언급한 바 있다. 이어 1986년 6월 10일 덩샤오핑은 담화를 통하여 "정치체제를 개혁하지 않고서는 변화에 적응할 수 없으며, 개혁에는 정치체제에 대한 개혁이 포함됨은 물론이고, 정치체제에 대한 개혁은 개혁의 주요 대상"이라고 역설하였다. 이어 6월 28일에는 "우리의 개혁이 성공하느냐 못하느냐는 결국 정치체제개혁에 달려있다. 만사는 사람이 하기 때문이다."라는 취지의 담화를 발표하였다. 그리고 6월 20일 또 정풍운동 회의 석상에서 "작금 당내에 만연하는 각종 부패 현상은 우연한 일이 아니다. 그것은 현행 정치체제가 빚어낸 부산물이다. 정치체제의 개혁부터 손보지 않으면 당내 부정의 풍토를 근절하지 못할 것."이라고 했다.

당시 정치개혁이 주 의제로 등장하게 된 배경은 개혁개방 이후 경제개혁은 의욕적으로 추진되었다고 할 수는 있지만, 정치개혁은 답보 상태에 있었기 때문이었다. 물론, 개혁 초기인 1980년 8월, 덩샤오핑이 <당과 지도체제의 개혁>에 관한 담화를 발표한 바는 있으나 그것은 6년 동안 보수파의 저항으로 큰 진전이 없었다. 당내 보수파의 중심인물인 왕전·후차오무·덩리췬 등은 1981년부터 이미 '부르주아지 자유화 반대' 투쟁을 전개해 왔으며, 1983년부터는 '정신오염청소 운동' 등을 통하여 '4항 기본원칙'을 견지할 것을 주장하며 정치적 통제를 계속 강화해 왔다.

그리하여 덩샤오핑 자신이 시인한 것처럼 첫째, 경제개혁이 농촌에서 도시로 확대되는 과정에 많은 장애에 부딪힌 것은 사실이며, 이를 해결하기 위해서는 정치체제개혁이 필수적이었다. 즉 정치체제개혁 없이는 경제체제 개혁을 성공적으로 추진할 수 없었다. 둘째, 덩샤오핑 자신이 1980년 지도체제개혁을 제기한 이래 국무원의 기구개혁과 같은 일부의 행정개혁을 제외하고는 구체적으로 정치체제에 대한 개혁을 추진한 바는 없었다. 덩샤오핑이 정치체제개혁에 대해 구상하고 있던 핵심은 ①당·정 분리를 통한 체제의 효율성 제고, ②행정권의 상당 부분을 지방으로 하방하여 지방정부의 적극성 고취, ③비대한 조직과 기구의 간소화, ④간부를 4화─혁명화·연소화·지식화·전문화하는 것 등이었다. 따라서 그가 말하는 정치체제개혁이란 경제체제 개혁에 장애가 되는 것의 개혁, 즉 일종의 행정개혁에 불과한 것이지, 결코 '4항 기본원칙'을 뛰어넘는 정치개혁은 아니었다. 이를 두고 이른바 덩샤오핑의 '새장 정치(鳥籠政治)'라 부른다.

위에서 언급한 바와 같이 1986년 들어 덩샤오핑은 정치체제개혁의 필요성을 재차 강조했으면서도, 12기 6중전회에서 논의 자체를 유보한 것은 보수파의 강렬한 반발 때문이었다. 하지만 덩샤오핑의 정치개혁 필요성의 발언과 구상은 학계에 대단한 반향을 불러일으켰고, 또 그것은 학생민주화운동으로 발전하였다.

맨 먼저, 정치체제개혁에 대한 건의를 한 학자는 중국사회과학원 정치연구소 소장 옌자치(嚴家其)였다. 그는 1986년 6월, 권력분립과 견제와 균형, 인민의 실질적인 정치참여의 확대를 주장하였다. 그러나 옌자치는 정치개혁은 당의 지도를 벗어나서는 성공할 수 없다고 보고, 그것을 단계적으로 추진해야 하며 먼저 당과 행정의 분리, 당과 기업의 분리부터 착수해야 한다고 했다.

1986년 8월 행정학자인 탄젠(譚健)도 비슷한 개혁안을 내놓았다. 그는 "권력의 합리적 분할과 견제와 균형의 원칙은 자본주의국가에서만 적용되는 것이 아니라, 사회주의국가에서도 적용될 수 있다."고 주장하면서 "경제독점과 마찬가지로 정치 권력의 독점은 절대 부패의 근원이 되기 때문에 절대 권력이 부패하면 절대 독재로 전락하는 것은 역사가 증명하는 법칙"이라고 역설하였다. 따라서 그는 정치개혁의 목표를 정치의 민주화, 공개화, 정책 결정의 과학화, 법제화에 두었다. 하지만 정치개혁의 구체적인 내용은 당·정 분리, 행정개혁, 인민대표제도의 개선, 국가공무원제도의 도입 등 옌자치와 마찬가지로 비교적 온건한 입장을 취했다.

옌자치와 탄쳰의 주장은 비록 정치개혁을 강력히 요구하면서도 사회주의 제도 아래서의 당의 지도를 전제로 한 점에서 사회주의 정치제도 자체에 대한 도전은 아니었다. 즉, '4항 기본원칙의 견지'를 뛰어넘는 것은 아니었다. 그러나 정치개혁에 대한 논의가 과열되는 과정에서 이른바 급진적인 개혁의 소리가 터져 나오기 시작했다. 당의 마르크스 레닌주의 마오쩌둥 사상 연구소 소장 쑤사오즈(蘇紹智)와 팡리즈(方勵之) 등이 그 대표적인 학자다.

쑤사오즈는 중국 정치체제개혁의 주요 목표는 "파벌주의·특권남용·관료주의로 특징 지워지는 봉건 잔재를 청산하는 한편, 민주집중제를 재검토하고 당으로부터 입법·사법기관을 독립시키는 데 있다."고 하였다. 그는 인민의 자유와 권리에 대해서도 "헌법에 규정된 자유와 권리가 보장되지 않는 한 구호만의 자유와 평등은 의미가 없다."고 하였다. 이처럼 그는 중국공산당 통치의 기본원칙인 민주집중제와 당의 지도(이당영정以黨領政) 및 인민 민주 독재를 부정하는 급진적인 주장을 서슴없이 하였다.

특히 허페이(合肥) 소재 중국과학기술대학 부총장인 물리학자 팡리즈는 1986년 상하이교통대학에서 행한 강연에서 권력분립과 다원적인 정치체제를 실현할 것을 주장하면서 민주주의란 투쟁을 통해서만 쟁취할 수 있으며 마르크스에서 마오쩌둥에 이르기까지 사회주의운동은 실패한 것이라고 규정했다.

이처럼 1986년 당이 정치체제의 개혁에 대한 구상을 제기한 후, 지식인들은 마르크스주의에 대한 재평가를 요구하고 서양의 민주 사조를 계몽 전파하는 한편, 정치개혁 없는 경제개혁은 영원히 성공할 수 없다고 하면서 대학가에 민주화의 불씨를 지폈다. 그리고 대학생들은 정치개혁, 민선 정부, 민주화를 요구하는 시위를 전국적으로 전개하는 등 공산당의 권위에 도전하였다.

특히 상하이교통대학에서 행한 팡리즈의 연설은 마침내 그가 재직하고 있던 과학기술대학 학생시위의 도화선이 되었다. 12월 5일, 중국과학기술대학 학생 1,000여 명이 안후이 성 인민정부와 안후이 허페이시 당위 청사 앞에서 "우리는 민주주의를 요구한다. 민주주의가 없으면, 현대화도 없다."는 구호를 외치며 시위를 벌였다. 안후이 성 정부가 성 인민대표대회 선거에서 구의 입후보자 명단에 그들이 지지한 대표(후보자)를 뺐다는 것이 주된 이유였다. 이 소문은 눈 깜박할 사이에 전국적으로 퍼져 17개 시의 150여 개 대학으로 시위가 확전되었다.

12월 하순 상하이에서도 대규모 시위가 일어났다. 교통대학, 푸단(復旦)대학과 퉁지(同濟)대학 학생들 6~7만 명이 거리로 튀어나왔다. 그들은 민주개혁을 요구하고 "우리에게 자유를 달라, 인사제도를 개혁하라, 공안원의 파시스트적 행동에 반대한다."는 구호를 외쳤다. 이 밖에 푸저우대학, 선전대학, 윈난대학, 광둥의 중산(中山)대학, 난징대학, 톈진의 난카이(南開)대학, 베이징사범대학 등 전국의 대학에서 민주화와 자유화를 쟁취하기 위한 학생시위가 동시다발적으로 터졌다.

학생시위는 결국 보수파의 감정을 격화시켜 실권 개혁파에 대한 반격의 빌미를 제공하였다. 이는 마오쩌둥 사망 후 '범시론'과 '실천론'이 맞붙어 권력투쟁을 벌인 이후, 처음 맞는 당내 최대의 노선대립이자 위기였다.

특히 실권을 장악하고 있는 후야오방의 개혁정책에 대한 펑전·리센녠·덩리췬·리펑·야오이린 등 보수파의 공격은 집요하였다. 이때 이미 양 진영은 후야오방과 펑전의 깃발 아래 서로 다른 논조로 첨예하게 대립해 오고 있는 상태였다. 보수파가 당의 사상노선은 당연히 '마르크스 레닌주의 마오쩌둥 사상'으로 통일되어야 한다고 주장한 반면, 개혁파는 '11기 3중전회 이래의 노선·방침·정책'으로 통일되어야 한다는 주장을 했다. 후자는 자유의 관점에서 비교적 대대적인 개혁, 즉 경제체제뿐만 아니라, 정치체제까지 포함한 전 분야의 개혁을 적극적으로 발 빠르게 추진할 것을 주장한 반면, 전자는 조건 및 환경의 정리·정돈을 내세워 부문별로 서행할 것을 주장했다. 보수파는 '4항 기본원칙'을 우선적으로 견지하면서 개혁개방을 서행할 것을 강조하였기 때문에 그들은 방어적 공격의 성향을 보였다.

덩샤오핑을 제외한 원로들은 대부분 보수적 입장을 견지하였다. 이들은 장정을 통하여 중국공산당을 건설하고 국공 전쟁을 승리로 이끌었으며, 문혁에 박해를 받았으며, 화궈펑을 타도하는 데 큰 역할을 한 혁명원로들이다. 그러나 이들은 개혁의 여파로 정치 일선에서 물러나 있었기 때문에 후야오방 체제에 대한 불만은 고조되어 있을 수밖에 없었다.

1986년 말, 마침내 학생시위는 중국공산당의 심장부인 수도 베이징에까지 확전되었다. 12월 23일에는 1,000명이 넘는 칭화대학과 베이징대학 학생들이 총장과 공산당 서기를 상대로 민주, 인권에 관한 토론을 요구하고, 교문을 나가 베이징 시내에서 대규모 시위를 벌였다.

보수파 원로들은 격노했다. 덩샤오핑도 예외는 아니었다. 덩샤오핑이 바라던 정치체제개혁의 범위, 즉 '4항 기본원칙 견지'를 넘어선 것이다. 덩샤오핑이 구상하고 있던 정치체제개혁은 경제체제 개혁에 장애가 되는 정부 관리체제(행정)를 개혁하는 것이지 그 이상은 아니었다. 그런 점에서는 보수파 원로들과 뜻을 같이하였다.

하지만 후야오방은 학생들에게 관용적인 태도로 최대한 설득하도록 지시했다. 피 끓는 청년 대학생들에게 있어서 그것은 오히려 학생시위를 용인하고 더욱 부추기는 꼴이 되었다. 그래서 사태는 수습할 수 없을 정도로 확대되었고, 더욱 격렬해졌다.

마침내 1986년 12월 25일 ≪인민일보≫에 평론원의 이름으로 <정치체제개혁은 오직 당 지도하에서만 추진할 수 있다>는 주제의 논문을 게재하여, 학생들이 바라는 정치체제개혁의 요구에 제동을 걸었다. 또 12월 29일, ≪인민일보≫는 다시 평론원의 이름으로 <민주는 4항 기본원칙을 벗어날 수 없음을 말함>이라는 논설을 발표하였다. 두 논설 모두 공포적 어투로 "학생운동은 '일부 생각이 없는 인간들'이 이용할 수 있는 빌미를 동원하여 '당의 지도'를 부정하려는 의도이며, 만약 정세를 잘 못 파악하고 이에 편승하여 '대 민주'를 하겠다고 대중을 선동하면, 반드시 스스로 그 결과에 대한 책임을 져야 할 것"이라고 경고했다.

이와 동시에 중국 각지에서는 시위에 관한 규정을 제정하여 학생운동을 제지하였다. 12월 26일, 상하이를 시작으로 베이징에 이어 난징, 장시, 닝보, 원저우, 우한, 허페이 등지에서도 시위 및 집회에 관한 규정을 공포하여 집회 및 시위에 대해 엄격한 제한 조치를 취했다.

12월 30일, 덩샤오핑은 후야오방·완리·후치리·리펑과 허둥창(何東昌, 교육부장) 등을 불러 그들에게 학생시위를 평정하지 못한 점을 질책하고, 학생운동은 부르주아지 자유화 반대를 견지하지 못한 결과로 안다고 했다. 그리고 부르주아지 자유화 사상의 범람을 세차게 저지해야 한다는 결론을 내렸다. 덩샤오핑은 직접 <부르주아 자유화에 반대

하자>는 담화를 발표했다. 당시 대담의 내용은 훗날 당 중앙 <87년 1호 문건>으로 정리되었다. 이 대담에서 덩샤오핑은 후야오방을 질책한 것 이외, 팡리즈·왕뤄왕(王若望) 및 류빈옌(劉賓雁) 등 급진적인 지식인의 이름을 직접 거론했다.

이처럼 1987년 1월부터 학생시위에 대한 규제의 강화와 덩샤오핑의 후야오방에 대한 질책으로 사태는 의외의 방향으로 반전되어 민주화운동이 바로 당내 권력투쟁으로 비화되었다. 1987년 1월 10일, 덩샤오핑이 직접 거명한 팡리즈·왕뤄왕·류빈옌 등 3명의 지식인은 '부르주아 자유화 반대'의 함성과 함께 당의 지도를 부정하고, 사회주의제도를 모멸하고, 부르주아 자유화를 고취하고, 자본주의의 길을 주장하고, 4항 기본원칙을 반대했다는 죄목으로 출당되었다.

1987년 1월 15일부터 16일에 걸쳐 보이보의 요청에 따라 당 중앙은 정치국 확대회의를 소집했고, 보수파 원로들은 덩샤오핑에게 '자유화' 운동을 엄격히 처리하지 않고 오히려 그것에 동조하고 있는 후야오방 총서기를 파면토록 압력을 가하였다. 또 이를 계기로 당내 부르주아지 자유화의 성향을 지닌 지식분자를 숙청할 것을 강력히 제기하였다. 이 틀간의 회의에서 원로들은 부르주아 자유화에 대한 후야오방의 관용적 태도를 격렬하게 규탄하고, 정치국 위원 전원과 중앙서기처 서기 대다수가 일제히 후야오방에게 비판의 포문을 열었다. 첫날 회의에서 침묵을 지킨 사람은 후야오방과 같은 공청단 출신인 왕자오궈 서기처 서기와 주허우쩌 중앙선전부장 두 사람뿐이었다. 정치국 위원인 시중쉰 한 사람만이 문화혁명식의 인신공격에 반대했다. 시중쉰은 시진핑의 부친이다.

결국, 동 중앙정치국 확대회의는 후야오방의 총서기 사임 요청을 수락하고, 중앙위원 및 정치국 상무위원직을 정지시킬 것을 결정했다.

그리고 자오쯔양 국무원 총리에게 총서기 대리직을 맡겼다.

총서기 후야오방의 죄명은 "당의 집단지도원칙을 크게 위반하고, 정치 원칙상의 중대한 과오를 저질렀다."는 것이었다. 평전은 후야오방의 과오에 대해 첫째, 집단지도에 복종하지 않고 겸허하지 않았으며, 둘째, '4항 기본원칙'을 계속하여 견지하지 않았다는 것으로 요약했다.

결국 덩샤오핑이 점지하여 10여 년간 배양한 후계자를 자기 손으로 내치고 마는 꼴이 되었다. 그것은 개혁의 최대 좌절이었다. 후야오방 실각의 주요 원인은 지나친 개혁 의지로 반대파의 불만을 자극한 부분도 있지만, 그보다는 군부 내 자파 세력이 없어, 덩샤오핑이라는 받침돌이 흔들리면 언제든 낙마할 수 있을 정도로 자신의 권력 기반이 약했기 때문이다.

후야오방의 낙마와 동시에 보수파는 이미 당의 선전계통을 통제하고, 공청단 계열 후야오방의 수족들을 잘라내었으며, 신문·잡지·영화·서적 등 선전매체를 장악했다. 그리고 당의 선전도구를 이용, '부르주아지 자유화 반대'의 기치를 높이 들고 개혁개방정책의 존립에 직접 위협을 가했다.

특히 13기 당 대회를 앞두고, 보수파는 부르주아지 자유화 반대를 앞세워 그 영향력을 십분 확장하여 개혁인사들에게 더 큰 타격을 가하고 13기 인사에서 그 세력을 최대한 확보하려 했다.

덩샤오핑이 볼 때, 이러한 보수파의 공세는 이미 덩샤오핑 자신의 권좌는 물론, 자신에 의해 추진된 경제개혁의 성과에까지 겨누고 있었다. 덩샤오핑은 보수파의 공격이 더는 경제체제 개혁에까지 확전되어서는 아니 된다는 결심을 하게 되었고, 그리하여 1987년 1월, 당 중앙은 덩샤오핑의 뜻에 따라 <작금 부르주아지 자유화를 반대하는 약간

의 문제에 관한 통지>를 공포, '부르주아지 자유화 반대'를 당내의 문제로 그 범위를 엄격히 제한할 것을 선언하였다. 특히 그것을 중앙의 지도를 이탈하려는 것, 사회주의 노선을 부정하는 사조에 한정함과 동시에 정치 운동을 진행할 의사가 없음을 알렸다. 나아가 덩샤오핑은 "정치사상 영역의 '우'경 착오를 바로 잡는 것은 반드시 당의 11기 3중전회 이후의 노선·방침·정책을 준거로 하여야 하며, 부르주아지 자유화를 반대하는 것으로 말미암아 개혁개방과 활력을 가로막는 것은 절대로 용납하지 못한다."고 천명하였다.

이러한 상황에서 총서기 대리직을 맡은 자오쯔양이 당면한 과제는 보수파가 주장하는 '부르주아지 자유화의 반대'와 덩샤오핑의 지속적인 '개혁개방' 의지의 양극적인 관계를 어떻게 풀어나가야 할 것인가 하는 데 있었다. 1월 29일, 음력 설날 신년교례회에서 자오쯔양은 '부르주아지 자유화 반대'에 대한 기본 입장을 천명하였다. 그것은 보수파에 대하여 반좌(反左)·반경직화로 반격을 가하는 한편, 당 중앙에는 11기 3중전회 노선을 견지할 것을 요구하는 것이었다. 그것은 2개 기본점(4항 기본원칙과 개혁개방·활력)을 포괄하는 것으로 다음과 같은 내용이었다.

"우리가 중국 특색의 사회주의를 건설하는 것은 바로 이 두 기본점을 따르는 것이다. …4항 기본원칙을 견지하는 것은 개혁개방·활력의 근본을 보증하는 것이다. 만약 개혁개방 및 활력을 보증하지 않으면, 중국 특색의 사회주의를 말하지 못한다. 우리가 현재 부르주아지 자유화 사조가 범람하는 상황에 대하여 4항 기본원칙을 강조하면서 부르주아지 자유화 반대 투쟁을 전개하는 것은 바로 11기 3중전회의 노선을 정확히 전면적으로 관철하기 위한 것이지, 개혁개방·활력에 영향을 미치자는 것은 절대로 아니다." 또 "부르주아지

자유화에 반대하는 것을 방지하는 것은 소극적으로 '좌'경 사상의
회귀를 방지하는 데 더욱 무게가 있다. 그러므로 부르주아지 자유화
반대 투쟁은 엄격히 공산당 내에 한정하여 주로 정치사상 영역에서
정치원칙과 정치 방향 문제의 근본을 해결하는 데 치중해야지, 경제
개혁정책이나 농촌정책에 연계시켜서는 아니된다."

자오쯔양은 1919년 허난 성 지주 가정 출신으로 중학교를 졸업한
후, 1932년에 사회주의청년단에 가입하였다. 1938년에 공산당으로 전
입한 이후, 항일전쟁 및 국공내전 기간 허난과 광둥 일대의 토지개혁
을 성공적으로 추진하여 그 능력을 인정받아 지방 중견 당료로 성장
하였다. 1965년 광둥 성 당위 제1서기에 발탁되었으나, 다음 해에 문
혁이 일어나면서 주자파로 몰려 물러났다. 린뱌오 숙청 후 저우언라이
의 추천으로 복권되어, 1975년 덩샤오핑의 고향인 쓰촨 성 당위 제1서
기가 되었다.

4인방 제거 후 자오쯔양의 대담한 농촌경제개혁은 덩샤오핑의 관심
을 끌게 되었고, '쓰촨의 경험'은 전국의 모범이 되었다. 11기 정치국
후보위원을 거쳐, 1980년에 중앙정치국 상무위원 겸 국무원 총리로 발
탁되었다. 총리 취임 후 농촌과 도시의 공업개혁을 과감하고도 전면적
으로 추진하여, 중국의 경제체제개혁을 견인하였다. 그 결과, 후야오
방이 실각하자 대리 총서기에 발탁되었다. 그만큼 덩샤오핑의 신임이
두터웠던 인물이다.

제 3 장

자오쯔양의 개혁정책에 대한 보수파의 재반격

1. 사회주의 초급단계론의 제기와 개혁의 가속화

1987년 10월 25일~11월 1일, 당 제13기 전국대표대회를 개최하였다. 당은 이 회의에서 다음 두 가지 문제를 해결해야 했다. 하나는 노선 문제였고, 다른 하나는 권력을 재분배하는 인사 문제였다. 이 회의는 과거의 당 전국대표대회와 마찬가지로 당내 권력투쟁의 결과를 반영하는 것이었다.

노선 문제의 경우, 13차 당 대회에서 자오쯔양은 <중국 특색의 사회주의를 따라 전진하자>는 정치보고를 한다. 보고는 '사회주의 초급단계론을 이후 모든 개혁개방정책의 이론적 근거'로 삼을 것임을 공식적으로 제기했고, 그것은 당론으로 채택된다. 이로써 사회주의 초급단계론은 개혁개방정책의 이론적 타당성과 이데올로기적 정당성을 밑받침해주었다. 이는 바로 덩샤오핑에 의해 추진되어 온 개혁개방이 보수파의 저항에 직면하게 되자 그것을 돌파하고 정당화하기 위한 이론적 틀을 제시한 것이라 보겠다. 사회주의 초급단계론의 내용은 크게 3가지로 요약된다.

첫째, 중국은 사회주의 체제로서 반드시 이 체제를 견지해야 하고 이탈해서는 안 되며, 둘째, 중국의 사회주의는 아직도 사회주의 초급단계이고 반드시 이 실제로부터 출발하여야 하며, 이 단계를 뛰어넘을 수 없다. 셋째, 사회주의 초급단계의 기본과제는 생산력을 발전시키고 현대화의 실현을 가속화 하는 것이다.

이처럼 중국 사회주의가 당면한 과제는 생산력을 발전시켜 현대화를 달성하는 데에 있기에, 중국사회의 기본 모순은 계급 간의 갈등이 아니라 점증하는 인민의 물질적 수요와 낙후된 사회 생산력 간의 간격이라고 규정하였다. 한편 경제가 발전하지 못한 국가에서 노동자 계급이 정권을 장악할 경우는 사회주의 초급단계 건설에 시일이 오래 걸린다. 따라서 중국의 사회주의도 장기간 초급단계를 거쳐야 한다는 논리다. 자오쯔양은 생산의 사회화와 상품화 단계는 거치지 않고 뛰어넘을 수 있는 것이 아니며, 생산력의 큰 발전을 거치지 않고서 발달한 사회주의에 도달할 수 있다고 생각하는 것은 혁명 발전 문제에서 볼 때, 그것은 공상에 불과하다고 했다.

사회주의 초급단계론의 주장은 결국 경제현대화를 우선하려는 개혁파의 입장을 이론적으로 정당화하는 데 그 목적이 있었다고 볼 수 있다. 중국의 경제가 아직 낙후된 사회주의 초급단계에 있기에 생산력의 발전을 위해서는 시장원리를 비롯한 자본주의 경제정책을 도입하는 것이 불가피하다는 논리가 성립되기 때문이다.

자오쯔양은 또 정치보고를 통해 그의 정치개혁에 관한 구상도 발표했다. 그 내용은 이미 1986년 10월 12기 6중전회에서 구상했던 것과 대동소이하였다. 사실, 덩샤오핑은 전술한 바와 같이 1986년 6월에 이어 1987년 8월 13일 정치개혁의 필요성을 강조한 바 있으며, 자오쯔양은 덩샤오핑의 그러한 개혁 의지를 당 대회에서 구체화한 것에 불과하다.

12기 6중전회에 보수파의 반대로 <당헌>에 들어가지 못했던 <정치체제개혁안>이 당론으로 결정되고, '사회주의 초급단계론'을 <당헌>에 삽입하게 된 것은 개혁파의 큰 수확이었다고 하겠다. 따라서 13차 당 대회는 개혁개방은 피할 수 없는 시대적 흐름임을 이론적으로 정당화하고 합리화한 대회였다.

이어 13기 1중전회에서는 지도체제의 개편도 있었다. 당 중앙위원회 총서기는 자오쯔양이 선임 되었다. 중앙정치국 상무위원회의 경우, 자오쯔양의 유임(당무 총괄)과 동시에 차오스(63세, 중앙기율검사위원회 서기), 후치리(58세, 선전담당 서기처 서기), 리펑(59세, 국무원 총리), 그리고 야오이린(70세, 경제 총괄 부총리) 등 주로 50~60대의 제3세대 엘리트들이 정치국 위원에서 상무위원으로 승진되었다. 반면, 후야오방·덩샤오핑·리셴녠·천윈 등 70~80대 원로들은 상무위원회에서 퇴진했다. 정치국의 경우, 대부분의 신임 위원들은 후야오방에 의해 발탁된 제3세대 신진 엘리트들이었다.

물론, 덩샤오핑(83세)을 비롯하여 천윈(83세), 리셴녠(78세) 등 70~80대의 원로들은 정치국에서 물러났지만, 정계를 완전히 은퇴한 것이 아니었다. 덩샤오핑은 중앙군사위원회 주석, 천윈은 중앙고문위원회 주임, 그리고 리셴녠은 중국인민정치협상회의 주석직을 맡음으로써 이른바 노인 정치는 지속되었다.

중앙군사위원회는 덩샤오핑이 계속하여 그 주석직을 장악하고, 자오쯔양과 양상쿤이 각각 제1부주석과 상무부주석(비서장 겸임)에 발탁되었다. 대신 예젠잉, 쉬샹첸, 녜룽전 등 군 원로들은 퇴진했다. 덩샤오핑과 가까운 류화칭(劉華淸)과 훙쉐즈(洪學智) 가 부비서장에 선임되었다. 그리고 츠하오톈이 해방군 총참모장에 발탁되고, 양상쿤의 동생인 양바이빙(楊白冰)이 총정치부 주임, 훙쉐즈 계열의 조선족 자오난치(趙南起)가 총후근부장에 기용되었다.

자오쯔양의 중앙군사위원회 제1부주석 선임은 후야오방 후계체제보다는 자오쯔양에게 군내 권력을 강화해 주겠다는 의도로 풀이된다. 덩샤오핑은 일반 당원의 신분임에도 불구하고 중앙군사위원회 주석직을 유지함으로써 당 총서기인 자오쯔양의 상급자가 되는 기이한 현상이 나타났다.

인사 개편 이후 중앙정치국 구성원은 평균 연령이 67.8세로 낮아졌다. 12기(72.0세)에 비해 8세가량 젊어졌다. 계속적인 연소화 정책의 결과다. 그리고 계파별 성분을 보면, 일단은 개혁파가 보수파를 압도하였다. 정치국 상무위원의 경우 개혁파(자오쯔양, 차오스, 후치리)와 보수파(리펑, 야오이린)의 구성 비율이 3 : 2로 개혁파가 우위를 점하였다.

정치국 위원 선거의 경우, 특이한 것은 총서기직에서 해임된 후야오방이 당 13기 전국대표대회에서 거의 만장일치에 가까운 1,800표를 얻어 중앙위원에 당선되었다. 연이어 개최된 13기 1중전회의 중앙정치국 위원 선거에서는 중앙위원 173명 중 166명이 후야오방에게 찬성표를 던졌고, 반면 정치국 입국 내정이던 보수파의 이론가인 덩리췬은 낙선했다. 나중에 판명되었지만, 후야오방에게 반대표를 던진 7명에는 후야오방 자신도 포함되어 있었다.

1988년 4월에 열린 제7기 전국인민대표대회에서 국가지도층의 개편도 있었다. 국가 주석은 보수파의 리셴녠을 대신하여 덩샤오핑과 가까운 양상쿤이 선임되고, 국가부주석은 보수파 원로 왕전이 당선됨으로써 보/혁이 균형을 유지하였다. 그리고 전국인민대표대회 상무위원장에는 개혁대열인 완리가 선출되었다. 하지만 국무원 총리는 보수계열의 리펑을, 그리고 제1부총리 역시 보수파의 경제통인 야오이린을 부총리에서 승진시켜 경제개혁의 속도를 조정케 하였다.

이처럼 덩샤오핑과 자오쯔양은 간부의 연소화·전문화 정책을 통하여 자파 개혁 세력을 대거 요직에 전진 배치함으로써 그가 구상한 바의 개혁개방을 적극적으로 밀고 나가고자 했다. 하지만 당·정의 새 지도부는 개혁파의 자오쯔양 총서기(당)에 보수파의 리펑 총리(국무원)를 안배함으로써 보/혁간의 균형도 고려하였다. 이는 개혁파가 제기한 정치체제개혁 및 사회주의 초급단계론을 당론으로 확정하는 대신, 보수파에게 준 정치적 타협의 대가로 보여진다.

덩샤오핑과 보수파의 대부 천원

천원 등 보수파의 지원을 받는 리펑이 정치국 상무위원에 이어 국무원 총리 및 국가경제체제 개혁위원회 주임직을 맡게 된 것은 당시 대단한 뉴스였으며, 이후 더 큰 정치변화를 가져올 징조였다.

리펑은 저우언라이와 그의 처 덩잉차오의 양자로 1950년대 소련 유학을 통하여 '스탈린식 중앙집권적 계획체제'에 익숙해 있을 뿐만 아니라, 오랫동안 보수파 원로들의 비호를 받으며 성장하였다. 따라서 자연히 보수원로의 대표격인 천윈의 '새장 경제'[1]를 옳게 받아들이고 행정적 수단을 동원하여 경제 운용을 통제하려는 이른바 사회주의 경제체제를 맹신하는 스타일이 되었다.

2. 자오쯔양─리펑 체제 구축과 보/혁간의 재격돌

13차 당 대회에서 확정한 정치체제개혁안에 따르면 '당·정 분리'를 통해 당이 모든 것을 지도하는 병폐를 바꾸자는 것이었고, 권력의 과도집중을 피하자는 것이었다. 그러므로 경제 대권을 주도하는 국무원 총리직을 사임한 자오쯔양이 만약 정치개혁이 요구하는 취지에 부응한다면 당연히 경제정책의 결정권은 국무원 총리 리펑의 손으로 넘겨주어야만 했었다. 하지만 자오쯔양이 국무원을 떠난 후에도 다년간은 경제체제 개혁에 대한 결정권을 보수파 인사들에게 넘기는 것을 원하지 않았고, 심지어 국무원의 경제정책에 간여했다.

이처럼 당시 경제정책은 자오쯔양 총서기 중심의 개혁파가 주도하였다. 개혁파는 13대 정신에 따라 사회주의 상품경제를 발전시키기 위

---

1) '새장 경제'(鳥籠經濟)이론은 소련의 사회주의경제이론에 충실한 천윈의 이론으로 경제개혁을 추진하되 반드시 계획경제의 테두리를 벗어나서는 아니 된다는 주장이다. 천윈은 이런 말을 했다. "경제 활성화라는 것은 계획지도하에서의 활성화이고, 계획지도를 벗어난 활성화이어서는 안 된다. 이것은 새와 새장의 관계와 같은 것이다. 새장이 없으면 새는 날아 가버린다." 이와 비교되는 덩샤오핑의 '백묘론 흑묘론'(白猫論黑猫論, 흰 고양이든 검은 고양이든 쥐를 잡는 고양이가 좋은 고양이다)은 계획이든 시장이든 경제만 살리면 된다는 주장이다.

한 기능적 메커니즘으로서 '국가는 시장을 조정하고 시장은 기업을 유도하는 것임'을 구체적으로 제기하여, 보수파들의 반대에도 불구하고 오히려 도시의 경제개혁을 가속화하고 시장경제체제로의 전환을 급진전시켰다. 특히 자오쯔양을 중심으로 한 개혁파는 시장경제 요소의 도입을 통하여 정치적으로도 공산당 일당독재를 수정·완화함으로써, 경제적·정치적 개혁을 동시로 추진, 소위 고르바초프식 소련모형의 개혁을 주장하게 된다.

1988년 3월 13기 2중전회에서 자오쯔양은 경제의 안정보다는 고도성장에 중점을 둘 것을 분명히 했다. 그는 경제의 고도성장을 위해 지역 간의 격차가 확대될 가능성이 큼에도 불구하고 연해 지역을 우선 개발하는 대외지향형 경제발전전략을 제안하였다. 정치 부문에서는 13차 당 대회에서 제기했던 정치체제개혁의 구상에 따라 국무원의 기구개혁, 국가공무원제도 개혁, 국가기관 내의 당 조직(당조) 폐지 등, 당·정 분리 정책을 신속하게 추진할 것을 주장했다. 사상공작 부문에서도 개혁을 심화, 발전시키는 데 도움이 되는 방향으로 개조할 것을 촉구하였다.

그러나 1988년부터 정세는 자오쯔양에게 불리한 방향으로 급변하기 시작했다. 그 직접적인 원인은 급속히 악화하기 시작한 경제 사정 때문이었다. 특히 물가의 폭등은 개혁파의 입지를 좁혀놓았다. 자오쯔양이 야심차게 추진한 성장정책의 여파로 1988년 상반기부터 경제가 과열되어 건국 이후 최악의 인플레이션이 발생하기 시작했다. 물가상승률은 1987년 7.3%에서 1988년 18.5%로 폭등했다. 12월에는 전년도의 같은 달에 비해 무려 21.6% 상승하였고, 무역수지도 1988년 중반기 이후부터 적자가 급격히 누적되기 시작하였다.

이는 1989년에 들어 더욱 악화되었다. 1989년 상반기의 물가상승률은 25%나 되어 사회불안의 기미까지 보이기 시작했다. 따라서 명목소득은 높아졌지만, 인민의 실질 생활 수준은 하강함으로써 인민의 원성은 높아져 갔다. 11기 3중전회 이후 10여 년간 누적된 개혁의 부작용과 서로 상승작용을 하여 사회적 부조리 및 부패의 만연, 빈부의 격차, 인플레이션, 민주화의 범람 등 각종 정치·경제·사회적 문제를 유발하였다. 물가 문제는 단순한 경제문제뿐만 아니라, 사회 및 정치문제로 비화한 것이다.

하지만 자오쯔양은 경제체제 개혁의 핵심은 가격개혁에 있음을 들어 다소간 부작용이 있음에도 불구하고 지금까지의 정책을 계속하려 했다. 개혁파는 물가를 묶어 물가앙등으로 인하여 발생한 문제들을 털어 막는 한편, 보수파의 반격을 저지해 나가는 전략을 구사했다. 1988년 5월 중순에서 6월, 덩샤오핑도 장기적인 침묵을 깨고 여러 차례 공개적인 회합에서 자오쯔양을 지지하는 내용의 발언을 하였다. "우리는 개혁과 대외개방을 견지하여야 하고, 권력을 중앙이 회수(收)하려 해서는 아니 되며 지방에 내려 주어야(放) 한다." "중국의 물가 개혁은 과감한 행동으로 모험적이긴 하지만, 중앙이 자신을 가지면 그것은 잘 해낼 수 있다." "현재 지나치게 물가를 털어 잡으려 하는 것, 그것이 바로 가장 큰 위험이다." "중국은 여전히 뚫어야 할 몇 군데 닫힌 곳이 있다. 가장 크게 닫힌 것은 가격과 임금제도로 그것을 종합적으로 정비하고 개혁해야 하며, 즉시 경험을 종합적으로 평가해 보아야 하지만, 절대로 후퇴해서는 안 된다." 덩샤오핑의 목적은 분명히 역공에 몰린 개혁파를 지지함으로써, 보수파의 맹렬한 공세를 저지하는 데 있었다. 즉 개혁으로 발생한 문제는 개혁으로 풀어야 한다는 자오쯔양의 손을 들어 준 것이다.

덩샤오핑의 지지 발언이 있은 얼마간은 1986년의 '자유화 반대 투쟁' 때와 마찬가지로 개혁은 다시 생기를 찾고, 개혁파가 우세한 듯하였다. 그러나 그해 8월의 베이다이허 회의 및 9월에 열린 13기 3중전회에서 전세는 역전되었다. 특히 연말이 가까워질수록 물가는 걷잡을 수 없이 폭등한 데다 그것이 민심을 자극하고 있었기 때문이었다. 더구나 당이 우려한 것은 혹시나 이에 편승하여 학생들이 들고일어날까 하는 문제였다.

따라서 8월 15일~17일, 베이다이허에서 제10차 정치국 회의가 소집되었고, 여기서 가격개혁을 2년간 연기하는 한편 긴축정책과 총수요 억제정책을 통하여 물가안정에 총력을 기울일 것을 당의 방침으로 확정했다. 즉 <물가·임금개혁에 관한 초보적 방안>을 통과시켰다. 이 <방안>의 내용을 보면, 리펑을 대표로 하는 보수파가 주장한 완화정책이 우세를 점한 가운데 자오쯔양이 한발 물러선 것이었다. 덩샤오핑은 비록 계속하여 강력한 개혁을 주장해 왔지만, 일단 물가가 폭등하자 자오쯔양을 앞세워 추진한 개혁정책에 대한 지지 정도를 저울질하지 않을 수 없게 되었으며, 그 결과 그러한 <방안>이 통과된 것이다.

이어 당 지도부는 1988년 9월, 당 중앙공작회의를 소집하고 자오쯔양이 과거 몇 년간 견지해 온 "경미한 인플레이션은 생산을 자극할 수 있다."는 주장을 신랄히 비판했다. 그리고 1988년 9월 하순에 소집된 13기 3중전회에서 보수파가 제기한 '경제를 안정시키자'는 정책이 개혁파의 '개혁을 더욱 빠르게 심화시키자'는 주장을 압도하였다. 따라서 회의에서 자오쯔양은 보고를 통하여 한편으로는 경제환경과 경제질서를 바로 잡고(치리정돈), 다른 한편으로는 개혁을 심화시키는 정책과 방침을 향후 2년간 개혁과 건설의 중점으로 삼을 것이라 했다. 그리고 이 회의에서 보수파가 지배하고 있는 국무원(리펑)이 제출한 "금후 5년 또는 비교적 장기간 물가상승을 통제해야 한다."는 건의를 받아들이는 등 이른바 '치리정돈'으로 정책의 전환이 이루어졌다.

한편 자오쯔양은 이 회의에서 정치국을 대표하여 최근 몇 년간의 경제 과열과 격렬한 인플레이션을 시인하고, 시기를 놓쳤음을 인정하였다. 이후 보수파의 자오쯔양에 대한 압력은 더욱 가중되었고, 마침내 경제의 지도권을 내놓게 되었다. 원래 정치국 상무위원들이 각각 5개 전문 소조를 분담했는데, 이 회의에서 원래 자오쯔양이 조장으로서 경제개혁을 관장하던 '중앙재경소조'를 폐지하기로 하였다. 따라서 자오쯔양의 조장직 역시 자동 폐기되고, 그의 경제개혁에 대한 지도적 지위 또한 자동 해제되었다. 이로써 사실 경제개혁의 전부라 할 수 있는 가격과 임금에 관한 정책 결정권이 개혁파(당, 자오쯔양)의 손에서 보수파(국무원, 리펑)로 넘어갔다. 천원의 지시에 따라 리펑 총리와 야오이린 부총리가 인플레이션과 경제 질서를 바로잡는 치리정돈을 관장하게 되었다.

보수파의 자오쯔양에 대한 비판의 핵심은 경제 실정과 사상공작의 경시 등 두 가지로 압축되었다. 첫째 자오쯔양은 경제정책의 최고책임자로 인플레 등 경제의 과열 현상에 대해 사전에 대비하지 못했다는 점. 둘째 4항 기본원칙을 경시한 채, 부르주아지 자유화 경향을 보였다는 것이다.

보수파의 개혁파에 대한 공격은 개혁개방에 대한 현실적 인식 차이뿐만 아니라, 덩샤오핑과 자오쯔양 계열 당권파에 대한 천원과 리펑으로 연결되는 국무원과 중앙고문위원회 및 정책 소외그룹의 권력투쟁으로 이어진다. 여기에 1989년 후야오방의 사망 및 이에 연계되어 폭발된 6·4 톈안먼사태로 개혁파의 입지를 곤란케 하였으며, 그것은 자오쯔양 후계체제의 와해를 가져온다.

3. 6·4 톈안먼사태와 자오쯔양의 숙청

1988년 후반 이후 중국에는 두 가지 극단적인 사상의 흐름이 대치하고 있었다. 하나는 경제체제 개혁이 좌절의 위기에 직면하게 된 것은 정치적인 문제에 기인한 것으로 보고, 그 해법으로 정치·경제·사회적으로 다원주의, 서구의 다당제와 의회 제도를 적극적으로 도입할 것을 주장하는 부류였다. 다른 하나는 이와는 반대로 최근 일어나고 있는 모든 사회경제적인 문제의 근원은 개혁의 부작용에서 온 것으로 보고, 그것을 방지하기 위해서는 '4항 기본원칙의 견지'(치리정돈)를 더욱 강화해야 한다고 주장하는 부류였다.

이처럼 양 부류가 마주 보고 달리는 열차처럼 첨예하게 대립하고 있는 가운데, 인민들의 관료부패에 대한 불만과 지식인들의 민주화와 자유화 및 정치개혁에 대한 열기가 다시 끓어오르고 있었다. 특히 민주화와 자유화를 열망하는 일부 지식인과 학생이 중심이 되어 다음해(1989년) '5·4운동 70주년'과 '건국 40주년'을 기해 대규모 민주화운동을 준비하고 있었다. 계기만 포착되면 언제든지 폭발할 수 있는 태세를 갖추고 있었다.

후야오방의 갑작스러운 죽음은 기폭제가 되었다. 1989년 4월 15일 전 총서기 후야오방이 정치국 회의 도중 심장마비로 사망했다. 이 소식이 전해지자 중국은 바로 일대 혼란에 빠졌다. 사실 후야오방의 개혁정책은 많은 인민과 지식인의 숭앙을 받고 있었기 때문에 그의 사망은 중국정치에 큰 충격이 될 수밖에 없었다. 특히 개혁의 열풍이 보수파의 공세로 코너에 몰리고 있는 상황에서는 더욱 그러하였다.

후야오방이 사망한 4월 15일, 베이징대학 학생들은 즉각 교정에 그를 애도하는 대자보를 붙였다. 추모 활동은 학생들이 자발적으로 시작한 것이었고 그 후 거리에서 추모 활동이 시작되면서 많은 사람들이 동참하게 되었다. 당시 일부 학생들이 감정적으로 격한 반응을 보이며 과격한 말을 토해내기도 했지만, 전체적으로는 질서가 유지되었고 도를 넘는 일은 발생하지 않았다.

후야오방 장례식에서 좌로부터 자오쯔양, 덩샤오핑, 리펑

4월 18일과 19일 저녁 수백 명의 군중들이 신화먼(新華門)으로 몰려들었다. 이때도 선두에 선 학생들이 "질서를 지켜라. 잘못을 저질러서는 안 된다."고 외쳤고 대부분의 사람들은 뒤에서 구경만 하고 있었다. 앞에 선 학생들이 자신들의 요구를 외치며 누구누구를 만나게 해달라고 요청했고 뒤에 있는 사람들이 앞으로 밀리면서 혼란스럽기는 했지만, 학생들은 스스로 규찰대를 조직하여 학생들과 구경꾼들을 분리시키며 질서를 유지하려고 애썼다.

장례식 날인 4월 22일까지 애도 활동은 중단 없이 계속되었고, 베이징에서는 이미 여러 차례 시위가 벌어졌다. 2년 전 자신들이 벌인 민주화 시위가 빌미가 되어 후야오방이 실각했다는 사실에 죄책감을 느졌기 때문이었다. 인민대회당 안에서 장례식이 진행되는 동안 10여 개 대학 10여만 명의 학생들이 톈안먼 근처에 집결하여 구호를 외치고 노래를 불렀다. 학생들 대부분은 그날 밤늦게 해산했지만, 일부는 그들의 요구를 들어줄 때까지 광장에 남기로 했다. 이제 그들의 요구사항에는 후야오방의 명예 회복뿐만 아니라, 연설의 자유, 민주적 선거, 정치범 석방, 부패관리의 엄단, 리펑과 기타 보수 세력들의 파면 등 복잡한 문제까지 포함되었다.

장례식 하루 뒤인 23일부터 25일, 베이징 각 대학의 학생들은 연대하여 연합회를 조직하고, 무기한 수업 거부를 선언했다. 상하이, 톈진, 난징의 여러 대학도 즉각 호응했다. 연달아 전국의 여타 대학들도 구호를 외치고 전단을 뿌리며 대자보, 소자보, 표어와 현수막 등으로 호응했다. 대자보의 내용은 후야오방을 애도하는 것으로부터 점차 시국에 대한 반성으로 바뀌었고, 심지어는 정권을 비판하고 덩샤오핑 등 고위지도자들에게 따지면서 후야오방의 명예를 회복시켜 줄 것을 공개적으로 요구하였다. 결국, 후야오방을 추도한다는 이름으로 열린 집회가 당 중앙을 향하여 민주화를 요구하였고, 이것은 1개월 이상 계속되어 반부패, 반덩샤오핑 운동으로 확전되어 간 것이다.

4월 24일, 자오쯔양 총서기는 예정대로 김일성의 초청으로 북한을 방문했다. 그 사이 리펑 총리는 양상쿤 국가 주석이 참석한 가운데 정치국 상무위원회를 소집하여 비상사태를 논의했다. 리펑은 정치국 상무위원으로 자오쯔양 다음 서열에 있었다. 당시 국가 주석 양상쿤, 전국인민대표대회 상무위원장 완리 등은 정치국 상무위원이 아니었기 때문에 당 서열상으로는 리펑의 후 순위였다. 이 회의에서 학생운동을 비난하는 결정이 내려졌다. 그리고는 리펑과 양상쿤은 덩샤오핑의 자택을 찾아 그동안의 상황을 보고하고 하교를 청했다.

1989년 톈안먼 민주화 시위 장면

덩샤오핑은 자신까지 공격의 목표가 되고 있다는 보고를 들은 후, 그들의 결정을 지지하면서 학생운동을 '젊은 말썽꾸러기들의 동란'으로 규정하였다. 4월 26일 리펑의 주도하에 덩샤오핑의 승인을 얻은 ≪인민일보≫는 <반드시 기치를 선명하게 동란을 반대하여야 한다>는 사설을 통하여 '이 운동은 심각한 정치투쟁의 한 장'이라고 규정했다. 즉 "학생운동이 단순한 학생시위가 아니라 심각한 정치적 동란이며, 공산당 지도부와 사회주의 체제를 뒤엎으려는 목적이 있다."고 했다. 상하이 시 당위(서기: 장쩌민)에서도 이러한 당 중앙의 방침에 따라 ≪세계경제보도≫ 편집장 친번웨이(欽本位)가 후야오방 추도 좌담회의 내용을 보도하면서 후야오방의 총서기 해임을 비판하는 글을 게재했다는 이유로, 그를 해임하고 동 주간지를 폐간해버렸다.

<4·26 사설>의 '동란' 규정 및 ≪세계경제보도≫에 대한 제재 등 일련의 강경 조치는 상황을 진정시키기는커녕 더욱 악화시키고 말았다. 학생시위의 화약고에 기름을 뿌린 격이 되었다. 다음 날, 학생들은

'동란' 규정에 반발하여 자신들의 행동을 '애국 운동'이라 규정하고, 시민들의 동참을 호소했다. 베이징대학과 칭화대학 학생들은 혈서를 쓰면서 끝까지 항쟁할 것을 다짐했다. 그리고 여타 대학들도 이에 호응, 20여만 명이 운집하여 톈안먼을 향해 시위를 벌이기 시작했다. 자오쯔양이 알지도 못하고 승인하지도 않은 상태에서 리펑이 ≪인민일보≫ 사설을 준비했다는 것이 이유 가운데 하나였다.

자오쯔양은 4월 30일 평양에서 돌아왔고, 몹시 난처한 결정을 해야만 했던 상황에 빠진 덩샤오핑에게 자오쯔양은 대놓고 반대하지는 않았지만, 4월 26일자 사설만은 취소해야 한다고 제안했다. 그러나 덩샤오핑은 이를 받아들이지 않았다.

자오쯔양은 총서기로서 당 중앙의 업무를 계속했고, 5월 4일자 ≪인민일보≫는 4월 16일자 보다는 현저하게 온건해졌다. 하지만 5월 4일과 7일 및 18일에는 대규모의 시위가 연이어 발생했다. 5월 4일에는 200여 명의 신화사 및 인민일보의 직원들이 동참했고, 5월 13일에는 학생들이 단식투쟁에 돌입했다. 5월 17일~18일 양일간의 시위 참여자는 무려 1백만 명을 넘었다.

급기야 학생운동은 전 인민의 지지를 받는 민주화 운동으로 격변하였고, 그 처리 문제를 놓고 개혁파와 보수파 간의 갈등은 더욱 복잡하고 첨예화되었다. 자오쯔양은 학생시위를 학생들의 애국충정으로 보아 정권타도에까지 이르지는 않을 것으로 생각했다. 따라서 대처 방법도 학생들과 대화하며 타협하는 온건 방법을 제시했다. 반면, 리펑은 학생시위를 반국가, 반혁명으로 단정 짓고 강경 진압 방법을 촉구했다.

자오쯔양은 5월 17일 서면 담화를 발표하여 "학생 동지 여러분들이 법제, 반부패, 개혁의 추진을 요구하는 열정은 아주 값비싼 것"이라고 학생운동을 긍정하고, 동시에 "당과 정부는 추후 절대로 흑백을 가리

톈안먼광장에서 시위대를 달래는 자오쯔양

지 않을 것을 보증한다."고 하면서 시위대를 달랬다. 자오쯔양의 담화는 학생운동을 동란으로 규정한 이후 더욱 격렬해진 이 운동을 순화시키는 한편, 학생들의 전폭적인 지지를 얻게 된다. 그러나 자오쯔양의 이러한 일련의 행동은 한편으로는 오히려 학생들을 고무시켜 운동은 더욱 격렬해졌고, 다른 한편으로는 덩샤오핑을 격노시켰다. '흑백을 가리지 않을 것'이라는 자오쯔양의 발언은 리펑이 자오쯔양을 밀어내는 결정적인 공격의 단서가 되었다.

여기다 자오쯔양의 정치고문으로 평소 정치개혁을 포함한 급진적인 개혁을 주장해 오던 중국사회과학원 정치연구소 소장 옌자치가 톈안먼에서 '5.17 선언문'으로 알려진 문건을 발표했다. 여기서 그는 "덩(샤오핑)이야 말로 중국 역사상 가장 심한 독재자, 가장 어리석은 독재자"라고 비난하면서 "덩의 독재를 전복시켜야 한다."고 호소했다. 이와 동시에 자오쯔양 및 그 추종자들과 분명히 입장을 같이하는 대자보가 거리에 나붙었고, 그것들은 덩샤오핑을 지목하여 그의 모든 정치적·개인적 실책을 비난했다.

때마침 베이징을 방문한 고르바초프와 덩샤오핑과의 회담이 톈안먼광장의 옆 인민대회당에서 열렸기 때문에, 덩샤오핑에 대한 비난 섞인 대자보나 구호는 외신기자들을 통해 신속하게 세계에 알려졌다. 5월 16일 자오쯔양은 고르바초프와의 회담 중에 당의 중요 결정은 모두 덩샤오핑의 지시에 따라 이루어지도록 당내에 비밀리에 약속이 되어 있다고 말했다. 자오쯔양의 이러한 발언의 파문으로 17일에는 시위대가 100만으로 늘어났다. 평화적인 대화를 통해 안정을 회복하기는 이미 한계를 넘었다는 결론에 도달한 덩샤오핑은 강경한 대응 조치를 취하는데, 그것은 바로 계엄이었다.

덩샤오핑은 5월 17일 저녁 자택에서 정치국 상무위원인 자오쯔양을 비롯하여 리펑, 후치리, 차오스와 야오이린을 불렀다. 이때까지 덩샤오핑은 자신의 태도 표명을 자제하면서 다음과 같이 말했다. "지금 상황이 계속되어서는 아니 된다. 어떻게 해야 할까. 어떻게 양보하고 어디까지 양보해야 할까." 베이징에 계엄령을 선포해야 할 것인지에 대해 다섯 명의 정치국 상무위원이 투표로 결정하라고 지시했다.

계엄 결정에 대한 정치국 상무회의 결정은 2(찬성) : 1(반대) : 2(조직의 결정에 복종)로 가결되었다. 찬성은 리펑과 야오이린, 반대는 자오쯔양, 그리고 조직의 결정에 따르겠다고 의견 표명을 유보한 자는 차오스와 후치리였다. 리펑은 지방정부(베이징)가 아닌 국무원도 계엄령을 선포할 수 있다는 헌법 조항을 들어, 총리 명의로 5월 20일 계엄선포에 서명했다. 같은 날 베이징 시장 천시퉁(陳希同)은 대내적으로 계엄령 선포 사실을 알리고, 반면 위성통신을 모두 절단해 버렸다. 이때 인민해방군 제27군이 베이징에 진주했다.

6월 3일 밤 인민해방군은 베이징에 입성했다. 군사행동은 6월 4일 새벽까지 계속되었다. 그것은 말 그대로 대학살이었다. 외신 보도에 따르면 3만여 명의 무고한 시민이 희생된 것으로 전해진다.

이리하여 톈안먼광장을 무대로 한 1989년 민주화 운동은 그 비극적인 막이 내리고 주동자들에 대한 수색과 체포가 시작되었다. 옌자치 및 천이쯔(陳一諮) 같은 지식인들은 거의 외국으로 도피하고, 팡리즈는 베이징주재 미국대사관으로 피신했다. 1989년 6월 23일, 당 13기 4중전회에서 자오쯔양은 총서기직에서 공식적으로 해임되고, 그 후임으로 장쩌민이 선출되었다.

이에 앞서 자오쯔양은 1989년 5월 17일 계엄선포를 결정한 다음 날, 정치적 고통과 신병을 이유로 사직을 허락해 줄 것을 덩샤오핑에게 요청했다. 그러나 덩샤오핑은 더는 그를 만나려 하지 않았다. 5월 18일 소집된 중앙정치국 확대회의는 자오쯔양에게 가장 큰 부패 관료이며, 학생운동을 지지했으며, 고르바초프에게 당의 기밀을 누설했다는 죄명을 씌워 그의 모든 직위를 해제할 것을 결의했다.

1989년 6월 23일 운명의 당 13기 4중전회가 열렸다. 여기서 자오쯔양은 그의 모든 당직을 해제당한다. 회의에서는 학생민주화운동을 중국공산당의 지도를 뒤엎고 중국과 공산정권을 전복하고자 한 '정치 동란'과 '반혁명 동란'이었음을 인정하고, 덩샤오핑과 진압군의 공적을 인정한 것 이외에는 주로 자오쯔양을 겨냥한 회의였다. 회의에서 리펑의 <자오쯔양 동지의 반당·반사회주의 동란 중에 범한 착오에 관한 보고>에 따라 자오쯔양의 당 총서기직을 포함한 모든 당직을 박탈하고 동시에 그에 대한 문제는 계속하여 조사하기로 하였다. 여기서 합의된 자오쯔양의 죄목은 다음과 같다.

첫째, 자오쯔양은 당과 국가의 생사존망이 걸린 중요한 시기에 동란을 지지하고 당을 분열시켜 동란을 확산시키는 착오를 범했다. 그 것에 대한 책임은 피할 수 없으며, 그 착오의 성격과 그로 인해 야기된 결과는 대단히 심각한 것이다.

둘째, 그가 당과 국가의 중요한 지도직에 재임하는 동안 비록 개혁개방과 경제업무에는 약간의 유익한 활동을 했다고는 하나, 지도사상과 실제 활동에서는 명백한 잘못이 있었다.

셋째, 특히 그는 중앙 근무 이래 '4항 기본원칙'·'부르주아지 자유화 반대'의 방침에 대하여 소극적이었으며, 당의 건설·정신문명 건설과 사상 정치공작을 크게 무시하여 당의 사업에 심각한 손실을 초래하였다.

자오쯔양의 공식적인 죄명은 과거 후야오방의 그것보다 더욱 가혹하였다. 결국, 덩샤오핑이 구상하던 제2의 후계자 자오쯔양마저도 낙마하고 만다. 후야오방이 사망하기 직전, 그는 병원을 찾은 자오쯔양의 손을 잡고 의미 있는 말을 남겼다.

"쯔양 동지! 당신은 내가 걸어온 길을 걸어선 안 되오!"

그러나 결국 자오쯔양도 그 길을 따라갔다. 그는 가택 연금에서 풀려나지 못한 채, 2005년 1월 베이징에서 병사했다.

1984년 덩샤오핑은 나카소네 야스히로 일본 수상과의 대담에서, "하늘이 무너져도 후야오방과 자오쯔양이 있는 한 문제없다."고 호언장담할 정도로 두 사람을 높이 평가하고 신뢰했다. 하지만 불과 5년 후, 덩샤오핑은 자신이 점지한 후계자를 모두 자신의 손으로 내치게 되었다. 작금 중국의 지식인들은 여전히 다음과 같이 생각하고 있을 것이다.

"중국 개혁개방의 총체적인 청사진은 비록 덩샤오핑이 설계하였다고 하지만, 중국의 미래 정치개혁과 발전의 방향은 후야오방이 제시했고, 경제체제의 개혁은 자오쯔양이 행동으로 실천했다. 지금도 우리는 그 방향으로 걸으며 발전하고 있다."

제 4 장

장쩌민의 권력승계와 덩샤오핑의 〈남순강화〉

1. 장쩌민 총서기 발탁과 개혁정책의 후퇴

톈안먼사태는 덩샤오핑이 추진한 개혁개방정책에 내재한 모순, 즉 경제적 자유('개혁개방')와 정치적 통제('4항 기본원칙의 견지')라는 상반된 양대 정책 노선 간의 모순이 누적되어 야기된 사건이라 할 수 있다. 민주화 운동은 '개혁개방'의 산물이고, 군사력에 의한 무력 진압은 '4 항 기본원칙 견지'의 귀결로 볼 수밖에 없기 때문이다.

13기 4중전회에서 자오쯔양의 모든 직위는 해제되었다. 그와 함께 당 지도부의 교체도 이루어졌다.

첫째, 당 총서기 겸 중앙정치국 상무위원에 장쩌민 상하이 시 당위 서기가 선출되었다. 자오쯔양이 겸임하던 중앙군사위원회 제1부주석 직은 공석으로 남겨두었다.

둘째, 후치리가 정치국 상무위원 및 중앙서기처 서기직에서 해임되고, 대신 리루이환 톈진 시 당위 서기가 그 직을 이어받았다. 그리고 쑹핑을 정치국 상무위원으로 기용했다. 쑹핑은 보수파의 원로 천윈의

추천을 받았다. 후치리의 해임은 후야오방과 가까운 공청단 출신 지도
자로 학생시위에 대한 무력 진압에 동의하지 않았을 뿐만 아니라, 정
치국 상무위원회의 표결에서도 기권함으로써 원로들의 미움을 받았기
때문이다. 후치리는 후야오방과 가까운 공청단 출신 지도자였다. 결국,
정치국 상무위원 구성은 장쩌민, 리펑, 야오이린, 차오스, 리루이환, 쏭
핑으로 조정되었다. 13기 1중전회보다 보수파(리펑, 야오이린, 쏭핑)의 입
지가 강화되었다.

  당 13기 3중전회에서 대내외의 가장 큰 관심을 끈 이슈는 장쩌민의
총서기 발탁이었다. 장쩌민은 1926년생으로 혁명 열사의 자제(장상칭江
上靑의 양자)라는 덕분에 상하이교통대학 전기과를 거쳐 소련 및 루마
니아에서 유학(자동차공업 전공)했다. 귀국 후 전자공업부장, 상하이 시
장 및 당위 서기 등 엘리트 코스를 밟은 테크노크라트다. 하지만 그는
당력(黨歷)으로 보나 개혁의 실적으로 보아 후야오방이나 자오쯔양에
못 미치는 인물이었다. 특히 장쩌민은 후야오방이나 자오쯔양처럼 덩
샤오핑이 계획적으로 후계자로 양성한 인물도 아니다.

  당내의 정치국 상무위원들과 비교해 보아도 경력으로 따지면 장쩌
민은 야오이린 · 쏭핑 그리고 차오스에 미치지 못했고, 개혁의 공로라
고 말하기는 그렇지만 경제를 다스린 수고로 보면 리펑만도 못했다.
'6 · 4사태'를 진압한 공로를 따져봐도 리펑이나 양상쿤에 못미쳤고,
직위가 비슷한 베이징의 리시밍(李錫銘: 당위 서기)만큼 강경하지도 못했
으며, 톈진의 리루이환(당위 서기)만큼 원숙하지도 개혁의 이미지도 없
었다. 그리고 권력의 기반을 말한다 해도 정법계통의 인맥 및 조직 부
문에서는 차오스나 쏭핑과는 비교가 안 되었고, 경제 부문에서는 야오
이린, 군부에서는 양상쿤과도 견줄 수 없었다. 그러나 덩샤오핑을 중
심으로 한 총서기 임명단(천원 · 리셴녠 등 원로들로 구성)은 이들을 제치

고 특별한 배경도 견고한 정치기반도 없는 상하이 당위 서기 겸 정치
국 위원인 장쩌민을 자오쯔양의 후임으로 지명하였다. 그 이유는 다음
몇 가지로 요약된다.

첫째, 후야오방과 자오쯔양의 실패 경험으로 보아 보수파 원로들의
지지 없이는 후계자로서의 위치를 굳힐 수 없었다. 따라서 혁명 열사
의 자제로 천윈·리셴녠 등 보수파 원로들로부터 신뢰와 적극적 지지
를 받는 장쩌민은 그러한 전철은 밟지 않을 수 있으리라 보았기 때문
이다.

둘째, 덩샤오핑은 장쩌민의 과거 행적을 보아 능히 자신의 개혁·개
방정책—정치적으로 '반우', 경제적으로 '반좌'노선을 계승할 수 있는
성향을 지닌 인물이라 보았기 때문이다. 즉 장쩌민이 1986년과 1989년
두 차례 상하이 학생시위 때 과감하고 단호하게 대처한 점에서 나타
난 그의 정치적 성향(반우)과 상하이 시장 및 당위 서기 재임 중 그가
보여 준 개혁·개방적 태도(반좌)는 덩샤오핑의 이른바 '경정치'(硬政
治)·'연경제'(軟經濟)와 부합하였기 때문이다.

셋째, 정치적으로 흠집이 없고 비교적 참신한 인물이 필요했다. 지
금까지 추진해 오던 개혁·개방을 새롭게 추진하기 위해서는 6.4 톈안
먼사태를 유발할 만큼 부패했거나 식상은 인물이어서도 아니 될 뿐
아니라, 리펑·양상쿤 등처럼 톈안먼사태를 무력으로 진압하여 인민
들로부터 원성을 쌓은 인물은 더더욱 아니 되었다. 장쩌민은 그동안
지방에 있었기 때문에 그러한 자격 요건에 하자가 없었다.

물론 리펑·쑹핑·야오이린 등 보수파의 차세대 주자들은 힘들여
자오쯔양을 밀어냈는데, 그 과실을 엉뚱한 자에게 넘겨주는 것에 불만
을 토로하면서 굴복하려 하지 않았다. 하지만 중앙의 권력 기반이 약
한 장쩌민이 다른 사람보다 오히려 다루기 쉽다는 생각과 덩샤오핑의

장쩌민과 덩샤오핑

설득에 굴복되었다.

자오쯔양이 맡고 있던 중앙
군사위원회 제1부주석직을 놓
고 약간의 이견이 있었다. 장쩌
민을 지지하는 덩샤오핑과 이를
견제하려는 양상쿤(국가 주석) 간
의 갈등이 그것이다. 물론 여기
에는 장쩌민의 총서기 발탁에

불만을 가진 리펑도 가세하였다. 리펑과 양상쿤은 6·4사태 진압의 최
고 공로자이면서도 진압 과정의 악명으로 인하여 최대의 희생자가 되
었기 때문에 그 불만은 더욱 높을 수밖에 없었다.

그리하여 1989년 11월, 당 13기 5중전회에서는 양 파간의 타협으로
덩샤오핑은 당 중앙군사위원회 주석직을 장쩌민에게 물려주는 한편,
그 제1부주석엔 상무부주석(제2부주석)이던 양상쿤을 승진시키고, 상무
부주석에는 덩샤오핑의 제2야전군 계통인 해군 출신 류화칭 장군을
승진시켰다. 그리고 동 위원 겸 비서장에는 양상쿤의 동생이며 총정치
부 주임인 양바이빙을 겸임시켰다. 비서장은 양상쿤이 겸직하던 직위다.

이처럼 덩샤오핑은 양상쿤과 양바이빙을 한 단계 승진시킴으로써
그들의 불만을 완화하는 동시에, 류화칭을 상무부주석에 앉힘으로써
양씨 족벌의 독주를 견제하게 하였다. 이로써 장쩌민의 후계자로서의
지위는 후야오방·자오쯔양 보다는 상대적으로 굳건해졌다. 후야오방
은 중앙군사위원회의 어떠한 직도 겸직하지 못하였으며, 자오쯔양은
제1부주석직만 겸직하였던 것에 비해 장쩌민은 중앙군사위원회 주석
직을 겸직하게 되었기 때문이다.

1990년 3월 제7기 전국인민대표대회 3차회의에서 덩샤오핑은 국가

중앙군사위원회 주석직까지 사임하고, 그 직을 장쩌민에게 양위함으로써 형식상 장쩌민의 후계 절차는 완료되었다.

그러나 이후 중국의 정치지도체제는 6명의 정치국 상무위원이 각기 다른 부문을 지도, 관장하는 '제3세대 지도 핵심'의 집단지도체제로 굳어져 갔다. 즉 장쩌민은 당무를 총괄하고, 리펑은 국무원, 야오이린은 경제, 차오스는 정법·공안을 총괄하였으며, 리루이환은 이데올로기 및 선전, 쑹핑은 조직 및 인사 전반을 총괄하였다.

따라서 장쩌민을 중심으로 한 집단지도체제의 기본정책 역시 보수파가 강조하는 '4항 기본원칙'의 견지와 급진개혁파의 자오쯔양식 개혁개방 및 장쩌민을 대표로 하는 온건 개혁정책, 이 세 가지 내용을 포괄하는 것이었다. 하지만 13기 3중전회 이래 국무원(리펑 총리, 야오이린 제1부총리)이 경제를 주도하였고, 당 중앙조직부는 쑹핑이 장악하여 당·정·군의 주요 인사를 요리하였다. 그리고 당 중앙선전부장은 보수파의 이론가인 왕런즈(王忍之)가 맡아 인민일보, 신화사, 신문출판총서, 문화부 등 모든 언론매체 및 문화 부문을 장악하고 있었다. 이들은 선전매체들을 통하여 사상과 문화면에서는 부르주아지 자유화 반대운동을 선전하고 학습시켰으며, 경제면에서는 보수파 경제이론의 대부인 천원의 '새장 경제'사상을 학습하도록 하였다.

13기 4중전회에서는 11기 3중전회 이래의 노선·방침과 정책을 계속하여 집행하여야 하고, 13기에서 확정된 '1개 중심' '2개 기본점'의 노선을 계속 집행할 것을 강조하였다. 하지만, 개혁개방을 더욱 잘 견지하고 경제를 계속 발전시킨다는 명분하에 '치리정돈'의 방침을 공포하고, 이후 전 분야에 걸쳐 긴축정책을 추진하기로 하였다. 그리고 5중전회에서도 <치리정돈을 진일보시키고 개혁을 심화시키는 것에 관한 결정>을 통하여, 13기 3중전회에서 결정한 1989~1990년의 치리정돈 기간을 1989~1991년의 3년간 또는 그 이상으로 연장하기로 하였다. 즉 개혁의 부산물로 표출된 악성 인플레이션과 이로 인한 계층간·지역간 빈부격차, 부정부패, 지역이기주의 만연 등 사회불안을 해소하기 위하여 개혁정책에 제동을 걸고 경제 긴축에 초점을 맞춘 조정정책을 계속하기로 했다.

리펑과 야오이린 등 보수파에 의해 주도된 치리정돈은 개혁의 속도와 폭을 조정하면서 개혁개방의 부작용을 최소화하는 한편, 보수파의 정치적 기반을 다지는 역할을 하고 있었다. 따라서 출범부터 그 정치적 기반이 약했던 장쩌민은 이러한 보수파의 정책에 추종하는 형세였다. 누구보다도 전임 후계자 후보인 후야오방과 자오쯔양이 보수파에 대항했다가 그 직위는 물론, 정치생명까지 잃었던 전철을 잘 아는 장쩌민으로서는 불가피한 선택이었다고 볼 수밖에 없다.

여기에 덧붙여 덩샤오핑은 공식의 자리에서 물러났으나, 천윈은 그때까지도 제2세대 원로 지도자들로 구성된 중앙고문위원회를 이끌고 국가정책에 관여할 수 있었기 때문에 그를 중심으로 제도적으로 '좌'경 정책을 밀어붙일 수 있었다. 그들의 주장과 명분은 어느 정도 설득력을 지니고 있었는데, 이는 과거의 개혁개방이 친자본주의적 정책이었기 때문에 물가의 폭등과 부패의 만연 등 사회·경제적 문제가 야기되었다는 것이다. 따라서 이러한 문제를 해결하기 위해서는 반'우'경 정책, 즉 보수적인 정책을 펴나가야 만이 덩샤오핑의 개혁개방정책의 후유증을 치유할 수 있다는 논리였다.

그러나 소련과 동구권의 몰락은 중국 개혁개방정책의 우월성을 입증하는 계기가 되었고, 1978년 이후 개혁개방에 익숙해진 국민이 오히려 더 발 빠른 개혁을 요구하고 있었다. 그것이 당시 중국의 현실이었기 때문에 개혁개방의 고삐는 마냥 늦추어질 수만은 없었다.

하지만 장쩌민은 개혁에 대해 몸을 사리고 있는 가운데, 당 중앙의 경제정책은 보수파에 의해 장악되고 있는 상태였기 때문에 덩샤오핑으로서는 경제에 대한 어떠한 강력한 개혁 드라이브도 구사하기가 쉽지 않았다. 그는 여러 차례 리펑과 야오이린을 불러 권고도 해보고 질책도 했으나 효과가 없었다. 그래서 그는 마치 마오쩌둥이 문혁을 발동할 때 상하이를 반격의 근거지로 삼았던 것처럼 개혁개방의 혜택을 가장 많이 입은, 중국경제의 심장부인 상하이를 본거지로 하여 사령부(당 중앙)를 포격할 것을 결심하였다.

1991년 구정 연휴에 덩샤오핑은 상하이를 방문했다. 그리고 그는 한 연설을 통해 "우리가 지금도 '성 사(姓社, 사회주의)인가, 성 자(姓資, 자본주의)인가? 라는 문제'를 가지고 왈가불가한다면 결국 발전의 호기를 놓치고 말 것"이라고 역설했다.

그해 3월, 상하이 시장 주룽지(朱鎔基)로 하여금 ≪해방일보≫를 통해 중앙의 보수적인 정책을 공격하고, 더욱 과감한 개혁개방을 촉구하는 평론을 계속하여 발표하게 했다. ≪해방일보≫는 세 차례에 걸쳐 황푸핑(皇甫平)이라는 필명의 평론원을 통해 덩샤오핑의 관점을 논평기사로 게재했다. 논설의 주제는 <상하이는 개혁개방의 선두에 서야 한다>, <개혁개방은 새로운 사고를 요한다>, <개혁개방의 의의를 더욱 크게 알려 개혁개방을 더욱 확산시키자>는 것 등이었다. 이는 마오쩌둥이 문혁의 첫 포성을 상하이의 ≪문회보≫를 통해 ≪해서파관≫에 대한 공격을 퍼부었던 것과 일맥상통하였다. 원래 상하이 사람들은 개방적이고 진취적 성향이 강한 데다, 상하이는 중국경제의 심장부이기 때문에 변화에 대한 반응도 빠르고, 전국적인 확산 효과도 크다.

보수진영은 곧바로 반격을 가했다. 한 편으로는 자본주의(성자)냐 사회주의(성사)냐 문제의 중요성을 강조하면서, 다른 한편으로는 소련 붕괴의 국제정세에 편승하여 서구자본주의 국가의 '화평연변'(和平演變: 사회주의 체제를 평화적 수단으로 자본주의·민주주의 체제로 변화시키는) 정책에 휘말려서는 아니 된다는 논조였다.

쌍방의 언론매체를 통한 대립은 결론을 보지 못한 가운데, 1991년 11월에 열린 13기 8중전회는 겨우 <당 중앙의 농업과 농촌공작을 가일층 강화하자는 것에 관한 결의>와 <당 제14기 전국대표대회 소집에 관한 결의>만 통과시켰을 뿐, 여타 의제에 대해서는 토론조차 하지 못하고 해산하는 결과를 가져왔다.

그러나 87세의 백전노장 덩샤오핑은 화궈펑과의 투쟁에서와 마찬가지로 이미 인사를 통해 보수파를 반격할 태세를 갖추고 있었다. 덩샤오핑은 개혁 성향의 인사를 요직에 밀어 올리는 작업을 추진했다.

1991년 3월, 제7기 전국인민대표대회 제4차회의에서 쩌우자화(鄒家華, 국무위원)와 주룽지(상하이 당위 서기 겸 시장)를 국무원 부총리로 발탁하고, 첸치천(錢其琛) 외교부장에게 국무위원을 겸직하게 했다. 이 중 가장 눈길을 끄는 인사는 단연 주룽지의 발탁이었다. 왜냐하면, 누가 보아도 주룽지는 개혁지지파였기 때문이다. 덩샤오핑은 개혁 성향이 강한 주룽지를 끌어들여 보수파인 리펑 총리와 야오린 부총리가 장악하고 있는 국무원에 새로운 바람을 불어 넣으려는 의도였다. 하지만 당시 주룽지는 후보 중앙위원에 불과했다. 거기다 과거 우파분자로 몰려 21년 동안 한직으로 밀려나 있었고, 바로 얼마 전 덩샤오핑이 상하이를 방문하여 개혁개방에 다시 불을 지필 때, 주룽지는 상하이 당위 기관지인 ≪해방일보≫를 통해 덩샤오핑의 개혁개방 가속화 정책을 대대적으로 선전했던 인물이었다. 그래서 보수파 원로들은 격하게 반발했다. 덩샤오핑은 이런 보수파의 반발을 무마시키기 위해 리펑 등 보수파와 가까운 쩌우자화(리펑의 소련유학 동료)를 부총리에 끼워 넣은 것이다.

실제로 주룽지의 국무원 진입 후 리펑과 야오이린 제1부총리의 영향력은 크게 약화 되었다. 그리고 동년 6월, 6·4사태로 물러난 친후야오방 계열의 후치리, 옌밍푸, 루이싱원을 각각 전자공업부 부부장, 민정부 부부장, 국가계획위원회 부주임으로 복귀시켰다. 비록 그들이 복귀된 자리는 이전과 비교해 강임된 직위이지만, 그것은 상징적인 의미를 띠는 것이었다. 그것은 1989년 이후의 긴장된 분위기를 쇄신하고 개혁개방을 진일보시키겠다는 신호였다.

그 신호는 바로 1992년 봄 덩샤오핑의 <남순강화>(南巡講話)를 통해 표출되었고, 1992년 가을에 열린 당 14기 전국대표대회에서 정책 노선으로 반영된다.

2. 덩샤오핑의 <남순강화>와 개혁의 촉구

남방을 순시하는 덩샤오핑과 그의 딸 덩룽(鄧榕)

1992년 1월 18일~2월 20일, 덩샤오핑은 개혁개방의 진원지인 우창, 선전, 주하이, 상하이 등 남방지방을 순시하였다. 그 기간, 그는 11기 3 중전회 이후 경제체제 개혁의 과정에서 '계획'과 '시장'의 관계를 놓고 '성 사'냐 '성 자'냐에 대해 벌여온 보/혁간의 대립과 논쟁에 종지부를 찍는 연설을 한다. 그것이 이른바 덩샤오핑의 <남순강화>다.

덩샤오핑이 몸소 <남순강화>를 하게 된 것은 개혁개방의 총설계사인 자신이 직접 인민을 대상으로 개혁개방의 정당성을 홍보함으로써 당 중앙이 '치리정돈'이라는 명목하에 추진하고 있는 긴축정책을 되돌려놓기 위해서였다. 남방의 경제특구의 비약적인 경제성장과 발전이야말로 개혁개방정책의 성공을 입증하는 사실인바, '사실만이 진리를 검증해 주는 유일한 표준'인 만큼 개혁과 개방은 후퇴하여서는 아니되며, 오히려 더욱 가속화 하는 것만이 중국이 나아가야 할 현실이라는 것이었다. 특히 이러한 메시지는 장쩌민을 겨냥한 것이기도 하였다. 과거 후야오방과 자오쯔양이 지나치게 '우'경화로 치달아 보수파의 공격으로 덩샤오핑의 입지를 좁게 만든 데 반해, 장쩌민은 개혁개방 이념을 보수세력의 의중에 맞춤으로써 편'좌'적 성향으로 치우치는 것에 대한 일종의 경고였다. 즉 정치적 '우'경화도 경제적 '좌'경화도 바라지 않는 덩샤오핑의 사상에 배치되는 성향에 대한 경고 조치였다. 덩샤오핑의 <남순강화>는 다음과 같은 내용을 담고 있었다.

첫째, 개혁개방은 1백 년 불변의 방침이어야 한다. 11기 3중전회에서 개혁개방이 당의 기본정책으로 정해진 이래 중국의 경제가 계속하여 성장해 왔다는 사실은 개혁개방이 올바른 방침이었다는 것을 입증해 준 것이다. 개혁개방이 성공적으로 추진되었기 때문에 톈안먼사태를 겪었어도 문혁이나 동구의 몰락과 같은 사태를 방지할 수 있었다.

둘째, 중국 인민에게 잠재해 있는 경제적 생산력을 높이는 것은 중국 사회주의 현대화의 관건이다. 생산력의 해방은 마오쩌둥의 공산혁명에 이어 개혁개방을 경제혁명으로 승화시키는 데 있어서 결정적인 역량이다.

셋째, 생산력을 높이기 위해서는 이데올로기적 장애를 극복해야 한다. 성 '자'건, 성 '사'건 간에 그것이 생산력을 높일 수 있는 체제와 이념이면 무엇이든 그것을 채택해야 한다. 개혁개방으로 자본주의를 도입하고 발전시키면 경제영역에서 '화평연변'의 위험에 처하게 된다고 생각하는 그 자체가 바로 '좌'적 사고다.

넷째, 이념적으로 반'좌'에 주력하여야 한다. 극좌와 극우는 모두 해롭지만, 중국공산당의 역사적 경험으로 보면 반우파적 정치가 중국을 극도의 혼란에 몰아넣은 경우가 많았으므로 오히려 '좌'경화를 반대하여야 한다.

다섯째, 경제성장의 속도를 높여 잡아 빠른 성장을 이룩해야 한다. 치리정돈으로 경제성장 목표를 6%로 책정한 것은 너무 낮춘 것이기 때문에 적어도 아시아 신흥공업국 수준 이상의 성장을 이룩해야 한다.

여섯째, 개혁개방은 경제적 목표이자 정책인 만큼 이를 추진하는 데에는 '4항 기본원칙 견지'라는 기본적 틀 안에서 추진되어야 한다. 그렇지 않을 경우, 톈안먼사태와 같은 혼란이 일어나 중국 사회주의의 장래는 위기에 직면하게 될 것이다.

이 중 가장 중요한 내용은 '계획'과 '시장' 및 '성 사'와 '성 자'의 관계를 명확히 한 것이다. 덩샤오핑은 "계획경제가 사회주의 체제와 일치하는 것은 아니다. 사회주의 체제 역시 시장이 있다."고 강조하고, 나아가 "사회주의냐 자본주이냐는 공유제냐 사유제냐에 의해 결정되는 것이지, 경제적 수단으로서의 계획이나 시장에 의해 좌우되는 것은 아니다."라고 하였다. 따라서 사회주의 경제이론의 전통적 관념인 '공유제'와 '계획경제'의 2대 지주로부터 탈피, 소유에 있어서 '공유제'만 유지되면 사회주의이지, 수단으로서의 '계획'은 의미가 없다는 것이었다.

그리고 '자본주의의 길이냐, 아니냐?'를 따질 게 아니라 다음 세 가지 표준에 유리하면 된다는 것이다. 첫째 사회주의 생산력의 발전, 둘째 사회주의국가의 종합국력 강화, 셋째 인민의 생활 수준 제고, 이 세 가지 표준에서 유리한 것이 현재 중국에 유리한 것이고 중국이 가야할 길이라는 것이었다. 이는 그가 개혁개방 초기 화궈펑의 '범시론' 및 천원의 '새장 경제' 이론에 맞섰던 '흑묘론 백묘론'과 상통하는 것이다.

군부를 대표하는 양상쿤과 양바이빙 형제는 해방군 기관지인 ≪해방군보≫에 <개혁개방의 장애를 척결하고 개혁정책을 보위하겠다>는 글을 발표하고 덩샤오핑의 <남순강화>를 적극적으로 지지하였다. 그것은 장쩌민은 물론, 보수세력에 대한 큰 압력이기도 했다.

2월 28일, 당 중앙은 덩샤오핑의 연설 요점을 정리하여 1992년 <제2호 문건>으로 현과 연대급 당위에 하달하고, 전체 당원에게 숙지토록 했다. 3월 9일 장쩌민이 주재한 정치국 확대회의는 덩샤오핑의 <남순강화>를 수용하기로 결의하였다.

덩샤오핑의 <남순강화>는 1989년 이후 열세에 처해 있던 개혁파로 하여금 다시 승기를 잡는 계기를 만들어 주었으며, 당 제14기 전국대표대회 준비 작업을 주도케 하였다.

1992년 10월, 당 14기 전국대표대회가 소집되었다. 이 대회는 이른바 원로 정치인들이 참가한 최후의 전당대회였다. 개혁개방이 대회의 주된 의제였다. 대회에서는 <남순강화>의 정신에 따라 "경제발전을 위해 자본주의의 경험을 포함한 모든 경험을 받아들인다." "우리나라 경제체제 개혁의 목표는 사회주의 시장경제체제를 건립하는 것이다."

라는 장쩌민 총서기의 정치보고를 수용하고, 개혁개방의 가속화를 통해 현대화를 추진하기로 결의했다.

<당헌>의 수정을 통하여 "중국은 현재 사회주의 초급단계에 처해 있으며, 이는 100여 년의 시간이 필요하다."고 전제하고, "중국 사회주의 건설의 주요 임무는 생산력을 더욱 발전시켜 사회주의 현대화를 실현하는 것이며, 이를 위해 생산 관계 및 상부구조에서 생산력 발전에 부적합한 부분을 개혁하여야 한다."고 명시하였다. "사회주의 초급단계에서의 중국공산당의 기본노선은 '1개 중심(경제건설)과 2개의 기본점(개혁개방, 4항 기본원칙)을 견지하는 것"이라고 하는 11기 3중전회 이후의 노선을 <당헌>에 다시 한번 확인하였다. 나아가 "생산력의 발전을 제약하는 경제체제를 근본적으로 개혁하여 '사회주의 시장경제체제'를 건립하고, …." "…당은 '좌'와 '우'의 모든 잘못된 경향을 반대하며, '우'도 경계해야 하지만, 주된 방향은 '좌'를 방지하는 데 있다."고 <당헌>에 못 박음으로써 덩샤오핑의 이른바 '중국 특색의 사회주의'-'사회주의 시장경제이론'의 방향을 명확히 하였다.

요컨대, 당 14기 당 대회에 채택된 정책 노선은 사회주의 현대화 경제건설이라는 발전목표를 달성하기 위하여 자본주의적 요소(시장 메커니즘)까지도 포함한 경제적 개혁개방을 과감히 추진하면서, 동시에 시장경제체제의 건립을 제약하는 상부구조와 정치체제 및 기타부문의 개혁도 병행할 것을 강조한 것이다. 하지만 후자의 경우 반드시 '4항 기본원칙'을 벗어날 수는 없다는 한계만은 분명히 하고 있다. 그리고 이데올로기적으로 주된 방향은 '좌'를 방지한다고 함으로써 '생산 관계-계급투쟁' 노선으로의 복귀는 절대 용납하지 않을 것을 강조하였다.

정치체제개혁의 한계에 대해서는 그 정치보고의 정치체제개혁 부문을 보면 잘 나타나 있다. "우리나라 정치체제개혁의 목표는 중국 특색의 사회주의 민주정치를 건설하자는 것이지, 서방국가의 다당제와 의회제를 하자는 것은 절대 아니다."라고 못 박고, 이러한 틀 속에 기존 인민대표제도와 다당 합작 및 정치협상회의 제도를 개선하면 된다고 했다. 그리고 정치개혁의 범위도 13기 때와 마찬가지로 정·기분리(정부와 기업의 분리)와 간소화, 통일, 효율성 제고의 원칙에 따라 행정관리 체제와 당정기구 및 공무원 제도를 신속히 개혁하자는데 한정했다.

그러면 14차 당 대회가 지향하는 정책 노선(온건 개혁노선)은 천윈을 중심한 '보수'(점진적 개혁) 및 후야오방과 자오쯔양으로 대표되는 '급진 개혁노선'과는 어떠한 차이가 있는가? 먼저, 온건 개혁과 보수노선과의 관계를 보면 계급투쟁이 아닌 생산력의 발전을 통해 경제발전(1개 중심)을 이룩한다는 데는 양자가 공통의 인식을 보인다. 그러나 그 기본점에 있어서 전자는 사회주의 현대화를 위한 과감한 경제개혁을 밀고 나가려 한 데 비해, 후자는 경제개혁은 신중하게 추진하되 사회주의 체제 고수(4항 기본원칙 견지)를 위한 이념적 요소는 더욱 강화되어야 할 것을 강조하였다는 점에서 차이가 있다.

다음, 급진 개혁노선과 온건 개혁노선과의 관계는 개혁을 통해 사회주의 현대화를 건설한다는 데는 공통의 입장이나, 전자는 정치체제개혁을 경제체제 개혁과 동시에 추구하려는 입장을 견지하는 데 비해, 후자는 과감한 경제개혁을 강조하면서도 정치개혁에는 일정한 한계(4항 기본원칙 견지)를 고수하는 점에 차이가 있다. 전자는 고르바초프식 개혁과 같은 접근이며, 후자는 중국 특색의, 이른바 덩샤오핑식 접근이다.

결국, 이들 세 계파는 경제건설이라는 목표(1개 중심)에는 동의하나, '2개 기본점'에 대한 개혁의 범위와 속도에 차이를 나타내고 있다는 점에서 차이가 있다. 따라서 '계급투쟁'노선으로의 복귀는 누구도 원치 않고 있다.

당은 이상과 같은 14기 정책 노선을 견지하기 위한 제도 개혁으로
서 보수파의 집단 거처이던 중앙고문위원회(주임: 천윈)를 폐지했다. 중
앙고문위원회는 본래 간부 연소화 정책에 의해 밀려났던 원로 정치인
들을 위무하기 위해 설립한 당 기구였지만, 그들은 자주 개혁개방정책
에 제동을 걸어왔다. 이로써 노인 정치는 제도적으로 차단되었다.

이어 열린 14기 1중전회에서는 당·정·군 지도체제의 개편이 있었
다. 당 대표인 총서기에는 장쩌민이 유임되고, 중앙정치국 상무위원에
는   장쩌민·리펑·차오스·리루이환·주룽지·류화칭·후진타오로
구성되었다. 장쩌민·리펑·차오스·리루이환은 유임되고, 개혁 성향
의 주룽지·류화칭·후진타오는 중앙위원에서 3단계(정치국 후보위원-
위원-상무위원)나 뛰어올랐다. 보수계열의 야오이린과 쑹핑은 탈락했다.

리펑을 제외한 차오스·리루이환·주룽지·류화칭·후진타오 등은
개혁 성향이 강하고, 과거 후야오방과 덩샤오핑에 의해 계획적으로 배
양되어 온 인사들이었다. 반면, 탈락된 야오이린(75세)과 쑹핑(75세)은
천윈 계열의 좌우 날개로 보수적 성향이 짙은 인물이다.

중앙군사위원회 주석은 장쩌민이 유임되었고, 제1부주석직은 폐지
됨으로써 양상쿤은 물러났다. 그리고 부주석에 류화칭(유임)과 장전을
선임했다. 군사위원회 비서장직이 폐지되면서 양바이빙 역시 군사위
원 및 총정치부 주임직에서 물러났다. 군부 내 실세며 장쩌민을 견제
해 온 양상쿤과 양바이빙 형제는 날개가 꺾였다.

따라서 14기 당 최고지도층의 구성은 개혁개방의 속도에 제동을 걸
어왔던 보수파를 제외한 한편, 장쩌민 후계체제에 위협적인 군내 양씨
형제 세력을 철저히 배제한 것이 특징이다. 그리고 정치적 개혁까지도
주장했던 급진개혁파의 세 확장도 과감히 차단하였다. 장쩌민은 개혁

과 보수의 가운데 서서 비록 어정쩡한 태도를 취하고 있긴 하나, 덩샤오핑이 더는 후계자의 낙마를 바라지 않는 상태에서, 그를 적극적으로 지원한 인사였다.

그러나 적절한 세력균형을 위해서 리펑은 유임시켰다. 따라서 리펑을 제외한, 유임 및 신임 정치국 위원 거의는 덩샤오핑의 이른바 '새장 정치'의 추종자인 온건 개혁파로 분류되는 제3세대 지도자들이다. 즉 경제적 '반좌', 정치적 '반우'의 성향이 강한 인사들이다.

나아가 1993년 3월에 개최된 제8기 전국인민대표대회에서 국가 주요 지도층의 개편도 있었다. 위에서 거론된 7명의 중앙정치국 상무위원이 국가의 지도체제를 분담하는 인사가 이루어졌다. 장쩌민은 국가 주석 및 국가 중앙군사위원회 주석에 선임되었고, 리펑은 국무원 총리에 유임되어 행정을 총괄하고, 차오스는 전국인민대표대회 상무위원장으로서 입법기관을 이끌었다. 그리고 리루이환은 민주당파와 사회 민간단체를 관장하는 전국인민정치협상회의 주석직을, 주룽지는 제1부총리로 경제를 총괄하고, 류화칭은 중앙군사위원회 부주석으로 군무를, 후진타오는 중앙서기처 서기직을 겸임하면서 조직과 인사 문제를 주관하게 되었다. 그러나 이 중에서 가장 중요한 업무를 담당한 사람은 당의 장쩌민, 정부의 리펑, 전국인민대표대회의 차오스였다. 이들은 단지 업무상의 역할뿐만 아니라, 실질적인 세력의 분담에서도 유사한 정도의 영향력을 지니고 있었다.

국무원의 경우, 제1부총리로 경제를 총괄하던 보수파의 야오이린은 퇴진했다. 결국 주룽지에게 밀려난 것이다. 국무원에서 리펑을 받치고 있는 사람은 오직 부총리인 쩌우자화와 인민은행장 리구이셴(李貴鮮)에 불과했다. 이 두 사람은 리펑과 마찬가지로 모두 소련 유학파 계획경제 신봉자다.

이밖에 광범한 화교 인맥을 가지고 있는 붉은 부르주아지 출신 룽이런(榮毅仁)의 국가 부주석 기용은 주목할 일이었다. 상하이 재벌의 후예이며 비공산당원인 그를 중용한 것은 더 많은 화교 자본을 유치하고, 더 과감히 시장경제를 추진하겠다는 의지의 표현으로 평가되었다.

3. 장쩌민-주룽지 체제의 구축과 개혁의 가속화

제8기 전국인민대표대회에서 덩샤오핑의 <남순강화> 정신과 14차 당 대회의 노선을 관철하기 위한 제도적 보증으로서 시장경제체제 건립에 장애가 되는 헌법 조항들을 수정 삭제하게 된다.

수정 헌법은 1982년의 개혁헌법의 종지(宗旨)를 그대로 수용하고 있지만, 과거의 부분적인 개정과는 달리 '사회주의 시장경제'를 명문화함으로써 한 단계 높은 개혁개방의 의지를 보여주었다. 예컨대, '계획경제'를 주체로 한 <82헌법>을 '사회주의 시장경제' 이념을 요체로 한 헌법으로 개정한 것이 그것이다. 즉 헌법 15조 "국가는 사회주의 공유제의 기초 위에서 '계획경제'를 실시한다. 국가는 계획경제의 종합적 균형과 시장조절의 보조 기능을 통하여 국민경제의 균형발전을 도모한다."를 "국가는 사회주의 '시장경제'를 실시한다."고 개정하였다. 그리고 동 헌법 제16조의 "국영기업은 국가의 통일적 지도에 복종하고 국가계획을 전면적으로 완수한다는 전제하에 법률로 정한 범위 내에 경영관리의 자주권을 가진다."와 제17조의 "집단경제조직은 국가계획의 지도를 받고, 관계 법률을 준수한다는 전제하에 독립적으로 경제활동에 종사할 자주권을 가진다."에서 '국가의 통일적 지도에 복종하고 국가계획을 전면적으로 완수한다는 전제하에' 및 '국가계획의 지도를 받고'를 삭제하였다. 또 종전의 '국영 경제' 조항(7조, 8조 1항, 16조, 42조 3항)을 모두 '국유'로 바꾸어 놓음으로써 소유와 경영을 엄격히 구분하였다.

이러한 사회주의 시장경제이념은 단순한 체제에 대한 '개혁'을 넘어, 가히 '혁명'이라 할 정도로 전통적 사회주의 경제이론에 대한 혁파라 보겠다. 개정된 헌법상의 중국식 경제 이데올로기, 즉 소위 '중국 특색의 사회주의 시장경제체제'의 가장 기본적 특징은 시장이 바로 사회적 자원을 안배하는 기본 메커니즘이 되며, 시장기능이 전체 경제발전의 조정 역할을 한다는 것이다. 그리고 정부는 국민경제의 총량 및 구조와 생산력 안배 등에 대한 거시적 조정과 정책지도만을 하는데 그친다는 것이다.

그러면서도 '4항 기본원칙의 견지'를 재천명함으로써 그것이 사회주의 본질을 해쳐서는 안 된다는 것을 분명히 했다. 따라서 급진개혁파가 주장하는 정치적 다원주의, 다당제, 삼권분립, 언론자유 등은 처음부터 용납될 수 없다는 것이다. 다만 종전에 없었던 "중국공산당 지도의 다당제 합작과 정치협상제도를 장기적으로 존속, 발전시킬 것"을 천명하였다. 이처럼 중국이 헌법 전문에 다당제 합작과 정치협상제를 내세운 것은 개혁개방정책의 진전에 따라 증대될 인민의 정치참여와 자유화에 대한 요구를 부분적으로 수용함으로써 톈안먼사태와 같은 충격을 최소화하면서 체제를 유지하기 위한 제도적 조치라 하겠다.

이처럼 한 단계 높은 차원에서 개혁을 가속화하기로 정책을 전환한 것은 리펑 등 보수파가 주도한 3년간의 치리정돈이 상대적으로 중국의 경제를 안정시킨 효과는 있으나, 경제발전을 근본적으로 제약했다는 데 그 원인이 있었다. 다시 말해, 치리정돈은 과열된 경기를 안정시키고 인플레를 억제하는 등 일정한 성과를 가져온 것은 사실이지만,

그것의 장기화로 인하여 해외로부터의 자본 유입이 차단되고, 경제 활성화가 쇠락하는 등 경제발전에 악영향을 미치게 되었기 때문이다.

한편 대외적으로 동구 및 소련공산당의 해체는 개혁을 가속화 하기로 한 또 하나의 이유가 되었다. 중국 지도부는 구소련과 동구는 고도로 집중되고 경직된 계획경제 체제로 인하여 생산력의 발전이 지체되고 인민들의 생활이 충분히 향상되지 못했다고 진단하고, 소련의 붕괴야말로 중국이 추진하고 있는 개혁개방정책의 정당성을 입증한 것이라고 보았다. 따라서 중국이 치리정돈, 즉 조정정책을 계속할 경우, 경제의 효율성과 생산성이 떨어질 것이고 이는 인민 대중들의 사회주의 정권에 대한 신념의 위기를 초래하지 않을까 하는 위기의식을 초래하였다.

경제정책의 전환에 따라 경제 주도 세력의 교체는 불가피했다. 제8기 전국인민대표대회에서 보수파의 야오이린이 부총리직에서 해임되고, 1993년 5월 이후 리펑이 심장병으로 공무를 수행하기 어렵게 되자 주룽지가 총리 대리직을 맡아 경제를 주도하게 된다. 이때부터 사실상 경제는 개혁파의 손으로 넘어가게 되었다.

주룽지는 그해 7월 리펑 계열 소련 유학파인 리구이셴을 중국인민은행장에서 해임하고, 스스로 그 은행장을 겸임하면서 간접적인 시장조절 수단을 활용한 거시통제정책을 과감히 추진하였다. 일반적으로 인민은행장은 국무위원급이 겸직해 오던 직위다. 그보다 상위 직급인 주룽지 제1부총리가 겸임하게 된 것은 그만큼 경제개혁에 대한 열망이 컸다는 것을 반영한 것이라 보겠다. 인민은행과 국가계획위원회 등은 전통적으로 리펑의 영향하에 있는 보수파의 아성이었다. 그러나 주룽지가 인민은행장을 겸임하게 된 것을 계기로 국무원은 사실상 주룽지 체제로 굳혀진 반면, 그동안 재정 및 계획부문을 장악해 온 리펑을 비롯한 소련 유학파 계획경제 신봉자들의 입지는 상대적으로 위축되었다.

리펑이 심장병에 걸리지 않았다 할지라도 경제 과열에 대한 처방전을 내놓지 못했을 거라는 것이 일반적인 견해다. 예전의 리펑이었다면 천원과 야오이린의 '치리정돈'이라는 긴축정책 카드를 사용했을 것이지만 당시의 중국경제는 그것이 불가능하기 때문이었다. 과거 같으면 중앙정부의 지령에 따라 새로운 건설 등을 모두 중지시키고 식량이나 생산품을 모두 중앙이 관리하여 물가를 강제적으로 내릴 수 있었겠지만, 당시의 중국경제 상황으로서는 그것이 가능하지 않았다. 우선 시장경제의 도입으로 계획경제 및 지령경제가 사실상 먹혀들지 않았다. 또한 '치리정돈'을 하면 단기적으로는 물가가 내려가겠지만 경제성장이 정체되어 톈안문 사태 직후와 같은 상황이 벌어질 수 있었기 때문이었다.

1993년 11월, 당 중앙은 13기 4중전회를 소집하고, <사회주의 시장경제체제 건립 과정상의 약간의 문제에 관한 결정>을 통과시켜, 당 14기에 제기한 경제체제 개혁의 목표와 기본원칙을 구체화하였다. <결정>에서는 사회주의 시장경제체제는 사회주의 기본제도와 함께 하는 것으로, 사회주의 시장경제체제의 건립은 바로 국가의 거시조종하에서 시장이 자원을 배치하는 기초적인 역할을 하는 것이라고 했다. 이 목표를 실현하기 위해서는 반드시 공유제를 주체로 한, 다종(多種) 경제 성분을 함께 발전시키는 방침을 견지하여 국유기업의 경영 기제를 한 걸음 더 시장경제의 요구에 맞게 바꾸어 가야 했다. 즉 재산권을 분명히 하고 권한과 책임을 명확히 하며, 정·기(정부와 기업)를 분리하고 과학적 기업관리를 해야 한다는 것이다. 이 하나의 결정은 사회주의 시장경제체제의 기본 틀을, 그리고 국유기업개혁의 기본방향을 규정한 경제체제 개혁의 행동강령이 되었다.

이에 따라 1994년부터 국유기업개혁은 혁신의 단계로 진입하기 시작했다. 국무원과 각급 지방은 2,700여 국유기업을 선정하여 현대적 기업 제도로 시험적으로 전환하는 작업에 착수하는데, 그것은 회사 제도와 주식 제도를 개혁하여 시장경제적 기업 제도를 건립하는 데 목적이 있었다. 이와 동시에 당 중앙과 국무원은 재정·세수·금융·대외무역·외환·계획·투자·가격·유통·주택과 사회보장 등의 체제 개혁도 하나하나 추진해 갔다. 식량·면화·식용유 등 주요 농산물과 철강 등 중요 생산원료의 가격을 잇달아 풀고, 중앙은행의 기능을 강화하고 상업은행의 기업화 개혁을 점진적으로 추진하였으며, 대외무역체제와 외환 관리체제의 개혁도 큰 진전이 있었다. 이러한 경제체제의 구체적인 개혁은 주로 주룽지 총리의 주도하에 추진되었다.

4. 장쩌민의 권력 기반 강화

개혁개방을 추진하는 과정에서 생산력 발전을 위해 자율성을 강조하면 이것은 바로 민주화 운동의 경계를 넘나들고, 또 과속한 성장정책은 인플레이션 및 빈부의 격차와 관료부패를 조장하는 현상이 일어났다. 그럴 때마다 보수파는 개혁파의 개혁정책에 제동을 걸고, 심할 때는 권력투쟁까지 동반하는 사태가 반복되었다. 이러한 문제를 해결하고 발전을 지속하기 위해서는 중앙의 권력을 강화하고 장쩌민의 권위를 확고히 하는 것이 주요 과제였다. 덩샤오핑의 건강 악화로 이제 더는 후계자에 대한 시행착오도, 덩샤오핑 사후에 정치 권력의 공백이 생겨서도 아니 되었기 때문이었다.

따라서 1994년 9월, 14기 4중전회에서 덩샤오핑은 '9자 방침', 즉 "주제를 장악하고, 중심을 장악하고, 시급함을 장악하라(瓜主題, 瓜中心, 瓜首急)"라는 방침을 제시하였다. 여기서 덩샤오핑이 의도한 '주제'는 개혁개방의 계속이고, '중심'은 장쩌민을 핵심으로 하는 당 중앙의 권위를 의미하며, '시급함'이란 당면한 경제 및 사회문제에 대한 대책을 수립하라는 의미로 해석되었다. 즉 경제의 다원화와 정치의 집중화가 주요 방침이었다고 할 수 있다.

덩샤오핑의 방침제시에 따라 4중전회는 다음과 같은 결정을 하였다. 첫째, 장쩌민의 측근인 상하이 시장 황쥐(黃菊)를 중앙정치국 위원에 증원하고, 장쩌민의 적극적인 추천으로 중앙정치국 위원이 된 우방궈(吳邦國)와 장춘윈(姜春雲)을 중앙서기처 서기를 겸직하게 하여 장쩌민의 권위를 공고히 하였다. 이 두 사람을 또 1995년 3월 국무원 부총리로 발탁하여 각각 국영기업개혁과 농업개혁의 업무를 맡게 하였다. 둘째, 거당적인 차원에서 민주집중제 교육을 강화하여 중앙의 권위를 지키고 당의 정책을 강력하게 실행하도록 하였다. 셋째, 덕재(德才)를 겸비한 젊은 인재를 발굴하여 차세대의 지도자로 육성함으로써 개혁과 개방이 지속하여 추진될 수 있도록 뒷받침할 것을 결의하였다.

1995년 9월 14기 5중전회에서는, 1993년 3월과 1994년 6월에 단행된 군 장성들의 승진에 이어 군 지도부의 대규모 인사를 정식으로 통과시켜 장쩌민 정권의 권력 기반을 공고히 하였다. 특히 덩샤오핑이 군내 양씨 형제 세력을 견제하기 위하여, 아껴온 츠하오톈 국방부장과 장완녠(張萬年)을 중앙군사위원회 부주석에, 왕커(王克)와 덩샤오핑 판공실 주임 왕루이린(王瑞林)을 중앙군사위원으로 승진시켰다.

이처럼 장쩌민은 중앙과 자신의 권력 강화를 위해 당 14기 5중전회에서 자파 세력을 중앙으로 끌어들이는 한편, 자신의 권력 기반에 걸림돌이 되는 인사를 축출하는 작업을 동시에 수행했다. 수도 베이징시 당위 서기 천시퉁(정치국 위원 겸직)을 대표로 하는 '베이징방(北京幇)'의 숙청과 광둥 성 당위 서기 셰페이(謝非, 정치국 위원 겸직)를 중심으로 한 '광둥방(廣東幇)'의 길들이기가 바로 그것이다. 즉 장쩌민은 그의 강력한 정적들이자 도전 세력인 천시퉁과 셰페이를 부정부패 혐의로 처단함으로써 이들의 권력 기반을 제거함과 동시에 인민들에게 자신에 대한 긍정적 이미지를 심을 수 있었다.

천시퉁 숙청의 구체적 죄목은 천시퉁이 베이징 강철회사 이사장 저우관우(周冠五)의 아들 저우베이팡(周北方) 및 베이징 시 부시장 왕바오썬(王寶森)의 부패 사건과 연루되었다는 것이었다. 하지만 그것은 부패 척결을 빙자하여 장쩌민 자신의 개인적인 카리스마를 확립하는 한편, 다른 한편으로는 베이징방을 제거함으로써 지방 제후와 당내의 정적에게 위협을 주고자 한 사건이라고 보겠다. 그럼으로써 덩샤오핑 사후를 대비한 장쩌민의 권력은 확고해져 갔다.

나아가 장쩌민은 14기 5중전회 폐막 연설에서 사회주의 현대화건설 중의 약간의 중대 관계에 대한 문제를 역설하는데, 그 가운데 가장 중요한 것은 개혁·발전·안정의 관계를 정확히 처리하는 것이라 했다. 개혁은 동력이고, 발전은 목적이며, 안정은 그 전제임을 강조하고, 정치와 사회의 안정 속에 개혁과 발전은 성취되고, 개혁과 발전의 추진 중에 정치와 사회의 장기적 안정은 실현된다고 하였다. 이는 정치적 안정과 경제적 성장을 동시에 달성하는 의미를 담고 있다. 결국, 경제적 고도성장이 정치 사회적 안정을 가져다주고, 그 안정이 성장을 담보하는 전제임을 역설한 것이다.

이 연설은 덩샤오핑 사후를 대비하여 그의 사상과 정책의 일단을 종합하고 체계화하여 발표하였다는 점에서 중요한 함의가 있다. 나아가 이 회의에서 2010년을 바라보며 원대한 목표를 제시한 제9차 5개년 계획안도 확정하였다.

제 5 장

덩샤오핑의 사망과 장쩌민의 권력 강화

1. 덩샤오핑 이론의 계승과 장쩌민의 확고한 권력체제 구축

1996년 2월 19일, 정확히 오후 9시 8분에 덩샤오핑은 사망했다. 93세였다. 1997년 7월 1일 홍콩이 중국에 반환된 후 그곳을 방문하겠다는 덩의 희망은 물거품이 되었다.

덩샤오핑의 죽음은 몇 년 전부터 예상된 일이었다. 마오쩌둥이 1976년 83세의 나이로 사망했을 때 당은 열다섯 시간 뒤에야 그의 사망 소식을 알렸고, 몇 주가 지난 후에야 시신 처리에 합의했으며, 몇 년이 지난 후에야 마오쩌둥의 흔적이 정리되었다. 마오쩌둥의 혼란스러운 죽음에서 최대 희생자는 그가 직접 고른 후계자 화궈펑이었다. 화궈펑의 반대파는 혼란의 와중에 그의 권위에 메스를 가했다. 하지만 장쩌민의 경우는 그렇지 않았다. 이미 세심하게 준비된 태세여서 어떤 혼란도 일어나지 않았다.

사람들은 덩샤오핑의 죽음에 지나치게 차분한 태도를 보였다. 덩샤오핑에 대한 조문은 6일 동안 계속되다가 2월 24일의 화장식과 다음

날의 추념식을 끝으로 종료되었다.

장례식이 끝나자 바로 다음 날, 마치 베이징에 군사 정변이 일어나 기라도 한 듯이 해방군과 무장경찰 및 공안 등 군사 계통의 지휘관들이 장쩌민에게 충성을 다짐했다. 그들은 ≪신화사 통신≫을 통해 "덩샤오핑 동지는 사망하기 전에 중앙위원회와 중앙군사위원회의 권위를, 그 핵심인 장쩌민 동지와 함께 흔들림 없이 지키도록 촉구하는 중요한 정치적 교시를 남겼다."고 선언했다. ≪인민일보≫도 '핵심인 장쩌민'이라는 말을 아홉 차례나 반복했다. 이례적인 일이었다.

덩샤오핑의 사망 시기는 장쩌민에게는 아주 적기였다. 덩이 만약 그보다 일찍 사망했더라면, 이른바 '장쩌민의 사상'을 정립하려는 시도는 덩샤오핑의 정신을 훼손하는 것이라는 비판을 받았을 것이다. 그리고 더 나중에 사망했다면 홍콩의 반환과 1997년 제15기 당 대회에서 장쩌민이 보인 활약상은 덩샤오핑 때문에 빛이 바랬을 것이다. 그래서 덩샤오핑의 사망은 시점이 절묘하였다. 덩샤오핑은 살아서도 죽어서도 중국의 위대한 실용주의자였다.

장쩌민에 대한 유일한 도전자인 강경 보수파도 그 힘이 쇠진하고 있었다. 보수파의 원로로 당의 중앙선전부장을 역임한 덩리췬은 덩샤오핑 자녀들의 만류로 추념식에 참석하지 못했고, 베이징 시장을 지낸 펑전은 덩샤오핑 사후 얼마 안 된 4월 26일 유명을 달리했다. 이에 앞서 1992년 6월 전 국가 주석 리셴녠이 사망하고, 이어 덩잉차오(1992년 7월), 왕전(1993년 3월) 등 세 혁명원로가 사망했다. 그 후 1995년 보수파의 대부인 천윈이 사망했다. 따라서 6·4사태 때 강경노선으로 일관했던 8명의 노인(八老) 중 6명이 사망하고, 양상쿤은 실각했으며, 보이보 한 명만이 남았다. 살아있다고는 하나 그 둘은 장쩌민에게 가벼운 위협조차 되지 못할 정도로 노쇠해 있었다.

이처럼 덩샤오핑 사후 장쩌민 정권을 뒤흔들어 정국을 혼란으로 몰아갈 만한 세력은 중국 어디에도 없었다. 따라서 중요한 문제는 덩샤오핑 사후 장쩌민이 '어떻게 중국을 통치할 것인가'였다.

1997년 3월 첫째 주, 베이징에서 열린 전국인민대표대회 대표들의 모임에서 장쩌민은 덩샤오핑의 유산과 관련하여 자신의 소신을 피력했다. 화궈펑이 마오쩌둥의 유산에 대해 "그가 말하고 실행한 것은 모두 옳은 것(양개범시)"이라고 했던 것처럼, 장쩌민은 "덩샤오핑의 이론을 계승 발전시키는 것이 '가장 중요하고도 근본적인 임무'임."을 강조했다. 그리고 앞으로 무엇을 바꿔야 할 것인가에 대해서는 덩샤오핑이 해결하지 못한 문제들에 초점을 맞출 것이라고 하였다. 중요한 것은 장쩌민이 자신의 소신과 행동이 아닌, 덩샤오핑의 이론을 강조한 것이다. 그렇게 함으로써 장쩌민은 자신이 추진하는 정책에 정당성을 확보할 수 있었다.

중국의 미래에 대한 장쩌민의 연설은 같은 해 5월 29일 중앙당교에서 행해졌다. 차오스를 제외한 중앙정치국 전 위원이 참석했고, 그의 연설은 같은 날 언론매체를 타고 전국에 알려졌다. "덩의 정책은 여전히 중국의 발전에 중심이 되겠지만, 그와 같은 발전을 이끌기 위해서는 '정신문화'와 '정치개혁'이 필요하다."고 역설하고, "이후 중국은 10년 동안 주식 제도를 비롯한 여러 유형의 경제적 실험을 통해서 시장경제를 추구해 나갈 것이다. 마르크스주의와 사회주의는 교조적인 방식이 아니라, 중국의 현실에 맞게 적용되어야 한다."고 했다.

이처럼 장쩌민은 덩샤오핑이 사망한 후 몇 달 동안 자신이 구상하는 중국의 미래를 발 빠르게 설파했다. 덩샤오핑이 추진하던 경제정책들은 여전히 유효하지만, 여러 가지 새로운 시도들(부패 청산, 애국심 고취, 주주제도에 있어 공공 소유 인정, 그리고 정치체제의 강화 등)도 암시했다.

이는 신권위주의적 개발독재 정치체제의 강화를 암시하는 것이었다. 장쩌민의 구상은 그해 가을에 열린 15기 당 대회에서 공식화되었다.

덩샤오핑 사후 최초로 열린 중국공산당 제15기 전국대표대회는 1997년 9월 18일 <당헌>을 부분적으로 수정하고 중앙위원을 선출한 후 폐막하였다. 15기 <당헌>은 '덩샤오핑 이론'을 삽입시킨 것 외는, 14기 <당헌>을 그대로 고수하였다.

구체적으로 <당헌> 총강에서 '마르크스 레닌주의·마오쩌둥 사상'에다 '덩샤오핑 이론'을 첨가하여 중국공산당의 행동 지침으로 삼은 점이다. 총강에서 다음과 같이 규정하였다. 이는 덩샤오핑 사후에도 그가 지향하던 노선에는 변화가 없음을 천명한 것이다.

> "덩샤오핑 이론은 마르크스주의의 기본원리와 당대 중국의 실천과 시대적 특징을 상호 결합한 산물이며, 마오쩌둥 사상의 새로운 역사적 조건에서의 계승과 발전이며, 중국에서 마르크스주의를 발전시키는 새로운 단계이며, 당대 중국의 마르크스주의이며, 중국공산당의 집체적 지혜의 결정으로 중국 사회주의 현대화 사업의 부단한 전진을 이끄는 지침.이다."

이어서 9월 19일에 소집된 당 15기 1중전회에서는 당의 새 지도부를 선임했다. 총서기의 경우 장쩌민이 유임되고, 중앙정치국 상무위원 7명 중 5명이 유임되었으며 2명이 교체되었다. 장쩌민과 리펑·주룽지·리루이환·후진타오는 유임되고, 웨이젠싱과 리란칭(李嵐淸)은 정치국 위원에서 승진하였다. 반면, 차오스(72세)와 류화칭(81세)이 물러났다.

중앙군사위원회의 경우, 장쩌민이 그 주석직을 그대로 유지하였고, 부주석의 경우 류화칭(81세)과 장전(83세)이 퇴진하고, 장완녠 및 츠하오톈이 중앙군사위원회 부주석에 유임되었다. 그리고 중앙기율검사위원회 서기에 웨이젠싱이 선임되었다.

이상과 같이 덩샤오핑 사후 처음으로 구성된 당 최고지도층의 특징은 첫째 유임 비율이 높았다. 중앙정치국 상무위원의 경우 71.4 %가 유임되었고, 전체 위원 중 68.2%가 유임되었다. 역대 최고의 유임 비율이다. 이는 덩샤오핑 사후에도 큰 정책의 변화가 없을 것을 예고한 것이다. 특히 류화칭의 퇴진으로 상무위원 중 군 출신이 1명도 없는 것은 장쩌민의 리더십이 확고히 뿌리내렸음을 입증하는 것으로, 군의 정치 간여를 최소화하려는 의도로 풀이할 수 있다. 또한, 퇴임 인사들은 모두 70세 이상인 자들로서 연령 제한규정에 걸려 물러난 것으로 보아 인사의 제도화가 정착되고 있음을 보여준다. 물론, 총서기인 장쩌민(71세)은 예외였다.

1998년 3월에 소집된 제9기 전국인민대표대회에서는 덩샤오핑 사후 첫 국가 지도부를 선출했다. 국가 주석직의 경우 장쩌민이 그대로 유임, 당과 군과 함께 국가권력을 장악하여 정치적 안정을 유지할 수 있게 되었다.

부주석에는 당 서열 5위인 후진타오가 선임되었다. 후진타오는 당 중앙정치국 상무위원 및 당 중앙서기처 서기직도 겸직함으로써 차세대의 최고지도자로 더욱 근접해 갔다. 특히 1999년 9월, 당 15기 4중전회에서 중앙군사위원회 부주석도 겸임하게 되어 이를 더욱 입증해 준다.

최고 주권기관인 전국인민대표대회 상무위원회의 경우, 상무위원장은 차오스가 퇴진하고 전임 총리 리펑이 그 위원장직을 승계하였다.

최고행정기관인 국무원의 경우, 전임 총리 리펑이 헌법상 3임 불가로 전국인민대표대회 상무위원장으로 자리를 옮기고, 상무부총리 주룽지가 총리로 승진하였다. 부총리의 경우, 당 정치국 상무위원인 리란칭과 정치국 위원인 첸치천·우방궈가 연임되고, 정치국 위원 겸 중앙서기처 서기인 원자바오(溫家寶)가 보완되었다. 당 총서기 장쩌민과 국무원 총리 주룽지는 같은 시기에 상하이 시 당위 서기와 시장을 함께 역임한 바 있다.

2. 장쩌민과 보수파와의 사상투쟁

당 15기 중국 최고지도층과 장쩌민과의 관계를 볼 때, 장쩌민의 지도력에 도전할 만한 계파나 인물은 사실상 없었다. 결국, 장쩌민은 덩샤오핑 사후 당·정·군 최고지도부에 자파 세력을 끌어들이고, 경쟁자를 배제함으로써 자신의 권력 기반을 공고히 하였다. 그리고 중국 지도층 누구도 과거의 역사적 경험을 통해 정치적 분열은 중국의 장래는 물론, 자신들에게도 도움이 될 것이 없다는 데 공감하고 있었기 때문에 지도부의 분열로 인한 정치적 불안은 없을 것으로 생각했다. 그러나 여느 정권이나 마찬가지로 집권자에 대한 도전 세력이 없을 수는 없다. 특히 개혁개방으로 야기되는 문제가 온존하고 있는 중국에 있어서는 더욱 그러하였다.

하지만 <남순강화> 이래 지도부 내 보수파의 목소리는 줄어들었다. 물론 덩샤오핑과 타협을 거부하고 권력 중심에서 밀려난 보수파 중 강경 세력은 끊임없이 개혁개방 정책에 대해 비판을 가했으나 반향 없는 외침에 그쳤다. 1992년 보수파의 근거지인 중앙고문위원회는 폐지되었고, 고문위원이던 보수파의 좌장 덩리췬은 중앙위원에서 탈락하는 정치적 수모를 당했다. 이를 계기로 보수파는 덩리췬·위안무(袁木) 등 당 지도부에서 밀려난 강경 보수파와, 덩샤오핑과의 타협을 통하여 당내 입지를 유지한 리펑·쩌우자화·뤄간(羅干) 등의 온건 보수파로 분화되었다. 한편 반(反)보수 세력도 개혁개방에 보다 적극적인 주룽지를 중심으로 한 개혁파와, 개혁 성향이기는 하나 보수파를 의식하는 장쩌민·우방궈·리란칭 등 집권 주류세력, 즉 중도 개혁파로 나누어졌다. 그리고 자오쯔양 전 총서기의 추종 세력과 반체제 인사들은 급진개혁파로 분류되었다.

1989년 톈안먼사태 이래 보/혁 간 권력투쟁 양상을 요약하면, 6·4 톈안먼사태로 급진개혁파가 정치권 주류에서 배제되는 결과를 가져왔고, 이후 강경 보수파와 보수파가 주도하던 치리정돈의 정국은 <남순강화>를 계기로 강경 보수파가 대거 물러나면서 개혁파가 전면에 나서는 형국이 되었다. 14기 당 대회 이후는 개혁파가 정책을 선도하는 가운데 중도 개혁파가 이들을 뒷받침하고 보수파가 침묵하는 형세를 유지했다. 그리고 정권의 주류에서 밀려난 강경 보수파와 급진개혁파가 외곽에서 끊임없이 당 지도부에 문제를 제기하는 형국이었다. 다만 강경 보수파가 집권 세력 내부의 개혁파를 주 과녁으로 하여 공세를 가했다면, 급진개혁파는 보수파의 입지를 계속 위협하는 움직임을 보였다.

강경 보수파는 1995년과 1996년 초에도 당 정책을 비판하는 문건을 잇달아 발표하였다. 하지만 장쩌민이 이끄는 당 지도부는 무응답으로 대응하였다. 오히려 강경 보수파와 마찬가지로 정권에서 소외된 급진개혁 세력이 보수파의 이론 공세에 적극적으로 응전했다. 자유 지식인이 중심이 되어 강경 보수파의 주장을 정면 반박하는 8만 자의 탄원서를 전국인민대표대회와 정치협상회의에 제출했다. 보/혁간 노선투쟁은 정권 중심부가 아닌 외곽에서 구경꾼 없는 싸움의 양상을 띠고 있었다.

이러한 와중에 1997년 초, 강경 보수파는 그간의 이론적 천착을 다듬어 2만 3,000자에 달하는 <2차 만언서(萬言書)>를 발표했다. <1차 만언서>[1]때와 마찬가지로 당 15기 대회를 겨냥한 이론적 선제공격이었다. 당시는 덩샤오핑이 사망을 목전에 둔 시기여서 만언서는 상당한 파장을 불러일으켰다.

<공유제의 주체적 지위 견지에 관한 약간의 이론과 정책 문제>라는 제목의 <2차 만언서>는 소유제 문제를 집중적으로 비판했으며, 위안무 전 국무원 연구실 주임 등이 ≪당대사조(當代思潮)≫ 편집실의 명의로 작성하여 내부 문서로 당 중앙에 제출했다. 주장의 요지는 다음과 같다.

- 십 수년 동안 비공유 경제의 급속한 발전은 공유제와 비공유제의 비율을 급속히 변화시켰다. 공유제는 주체적 지위를 상실할 잠재적 위험에 직면해 있다.
- 만약 공유제의 주체적 지위가 상실되면 노동자 계급은 피고용 노동자로 전락, 공산당은 통치의 경제적 기초를 잃고 국가-정권은 변질된다. 사회주의 이데올로기는 용해돼 사회주의의 정신적 지주가 무너지며 국가 전체의 사회주의 성격도 변해 국제 자본주의의 속국이 된다.
- 일부에선 소기업이 사유화되어야 한다고 주장하고 있다. 소기업은 여러 경제영역과 전국 각지에 퍼져 있어 독립채산 기업의 96%를 점유, 노동자의 80% 전후를 차지하고 있다. 따라서 소기업의 사유화는 절대다수 노동자의 생활을 비공유제 관계 속에 두는 것이 된다.

---

1) <1차 만언서>는 1992년 덩샤오핑 <남순강화>를 계기로 당의 주류가 다시 개혁개방 쪽으로 힘이 실리고 있을 즈음에 작성한 문건으로, 이는 천윈의 '새장 경제'의 관점에서 1978년 이래 지속되어 온 개혁개방정책을 비판한 글이다. 결국 <1차 만언서>는 보수세력이 정권의 주류에서 밀려나는 결과를 초래했다.

이렇게 되면 인민의 생산 관계, 즉 국가적 사회경제제도는 이미 사회주의가 아니다.

 • 외자도입은 서구자본주의 제도를 받아들이기 위한 것이 되어서는 안 된다. 근년 국유기업은 과도한 적자경영상태에 있어 투자의 90%는 채무에 의존하고 있다. 이런 상황에서 비공유제가 축적해온 자산을 보다 많은 생산조건과 결합시킬 경우 비공유제는 강력한 경쟁상대가 된다.

 • 고르바초프의 개혁정책은 서방국가의 책략에 말려 잘못된 노선으로 개혁정책을 추진, 결국 소련을 붕괴시켰다.

 • 마오쩌둥 동지의 지적처럼 사상과 정치적으로 노선이 정확한지 여부가 모든 것을 결정한다. 공유제가 주체라는 점을 견지하는 것은 정확한 노선을 수행하는 국가-정권의 보증이다.

1996년까지 강경 보수파의 파상적 이론 공세에 대해 이를 반박하는 논문의 게재는 물론, 간행조차 금지한 당 지도부였지만, <2차 만언서> 발표 후 본격적인 응전에 나섰다. 지도부가 이렇게 대응에 나선 것은 무엇보다도 1997년 2월 덩샤오핑이 사망했기 때문이다. 덩의 사망은 보수세력의 공세를 막아주던 방파제가 사라진 것을 의미했다. 덩샤오핑과 같은 카리스마적 권위를 갖추지 못한 장쩌민 등 개혁 지향의 지도부는 스스로 사상체계로 무장, 보수세력의 이론적 도전에 맞서야 할 처지에 놓이게 된 것이다.

또 다른 이유는 개혁의 심화로 사회주의경제의 근간인 공유제 문제를 건드리지 않을 수 없는 상황에 접어들었기 때문이다. 집권 세력은 15기 당 대회를 앞두고 현재의 개혁이 보수 이론가들이 지적한 것처럼 공산당의 정체성을 부인하는 것이 아니라고 반박해야 할 필요성이 절박하였다. 보/혁간 대립 속에서 중도적 입장을 견지해 온 장쩌민은 개혁파의 주장을 수용함으로써 이러한 곤경을 헤쳐나가려 했다.

특히 1997년 봄부터 보수대열은 ≪당대사조≫에 매 편 1회 이상 당 지도부에 의해 추진되고 있는 소유제 개혁을 비판하는 글을 실었다. 4 월 22일자 ≪당대사조≫ 제44기에는 특약 평론원의 이름으로 <사회 주의 공유제의 특징과 실질을 논함>이라는 논문을 통해 "공유제의 개 혁 또는 공유제 개혁의 실현을 제기하는 것은 형식적인 주장이고, 실 제로는 사유화 하는 것"이라고 하면서 지도부를 힐난했다. 또 "어떤 사람은 마르크스가 말한 공유제를 주식제라고 하는데 이것은 심각한 오해와 곡해의 소산"이라고 비판하는 등 쟁점을 공론화했다.

이처럼 보수파의 공세가 그치지 않자 장쩌민은 덩샤오핑 사망 100 일째인 1997년 5월 29일 중앙당교 성·부급 간부 진수반(進修班) 수료 식에서 단호한 연설을 한다. 이른바 <5·29 강화>다. 이는 덩샤오핑 사망한 후 당 중앙이 최초로 그 치국이론을 체계적으로 천명한 것이 며, 15기 당 대회 정치보고에 담길 주요 정신을 밖으로 표현한 것이다.

전체 연설문은 2만 자를 넘었으나 ≪신화사≫는 뉴스를 통해 4,000 여 자를 공개했다. 주요 골자는 다음과 같다.

- 중국 특색의 사회주의, 즉 덩샤오핑 이론의 견지.
- 사회주의 초급단계론 재제기.
- 국유기업의 비중 축소를 근간으로 한 경제체제의 개혁.
- 당 지도 강화.

이 중 덩샤오핑 이론 견지나 사회주의 초급단계론은 전혀 새로운 것이 아니었다. 특히 1987년 13기 당 대회에서 자오쯔양이 내세운 이 론으로서 중국 사회를 자본주의 요소가 남아있는 사회주의 초급단계로 규정, 자본주의 생산방식의 채택을 정당화한 이론이다. 장쩌민은 자오쯔양의 초급단계론을 다시 꺼내 "모든 경영방식과 조직 형태를 과감하게 개혁하여 비공유 부문의 비율을 확대할 것."을 강조했다.

당 중앙은 선전부를 동원, 장쩌민의 <5·29 강화>를 '1978년 실천이 진리를 검증하는 표준'이라는 쟁론을 통해 개혁개방의 노선을 채택한 '제1차 사상해방', 1992년 <남순강화>를 통해 '성 사(사회주의)'와 '성 자(자본주의)'의 속박을 돌파한 '제2차 사상해방'에 비견될 '제3차 사상해방'이라는 캠페인을 전개하는 한편, 1997년 9월 15기 당 대회를 앞두고 6월부터 8월까지 대대적인 학습 운동을 펼쳤다. 제3차 사상해방이란 무엇을 돌파하려는 것인가? 제2차 사상해방이 '성 사'와 '성 자'의 속박을 돌파한 것이라면, 제3차 사상해방은 '성 공(姓公, 공유제)'과 '성 사(姓私, 사유제)'의 금구(禁區)를 돌파하려는 것이라고 역설하였다.

장쩌민은 자신의 1급 브레인인 류지(劉吉) 사회과학원 부원장에게 사상해방을 강조하는 ≪교봉(交鋒)≫이라는 책을 출간케 한 것도 당 지도부가 강경 보수파에 대한 반격 캠페인의 일환이었다. 이 간행물을 통해 보수파에 대해 "실천이 진리를 검증한다."라는 마오쩌둥의 말을 다시 인용, 발상의 전환을 촉구했다.

그리고 당 중앙은 주룽지 총리가 적극적으로 추진한 세계무역기구(WTO) 가입에 대한 논쟁에서도 보수파의 반대를 무릅쓰고 주룽지의 손을 들어주었다. 그해 8월 베이다이허 회의에서 '개혁개방의 입장과 방향에는 변함이 없다.'는 결론이 내려짐에 따라 WTO 가입을 둘러싼 논쟁은 주룽지 총리의 승리로 귀착되었다. 이어 11월에는 미국과의 WTO 가입 협상이 타결되었다.

이처럼 장쩌민이 개혁개방 노선을 취하는 쪽으로 입장을 확고히 함에 따라 강경 보수파는 주룽지를 중심으로 한 개혁파의 정책을 공격

목표로 하던 종전 자세에서 방향을 바꾸어 장쩌민을 직접 겨냥하기 시작했다.

일부 강경 보수파는 1999년 발표한 문건에서 "부르주아계급을 고무하는 분자들이 아무런 제재를 받지 않고 대담하게 활동하는 것은 정책결정권자와 미국을 우두머리로 하는 서방 부르주아계급 권력자가 묵계하였기 때문이며, 이는 결국 중국을 점점 더 서방 자본주의 그물 속에 집어넣는 결과를 가져올 것이다."라고 주장했다. 이 문건에서 장쩌민을 직접 거명하지는 않고 '당내의 새로운 부르주아계급 당권파'라고 만 표현했다.

2000년 3월, 강경 보수파의 이론지 《중류(中流)》에 베이징대학의 한 대학원생이 기고한 글은 이보다 한발 더 나아갔다. "대학의 사상문화 진지(陣地)가 부르주아지계급 자유화 분자에 의하여 점령되었으며 이는 상급 지도층의 책임이다."라는 대목이 그것이다. 이는 명백히 장쩌민을 지칭한 것으로 이 대목은 《광명일보》에 전재할 때 삭제되었다. 또 이들은 장쩌민이 내세운 '3개 대표론'에 초점을 맞추어 포문을 열기 시작했다.

3. 장쩌민의 '3개 대표론'에 대한 공방

'3개 대표론'은 장쩌민이 2000년 2월 광둥 성 시찰 때 처음으로 제시한 이론이다. "중국공산당은 중국 선진사회의 생산력 발전의 요구를 대표하고, 중국 선진문화의 전진 방향을 대표하고, 중국의 폭넓은 인민의 근본 이익을 대표해야 한다."는 이론이다. 이는 중국공산당의 계급 기초를 '노동자 중심'에서 '광범위한 인민'으로 확대, 개혁개방 이후 중국 내 경제사회 구조의 변화를 일정 부분 수렴한 것이다.

이론의 핵심은 바로 세 번째 항목이다. 과거 중국공산당이 대표하던 계층은 노동자와 농민이었으나 이제는 지식인과 과학자는 물론, 사영 기업가들까지 확대하여야 한다는 것이었다. 이 이론은 '명목상으로는' 여전히 프롤레타리아의 이익을 대변한다는 중국공산당이, 시장경제 도입 이후 '실제로는' 생산수단을 소유한 사영 기업주의 이익을 보장하고 보호하는 현실이 초래한 이론상의 딜레마를 극복하려는 것이었다.

3개 대표론은 명분과 현실 간의 모순을 극복하고자 한 이론이다. 그러나 당의 정체성에 대해서는 심각한 의문이 제기되었다. 프롤레타리아와 함께 부르주아지의 이익을 대변하는 당이 더는 공산당일 수가 있느냐는 점이다.

장쩌민이 던진 3개 대표론이라는 이 '화두'를 놓고 당내 보수파와 당권파 이론가들 사이에 첨예한 이론투쟁이 전개되는데, 이는 결코 이론적인 문제만이 아닌, 정권과 관련된 문제였다.

보수파의 이론가인 덩리췬은 일단 3개 대표론을 선전하는 신문 잡지를 공격하는 외곽 때리기에 나섰다. 그는 "우리는 현재 사유화·서구화·분열화·부패화 라는 4화(化)의 위기에 봉착해 있다."면서 "적지 않은 신문 잡지의 논문들이 당 중앙 노선과 마르크스 레닌주의 마오쩌둥 사상, 덩샤오핑 이론을 벗어나고 있어, 우리는 머지않아 닥쳐올 이들과의 사상투쟁에 대비해야 한다."고 강조했다. 위안무도 ≪구시(求是)≫, ≪당대사조≫ 등 잡지에 장 주석의 3개 대표론을 비판하는 논문을 잇달아 게재했다.

강경 보수파는 3개 대표론을 '일종의 수정주의 노선'으로 보고, 중국공산당을 사회민주당으로 변질시키려 한다고 비난했다. 이들은 다른 한편으로는 3개 대표론 등 지도부의 노선에 이론적 토대를 제공하고 있는 학자 등을 맹비난하였다. "현재 중국의 사상 이론계와 정계에 기본사상(마르크스 레닌주의 및 마오쩌둥 사상)을 부정하는 문제가 존재한다."며, "저명 이론가·철학자·사학자들이 이 흐름에 동참하고 있다."고 비난했다.

<제2차 만언서>에서 공유제 문제를 본격적으로 제기한 덩리췬은 재차 이 문제를 집요하게 물고 늘어졌다. 그는 2000년 1월 발표한 문건에서 국유기업 개혁 작업이 계속된다면 당의 통치 기반이 붕괴할 것이라고 경고했다. "국유기업이 경제의 근간이 되지 않는 한 10년 안에 공산당이 몰락하고 말 것"이라는 극언까지 했다. 또한 "당·정 기관들이 세수 등 수입의 원천인 민간과 외국인 기업에 종속되어 가고 있다."면서 국유기업의 역할 축소는 향후 중국의 정치·사회의 변화를 초래, 결국 공산당의 일당 독재체제도 위협받을 것이라는 주장도 했다.

당시 이 같은 강경 보수파의 이론 공세는 과거와는 달리 나름의 힘을 얻고 있었다. 왜냐하면, 사회에 만연한 극심한 부패상과 국유기업 개혁에 수반되는 대량 실업, 빈부격차의 확대 등 이들의 주장을 뒷받침하는 현상이 더욱 증가하고 있었기 때문이다.

그때까지의 이론 공세가 리펑 등 지도부 내 보수파들이 침묵하는 가운데, 덩리췬과 위안무 등 원로들에 의해 외롭게 주창되었으나, 시장화 정책의 문제점이 점차 현실로 드러나자 45세 이하의 젊은 세대들도 이에 동조하는 자들이 늘어났다. 지도부 내 보수파는 새로운 피의 수혈에 실패했지만, 강경 보수파는 세대교체에서는 어느 정도 성공한 셈이다.

당 지도부도 이를 의식, 적극적으로 이론투쟁에 나섰다. 11월 당 기관지 ≪구시≫는 개혁개방론을 부정하는 주장이 당내에 존재함을 인정하고 이를 정면에서 비판하는 논문을 게재한 사실은 이러한 상황

인식을 배경으로 한 것이었다.

장쩌민은 3개 대표론에 대한 보수파의 반발이 그치지 않은 상황에서 한발 더 나아갔다. 2001년 7월 1일 중국공산당 창당 80주년 기념 연설에서 "사영 기업주들의 공산당 입당을 허용하겠다."고 선언했다. 이는 3개 대표론을 실천에 옮길 것임을 분명히 한 것이다. 장쩌민의 7월 1일자 연설, 이른바 <7·1 강화>에 대해 덩리췬을 비롯한 보수파 지도자들은 격렬하게 반발했다.

덩리췬 그룹은 또 한 편의 <만언서>로 장쩌민을 공격했다. 7월 하순 공표된 이 <만언서>는 장쩌민을 '수정주의자'로 몰아붙이기까지 했다. 부르주아지에 의한 공산당 건설을 꾀한다고 비난했고 3개 대표론에 빗대 간부 부패, 빈부격차 확대, 치안 악화 등 '3개 문제'를 제기하며 당 지도부를 맹렬히 공격했다.

보수파의 이러한 맹렬한 공격에 대해 반응이 없던 장쩌민은 그해 여름 베이다이허 회의가 끝나자마자 바로 포문을 열기 시작했다. "마르크스주의는 정지해 있는 불변의 것이 아니며 만약 정지하여 변하지 않는다면 생명력이 없는 교조로 변해 버릴 것이다." "일부 보수파들이 당의 실사구시 사상노선의 집행을 심각하게 방해하고 있다. 이들을 반드시 '제압'해야만 한다."고 강조했다. 이는 2000년 8월 22일 ≪신화사 통신≫을 통하여 보도되었다.

장쩌민의 이 같은 공격은 그의 <7·1 강화> 이후 당내 강경 보수파들이 보인 반발에 대한 최초의 공개적인 대응이었다. '강경 보수파'에 대하여 '제압'이라는 과격한 용어까지 동원했다. 이는 한편으로 총서기를 수정주의자라고 몰아붙일 정도로 한계를 넘은 강경 보수파의 공격에 대해 '이에는 이, 눈에는 눈'식의 대응이었다고 보겠으며, 다른 한 편으로는 장쩌민이 베이다이허 회의를 거치면서 강경 보수파와의 투쟁에서 자신감을 얻게 된 증거로도 보였다. 왜냐하면, 베이다이허 회의가 끝나자마자 강한 반격을 가하기 시작했기 때문이다.

베이다이허 회의에서는 3개 대표론과 관련하여 어떤 결론이 내려졌는가. 홍콩의 ≪명보(明報)≫는 이번 회의에서 장쩌민의 3개 대표론을 16차 당 대회에서 당헌에 삽입하기로 했다고 보도했다. 또 다른 소식통들은 3개 대표론을 <당헌>에 넣을 것인가에 대한 문제를 놓고 격렬한 토론이 벌어진 것으로 전했다. "부르주아지들이 수단 방법을 가리지 않고 돈벌이에만 몰두, 부패가 만연되고 있다."는 강경 보수파들의 주장에 일부 당 원로까지 가세, 장쩌민의 입장이 한때 난처한 지경에 처하기도 했지만, 대다수 회의 참가자들은 결국 "사영기업이 중국경제에서 차지하는 비중과 공헌을 직시해야 한다. 3개 대표론은 덩샤오핑 이론 등을 창조적으로 계승 발전시킨 것이다."라는 당 지도부의 주장에 동의하였다고 했다.

장쩌민은 중국을 부강하게 이끈 시장경제를 인정하지 않을 수 없다는 현실론을 상기시키는 한편, 여전히 무시할 수 없는 덩샤오핑의 권위를 동원, 3개 대표론에 대한 지지를 끌어낼 수 있었다.

장쩌민은 ≪진리의 추구≫와 ≪중류≫ 등 '좌파 잡지'를 정간시키는 등의 언론 통제를 통하여 반대파의 주장을 억압하는 한편, ≪인민일보≫를 통해 선전 활동에 주력했다. ≪인민일보≫ 인터넷 신문은 홈페이지제호 바로 아래쪽에 '장쩌민 <7·1 강화>학습'이라는 코너를 운영했다. 여기에는 장쩌민의 <7·1 강화> 내용과 지도자들의 지지 발언, 관련 기사, 논평 등을 수록하였다.

여기서 주목할 것은 장쩌민의 3개 대표론에 대해 일찌감치 지지 의사를 밝힌 후진타오 부주석과, 우방궈 등 상하이방 인사들뿐만 아니라, 비교적 중립적인 뤄간 국무위원과 장춘원 전국인민대표대회 상무부위원장, 그리고 보수성향의 리톄잉(李鐵映) 사회과학원장 등도 공개적으로 지지를 표명한 사실이다.

이는 장쩌민이 3개 대표론을 둘러싼 논쟁에서 강경 보수파인 덩리췬 그룹과 리펑 세력 간의 연대를 차단하는 데 그치지 않고, 리펑 측의 공개적인 지지를 끌어내는 데 성공했음을 보여주는 것이었다.

3개 대표론과 관련한 장쩌민의 행보는 1992년 덩샤오핑의 <남순강화>를 연상케 했다. 장쩌민은 우선 개혁개방의 무대인 광둥 성에서 3개 대표론을 처음 제시했고, 덩샤오핑이 시장경제의 도입을 촉구하는 발언을 한 것도 역시 광둥 지역이 포함된 경제특구를 시찰하면서였다. 덩이나 장이나 그것은 고양이 목에 방울을 다는 모험이었다. 보수파들이 숙청된 사실도 비슷하다. 좌파의 이론적 보루가 봉쇄된 사실은, <남순강화> 이후 덩의 지시가 당의 노선으로 정착되는 과정에서 강경 보수파 인사들이 대거 현직에서 물러난 사실을 연상시키기에 충분했다.

둘 사이의 차이를 찾는다면 첫 언급에서 노선으로 정착될 때까지의 기간과 군부의 지지 여부다. 덩샤오핑의 <남순강화>는 14기 전국대표대회를 8개월 정도 앞두고 거론된 데 비해, 장쩌민의 3개 대표론은 16기 전국대표대회를 거의 2년여 앞둔 시점에서 처음 제기되었다. <남순강화>가 당의 노선으로 사실상 결정된 것은 1992년 베이다이허 회의 이전이었다. 불과 3~4개월밖에 시간이 걸리지 않았다. 그러나 3개 대표론이 당 지도부 다수의 추인을 받기까지는 1년 반의 기간이 필요했다. 덩샤오핑의 <남순강화>가 당의 노선으로 결정되기까지에는 군부의 공개적 지지가 결정적 요소로 작용했다. 다만 장쩌민의 경우에는 군부의 지지가 필요했고 또 얻는 데 성공했지만 <남순강화> 때처럼 결정적 요소로 작용하지는 않았다.

14기 대회를 앞둔 덩샤오핑과 16기 대회를 준비하는 장쩌민은 자신이 마련한 지도이념에 대한 당의 지지를 끌어내고 자신의 노선을 추진할 세력을 강화했다는 점에서는 비슷하다. 다만 덩샤오핑과는 달리 장쩌민은 자신이 선택하지 않은 후계자(덩이 지명한 후진타오)를 받아들이지 않을 수 없었다.

제 6 장

후진타오의 권력승계와 제4세대의 부상

1. 후진타오 체제의 출범과 제4세대로의 권력이동

중국공산당 제16기 전국대표대회는 당초 2002년 9월로 예정되어 있었지만, 장쩌민의 퇴진 문제 등 여러 의제로 혼미를 거듭하다 2002년 11월 8일에야 개막되었다. 이 대회는 정권이 교체되는 실로 중대한 행사로, 후진타오를 중심으로 하는 제4세대 지도자들이 권력을 승계하는 대회였다.

여타 대회와 마찬가지로 동 대회는 <당헌>을 다듬고 지도체제를 개편했다. <당헌>의 경우, 먼저 장쩌민의 '3개 대표론'이 당의 지도이념으로 채택되었다. 따라서 <당헌>에서 중국공산당은 마르크스 레닌주의, 마오쩌둥 사상, 덩샤오핑 이론, 그리고 3개 대표라는 중요 사상을 당의 지도이념으로 삼는다고 명기한 것이다.

중국은 덩샤오핑에 의해 추진된 개혁개방정책으로 한편으로는 급속하게 경제가 성장했지만, 다른 한편으로는 이에 부수한 많은 문제가 발생하였다. 그중에서 특히 경제발전과 정치발전(정치참여)의 불균형은 자칫 정권에 위협이 될 수도 있었다. 이러한 문제를 해결하고 지속적인 시장경제 발전을 위해 장쩌민은 3개 대표론을 제창한 것이다.

3개 대표론이란 앞에서 이미 언급한 바와 같이 마르크스 레닌주의, 마오쩌둥 사상, 덩샤오핑 이론을 계승한 시대적 상황에 적합한 실천적 사상으로 다음 3개의 명제를 담고 있다.

> "중국공산당은 ①중국의 선진적인 생산력 발전의 요구를 대표하고, ②선진문화의 창달을 대표하고, ③폭넓은 인민의 근본 이익을 대표해야 한다."

그것은 공산당은 선진 생산가(기업가), 선진 문화(지식인), 폭넓은 인민(농민·노동자 포함)의 이익을 대표해야 한다는 이론이다. 이에 따라 사영기업인 등 새로운 계층에 대해 당의 문호를 개방하였다. 이는 근본적으로 전통적인 사회주의 이데올로기에서 벗어난 이론으로 중국적 상황에 맞게 변형된 '중국 특색의 사회주의' 이론이다.

요컨대, 3개 대표론은 결국 노동자와 농민 등 프롤레타리아의 적이었던 부르주아지와 지식인 계급을 끌어안겠다는 내용으로, 유럽식 사회민주당 또는 국민정당을 지향하는 정치개혁의 맹아가 내포되어 있다. 발전론적 이론에서 볼 때, 3개 대표론은 급속한 경제발전→급속한 도시화 및 매스커뮤니케이션의 발전과 교육 수준의 향상 등으로 폭증한 인민의, 특히 선진 계층(기업가, 지식인)의 정치참여 욕구를 정치체계 내로 흡수함으로써 정치적 안정을 기하겠다는 의도라고 볼 수 있다.

하지만 장쩌민은 정치보고를 통해 '전면적인 샤오캉사회 건설'이 당의 목표임을 선언하는 한편, 정치체제에 있어서는 '절대로 서방의 정치체제모형을 받아들이지 않는다.'는 전제하에 '사회주의 민주제도'를 건설할 것을 요구함으로써 정치체제개혁의 한계를 분명히 했다. '4항 기본원칙의 견지', 즉 사회주의 노선에는 흔들림이 없음을 강조한 것이다.

<당헌>에 3개 대표론이 채택되도록 한 것은 장쩌민의 위상을 마오쩌둥, 덩샤오핑과 같은 반열에 올려놓겠다는 장쩌민 자신의 정치적 의지의 결과라 보겠다. 결국, 이 이론의 채택은 농민혁명노선을 관철한 마오쩌둥의 쭌이회의, 사회주의(성 사)와 시장주의(성 자)의 대립 관계를 해결한 1992년 덩샤오핑의 <남순강화>에 비견되는 역사적 의미를 갖게 된 것이다.

연이어 소집된 당 16기 1중전회에서 공식적으로 후진타오를 당 총서기로 선출했다. 이로써 장쩌민을 비롯한 70대 정치인들, 이른바 '제3세대' 지도자 그룹의 시대는 막을 내리고, 후진타오를 중심으로 한 '제4세대' 정치지도자 그룹의 시대가 시작된 것이다. 덩샤오핑의 점지가 있은 지 11년 만에 이루어진 평화적인 권력승계였다.

1991년 8월 20일, 덩샤오핑은 베이다이허의 별장에서 14기 당 대회에 대비해 중앙정치국과 상무위원의 인사 지시를 받으러 온 장쩌민에게 국무원 수력부 부장으로 내정되어 있던 후진타오를 정치국 상무위원으로 발탁하겠다고 말했다. 최고 권력자의 이 한 마디로 후진타오는 장쩌민 다음의 '제4세대' 지도자로 내정되었다. 이른바 '격대지정'[1]이 된 셈이다.

중국공산당이 집권한 이래 당내 민주화와 현대화에는 상당한 발전을 거듭해 왔지만, 공산당 최고지도자의 교체에 한해서는 봉건적인

---

1) 격대지정(隔代指定): 중국의 지도자 교체 방식. 현 지도자가 한 대(代)를 뛰어넘어 그다음 세대 지도자를 미리 정해 권력승계를 투명하게 하는 방식으로, 덩샤오핑이 권력투쟁의 폐단을 끊기 위해 고안해 낸 것이다.

'적자 계승'의 관례를 답습해 왔다. 적자는 혈연상의 자식을 지칭하는 것이 아니라, 선임자가 직접 사상과 노선의 승계자로 점지한 인물을 가리킨다. 물론 초기 혁명 과정에서는 소련이 점지한 친소 소련 유학 파들(왕밍, 보구 등)이 당의 주도권을 장악한 바 있지만, 마오쩌둥이 당을 장악한 이후에는 적자 계승의 관례를 답습해 왔다.

중국공산당의 역사를 보면, 제1세대의 지도자 마오쩌둥은 류사오치, 린뱌오, 왕훙원, 화궈펑을 차례로 후계자로 지명했다. 마오쩌둥은 류사오치에게 일단 국가 주석직을 넘겨줬지만, 노선상의 이견이 깊어지자 결국 문화대혁명을 발동해 그를 숙청했다. 류사오치는 1969년 모든 공직을 박탈당하고 후난성의 감옥에서 비참하게 최후를 마쳤다. 마오쩌둥은 린뱌오를 후계자로 내세웠다. 1969년 중국공산당 <당헌>에 린뱌오는 마오쩌둥 동지의 가장 친밀한 전우이며 '후계자'라고 못 박았다. 그러나 린뱌오는 마오쩌둥의 죽음을 기다리지 못하고, 쿠데타를 일으켜 정권을 탈취하려 하다가 실패를 자초했다. 이후 마오쩌둥은 문화대혁명 4인방 가운데 한 사람인 왕훙원을 내세웠다. 그러나 왕훙원은 충성심은 강했으나 실무 능력이 너무 떨어져 밀쳐졌다.

고민 끝에 마오쩌둥이 내세운 후계자는 화궈펑이었다. 마오쩌둥은 화궈펑에게 "그는 어리석지 않다."고 평했다. 능력이 있어서가 아니라 충성심 강하고 모나지 않고 무난하다는 말이다. 자신의 사후 화궈펑의 안위가 걱정되었던 마오쩌둥은 "자네가 맡으면 마음이 놓이네."라는 유언으로 화궈펑을 후계자로 점지하고 정권을 맡겼다. 그러나 마오쩌둥이 죽은 지 2년도 되지 않아 화궈펑은 덩샤오핑에 의해 축출되었다.

덩샤오핑은 1978년 개혁개방을 추진하면서 자신이 선택한 후야오방을 후계자로 점지했다. 그러나 당 총서기직을 이어받은 후야오방은 너무 급진적이었다. 결국, 1987년 1월 천원·보이보 등 보수세력에 밀려

실각했다. 후야오방은 총서기 재직 때 이미 기업 안에 있는 공산당 조직의 철수, 기업가도 공산당원으로 받아들일 것 등을 구상했다고 한다. 1989년 4월 심장발작으로 입원 중이던 후야오방은 문병 온 친구에게 자신의 생애에서 잊고 싶은 날이 이틀이라고 말했다. 하나는 당 총서기로 취임한 날이며, 다른 하나는 그 직을 사직한 날이다. 그의 취임과 해임 모두 덩샤오핑의 결심 하나로 좌지우지되었던 것이다.

덩샤오핑은 자오쯔양을 후계자로 세웠다. 그러나 자오쯔양은 1989년 톈안먼사태 때 강경 진압에 반대했고, 이 때문에 쫓겨났다. 자신이 세운 후계자 두 명을 연달아 제 손으로 내친 83세의 덩샤오핑은 허탈했다. 할 수 없이 무명 인물이지만 모난 것 없이 무난한 장쩌민을 발탁했다.

덩샤오핑 자신도 국가의 운명이 한 사람의 의지에 걸려 있는 것의 위험성을 인식하고 있었다. 마오쩌둥에 의해 진행된 10년간의 문화대혁명은 뼈아픈 교훈이었다. 덩샤오핑은 1989년 9월 4일 장쩌민 등 중앙정치국 상무위원들에게 사퇴 의지를 표명했다. 그리고 다음과 같이 사퇴 이유를 설명했다.

"사퇴는 이미 결정했다. 최상의 방법이다." "생각해 보면 나의 발언권이 세면 셀수록 국가나 당을 위해 좋지 않다. 내 수명이 다하는 날이 온다면 더욱 위험해진다. 세계의 많은 나라는 그들의 대(對)중국 정책 수립에 있어 나의 병환이나 사망을 큰 변수로 고려하고 있다. 나는 나이 든 이래 항상 이것을 우려해 왔다. 국가의 운명이 몇몇 소수인의 어깨에 걸려 있는 것은 매우 잘못된 일이며, 위험한 일이다. 문제가 없을 때는 괜찮지만, 의외의 일이 터질 때는 수습이 어렵다."

1989년 11월 9일, 당 14기 5중전회에서 덩샤오핑은 중앙군사위원회 주석직을 사임함과 동시에 명목상의 모든 공직에서 물러났다. 그러나 실제적으로는 여전히 당과 국가 정책의 최종 결정자적 위치에 있었다. 1992년 일반 백성으로 돌아가겠다고 선언한 덩샤오핑은 두 가지 중요한 결단을 한다. 하나는 중국 남방을 시찰하면서 개혁개방을 가속화할 것을 촉구한 것이며, 다른 하나는 장쩌민의 후계자로 후진타오를 지명한 것이다.

하지만 덩샤오핑이 사망하고 장쩌민이 실질적인 권력을 장악하고 있는 당시 누구를 후계자로 지명할 것인가는 장쩌민의 마음에 달려 있었다. 후진타오에게 정권을 넘기기 싫으면 구실은 얼마든지 만들 수 있었으며, 덩샤오핑의 점지는 구속력이 없었다. 그러나 장쩌민은 2002년 가을과 2003년 봄에 걸쳐 중국공산당 총서기직과 국가 주석직을 후진타오에게 넘겨주었다.

후진타오(胡錦濤, 1942~)는 안후이 성 지시(績溪)가 원적으로 상하이에서 출생했다. 1959~1965년 칭화대학 수리공정과를 졸업하고, 간쑤성 기층 근무를 거쳐 1982년 후야오방이 추진한 제3세대 간부육성책에 의해 당 제12기 후보 중앙위원에 발탁되었다. 그 후, 1985년까지 공청단(후야오방 인맥) 중앙서기처 서기 등 주로 청년공작에 종사하면서 비교적 순조롭게 엘리트의 길을 걷게 되었다. 그 후 후야오방과 차오스의 추천으로 후진타오는 최연소(42세) 성급 당위 서기(구이저우 성)가 되어 기층지도자의 경험을 다지게 된다.

시짱 자치구 당위 서기를 거쳐 1992년 당 14기 때부터 실질적인 후계자 반열에 오르기 시작했다. 14기 당 대회에서 중앙정치국 상무위원과 중앙서기처 서기로 승진했다. 중앙당교 교장도 겸했다. 그 후 5년간 그는 당무와 조직 업무 등을 주관했다. 이 훈련과정을 거쳐 15차 당 대회에서는 당 서열 7위에서 5위로 껑충 뛰어올랐다. 중국 제4세대 지도자들 가운데서 당내 지위로 볼 때 후진타오는 이미 선두주자 자리를 확고히 잡았다. 1998년 3월 후진타오는 국가 부주석, 9월에는 중앙군사위원회 부주석에 선임되어 후계자로서의 위상을 확고히 하였다.

16기 1중전회에서는 후진타오의 권력승계와 동시에 지도층의 대폭적인 세대교체도 이루어졌다. 62.5%의 정치국 위원이 교체되었다. 제3세대가 제2세대로부터 완전히 정권을 이양받던 14기와 비슷한 형국이었다. 1992년 당시에도 70%가 교체되었다.

중앙정치국 상무위원의 경우, 후진타오를 비롯한 우방궈·원자바오·자칭린(賈慶林)·쩡칭훙(曾慶紅)·황쥐·우관정(吳官正)·리창춘(李長春)·뤄간 등 9명이 선출되었다. 후진타오는 유임되었고, 그 밖의 상무위원은 모두 정치국 위원에서 승진되었다. 쩡칭훙은 정치국 후보위원에서 2단계 승진한 케이스다. 신임 상무위원은 모두 제4세대 지도자들이다. 평균 62세로 거의 60대 초·중반이었다. 반면, 장쩌민·리펑·주룽지·리루이환·웨이젠싱 등 이른바 정치 제3세대 지도자들은 연령 및 임기 제한이라는 제도화의 덫에 걸려 모두 퇴진했다.

중앙기율검사위원회 서기의 경우 웨이젠싱에서 우관정으로 교체되고, 중앙서기처 상무서기는 쩡칭훙이 선임되어 서기처의 일상 업무, 즉 당의 행정업무를 총괄하였다. 이처럼 당 최고지도부의 대대적인 교체가 이루어졌지만, 중앙군사위원회 주석의 경우, 장쩌민은 그 직을 그대로 유지했다. 반면 부주석에는 후진타오를 비롯해 현역 장성인 궈보슝(郭伯雄)과 차오강촨(曹剛川, 국방부장)이 선임되었다.

당 16기 인사의 특징을 보면, 후진타오가 총서기에 선임됨으로써 정권을 완전히 장악한 것처럼 보이지만, 실제적인 인사의 내부를 들여다보면 장쩌민의 영향에 의해 좌우된 것으로 나타났다. 신임 정치국 상무위원의 경우, 후진타오·원자바오·뤄간을 제외한 우방궈·자칭린·쩡칭훙·황쥐·우관정·리창춘 등은 상하이 중심 동부 연해 지역의 당위 서기 출신으로 장쩌민에 의해 출세의 가도를 걸어온 범상하이방(凡上海幇) 장쩌민 친위계열이다. 우방궈·쩡칭훙·황쥐는 장쩌민 밑에서 상하이시 당·정 지도직(당위 서기 및 시장)을 거친 이른바 상하이 3인방이고, 자칭린과 우관정, 리창춘 역시 장쩌민의 후광으로 고위직에 오른 친장쩌민 계열이다. 정치국 후보위원이었던 쩡칭훙을 2단계나 승진시켜 정치국 상무위원 및 중앙서기처 상무서기로 꽂아 놓은 것은 후진타오를 견제하기 위한 책략이었다고 할 수 있다.

2003년 3월 제10기 전국인민대표대회에서 개편된 국가지도체제 역시 장쩌민의 영향력이 최대로 반영된 인사였다. 우선, 국가 주석의 경우 후진타오가 새로운 국가 주석으로 중국을 대표하게 되었지만, 부주석에는 장쩌민의 심복이며 정책 참모인 쩡칭훙이 선임되었다. 전국인민대표대회 역시 장쩌민의 친위세력인 우방궈가 그 상무위원장에 선임되었다. 국무원의 경우, 주룽지가 퇴진하고 중도의 원자바오가 총리에 선임되었지만, 상무부총리는 정치국 상무위원이며 상하이 당위 서기 출신인 황쥐가 선임되었다.

결론적으로 비록 후진타오가 당·정의 최고위직을 승계하고 원자바오가 국무원 총리에 올랐다고 하지만, 당과 정부, 중앙군사위원회 등 중국의 권력 핵심부에는 장쩌민 전 총서기와 쩡칭훙 국가부주석의 세력이 포진하는 상황이었다. 이런 점을 감안할 때 장쩌민 전 주석은 언제든지 마음만 먹으면 얼마든지 국정 방향에 영향력을 행사할 수 있는 구도를 갖추고 있었다고 보겠다. 특히 2002년 당 제16차 대회에서 장쩌민이 당 총서기와 국가 주석직은 후진타오에게 넘겨주었지만, 중앙군사위원회 주석만은 그대로 유지하고 있었기 때문에 더욱 그러하

였다. 덩샤오핑이 마치 1989년
까지 중앙군사위원회 주석직을
고수했던 바와 같은 형국이었
다. 그러나 2004년 9월, 예측보
다는 빨리, 중앙군사위원회 주
석직을 사임했다. 2004년 9월
19일, 당 16기 4중전회에서 후
진타오는 중앙군사위원회 주석

중앙군사위원회 주석직 사임을 표명하는 장쩌민,
오른쪽은 후진타오

직을 승계하였다. ≪인민일보≫는 <권력은 인민으로부터 나온다>는
제하의 글을 실었다.

2. 과학발전관을 지도이념으로 채택

2007년 10월 22일에 열린 중국공산당 제17기 전국대표대회는 장쩌
민이 중앙군사위원회 주석직을 사임한 후 처음으로 열린 대회다. 동
대회는 후진타오가 제창한 '과학발전관'을 당의 지도이념으로 채택하
고, 후진타오를 당 총서기 겸 중앙군사위원회 주석직에 유임시킴으로
써 명실상부한 제2기 후진타오 정권이 출범하게 된 것이다.

17기 1중전회에서 개편된 제2기 후진타오 정권의 지도체제는 먼저,
후진타오가 당 총서기 겸 당 중앙군사위원회 주석에 유임됨으로써 그
는 명실상부한 집권자로서의 위상을 굳히게 된 것이다.

다음, 정치국 상무위원에는 당 총서기 후진타오(국가 주석)를 비롯한
우방궈(전인대 상무위원장)·원자바오(국무원 총리)·자칭린(정협 주석)·리
창춘 등 5명이 유임되고, 시진핑·리커창(李克强)·허궈창(賀國强)·저우

융캉(周永康) 등 4명이 새로 선출되었다. 시진핑과 리커창은 각각 상하이 시 당위 서기와 랴오닝 성 당위 서기 출신이다. 이 두 사람은 당 중앙위원에서 중앙정치국 위원을 거치지 않고 상무위원으로 수직 승진한 케이스이고, 허궈창과 저우융캉은 정치국 위원에서 승진했다. 반면 4명이 물러났다. 사망한 황쥐 이외, 쩡칭훙(68세)·우관정(69세)·뤄간(72세) 등 3명은 모두 연령 초과(68세 이상)로 퇴직했다.[2] 이들 신임 상무위원 중 시진핑은 국가부주석 겸 중앙서기처 서기(일상 업무 관장), 리커창은 국무원 상무부총리, 허궈창은 당 중앙기율검사위원회 서기, 저우융캉은 중앙정법위원회 서기직을 분담하였다. 중앙군사위원회 주석직은 후진타오가 유임되었다.

17기 당 지도층은 16기보다는 덜 계파적이고, 덜 장쩌민 친위세력으로 구성되었다. 장쩌민의 심복인 쩡칭훙이 퇴진함으로써 중앙서기처의 주요 핵심 보직도 후진타오의 측근으로 보완되었다.

2008년 3월에 열린 제11기 전국인민대표대회에서도 후진타오는 국가 지도체제 개편을 통하여 친정 체제를 구축하였다. 이 대회에서는 후진타오가 중국을 대표해 국가업무 전반을 총괄하는 국가 주석에 재선되었으며, 17차 당 대회에서 권력 서열 6위의 정치국 상무위원으로 발탁된 시진핑이 쩡칭훙을 대신해 국가 부주석에 선출되었다. 헌법상 최고 권력기관인 전인대의 상무위원장에는 우방궈가 재선되었다. 국무원 총리에는 원자바오가 재선되고, 후진타오 계열 공청단 지도자 출신 리커창이 상무부총리에 올랐다.

중국의 군을 통수하는 국가 중앙군사위원회는 주석에 재선된 후진

---

2) 중앙정치국 위원의 정년에 대해서는 명확한 법적 규정은 없으나 68세를 기준으로 삼고 있다. 임기의 절반이 도래하기 이전에 70세를 초과하기 때문이다. 그래서 '七上八下'라는 말이 있다. 67세는 올라가고, 68세는 탈락한다는 뜻이다. 총서기의 경우는 정년과 관련한 제약을 받지 않는다.

타오를 포함 부주석 2인, 위원 8인 총 11인으로 구성되었다. 부주석의
경우 기존 3인의 부주석 중 차오강촨(曺剛川)을 제외한 궈보슝과 쉬차
이허우가 유임되었다.

　이상 제2기 후진타오 정권 지도부의 개편을 종합해 보면 먼저 후진
타오(당 총서기 겸 국가 주석)-우방궈(전인대 상무위원장)-원자바오(국무원 총
리)-자칭린(전국정치협상회의 주석) 체제가 그대로 유임되고, 정치국 위원
의 교체율이 높지 않은 점 등은 비교적 안정된 체제 속에 기존정책을
흔들림 없이 추진하겠다는 의지의 표현으로 풀이될 수 있었다.

　이에 앞서 17기 당 대회에서는 후진타오가 16기 당 대회 이후 꾸준
히 제기해 온 '과학발전관'이 마오쩌둥 사상, 덩샤오핑 이론, 장쩌민의
3개 대표와 함께 당의 지도이념으로 <당헌>에 명기되었다. 즉 과학발
전관은 중국 사회가 당면한 제반 문제를 해결하기 위한 중국공산당의
사회경제적 이데올로기가 된 것이다. 17기 <당헌> 총강에서 다음과
같이 과학적 발전관을 천명하고 있다.

　　"16차 당 대회 이후 당 중앙은 덩샤오핑 이론과 3개 대표의 중요
　사상을 지침으로 삼고, 새로운 발전 요구에 근거하여 전당의 지혜를
　집중시켜 인간을 본위로 하는, 전면적이고 균형적이며 지속 가능한
　발전을 도모하는 과학적 발전관을 제시하였다. 과학적 발전관은 마
　르크스 레닌주의, 마오쩌둥 사상, 덩샤오핑 이론과 3개 대표의 중요
　사상과 맥을 같이 하면서 시대와 더불어 전진하는 과학적 이론으로,
　중국의 경제와 사회를 발전시키는 데 있어서 중요한 지도방침이며,
　중국 특색의 사회주의를 발전시킴에 있어서 반드시 견지하고 관철
　해야 하는 중대한 전략적 사상이다."

　후진타오는 정치보고에서 과학적 발전관의 요지는 발전을 추구한다

는 것이고, 핵심은 이인위본(以人爲本)이라 했다. 그리고 그것의 기본적인 요구는 지속 가능한 발전이며, 근본적인 방법은 여러 방면의 일을 총괄적으로 계획을 세워 돌보는 통주겸고(統籌兼顧)라 했다.

2002년 11월 집권 후 후진타오는 '이인위본'(以人爲本), '화이부동'(和而不同), '화평굴기'(平和崛起) 등 세 가지 전략을 제시한 바 있다. 전략의 요지는 내적 균부(均富)와 외적 성장을 동시에 추구하자는 것이었다. 그러나 내부적으로 중국의 발전 수준에 대한 다양한 평가와 이견들, 덩샤오핑의 선부론(先富論)을 지지하는 세력들, 방법론에 있어 도광양회(韜光養晦: 재능을 감추고 때를 기다림)를 유지해야 한다는 여론 등의 강한 반발에 직면했다. 외부적으로는 화평 굴기와 같은 발전지향에 대한 직접적인 표현들이 주변 국가들의 의심을 증폭시켜 중국에 대한 견제심리를 자극했다. 이에 대한 대응으로 후진타오 정부는 일보 후퇴로 전략 방향을 수정하고 학계와 국내외의 여론을 취합하여 '조화(허셰和諧)사회 구현'을 전면에 포진시켰다.

'조화사회 구현'은 중국의 국가발전을 위한 하나의 모델로 중국이 당면한 경제, 환경 그리고 빈부의 격차 등 사회적 문제들에 대한 종합적인 처방이었다. 경제성장의 과실을 성장에 재투자할 것인가, 분배로 전환할 것인가? 가 후진타오 정권이 풀어야 할 당면 과제였다면, 후진타오는 중국의 안정적, 지속적인 발전을 위해 후자에 기울어진 것이다. 하지만 이에 대해 장쩌민 등 성장 일변도 정책론자들(특히 동부 연해 지역 지도자 출신)의 반응은 냉담했다. 그들에게는 지나치게 '좌'적으로 보였다. 그래서 과학발전관이라는 이름으로 그 범위가 확대되어 <당헌>에 실린 것이다.

후진타오 정권이 제시한 과학발전관은 성장 일변도의 경제발전정책에서 한발 비켜서서, 경제발전과 동시에 빈부격차, 부정부패, 환경오

염 등 성장의 부작용으로 야기된 여러 가지 심각한 문제에 대한 처방
도 함께 추구하는 지속 가능한 균형발전을 이룩하겠다는 내용이다. 즉
양적 성장에서 질적인 성장을 추구하고 이를 통해 국민 복리를 균형
적으로 향상시키겠다는 의지를 담은 것이다.

후진타오는 정치보고에서 다음과 같은 정책 과제를 제시했다.

첫째, 자율적인 혁신 능력의 제고를 통한 혁신형 국가건설. 이는 국
가발전전략의 핵심이며 종합적인 국력을 제고시키는 관건이라고 했
다. 따라서 산학연을 결합한 기술혁신체계를 구축하고, 과학기술의 성
과가 현실적인 생산력으로 전환되도록 촉진해 나갈 것이며, 진일보된
혁신환경을 조성하여 세계 일류 과학자와 과학기술 인재를 고무하고
배양해 나갈 것을 강조했다.

둘째, 산업구조의 최적화 및 고도화는 국민경제의 전반적인 발전을
위한 긴박하고도 중대한 전략적 임무임을 강조. 따라서 향후 제2차 산
업 중심에서 제1차, 제2차 제3차 산업이 협동과 균형을 유지하며, IT,
바이오, 신소재, 우주항공, 해양 등 산업을 국제경쟁력을 갖춘 대기업
그룹으로 발전하도록 장려해 나갈 것을 제의했다.

셋째, 도·농 균형발전을 통한 사회주의 농촌 새마을(新農村)의 건설
을 제의했다. 농촌, 농업, 농민 문제를 조속히 해결하여 전면적인 샤오
캉사회 건설을 강조함으로써 선부 정책(불균형적 발전전략)으로 인하여
낙후된 농촌의 발전에 관심을 표명했다.

넷째, 에너지 절약과 생태환경 보호를 강화하여 지속 가능한 발전
능력을 증강시켜 나갈 것을 강조.

다섯째, 지역균형발전을 통해 국토개발을 특화해 나갈 것이며, 서부
대개발의 지속적인 추진과 지역 간 발전격차를 해소해 나갈 것을 강조.

이밖에 시장경제의 기반을 튼튼히 하기 위해 혼합 소유제 경제의

지속적인 개선과 재정, 세무, 금융 분야의 체제개혁 및 대외개방을 보다 심화 확대해 나갈 것을 제의했다.

이상과 같이 후진타오의 정치보고에 나타난 중국 경제정책의 청사진은 위에서 언급한 조화사회 구현이라는 후진타오 정권의 기본전략 위에서 구축된 것이다. 즉, 성장 일변도 정책으로 인하여 빚어진 부작용을 바로 잡아 지속 가능한 발전을 촉진하자는 내용이었다.

마오쩌둥이 중국 사회가 직면한 주요 모순인 생산 관계의 불평등을 척결하고 평등사회를 구현하기 위하여 계급투쟁을 중심과업으로 삼았다면, 덩샤오핑은 생산력의 절대적 저하를 퇴치하기 위하여 경제건설을 국가 발전목표로 내세우고 수출 주도형 개혁 드라이브 정책을 추진해 왔다. 하지만 고도성장의 결과는 경제발전과 정치발전의 불균형을 초래하였기 때문에 장쩌민은 3개 대표론을 주장했고, 또 성장의 부작용은 지역 간, 산업 간의 빈부격차와 인간성 상실 및 황금만능주의 사조, 환경파괴와 공해, 부정부패 문제 등을 유발하여 지속 가능한 발전에 장애가 되기 때문에 후진타오는 과학발전관을 제시하게 된 것이다.

하지만, 정치체제의 경우는 비록 민주정치를 심화 발전시키겠다고 강조하면서도 공산당 우위의 기존 정치 틀은 절대로 바꾸지 않을 것임을 재확인하였다. 특히 <당헌>에서 당 중앙은 '1개 중심, 2개 기본점'은 반드시 고수하여 중국 특색 사회주의의 길로 갈 것임을 재천명하고, 서구식 정치개혁에 대한 거부감(부르주아계급의 자유화 반대)을 표출했다. 후진타오는 정치보고에서 1개 중심 2개 기본점은 당과 국가의 생명선이라 강조하고, 과학발전관을 실현하는 정치적 보증이라 했다.

제 7 장

시진핑의 집권과 제5세대의 등장

1. 시진핑 정권의 출범과 제5세대의 부각

2012년 11월 중국공산당 18기 전국대표대회가 베이징에서 열렸다. 이 회의에서 후진타오와 제4세대 지도자들은 물러나고 시진핑을 중심으로 한 제5세대 지도부가 출범하였다.

후진타오는 정치보고에서 "중국 특색 사회주의의 위대한 깃발을 높이 들고, 덩샤오핑 이론, 3개 대표 중요사상, 과학적 발전관을 지도이념으로 하여 흔들림 없이 중국 특색의 사회주의의 길을 따라 분투하자."고 함으로써 18기 당 대회의 '핵심 기조'를 분명히 하였다. 이는 '중국 특색 사회주의'와 '전면적 샤오캉사회의 건설'이라는 기치의 확정과 재천명이었다.

중국이 개혁개방의 길을 걷기 시작한 이후 당의 핵심 기조였던 이 두 기치가 18차 당 대회에서 재강조된 것은 중국이 지향하는 발전의 방향이 흔들림 없이 견지되고 있음을 대내외적으로 확인시키고, 설정된 목표에 대한 현실적 달성을 견인해내기 위한 것이었다. 이는 개혁개방의 심화 과정에서 발생한 문제들로 인한 인민들의 불만과 사회적 혼란에 대해 중국의 지향점을 명확히 하여 사회적 합의를 만들어가고, 문제해결에 대한 당 지도부의 의지를 분명히 전달함으로써 민심을 달래려는 의도로도 해석된다.

후진타오와 시진핑 정권 인수인계

중국 특색 사회주의의 강조는 국내적으로 사회주의 이념과 공산당 통치력의 약화에 맞서 경제발전의 방향과 속도에 대한 논쟁을 불식시키고 중국 특색 사회주의가 중국이 흔들림 없이 견지해야 할 방향임을 명확히 제시함과 동시에, 대외적으로 서구모델 유입과 간섭에 대한 거부와 저항의 의사를 분명히 밝히기 위함이었다. 또한, 전면적 샤오캉사회 건설에 대한 목표를 구체화함으로써 인민의 삶의 질 제고와 민생문제 해결에 대한 당의 의지를 인민들에게 보여주고, 이후의 중국

경제발전 모델과 방식의 전환에 대한 방향성을 제시하기 위해서였다.

18차 당 대회에서는 중국 특색의 사회주의와 전면적 샤오캉사회 건설을 관통하는 지도이념으로 '중화 민족주의'와 '과학적 발전관'을 특별히 강조하였다. 1990년대에 들어와 개혁개방의 부작용이 본격적으로 드러나면서, 사회적 갈등을 봉합하고 인민의 통합을 유도함과 함께 국가에 대한 애국심을 고취할 수 있는 이데올로기적 장치의 필요는 국내문제의 해결은 물론, 국제무대에서의 생존과 발전을 위해서도 중국공산당에게 절실히 요구되는 것이었다.

이에 중국공산당은 민족주의를 내세워 '위대한 중화민족의 부흥'이라는 역사적 사명과 자긍심을 일깨움으로써 개혁개방의 지속적 동력을 만들어내고 사회적 통합을 이루려 한 것이다. 민족주의는 사회주의적 동원에 대한 사람들의 피로감을 덜어주면서도 그 포괄 범위를 계급에서 민족으로 확대하고, 현대의 역사뿐만 아니라 중국의 유구한 역사를 모두 아우르기 때문에 더욱 견고한 단결을 도모할 수 있다고 보았다. 당은 자신의 위상을 '중국 인민과 중화민족의 선봉대'로 설정함으로써, 결국 중화민족의 부흥을 위해서는 공산당을 중심으로 단결해야 한다는 논리로 귀결시키고자 한 것이었다. ≪인민일보≫ 사설은 "아름다운 중국을 만들고, 중화민족의 영원한 발전을 실현하자"는 것이 이번 18기의 진중한 선포였다고 분석함으로써 '중화민족'을 강조하였다. 이어 열린 18기 1중전회에서 당 총서기로 확정된 시진핑의 취임 연설에서도 민족주의는 다시 강조되었다. 시진핑은 연설의 서두에서부터 '위대한 중화민족'을 여러 차례 강조하면서 앞으로도 당과 인민이 단결해 중화민족 부흥에 분투하고 노력하자고 독려했다.

한편, 과학적 발전관이 17기 대회에서 이미 <당헌>에 삽입되었음에도 이번 18기 대회에서 지도이념으로 다시 확정된 것은 새로운 함의가 있다. 정치적으로는 지도이념 채택을 통해 후진타오가 제창한 과학적 발전관이 마르크스 레닌주의, 마오쩌둥 사상, 덩샤오핑 이론, 그리고 장쩌민의 3개 대표 사상과 함께 같은 대열에 올라갔음을 확인하게 된 것이다. 18기 당 대회에서 과학적 발전관의 지도이념 확정은 정책적 측면에서도 향후 중국 발전모델에서 분배와 균형이 더욱 강조될 수 있는 근간을 마련했다고 평가할 수 있다. 이러한 변화는 이번 당 대회 보고에서 '생태 문명 건설'이 단독으로 하나의 장을 구성하며 <당헌>에 삽입된 것을 통해서도 알 수 있다.

18기 정치보고에서 중국 특색의 사회주의 노선 견지와 샤오캉사회 건설을 위해 구체적인 목표로 개혁개방 견지, 생태 문명 건설, 민생중심 발전, 그리고 부정부패 척결 등이 제시되었다. 내용은 구체적으로 18기 <당헌>에 등재되었다.

① 과학적 발전관이 마르크스 레닌주의, 마오쩌둥 사상, 덩샤오핑 이론, 3개대표 사상과 함께 당의 행동 지침으로 확정되었다.

② 중국 특색의 사회주의가 체계화되어 '중국 특색 사회주의 길, 이론체계, 기본제도'가 당헌에 추가되었다.

③ 생태 문명 건설이 당헌에 추가되어 5위 1체(경제건설, 정치건설, 문화건설, 사회건설, 생태건설)를 구성하였다.

④ 부패 척결 부분에서 당 지도기관과 당원 지도 간부 뿐 아니라, "특별히 주요 지도 간부에 대한 감독을 강화한다."는 조항이 새로 추가되었다.

전반적으로 18기 <당헌>에서 제시된 당 지도이념의 핵심 기조는 기존의 당 대회 보고에서 제시되었던 것들과 크게 다르지 않았다. 이는 시대의 흐름과 국내외적 환경의 변화에 따라 비록 중국공산당의 실천 이데올로기는 부분적으로 바뀔지언정, 정권 존립의 기조인 순수

이데올로기는 변하지 않고 있음을 보여주는 것이다. 향후 5년간 국정
운영의 방향을 제시하는 당 대회 정치보고를 신임 총서기가 아닌, 전
임 총서기에 의해 제시된 것도 지도자는 교체되어도 당의 지도이념은
일관성 있게 견지될 것임을 표방한 것이라 보겠다. 여기에는 권력 교
체가 서구 민주주의 국가에서처럼 당 대 당으로 이루어지는 것이 아
니라 공산당 일당 독재 하에서 이루어진다는 정치체제적 특성이 크게
작용한 것이다. 또한, 급진적 변화보다는 점진적인 변화를 추구하며
안정을 지향하는 중국의 정책 결정 패턴의 영향도 크다고 보겠다.

　18기 당 대회에 이어 18기 1중전회에서 새로운 정권의 출범에 따라
지도체제의 개편이 있었다. 먼저, 중국공산당 중앙위원회 총서기의 경
우 시진핑이 당선되어 중국의 최고지도자가 되었다. 시진핑 중심의 제
5세대 정권이 출범한 것이다. 시진핑의 중앙위원회 총서기 선출은 이
미 예견된 사실이다. 그가 2007년 17차 당 대회에서 정치국 상무위원
에 진입하여 중앙서기처와 중앙당교 교장의 겸직에 이어, 2008년 제11
기 전인대에서 국가 부주석에 당선되고 2010년 중앙군사위원회 부주
석에 선임된 것은 이미 포스트 후진타오 시대의 후계자로 자리매김했
음을 의미한 것이었다.

　다음, 당 중앙정치국의 경우 상무위원 7명과 위원 18명이 선출되었
다. 17기에 비해 상무위원은 2명 줄고 위원은 2명 늘었다. 상무위원을
7명으로 줄인 것은 선임과정에서 계파별 권력투쟁이 적었음을 의미하
는 것이며, 정책 결정의 효율성을 높이기 위한 포석이었다고 보겠다.
18기 정치국 상무위원은 시진핑과 리커창이 유임되고, 그 밖에 장더장
(張德江), 위정성(兪正聲), 류윈산(劉雲山), 왕치산(王岐山), 장가오리(張高麗)
등 5명은 정치국 위원에서 승진하였다. 퇴임자들은 모두 정년(68세 이
상)에 걸려 물러났다. 이들 7명의 상무위원은 각각 18기 1중전회 및 12

기 전인대(2008년 3월) 이후, 각각 국가 주석, 국무원 총리, 전인대 상무
위원장, 전국정협 주석, 중앙서기처 상무서기, 중앙기율검사위원회 서
기, 국무원 상무부총리 등에 선임되어 정권의 최고위직을 분담하게 되
었다. 정치국 상무위원의 경우 71.4%가 교체되고, 위원의 경우 83.3%
가 유임되었다.

당 중앙서기처 서기의 경우, 정치국 상무위원에 승진한 류윈산은 유
임되어 상무서기와 중앙당교 교장을 겸임하게 되었고, 그밖에 모든 서
기는 퇴임하거나 정치국으로 자리를 옮겼다. 7명 중 6명이 교체되었
다. 전임 상무서기 시진핑은 당 총서기 겸 국가 주석이 되었다. 서기
리위안차오는 정치국위원 겸 국가 부주석으로 승진했다.

당 및 국가 중앙군사위원회의 경우, 주석에는 중앙정치국 상무위원
이며 당 총서기 겸 국가 주석인 시진핑이, 부주석에는 중앙정치국 위
원이며 현역 장성인 판창룽(范長龍)과 쉬치량(許其亮) 선임되었다.

중앙기율검사위원회의 경우, 허궈창이 서기직에서 퇴임하고, 중앙
정치국 상무위원에 선출된 왕치산(王岐山)이 그 직을 이어받았다.

이상 시진핑 정권 중국공산당 지도부의 개편을 종합해 보면, 첫째
시진핑이 당 총서기는 물론 중앙군사위원회 주석직까지 이어받게 되
었고, 2013년 3월, 12기 전국인민대표대회에서는 국가 주석 겸 국가
중앙군사위원회 주석에 당선됨으로써 시진핑의 권력승계는 확고하게
이루어졌다.

10년 전, 2002년 11월 후진타오가 장쩌민으로부터 당과 국가의 권력
은 승계했지만, 2005년 3월에 가서야 국가 중앙군사위원회 주석직을
승계했던 점과 비교할 때 시진핑의 권력승계는 명실상부한 것이었다.
특히 시진핑은 그를 지지하는 배경이 다양하여 그 권력 기반은 강고
한 편이다. 즉 혁명 열사(시중쉰)의 자제로서 태자당, 상하이를 중심으

로 형성된 상하이방, 명문 칭화대학 출신으로의 칭화방 등 혈연, 지연, 학연 등의 배경을 모두 갖추고 있었다. 여기다 아버지 시중쉰이 과거 후진타오의 정치적 대부이며 공청단 지도자 출신 후야오방과 맺어진 끈끈한 의리로 인하여 당내 유력한 계파의 하나인 공청단의 지지도 받을 수 있었다. 특히 시진핑은 새로 구성된 최고지도층 가운데 유일하게 군 경력이 있고, 그의 처 펑리위안(彭麗媛)은 중국인민해방군 총정치부 가무단 단장(준장)을 역임한 가수 출신이라 해방군의 지지도 끌어낼 수 있다. 따라서 그의 정치적 기반은 장쩌민이나 후진타오보다도 튼튼한 편이다. 마오쩌둥(100%) 이후 최다 득표(99.8%)로 국가 주석에 당선된 것도 결코 우연이 아니다.

둘째 보시라이를 제외한 퇴임자 모두는 연령 초과로 자연스럽게 퇴진하였으며, 승진자는 초급(超級) 승진 없이 차하(次下) 직에서 차상 직으로 승진하였고, 정치국 위원 모두 대졸 정도의 학력을 갖추었다.

셋째, 제4세대 노년층은 물러나고, 시진핑과 리커창을 비롯한 상무위원 대부분은 제5세대로 충원하였다. 대대적인 세대교체가 이루어졌다. 후진타오 중심 제4세대로부터 시진핑 중심의 제5세대로 권력이 이동된 셈이다. 퇴임한 정치국 위원은 모두 연령 제한에 걸려 물러났다. 따라서 18기 당 대회의 인사는 제도화에 충실한 인사였다고 보겠다.

요컨대, 18기 지도부는 순조로운 권력 이양, 총서기직과 중앙군사위 주석직의 동시 이양, 그리고 시진핑과 리커창을 비롯한 지도부 모두 정상적인 코스로 승진한 케이스로 집단지도체제가 구성되었다. 이에 따라 리더십 전환기의 리스크가 경감되었고, 보다 안정적으로 국정을 운영할 수 있는 기반을 구축하였다.

2. 시진핑 사상으로 새로운 발전전략 모색

2017년 11월 18일, 중국공산당 제19기 전국대표대회가 개최되었다. 19차 당 대회에서는 시진핑의 친정체제구축과 더불어, 새 국정철학과 이념, 대내외정책에 대한 기본방향이 제시되었다.

국정 이념의 가장 중요한 특징은 시진핑 총서기가 자신의 이름이 들어간 '시진핑 신시대 중국 특색의 사회주의 사상', 이른바 '시진핑 사상'을 <당헌>에 삽입하여 1인 권력체제를 굳히는 기반을 마련한 것이다. 마르크스 레닌주의, 마오쩌둥 사상, 덩샤오핑 이론, 3개 대표론, 과학발전관과 함께 나란히 <당헌>에 등재된 것이다. 특히 마오쩌둥이나 덩샤오핑과 같이 자신의 이름을 명기하였다는 점에서 주목을 끌었다.

먼저, '시진핑 신시대 중국 특색의 사회주의 사상'에 있어서, '중국 특색의 사회주의'란 1980년대 덩샤오핑이 제시한 이론으로, 중국식 사회주의 체제하에 시장경제를 도입하여 경제발전을 우선시할 필요성을 강조한 것을 의미한다. 이는 '1백 년 불변'의 정책이라고 이미 <당헌>에 명시되어 있는, 이른바 덩샤오핑 이론이다.

그런데 중요한 것은 시진핑이 자신의 통치 철학을 임기 중에 지도이념화할 수 있는 명분과 논리는 '신시대'라는 새로운 시대 규정에서 찾은 데 있다. 따라서 19차 당 대회에서 부상된 최대의 화두는 바로 '신시대'다. 이는 시진핑 이후의 시기가 그 이전의 시기와 근본적으로 구분된다는 주장을 전제로 한 개념이다.

시진핑은 정치보고에서 '마오쩌둥-덩샤오핑-시진핑' 세 시대의 각기 다른 시대적 사명으로서 '자주독립(站起來)-경제발전(富起來)-부국강병(强起來)'을 제시하였다. 즉 마오쩌둥은 반(半)식민·반봉건적 중국을 사회주의 혁명을 통하여 거대한 통일국가를 건설하였고, 덩샤오핑은 개혁개방으로 굶주린 중국을 배부르게 한 지도자인 반면, 시진핑 자신은 '중국 굴기'를 통해 이제 미국에 필적하는 강대국으로 발돋움해서 '중화민족의 위대한 부흥'이라는 '중국의 꿈(中國夢)'을 실현할 지도자라는 의미를 내포하고 있다. 그런 점에서 시진핑 자신을 마오쩌둥 및 덩샤오핑과 동렬에 올려놓고자 한 것이다.

그러면 왜 중국이 신시대에 접어들었는가? 그 이유는 중국사회의 주요 모순이 변했기 때문이라고 했다. 19차 당 대회에서 새롭게 규정한 '신시대의 주요 모순'은 "날로 증대하는 인민의 아름다운 생활에 대한 수요와 불균등하고 불충분한 성장 간의 모순"이라고 했다. 과거, 당 11기 3중전회에서 덩샤오핑은 중국의 주요 모순을 계급 간의 불평등이 아닌, 생산력의 저발전에서 찾고 국가의 발전목표를 생산력을 발전시키는 경제건설에 두어야 한다고 한 것이나, 1981년 당 11기 6중전회에서는 중국사회의 주요 모순은 "날로 증대하는 인민의 물질문화에 대한 수요와 낙후된 사회 생산력 간의 모순"이라고 하여 사회주의 현대화를 촉구한 논리와 같은 것이다.

신시대의 주요 모순을 해결하기 위해서는 질적 경제성장과 전면적 발전을 추구해야 하는데, 그러려면 새로운 행동 지침을 제공할 새로운 지도이념이 요청되는바 그것이 바로 '시진핑 사상'이라는 논리다.

시진핑 사상은 다섯 개의 키워드로 정리할 수 있다.

첫째, 중국의 꿈(中國夢). 시진핑 사상의 최종목표다. 2012년 11월 29일 당 총서기에 당선한 직후, 시진핑이 국가박물관에서 열린 '중화 부흥 사진전'을 둘러보면서 처음으로 거론했다. 시진핑은 중국의 꿈을 '중화 부흥'이라고 정의했다. 19세기 말 '아시아의 병자'로 불리던 치욕을 떨치고 강한성당(强漢盛唐: 군사력이 강대했던 한나라와 문화가 융성했던 당나라)으로 부활하겠다는 결의다. 중국의 꿈은 마오쩌둥이 1956년 쑨원 탄생 기념일을 맞아 "다시 40~50년이 지나면 새로운 세기가 시작되는데 우리는 중국의 꿈을 가져야 한다. 대국답게 인류에 공헌하는 꿈이다"라고 언급한 바 있다.

둘째, 두 개의 100년(兩個一百年). 중국공산당 창당(1921년) 100주년이 되는 2021년까지 샤오캉사회를 건설하고, 신중국 수립(1949년) 100주년이 되는 2049년까지 부강하고 민주적, 문명적이며 각 부문이 조화를 이룬 사회주의 선진 현대국가를 건설하겠다는 것이다. 샤오캉사회는 대략 국민소득 1만 달러 내외의 중진국을 말한다. 두 개의 100년 전략은 덩샤오핑과 장쩌민 시대를 거치며 완성됐다. 덩샤오핑은 1979년 오히라 마사요시 일본 총리를 만난 자리에서 "우리가 이루고자 하는 현대화는 샤오캉사회를 건설하는 것"이라고 했다. 이어 장쩌민은 1997년 열린 15차 당 대회에서 "창당 100주년에 샤오캉사회 건설을, 신중국 수립 100주년에 현대국가 건설을 완성해야 한다."며 두 개의 100년 시간표를 제시했다.

셋째, 3엄 3실(三嚴三實). 중화 부흥 실현에 가장 중요한 공직자들의 업무 문화 혁신을 염두에 둔 지침이다. 동시에 인재와 탁월한 리더 양성 전략이기도 하다. 시진핑이 2014년 양회(전국인민대표대회와 전국인민정치협상회의) 기간 중 제시했다. '3엄'은 자신의 수양(嚴以修身), 권한 행사(嚴以用權), 기율 준수(嚴以律己)에 각각 엄격해야 한다는 것이다. 시진핑 반부패 전쟁의 이론적 근거다. 물론 그의 정적 제거의 명분으로 활용되고 있다는 지적도 피하기 어렵다. '3실'은 일을 추진하고(謀事要實), 창업을 함에(創業要實), 사람됨에(做人要實) 각각 내실을 기하라는 뜻이다. 시진핑의 인재 철학을 담고 있다. 3엄 3실은 형식주의와 관료주의, 향락주의 및 사치풍조 근절을 목표로 하는 중국 공무원 윤리지침의 이론적 근거다.

넷째, 네 개 전면(四個全面). 중화 부흥을 위한 구체적 방법론이다. 네 개 부문의 전면적인 개혁과 실행이 골자다. 전면적인 샤오캉사회 건설, 전면적인 개혁 심화, 전면적인 법치, 전면적이고 엄격한 공산당 통치다. 중국 각 부문에서 일어나고 있는 일련의 개혁 조치, 대대적인 부패 척결, 공산당의 순수성 강조 및 사상 무장 강화 등 현재 중국에서 일어나고 있는 무수한 정책과 조치들은 바로 이 '네 개 전면' 지도이념에 따른 후속 조치로 볼 수 있다.

다섯째, 5위 일체(五位一體). 모든 정책의 결과가 5위 일체를 이뤄야 하며 어느 하나라도 모자라면 진정한 중국 특색 사회주의가 아니라는 뜻이다. 이른바 균형발전론이다. 5년 전 18차 당 대회에서 처음 거론됐다. 이는 경제건설, 정치건설, 문화건설, 사회건설, 생태문명건설 등이다. 예컨대 정치·경제·사회·문화·환경 등 5개 부문에서 완벽한 법치가 이뤄질 때 법치가 완성된다는 얘기다. 시진핑이 제창한 세계 전략인 일대일로(一帶一路: 육로와 해로의 실크로드) 구축에서도 문화와 환경이 중시되는 배경이기도 하다.

이들 키워드 가운데 가장 눈여겨볼 것은 중화 부흥(중국의 꿈)과 신중국 건설 100주년까지 사회주의의 현대국가를 완성한다는 것이다. 결국, 시진핑 사상이 말하는 핵심은 2049년까지 중국 특색의 사회주의 현대국가를 건설해 미국을 넘는 중화 부흥, 중국의 꿈을 실현하겠다는 것이다.

이러한 지도이념의 천명과 함께 19기 1중전회에서는 25명의 정치국 위원을 뽑고 이 가운데 최고지도부인 7인 상무위원을 선출했다. 상무위원 7명 중 5명을 교체하고, 25명의 위원 중 15명을 교체하였다.

19기 1중전회가 선출한 19기 상무위원은 유임된 시진핑 총서기와 리커창 국무원 총리를 비롯하여, 리잔수(栗戰書) 당 중앙판공청 주임,

왕양(汪洋) 국무원 부총리, 왕후닝(王扈寧) 당 중앙정책연구실 주임, 자오러지(趙樂濟) 당 중앙조직부장, 한정(韓正) 상하이 시 당위 서기 등 모두 7명이다. 물러난 5명은 모두 전임 전인대 상무위원장 장더장, 전국 정협 주석 위정성, 중앙서기처 상무서기 류윈산, 중앙기율검사위원회 서기 왕치산, 국무원 상무부총리 장가오리 등이다.

중앙서기처의 경우, 시진핑의 책사인 왕후닝이 상무서기에 선임되었다. 중앙군사위원회 주석은 시진핑이 유임되고, 그 부주석에는 현역 장성인 쉬치량(유임, 정치국위원)과 장유사(張又俠, 총장비부장)가 선임되었다. 그리고 중앙기율검사위원회 서기는 왕치산이 물러나고 자오러지가 승계하였다.

신임 중앙정치국 상무위원들은 2018년 3월에 열린 제13기 전인대에서, 시진핑은 국가 주석과 중앙군사위원회 주석에, 리커창은 국무원 총리에 유임되고, 리잔수는 전인대 상무위원장에, 한정은 국무원 상무부총리를 겸직하에 되었다. 그리고 왕양은 전국정협 주석에 선임되었다. 물러난 정치국 위원을 포함한 최고지도층 인사는, 제도적으로 볼 때 모두 '七上八下'라는 연령 규정에 걸린 것이 퇴임의 가장 큰 이유였다. 18기 정치국 상무위원 겸 중앙기율검사위원회 서기 왕치산(78세)은 연령제한에 걸려 정치국 상무위원직에서는 물러났지만, 국가 부주석에는 당선되었다. 이는 덩샤오핑 이후 견지해 온 간부 임용의 제도화에 오점을 남긴 인사였다. 왕치산은 시진핑의 최측근이라는 점에서 더욱 그러하다.

중앙정치국을 포함한 제2기 시진핑 정권 지도체제의 특징을 보면, 그것은 먼저 시진핑 친정 체제가 강화된 점이다. 정치국 상무위원 가운데, 리커창과 왕양(공청단 출신)을 제외한 자오러지, 리잔수, 한정, 왕후닝은 제1기 시진핑 정권에서 시진핑과 가장 가까운 위치에서 호흡을 함께 한 인사들이다. 자오러지는 중앙조직부장, 리잔수는 중앙판공청 주임으로서 총서기 시진핑의 오른팔 역할을 했고, 한정은 시진핑의 후임 상하이 서기 출신이며 왕후닝은 당 중앙정책연구실 주임으로 시진핑의 싱크 탱크 역할을 하는 위치에 있었다.

둘째, 간부의 지식화는 꾸준히 견지되고 있다. 정치국 위원들은 100%가 대학 이상의 학력 소유자다. 그리고 전공은 개혁개방 이후 꾸준히 증가해온 이공계 출신들이 15기에 최고조에 달한 후, 18기부터는 인문 사회 계열 출신들이 우세한 경향이다. 개혁개방과 더불어 능률성을 강조하던 고도성장기는 이공계 출신을 우대할 필요가 있었지만, 이제 인민의 다양한 요구에 부응하는 정책을 추진하기 위해서는 인문 사회적 마인드가 더욱 요청됨을 반영한 것이라 보인다.

셋째, 정치국 상무위원을 포함한 다수 정치국 위원이 제5세대 내지 제6세대에 속하는 지도자들이다. 따라서 확실한 세대교체가 이루어진 셈이다.

중국에서의 정치세대란 출생 시기에 기준을 두기도 하지만, 공통된 정치, 사회적 경험을 더욱 강조한다. 일반적으로 제1세대는 마오쩌둥을 중심으로 한 대장정(1934~35) 혁명 1대이고, 제2세대는 덩샤오핑을 중심으로 한 항일전쟁(1937~1945)을 경험한 그룹이며, 제3세대는 장쩌민처럼 건국 전후로부터 1950년대 초 사회주의 전이 시기에 입당한 연령층이다. 그리고 제4세대는 후진타오 중심의 문혁기에 청년 시기를 보낸 대략 1941년부터 1950년대 중반 사이에 출생한 그룹이다. 다음 제5세대는 1949 건국 전후 시기에서 1950년대 말 사이에 출생하여 1980년대 경제개혁기에 정치적으로 성장한 그룹이다. 제1~2기 시진핑 정권 중국공산당 지도층 대부분이 제5세대에 속하는 연령대다.

제4세대가 문혁 전후에 대학을 나와 1960년대 초중엽에 공산당에 입당하여 문혁기부터 정치를 경험하기 시작한 연령층이라면, 제5세대는 문혁으로 인하여 대학에 들어가지 못하고 지식 청년으로 하방되어 노동에 종사한 후 문혁이 종결되자 비로소 대학에 입학한 세대다. 따라서 이들은 청소년기에 제대로 정규교육을 받지 못했다는 한계를 안고 있다.

현 당 총서기 시진핑도 1975년 칭화대학 화공과에 입학하기 이전까지 약 7년간 하방되어 교육면에서 암흑기를 살았다. 현 국무원 총리 리커창 역시 1978년 베이징대학 법학과에 입학하기 전까지 5년간 농촌에 하방되어 노동 개조를 받았다. 현 중앙기율검사위원회 서기 자오러지도 1974~1975년 칭하이 성 생산대대에 지식 청년으로 하방되어 노동에 종사한 후 1977년에야 베이징대학 철학과에 입학했다. 당시 하방된 지식 청년은 2만 6,000여 명에 달했다. 18기-19기 중앙정치국 위원들의 프로필을 보면 제5세대에 속하는 위원 가운데 '지식 청년(知青)'이라는 이름으로 하방되지 않은 사람은 거의 없다.

이처럼 제5세대가 하방 생활을 겪었다는 사실은 농촌이나 오지에 대한 이해와 고민을 심화시킨 공통의 특징을 가졌을 것이라고 보겠다. 그리고 직접 문혁을 겪은 세대는 아니지만, 아버지 세대가 겪은 박해로 인해 생활이 불안했던 세대였기 때문에, 개인의 운명이 부모의 부침(浮沈)에 따라 좌지우지된다는 이 뼈저린 경험은 그들에게 반드시 앞 세대와 긴밀하게 연계해야 한다는 처세술을 기르게 했을 것이다. 제5세대의 삶이나 경력에 가장 큰 영향을 미친 것은 아마도 1966~1976년 문혁과 같은 사건이라기보다는 덩샤오핑의 개혁일 것이다. 대부분의 제5세대 엘리트들이 시장 개혁이라는 전환기에 자신들의 중요 경력을 쌓았기 때문이다.

따라서 시진핑을 중심으로 하는 이들 세대는 '중국 특색의 사회주의' 건설에 있어서 '사회주의' 보다는 오히려 '중국 특색'에 방점을 찍을 것이다. 비록 당의 지도와 국가의 통제를 강화하고 있기는 하지만, 계획을 중대하고 시장의 역할을 축소하는 정책은 추진하지 않을 것이다.

"마오쩌둥 사상이 '마르크스주의의 중국화' 이론이며, 덩샤오핑 이론은 '중국 특색의 사회주의'가 무엇이고 어떻게 건설할 것인가를 규정했다면, 장쩌민 '3개 대표' 이론이나 후진타오의 '과학적 발전관'은 개혁개방 이후 고도성장(중국 특색의 사회주의)이 가져온 부작용을 어떻게 치유할 것인가를 제시한 이론이다. 시진핑 사상은 이 모두를 녹여 전면적인 발전과 중화 부흥을 이루는 포괄적인 사상체계를 이루려고 한 것이다.

다만 시진핑이 지향하는 정책 방향은 대내적으로 '선부론(불균형적 발전전략)'과 대외적으로 '도광양회(재능을 감추고 때를 기다림)'를 앞세운 덩샤오핑의 발전전략에서 진일보하여, 대내적으로 모두 잘살자는 '샤오캉(전면적인 발전)'과 대외적으로 세계를 향하여 방어에서 공세를 지향하는 '중화민족의 위대한 부흥'을 추구하고 있다는 점에서, 덩샤오핑 이론과 차이가 있다. 구체적으로 '국민경제 및 사회발전 13차 5개년계획(2016~2020)'이 동반(共享) 경제라는 구호 아래 포괄적인 경제발전과 사회보장 확대 정책을 제시하고 있는 것이나, 2013년부터 시작한 '일대일로' 정책을 19대 <당헌>에 삽입한 것은 19세기 이래의 방어적 개방이 아니라, "중국이 해외로 뻗어 나간다."는 공세적 의미의 개방을 적극적으로 표방하고 있는 것이다.

시진핑 주석은 2021년 신년사에서도 중국공산당 창당 100주년인 올해부터 '전면적 사회주의 현대화 국가' 건설을 위한 노력에 함께 나서자고 독려했다. 또 그는 "우리는 인민을 중심에 두고 초심과 사명을 잃지 않는다면 반드시 중화민족의 위대한 부흥을 이룰 수 있다"고 했다. 2020년 말까지 '전면적 샤오캉사회'를 실현하고 중화인민공화국 건국 100주년(2049년)까지 '부강한 사회주의 현대화 국가 실현'이라는 '양대 100년의 꿈'을 강조하였다. '전면적 사회주의 현대화 국가건설'은 시진핑 사상의 요체로 사실상 중국이 미국을 앞서 세계 최강국으로 발돋움하겠다는 의미로 해석된다.

여하튼 마르크스 레닌주의의 기본원리에 중국의 실정을 결부시켜 체계화한 마오쩌둥 사상이나, 마르크스 레닌주의의 기본원리와 마오쩌둥 사상을 새로운 역사적 조건하에서 계승 발전시킨 덩샤오핑 이론이나, 장쩌민과 후진타오가 마르크스 레닌주의·마오쩌둥 사상과 덩샤오핑 이론의 바탕 위에서 3개 대표론과 과학발전관을 제창한 것처럼, 시진핑 사상 역시 이상 열거된 지도이념의 바탕 위에서 창출된 것이다.

따라서 마르크스 레닌주의, 마오쩌둥 사상이라는 순수 이데올로기는 모든 지도이념의 바탕이 되고 있다. 비록 순수 이데올로기의 하위 개념인 실천 이데올로기는 내외적 환경의 변화에 따라 중국식 또는 중국 특색이라는 이름으로 변용되어 오고 있지만, 그 최종목표는 변하지 않고 있다. 즉 중국공산당 <당헌> 상 "중국에서 공산주의를 실현하겠다."는 당의 이상과 최종목표는 창당 이후 지금까지 변함이 없다. 따라서 형식적 논리로 볼 때, 현재 추진중에 있는 중국의 경제건설도 모든 개혁개방 정책도 결국은 중국에서 공산주의 사회를 실현하기 위한 중간목표 내지 수단에 불과하다.

그렇다고 해서 중국 특색 사회주의가 과거의 고전적 사회주의로 복귀할 것인가? 그것은 사실상 불가능하다. 왜냐하면, 현재 중국은 경제적 토대에 있어서 사회주의적 요소라고 할만한 범주에서 모두 벗어났으며, 중국 사회를 '공유제'와 '계획적 운영'에 기초하여 사회주의로 해석해 왔던 고전적 의미의 사회주의 이데올로기는 더 이상 발붙일 곳이 없기 때문이다.

참고문헌

祁英力 著, 朴東燮 역, ≪중국의 리더 후진타오≫(FKI미디어, 2003).
金達中 外, ≪中國의 社會主義와 改革政治≫(法文社, 1989).
金永文, ≪鄧小平과 중국정치≫(탐구당, 2007).
金永俊, ≪毛澤東 思想과 鄧小平의 社會主義≫(亞細亞文化社, 1985).
김영화, ≪장쩌민과 중국정치≫(도서출판 문원, 1997).
김익도, ≪現代中國政治≫(부산대학교출판부, 1997).
김정계, ≪중국의 최고지도층 Who's who≫(평민사, 1990).
_____, ≪중국의 권력구조와 파워 엘리트≫(평민사, 1994).
김정계·정차근 공저, ≪중국정치론≫(평민사, 1995).
김정계, ≪21C 중국의 선택≫(평민사, 2000).
_____, ≪중국의 권력투쟁사 1≫(평민사, 2002).
_____, ≪중국의 중앙과 지방관계론 : 집권과 분권의 변증법≫(평민사, 2008).
_____, ≪후진타오 정권의 권력구조와 파워 엘리트≫(중문출판사, 2008).
_____, ≪중국의 권력투쟁사 2≫(평민사, 2009).
_____, ≪중국의 엘리트정치: 투쟁에서 제도화로≫(중문, 2010).
김정계·전영란, ≪마오쩌둥과 그의 실패한 후계자들≫(중문, 2012).
_____, ≪덩샤오핑과 그의 후계자들≫(열린길, 2013).
_____, ≪중난하이로 가는 길; 시진핑 정권 대해부≫(도서출판 린, 2014).
_____, ≪중국개혁개방의 기수 후진타오≫(중문, 2015).
_____,, ≪자오쯔양 평전≫(중문, 2018).
金春明·席宣 공저, 이정남 등 역, ≪文化大革命史≫(나무와 숲, 2000).
金忠烈·孔冀斗 공저, ≪毛澤東思想論≫(明書閣, 1985).
金河龍, ≪中國政治論≫(博英社, 1985).
로이드 이스트만 저, 민두기 역, ≪蔣介石은 왜 敗했는가≫(지식산업사, 1986).
리평(力平) 지음, 허유영 옮김, ≪저우언라이 평전≫(한얼미디어, 2004).
모리스 메이스너 지음, 권영빈 옮김, ≪李大釗 중국사회주의의 기원≫(지식산업사,
        1992).
尾崎庄太郎 외 지음, 정민 엮음, ≪모택동사상연구 1≫(미래사, 1986).

민두기 외 공저, ≪中國의 國民革命의 分析的 硏究≫(지식산업사, 1985).

_____, ≪중국혁명사≫(한울아카데미, 1992).

朴斗福 외 3인 공저, ≪中國의 政治와 經濟≫(集文堂, 1993).

벤자민 I 슈워츠 著, 權寧彬 譯, ≪중국공산주의 운동사≫(형성사, 1983).

산케이신문 특별취재반 지음, 임홍빈 옮김, ≪마오쩌둥비록≫(문학사상사, 1999).

서문당 편집실 엮음, ≪다큐멘터리 중국현대사 1, 2≫(서문당, 1986).

서진영, ≪중국혁명사≫(한길사, 1986).

_____, ≪현대중국정치론≫(서울: 나남출판사, 1997).

蘇叔陽 지음, 이우희 옮김, ≪인간 주은래≫(녹두, 1993).

송영배, ≪중국사회사상사≫(한울아카데미, 1992).

宋永祐 외 2인 공저, ≪中國의 政治動員≫(集文堂, 1996).

송인영, ≪중국의 정치와 군≫(한울아카데미, 1995).

申相楚 著, ≪中國共産主義運動史 1919~1987≫(집문당, 1987).

安秉俊, ≪中共政治外交論≫(博英社, 1986).

王兆國·吳國光 著, 金泰龍 譯, ≪鄧小平 이후의 中國≫(朝鮮日報社, 1994).

왕단 지음, 송인재 옮김, ≪왕단의 중국현대사≫(동아시아, 2017).

우노 시게아끼 저, 김정화 옮김, ≪中國共産黨史≫(일월서각, 1973).

宇野重昭 外 共著, 이재선 옮김, ≪中華人民共和國≫(학민사, 1988).

에드가 스노우 저, 신홍범 역, ≪중국의 붉은 별≫(두레, 1985).

이정태, "후진타오정부의 조화사회", ≪대한정치학보≫ 15집 2호(2007).

이홍영 저, 강경성 역, ≪중국의 정치엘리트—혁명간부 세대로부터 기술관료 세대로≫
        (나남, 1997).

張琢 著, 吳在環 編譯, ≪中國의 改革·開放史≫(도서출판 신서원, 1996).

장옥법 지음, 신승하 옮김, ≪중국현대사≫(고려원, 1992).

全得柱 ≪이데올로기론≫(博英社, 1985).

鄭樂重, ≪中共의 權力鬪爭史≫(大旺社, 1983).

제임스 왕 저, 이문규 역, ≪현대중국정치론≫(인간사랑, 1988).

조너선 D. 스펜스 지음, 김희교 옮김, ≪현대 중국을 찾아서 1, 2≫(이산, 2001).

조호길·리신팅 지음, ≪중국의 정치권력은 어떻게 유지되는가≫(메디치미디어, 2017).

조영남 책임편집, 성균중국연구소 엮음, ≪시진핑 사상과 중국의 미래≫(지식공작소,
        2018).

中嶋嶺雄 엮음, 윤영만 옮김, ≪중국혁명사≫(세계, 1985).

체스타 탄 저, 민두기 역, ≪中國現代政治思想史≫(지식산업사, 1985).

何頻·高新 著, 김규영 역, ≪포스터 등소평시대의 엘리트 태자당≫(도서출판 삼일,
        1997).

解放軍文藝出版社 編, 남종호 역, ≪모택동자서전≫(다락원, 2002).

Witold Rodzinski 저, 신용철・신정현 공역, ≪현대중국정치사 1949～1986≫(탐구당, 1990).

丁望, ≪胡錦濤與共靑團接班群≫(香港: 當代名家出版社, 2005).

川島弘三, "天安門事件以後的黨・軍動向", 趙倩 主編, ≪鉅變與未來－1989年之後的中國 大陸情勢≫(臺北: 國立政治大學國際關係研究中心, 1990).

王 實 等編, ≪中國共産黨歷史簡編≫(上海: 人民出版社, 1958).

王健敏, ≪中國共産黨史稿≫(臺北: 正中書局, 1965).

王震邦, "從四・一五至六四", ≪神州悲劇的沈思≫(臺北: 中正書局, 1989).

毛 毛, ≪我的父親鄧小平≫上卷(北京: 中國文獻出版社, 1993).

毛 毛, ≪我的父親鄧小平-文革歲月≫(北京: 中國文獻出版社, 2000).

毛澤東, ≪毛澤東選集≫ 第1卷, 第2卷, 第3卷(北京: 人民出版社, 1991).

中共中央文獻研究室, ≪關於建國以來黨的若干歷史問題的決議註釋本≫(北京: 人民出版社, 1985).

中共中央文獻研究室, ≪十一屆三中全會以來重要文獻選讀≫ 上冊(北京: 人民出版社, 1987).

中共中央文獻研究室 主編, ≪十二大以來重要文獻選編≫ 上冊(北京: 人民出版社, 2000).

中共中央文獻編輯委員會, ≪劉少奇選集≫ 下卷(北京: 人民出版社, 1981).

中共中央文獻編輯委員會, ≪鄧小平文選 1975～1981≫(北京: 人民出版社, 1983).

中共中央黨史研究室 著, ≪中國共産黨簡史≫(北京: 中共中央黨史出版社, 2001).

中國現代史研究委員會 編, ≪中國現代革命運動史≫(香港: 新民主出版社, 1947).

中國國民黨中央委員會 第6組 編印, ≪匪黨省級新建黨委會研析≫(臺北: 1972).

中國國家統計局 編, ≪中國統計年鑑≫(北京: 人民出版社, 2019).

田克勤・于文藻 主編, ≪中國共産黨七十年 1921-1991≫(長春: 吉林文史出版社, 1991).

江澤民, ≪高擧鄧小平理論偉大旗幟把建設有中國特色社會主義事業全面推向二十一世紀≫ (北京: 人民出版社, 1997).

司法部調査局 編印, ≪9全大會綜合研究≫(臺北: 司法部調査局, 1969).

任建樹 主編, ≪中國共産黨七十年大事本末≫(上海: 人民出版社, 1991).

何虎生 等 主編, ≪中華人民共和國職官誌≫(北京: 中國社會出版社, 1996).

李谷城, ≪中共黨政軍結構≫(香港: 明報出版社, 1990).

李 永 主編, ≪文化大革命中的名人之死≫(北京: 中央民族學院出版社, 1993).

李英明, "論中共意識型態", ≪共黨問題研究≫ 第13卷 第12期(1987).

李俊亨・楊金河 主編, ≪中國武裝力量通覽≫(北京: 人民出版社, 1990).

李維漢, ≪回憶與研究≫下卷(北京: 中共黨史資料出版社, 1986).

李雲峰, ≪西安事變事實≫(西安: 人民出版社, 1981).

李 銳, ≪毛澤東同志的初期革命活動≫(北京: 中國靑年出版社, 1957).

李 銳 外 11人 共著, ≪胡耀邦與中國政治改革≫(北京: 晨鐘書局, 2010).

吳 明, ≪習近平評傳≫, (香港: 香港文化藝術出版社, 2008).

吳家安, "胡耀邦下台的原因及其影響" ≪中國大陸研究≫ 第29卷 第11期(1988年 5月).

＿＿＿, ≪中共政權四十年的回顧與展望≫(臺北: 國立政治大學國際關係研究中心, 1991).

＿＿＿, ≪中共意識型態的變遷與持續≫(臺北: 自印, 1985).

吳國衡, ≪當代中國體制改革史≫(北京: 法律出版社, 1994).

林理建, "鄧小平與陳雲的分岐", ≪中國大陸≫ 第204期(臺北: 中國大陸問題研究所, 1984).

宗鳳鳴 記述, ≪趙紫陽軟禁中的談話≫(香港: 開放出版社, 2007).

金 凝, "中共'溫合派'處理民運的態度及未來動向", ≪中國大陸研究≫ 第32卷 第2期(1990).

房維中 主編, ≪中華人民共和國經濟大史記 1949～1980≫(北京: 中國社會科學院, 1984).

寇健文 著, ≪中共精英政治的演變: 制度化與權力轉移 1978-2004≫(臺北: 五南圖書出版
　　　　股份有限公司, 2005).份

洪煥椿, ≪五四運動時期的中國革命運動≫(北京: 三聯書店, 1956).

胡 華, ≪中國新民主主義革命史初稿≫(北京: 人民大學出版社, 1952).

＿＿＿, ≪中國革命史講義≫上冊, 下冊(北京: 人民大學出版社, 1965).

＿＿＿, ≪中國社會主義革命建設史講義≫(北京: 人民大學出版社, 1985).

胡德平, ≪中國爲什麼要改革-思憶父親胡耀邦≫(北京: 人民大學出版社, 2011).

施善玉・鮑同 主編, ≪1921～1991 中國共產黨 黨史知識集成≫(北京: 長征出版社, 1991).

俞 諧 編著, ≪中共史略≫(臺北: 正中書局, 1978).

俞雨霖, "中共13大後的思想, 政策暨權力動向: 評估與展望", ≪中國大陸研究≫ 第30卷 第
　　　　6期(1988).

珞 璘, "大陸學潮事件的發展與影響", ≪匪政研究≫ 第30卷 第2期(1987).

馬立城, 凌志軍, ≪交峰≫(北京: 今日中國出版社, 1998).

夏飛・程恭羲, ≪政治局常委之爭≫ (香港: 明鏡出版社, 2012).

夏飛・楊韻・白曉雲, ≪太子黨和共靑團: 習近平PK李克強≫(香港: 明鏡出版社, 2007).

高尚全, ≪中國經濟制度的創新≫(北京: 人民出版社, 1994).

高凱, 于玲 主編, ≪中共七十年≫(北京: 中國國際廣播出版社, 1991).

孫敦璠 編著, ≪中國共產黨歷史講義≫下卷(濟南: 山東人民出版社, 1983).

孫 健, ≪中華人民共和國經濟史 1949～90年代初≫(北京: 中國人民大學出版社, 1992).

康拉德・賽茨 著, 許文敏 李卡寧 譯, ≪中國一個强國的復興≫(北京: 國際文化出版社,
　　　　2006).

曹志, ≪中華人民共和國人事制度概要≫(北京: 北京大學出版社, 1985).

陳明顯・張恒 等 編著, ≪新中國四十年研究≫(北京: 北京理工大學出版社, 1989).

陳明顯, ≪晚年的毛澤東≫(南昌: 江西人民出版社, 1998).

郭華倫, ≪中共史論≫第一冊, 第二冊, 第三冊 (臺北: 國立政治大學 國際關係研究中心 東

亞研究所, 1978).

郭德宏・湯應武 主編, ≪中共黨史高層人物評傳≫ 上卷(長春: 吉林文史出版社, 2000).

國家統計局 編, ≪偉大的十年≫(北京: 國家統計局, 1959).

張結鳳, "一號文件颳起狂風巨浪", ≪百姓≫ 第137期(香港: 百姓文化事業有限公司, 1987).

_____, "二至六號文件揭示當前形勢", ≪百姓≫ 第138期(1987).

童陽秀, ≪中國共産黨八十年大事紀要≫(北京: 黨建讀物出版社, 2002).

彭 明, ≪五四運動史≫(北京: 人民出版社, 1984).

彭德懷, "湖南湘潭縣烏石公司烏石大隊的調査報告", ≪黨史研究≫ 1980年 第3期.

黃崢, ≪劉少奇的最後歲月 1966~1969≫(北京: 九州出版社, 2012).

黃瑤・閻景堂 主編, ≪中國十元首≫ 上(成都: 四川人民出版社, 1995).

楊碧川, ≪毛澤東與周恩來≫(臺北: 一橋出版社, 1999).

葉永烈, ≪從華國鋒到鄧小平-中共11屆3中全會前後≫(香港: 天地圖書有限公司, 1997).

廖蓋隆 等 主編, ≪現代中國政界要人傳略大全≫(北京: 中國廣播電視出版社, 1993).

趙紫陽, ≪沿着有中國特色的社會主義道路前進≫(香港: 三聯書店, 1987).

_____, ≪國家的囚徒≫(臺北: 時報文化, 2009).

_____, ≪改革歷程趙紫陽≫(香港: 新世紀出版社, 2009).

趙 愿, ≪趙紫陽評傳≫(香港: 文化教育出版社, 1988).

鄭洸 主編, ≪中國共靑團簡史≫(北京: 中國靑年出版社, 1992).

鄭德榮 等 主編, ≪新中國紀史 1949~1984≫(長春: 東北師範大學出版社, 1987).

潭健, ≪中國政治體制改革史≫(北京: 光明出版社, 1989).

蔣希賢 等 編著, ≪中國向何處去?≫(太原: 山西人民出版社, 1993).

鄧小平, "關於思想路線上的問題的談話", ≪中共11屆3中全會以來中央首要講話及文件選編≫
　　　　上(臺北: 中央研究雜誌社, 1984).

_____, ≪現代中國的基本問題≫(北京: 外文出版社, 1987).

_____, ≪鄧小平文選≫ 第2卷 第2版(北京: 人民出版社, 1994).

龍劍宇, ≪毛澤東, 蔣介石的人生道路≫(北京: 經濟日報出版社, 2010).

龍飛, "對中共改革幹部隊伍結構的硏究", ≪匪情硏究≫ 第23卷 第8期(1980).

龍飛, "對中共中央領導班子重要成員之分析", ≪匪情硏究≫ 第33卷 第8期(1989).

鮑宗豪 等 共著, ≪科學發展論≫(上海: 上海社會科學院出版社, 2007).

韓文甫, ≪鄧小平傳-治國篇≫(臺北: 時報文化出版文化公司, 1993).

薄一波, ≪若干重大決策與事件的回顧≫ 上卷, 下卷(北京: 中共中央黨校出版社, 1993).

嚴家其・高皐 編著, ≪中國文革十年史≫(北京: 中國社會科學院政治研究所, 1986).

≪漢書≫, <河間獻王傳>篇.

費正淸, 麥克法夸尒 R. 編, 謝亮生 等 譯, ≪劍橋中華人民共和國史: 中國革命內部的革命
　　　　1966~1982≫(北京: 中國社會科學出版社, 1992).

岡部達味・毛里和子 編, ≪改革・開放時代の中國≫(東京: 日本國際問題硏究所, 1991).

Nethercut, Richard D., *Leadership in China: Rivalry*, Reform and Renewal, 余仁 譯, "中共的領導: 對抗・改革與革新", ≪中國大陸硏究論文選輯≫(臺北: 中國大陸敎學硏究資料中心).

Bo, Zhiyue, "China's Political Elites in the 21st Century: Technocrats in Command?" *Asian Profile*, 32-6(December 2004).

Chang, Parris H., "Chinese Politics: Deng's Turbulent Quest," *Problem of Communist*(Jan ~Feb. 1981).

Dittmer, Lowell, "Bases of Power in Chinese Politics: A Theory and Analysis of the Fall of the 'Gang of Four'", *World Politics*, 31/1(October 1978).

_____, "Chinese Leadership Succession to the Fourth Generation." Gang Lin and Xiaobao Hu. ed., *China after Jiang* (Stanford, California: Stanford University Press, 2003).

Domes, Jurgen, "The Cultural Revolution and the Army," Asian Survey(May 1968).

Fairbank, John F., *The Great Chinese Revolution 1800~1985*(New York: Harper and Row, 1987)

Fewsmith, Joseph, *China Since Tiananmen: The politics of Transition* (Cambridge: Boston University, 2001).

Goldman, Merle, *Sowing the Seed of Democracy in China: Political Reform in the Deng Xiaoping Era*(Cambridge: Harvard University Press, 1994).

Hu, Shih, *The Chinese Renaissance*(Chicago: University of Chicago, 1934).

Jencks, Harlan W., "Civil-Military Relation in China: Tiananmen and After," *Problems of Communism*(May~June 1991).

Joffe, Ellis, "Party-Army Relations in China: Retrospect and Prospect," *China Quarterly*, 146(June 1996).

Johnson, Chalmers, *Peasant Nationalism and Communism Power*(Stanford: Stanford University Press, 1962).

Johnson, Chalmers, ed., *Change in Communist System*(Stanford: Stanford University Press, 1970).

Lenhard, Wolfgang, *Three Faces of Marxism,*(New York: Holt, Rinehart and Winston, 1974).

Marx, K. and F. Engels, *Manifesto of the Communist Party*(Moscow: Progress Publisher, 1986).

Meisner, M., *Li Ta-chao and the Origins of Chinese Maxism*(Cambridge: Harvard University Press, 1968).

Meisner, M., Tom Artin trans., *Mao's China* (New York: The Free Press, 1986).

Melanie Manion, *Retirement of Revolutions in China: Public Policies, Social Norms, Private Interests*(Princeton, New Jersey: Princeton University, 1993).

Mulvenon, James, "The King Is Dead! Long Live the King! The CMC Leadership Transition from Jiang to Hu," *China Leadership Monitor*, 13(2005).

Nathan, Andrew J. and Gilley, Bruce, *China's New Rulers: The Secret Files* (New York: NYREV, Inc. 2003).

Onate, Andress D., Hua Kuo-feng and the Arrest of the 'Gang of Four', *The China Quarterly*, 75(September 1978).

Oksenberg, Michel and Richard Buch, "China's Political Evolution: 1972~1982," *Problem of Communism*(1982, 09~10).

Pye, Lucian W., *The Spirit of Chinese Poliltics*(Chambridge: M. I. T. Press, 1968).

Saich, Tony, *Governance and Politics of China*(New York: Palgrave, 2004).

Scalapino, Robert A. ed., *Elite in the people's Republic of China*(Seattle: University of Washington Press, 1972).

Schurmann, Franz, *Ideology and Organization in Communist China*(Berkely: University of California Press, 1968).

Shi, Sha, "Changes in the NPC," *China Times Magazine* 170(1995).

Thornton, Richard C., *China, A Political History, 1917~1980*(Boulder, Clorado: Westview Press, 1973).

Uli Franz, *Deng Xiao Ping*(New York: Harcourt Brace Jovanovich Publisher, 1988).

Unger, Jonathan ed., *The Nature of Chinese Politics: From Mao to Jiang*(NY: M.E. Sharp, 2002).

Wallace, Anthony, *Culture and Personality*(New York: Random House, 1961).

Wesson, Robert G., *Communism and Communist System*(Englewood Cliffs, N. J.: Prentice -Hall, 1978).

Willy, Wo-Lap Lam, *China After Deng Xiaoping: The Power Struggle in Beijing Since Tiananmen*(N.Y.: Wiley, 1995).

연표

1893년 후난 성 샹탄(湘潭) 현에서 마오쩌둥 탄생.

1911년 신해혁명 발발, 청조 타도.

1912년 중화민국 건국. 쑨원 임시정부의 대총통 취임. 쑨원 총통직 사임, 위안스카이 총통직 승계.

1914년 세계 제1차대전 발발. 일본, 독일에 선전포고. 일본, 독일의 조차지인 칭다오 출병.

1915년 일본, 중국에 대한 '21개조 요구' 강요. 쑨원, 도쿄에서 중국혁명당 결성. 천두슈 <신청년> 창간. 위안스카이 황제 추대.

1916년 위안스카이 병사. 군벌 할거 시대 개막.

1917년 차이위안페이 베이징대학 총장 취임. 천두슈 동 대학 문과대학 학장 피임. 러시아 10월 혁명 발발.

1918년 제1차 세계대전 종결. 마오쩌둥 후난제1사범학교 졸업(1914-), 베이징대학 도서관(사서주임: 리다자오) 사서 보조원으로 일함. 리다자오 베이징대학생을 중심으로 마르크스 연구회 조직. 마오쩌둥 입회.

1919년 파리강화회의 개최. 베르사이유 조약 조인, 산둥을 일본에 양도 결정. 5·4운동 발발. 소련 정부의 <제1차 대중국(對華)선언> 발표, 제정러시아가 중국 국경 내에서 누리던 모든 특권 포기.

1921년 상하이에서 중국공산당 창당. 천두슈 총서기로 선출.

1923년 레닌이 파견한 마링의 제의에 따라 제1차 국공합작 결성. 천두슈 중공 중앙집행위원회 위원장, 마오쩌둥 중앙위원 겸 중앙국 비서 선임.

1924년 중국국민당 광저우에서 제1차 전국대표대회 개최. 쑨원 당 주석 겸 중앙집행위원회 총리 피선. 공산당원의 입당을 승인. 리다자오와 마오쩌둥 각각 국민당 중앙집행위원회 위원과 후보위원 선임. 황푸군관학교(교장: 장제스, 정치부 주임: 저우언라이) 개교.

1925년 공산당 4대 개최, 천두슈 총서기 피선. 쑨원 베이징에서 사망. 광저우에서 전국 노총 창립. 상하이에서 5·30운동 발발.

1926년 국민당 혁명군(총사령관: 장제스) 북벌 개시. 국민정부 우한 천도.

1927년 리다자오 피살. 마오쩌둥 <후난 성 농민운동에 대한 조사보고> 발표. 제1

차 국공합작 결렬. 마오쩌둥의 추수폭동과 주더의 난창봉기 실패.

1928년 모스크바에서 중국공산당 6대 개최. 장쭤린 폭살 사건 발생. 마오쩌둥과 주더, 징강산에서 홍군 창설. 장제스 북벌 성공, 국민정부 주석 취임.

1929년 마오쩌둥과 주더, 루이진에서 중화소비에트정부 조직. 토지법 제정.

1930년 장제스의 홍군에 대한 제1차 토벌전 개시.

1931년 공산당 6기 4중전회에서 실권이 왕밍 중심의 보구·캉성 등 소련 유학파에게 넘어감. 국민당의 제2, 3차 토벌전 개시. 9·18 만주사변 발발. 장시 루이진에서 중화소비에트공화국 임시정부 수립, 마오쩌둥 동 주석 피선.

1932년 제1차 상하이사변 발발. 만주국 건립. 국민당의 제4차 토벌전 개시.

1933년 공산당 임시 중앙 상하이에서 루이진의 소비에트 중앙근거지로 이동. 국민당의 제5차 토벌전 발동, 공산당 임시 중앙국 대표 보구와 독일인 군사고문 오토 브라운 국민당군에 패배.

1934년 대장정 개시.

1935년 쭌이에서 소집된 정치국 확대회의에서 마오쩌둥 당과 군의 실권 장악. 대장정 종결. 마오쩌둥 <일본 제국주의에 반대하는 전략을 논함> 보고를 함.

1936년 시안사변 발발.

1937년 루거우차오 사건 발생, 일본의 대규모 침공. 제2차 국공합작 결성. 홍군대학을 항일군정대학으로 개편. 마오쩌둥 <모순론>과 <실천론> 저술. 홍군을 국민당군 8로군으로 개편.

1938년 마오쩌둥 <지구전을 논함>, <기초전술>, <항일유격전의 전략문제> 등 발표.

1939-40 마오쩌둥 <공산당인> 발간사, <중국혁명과 중국공산당>, <신민주주의론> 등 발표.

1941-42 왕밍과 소련파 교조주의자들을 겨냥한 정풍운동 전개, 마오쩌둥의 당권 강화.

1943년 코민테른 해산.

1945년 공산당 7대에서 마오쩌둥 <연합정부론> 보고, '마오쩌둥 사상' 당의 지도 이념으로 <당헌>에 등재. 마오쩌둥 당 중앙위원회 주석 겸 중앙정치국과 중앙서기처 주석 피선. 제2차 세계대전 종결. 마오쩌둥과 저우언라이 충칭에서 국민당과 담판-<쌍십회담 기요> 공포.

1946년 국민당 정부 난징 환도 선포.

1947년 류사오치 주재로 시바이포에서 전국 토지회의 소집, <중국 토지법 대강> 제정.

1948년 시바이포에서 정치국 확대회의 소집, 마오쩌둥 "당 공작의 중점을 농촌에서 도시로 옮겨갈 것"을 주장. 랴오선·화이하이·핑진 등 3대 전투 개시.

1949년 해방군 톈진과 베이징 함락, 마오쩌둥 <인민 민주 독재론> 발표. <중국인

민정치협상회의 공동강령> 공포. 중화인민공화국 건국. 국민정부 타이완으로 이전.

1950년 중소우호동맹조약 체결. <중화인민공화국 혼인법> 공포. <중화인민공화국 토지개혁법> 공포. 항미원조군(사령관: 펑더화이) 한국전 참전.

1951년-52 3반, 5반 운동 전개.

1953년 <사회주의 과도기의 총노선> 공포. 제1차 5개년계획 시작. 한국전 휴전협정 체결. 가오강·라오수스 숙청.

1954년 제1기 전인대 개최, <중화인민공화국헌법> 제정. 국가 주석 마오쩌둥, 전인대 상무위원장 류사오치 피선, 국무원 총리 저우언라이 선임.

1956년 소련공산당 제20차 대회 개최, 흐루쇼프의 스탈린 격하운동 전개. 마오쩌둥 <10대 관계론> 보고. 백화제방, 백가쟁명 운동 전개. 당 8대 개최, 마오쩌둥 사상 <당헌>에서 삭제. 정치국 상무위원회 신설로 집단지도체제로 전환. 마오쩌둥 당 주석 유임, 류샤오치·저우언라이·주더·천윈 부주석, 덩샤오핑 중앙서기처 총서기 발탁.

1957년 반우파 투쟁 전개. 마오쩌둥 소련 방문.

1958년 대약진운동 시작, 인민공사 출범. 당 8기 5중전회 베이징에서 소집, 린뱌오를 당 부주석으로 발탁.

1959년 제2기 전인대 개최, 마오쩌둥 국가주석직을 류사오치에게 넘김. 전인대 상무위원장 주더 선임, 저우언라이 국무원 총리 유임. 루산에서 당 8기 8중전회 소집, 펑더화이 국방부장에서 해임, 린뱌오가 승계.

1960년 국민경제의 조정·견고·충실·제고의 '8자 방침' 공포.

1962년 '7천인 대회' 소집, 보고에서 류사오치 대약진 실패의 원인 지적.

1963년 마오쩌둥 '사회주의교육 운동' 지시.

1964년 핵실험 성공. 제3기 전인대 개최, 저우언라이 4개 현대화 제의. 류사오치 국가 주석 유임. 주더, 저우언라이 각각 전인대 상무위원장과 총리에 유임. 덩샤오핑 부총리 선임.

1965년 야오원위안 ≪문회보≫에 <해서파관을 평한다>는 글 게재.

1966년 문화대혁명 발동. <5·16 통지> 하달. 마오쩌둥 <사령부를 포격하라―나의 대자보> 발포. 류샤오치 중앙위 부주석 해임, 린뱌오가 승계.

1967년 류사오치 가산 몰수, 행동의 자유 박탈. 문혁에 해방군 개입. 혁명위원회 조직. 2월 역류 사건 발생.

1968년 린뱌오의 군권 탈취. 류사오치 출당, 제명.

1969년 당 9대 소집. 마오쩌둥 사상 <당헌>에 다시 등재. 마오쩌둥 중앙위 주석 유임, 린뱌오 부주석 유임과 마오의 후계자로 지목. 류사오치 사망.

1971년 린뱌오 쿠데타 실패. 키신저 방문.

1972년 천이 사망. 미국 대통령 닉슨 방문.

1973년 당 10대 소집. <당헌>에서 린뱌오 조항 삭제. 왕훙원 중앙위 부주석 발탁. 덩샤오핑 부총리 복귀. 비림비공운동 전개.

1975년 당 10기 2중전회에서 덩샤오핑 중앙위 부주석 겸 정치국 상무위원 복귀, 인민해방군 총참모장 겸직.

1976년 저우언라이 사망. 청명절 톈안먼사건 발생. 덩샤오핑 모든 직위 해제, 화귀펑 대리 총리 임명. 주더 사망. 마오쩌둥 사망. 4인방 체포.

1977년 당 11대 개최, 집단지도체제 강화. 화귀펑 중앙위 주석, 중앙군사위 주석 선임. 덩샤오핑 중앙군사위 부주석 선임.

1978년 후야오방 주도로 <실천은 진리를 검증하는 표준> 발표. 11기 3중전회에서 개혁개방 개시. 후야오방 당 중앙 비서장 발탁.

1979년 조정·개혁·정돈·제고의 '8자 방침' 제정.

1980년 선전, 주하이, 산터우, 샤먼에 경제특구 지정. 당 11기 5중전회에서 복원된 중앙서기처 총서기에 후야오방 기용. 류사오치 복권 결의. 화귀펑 총리 사임, 자오쯔양 승계.

1981년 당 11기 6중전회에서 <건국이래 당의 약간의 역사문제에 관한 결의> 확정. 화귀펑 당 중앙위 주석과 군사위 주석 사임, 후야오방과 덩샤오핑이 각각 그 직을 승계.

1982년 당 12대 소집. <당헌>에서 마오쩌둥의 '계속혁명론'과 '계급투쟁론' 삭제. 당 중앙위 주석제 폐지, 중앙위 총서기제 신설, 후야오방 당 총서기 당선. 중앙고문위원회 신설(주임: 덩샤오핑). 중앙기율검사위 복원(주임: 천윈). <82헌법> 제정, 국가 주석제 복원(주석: 리셴녠). 국가 중앙군사위원회 신설(주석: 덩샤오핑), 전인대 상무위원장 펑전 선임.

1983년 당 중앙(총서기: 후야오방) '간부 4화'의 단계적 계획 하달.

1984년 다롄·친황다오·톈진·옌타이·칭다오·롄윈캉·난퉁·상하이·닝보·원저우·푸저우·광저우·잔장·베이하이 등 14개 연해 항구도시 개방 결정.

1985년 양쯔강 삼각주·주강 삼각주·푸젠 동남지구와 환보하이 지구 경제 개방구 지정. 하이난 성으로 승격, 경제특구로 지정. 12기 5중전회에서 예젠잉·왕전 등 군 원로 퇴진, 차오스·야오이린 등 제3세대 대거 발탁.

1986년 팡리즈 등 지식인의 민주화 요구와 대규모 학생시위 발생.

1987년 후야오방 당 총서기 사임. 자오쯔양 대리 총서기 겸임. 당 13대에서 '사회주의 초급단계론' 당론으로 채택. 당 총서기 자오쯔양, 중앙기율검사위 서기 차오스 선임. 덩샤오핑 중앙군사위 주석 유임, 천윈 중앙고문위 주임 선임.

1988년 제7기 전인대 개최. 국가 주석 양상쿤, 전인대 상무위원장 완리, 국무원 총리 리펑 선임. 리셴녠 전국인민정치협상회의 주석 피선.

1989년 후야오방 사망. 자오쯔양 김일성 초청으로 북한 방문. 6 · 4 톈안먼사태 발발. 자오쯔양 모든 당직 해제, 장쩌민 당 총서기직 승계. 덩샤오핑 당 중앙군사위 주석 사임, 장쩌민 승계.

1991년 덩샤오핑 상하이 방문, 더욱 과감한 개혁 촉구. 주룽지 상하이 당위 서기 부총리에 발탁.

1992년 덩샤오핑 <남순강화>. 당 14대 소집, 중앙고문위원회(주임: 천윈) 폐지. 장쩌민 당 총서기 및 중앙군사위 주석 유임. 차오스 중앙기율검사위 유임.

1993년 리펑 국무원 총리 유임, 차오스 전인대 상무위원장, 리루이환 정협 주석 당선.

1996년 덩샤오핑 사망.

1997년 15기 <당헌>에 '덩샤오핑 이론' 등재. 장쩌민 총서기 및 중앙군사위 주석 유임, 중앙기율검사위 서기 웨이젠싱 선임.

1998년 제9기 전인대 개최, 장쩌민 국가 주석 유임. 리펑 전인대 상무위원장 당선. 주룽지 국무원 총리 승계. 리루이환 정협 주석 유임.

2002년 당 16대 소집, '3개 대표론' 당의 지도이념으로 채택. 당 총서기 후진타오, 중앙기율검사위 서기 우관정 피선.

2003년 제10기 전인대 개최, 국가 주석 후진타오, 전인대 상무위원장 우방궈 피선, 국무원 총리 원자바오 선임. 자칭린 정협 주석 피선.

2004년 후진타오 장쩌민으로부터 중앙군사위 주석 승계.

2007년 당 17대 소집, '과학발전관' 당 지도이념 채택. 후진타오 총서기, 중앙군사위 주석 유임. 허궈창 중앙기율검사위 서기 선임.

2008년 11기 전인대 개최, 후진타오 국가 주석 유임, 시진핑 국가 부주석 선임. 우방궈 전인대 상무위원장, 원자바오 국무원 총리 유임. 자칭린 정협 주석 유임.

2012년 당 18대 개최. 시진핑 당 총서기 · 중앙군사위 주석 피선. 왕치산 중앙기율검사위 서기 피선.

2013년 12기 전인대 개최, 국가 주석 시진핑, 국무원 총리 리커창, 전인대 상무위원장 장더장, 정협 주석 위정성 피선.

2017년 당 19대 소집. '시진핑 사상' 당 지도이념으로 채택. 시진핑 당 총서기 · 중앙군사위 주석 유임. 중앙기율검사위 서기 자오러지 피선.

2018년 제13기 전인대 개최, 국가 주석 시진핑, 국무원 총리 리커창 유임. 전인대 상무위원장 리잔수, 정협 주석 왕양 피선.

2016-2020 '국민경제 및 시회발전 제13차 5개년 계획' 추진.

2021년 중국공산당 창당 100주년.

저자 소개

김 정 계 金槙桂

대만 국립정치대학 대학원 정치학 박사학위 취득
대만 국립정치대학 국제관계연구중심 연구교수
베이징대학, 중국사회과학원 초빙교수
University of Wisconsin-Madison 객원교수 역임
현 창원대학교 명예교수

주요 저서

≪중국의 권력구조와 파워 엘리트≫(1994)
≪중국의 엘리트 정치≫(2010)
≪마오쩌둥과 그의 실패한 후계자들≫(2012)
≪덩샤오핑과 그의 후계자들≫(2013)
≪중국개혁개방의 기수 후야오방≫(2015)
≪자오쯔양 평전≫(2018)
≪중난하이로 가는 길; 시진핑 정권 대해부≫(2014) 등 다수.

중국공산당 100년사 1921~2021

초판 1쇄 인쇄 2021년 3월 22일
초판 1쇄 발행 2021년 3월 31일

지은이 김정계
펴낸이 이대현

책임편집 임애정 | 편집 이태곤 권분옥 문선희 강윤경
디자인 안혜진 최선주 이경진 | 마케팅 박태훈 안현진
펴낸곳 도서출판 역락 | 등록 1999년 4월 19일 제303-2002-000014호
주소 서울시 서초구 동광로46길 6-6 문창빌딩 2층(우06589)
전화 02-3409-2060(편집부), 2058(영업부) | 팩시밀리 02-3409-2059
전자우편 youkrack@hanmail.net
홈페이지 www.youkrackbooks.com

ISBN 979-11-6244-638-6 93300

정가는 뒤표지에 있습니다.

* 잘못된 책은 바꿔 드립니다.